楽しく学ぶ！ 楽学 2024年版

マンション管理士

8年間 過去問

住宅新報出版 編著

JN058142

はじめに

　本書は、「過去8年分（平成28年～令和5年）＝計400問」のマンション管理士本試験問題を収載した過去問集です。

　マンション管理士は、マンションに関する専門的な知識を持つプロフェッショナルです。そのためマンション管理士試験の合格率は8～11％前後と難易度が高く、出題範囲も広いため、テキストに載っていないような細かい内容から出題されることも珍しくありません。したがって、**本書の過去問を解きながら知識を補充していくことが学習には不可欠**といえます。

　本書は、各年度の試験問題を〔問1〕から〔問50〕まで本試験問題と同じ並び順で掲載しているので、**問題の流れをつかむ**ことができます。巻頭の「過去8年間の出題テーマ一覧表」から、**出題の傾向がわかり**、試験対策に役立ちます。また、「問題」を前半に、「解答・解説」を後半に掲載していますので、解答を見ずに、自分の力で試験問題を解くことによって、**「問題を解く力」**を強化するためのトレーニングに最適です。なお、独学で学習されている方にとっては、模擬試験代わりに利用することもできます。

　本書の過去問集を利用することにより本年度試験に合格され、マンション管理士として活躍されますことを祈念いたします。

2024年3月

住宅新報出版

■お知らせ

　本書は、2024年1月1日現在施行の法令に基づき編集されています。ただし、2024年度試験の出題の基準日である2024年4月1日以前に施行が確実な法令については、新法および改正法に基づいて記述してあります。
　本書に掲載している法令等が2024年の法令適用日までに改正・施行され、記述に修正等を要する場合には、下記ウェブサイトにてお知らせいたします。

https://www.jssbook.com

目　次

■■■■■■■ 本書の見方と活用方法 ■■■■■■■

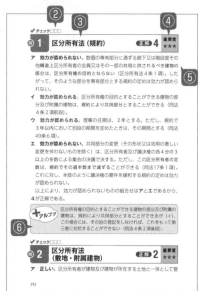

【本書の見方】

① 最新の法令改正に合わせて修正した問題には、「◎」マークがついています。

② わからなかった問題や間違えた問題には「✓点」を入れてください。正解するまで繰り返しチャレンジしましょう。

③ この問題のテーマです。各年度の問題の最初のページと対応しています。

④ 出題の頻度や内容によって問題の重要度を3段階で表示しています。

    ★★★………得点源になる落とせない問題

    ★★………時々出題される要注意！問題

    ★………たまに出題される問題

⑤ 問われている論点に対応する部分は目立つように色文字にしています。

⑥ 解説以外に覚えてほしいプラスの関連知識や学習アドバイスです。

※その他：①以外にも「●」がついている問題があります。これは、大幅な改正により成り立たなくなった問題を、別の問題に差し替えたものです。

【本書の活用方法】

1 問題を解く

①やさしい問題からチャレンジしてみましょう

　過去8年間の合格者数が掲載されている表（P9）で、合格基準点等の試験情報を確認してみましょう。「基準点が高い」とは、平易な問題が多かったということです。試験に慣れるためにもやさしい問題から解くことは大切です。

　そうなると、解く順番は

　R4→H30・R3→R1→H29・R2・R5→H28となります。

②本試験と同じように解きましょう

　マークシートを使うと、より本試験を意識した学習ができます。

※：マークシートは右のウェブサイトからダウンロードできます。

https://www.jssbook.com/

2 答え合わせをする

①解答・解説ページの最初のページをチェックしましょう

　解説を読む前に、各年度解答・解説の最初のページに掲載されている正解番号一覧で答え合わせをしてみましょう。

②自分の実力を確認しましょう

　1で確認した合格基準点と比較して、現在の自分の実力を把握することは重要です。合格基準点に達していなくても間違った問題をきちんと復習すれば合格に近づきます。

3 解説を読む

①正誤に関係なく解説を読みましょう

　正解ならなぜ正解となるのか、誤りならどこが誤りとなるのかなどを解説しています。重要な箇所は色文字になっていますので、知識の確認に役立ててください。

②解説の後にある＋アルファ を使いこなしましょう

　解説の補足や学習ガイドなど、講師のアドバイスを掲載しています。問題を解く上でのヒントになるかもしれません。

4 復習する－出題傾向から自分の弱点を探そう

　P10～P17および各問題の最初のページには、「毎年の傾向をつかむための出題テーマ一覧表」を掲載しています。間違えた問題から、どの分野を強化しなければならないかを把握し、今後の学習に役立ててください。

マンション管理士試験ガイド

　下記は、過年度である「令和5年度試験」の概要です。令和6年度の試験については、あらためて試験実施機関にお問い合わせください。また、(公財)マンション管理センターのホームページで確認することもできます。

① **試験日及び時間**
　令和5年11月26日(日)　午後1時～午後3時

② **受験資格**
　年齢・性別・学歴・国籍・経験などはいっさい問わない。

③ **受験案内書の配布**
　令和5年8月1日(月)から、(公財)マンション管理センター等において配布する。また、(公財)マンション管理センターのホームページ(https://www.mankan.org/)の受験案内書をダウンロードして入手することもできる。

④ **受験手数料**
　9,400円

⑤ **受験申込手続**
　(1)　受験申込受付期間
　　　令和5年9月1日(金)～令和5年10月2日(月)(当日消印有効)
　(2)　受験申込方法
　　　指定の払込用紙を用い、ゆうちょ銀行・郵便振替又は銀行振込により受験手数料を納付し、受験申込書類を受験申込受付期間中に(公財)マンション管理センターへ郵送する。

⑥ **合格発表・合格証書の送付**
　令和6年1月5日(金)に受験者へ合否通知書を送付するほか、ホームページに合格者の受験番号を掲載する。また、官報に合格者の受験番号を公告する。

試験実施機関〜〜〜〜〜〜〜〜〜〜〜〜〜〜〜〜〜〜〜〜〜〜〜〜〜〜〜〜〜〜〜

(公財)マンション管理センター
　〒101-0003 東京都千代田区一ツ橋2丁目5-5　岩波書店一ツ橋ビル7階
　　　　　　　　　　　電話(03) 3222-1611(試験案内専用電話)
　　　　　　　　　　　ホームページ　https://www.mankan.org/

●試験の出題範囲と出題数

	分　野	内　容	出題数
❶	〈管理に関する法令・実務〉マンションの管理に関する法令及び実務に関すること	建物の区分所有等に関する法律、被災区分所有建物の再建等に関する特別措置法、マンションの建替え等の円滑化に関する法律、民法（取引、契約等マンション管理に関するもの）、不動産登記法、マンション標準管理規約、マンション標準管理委託契約書、マンションの管理に関するその他の法律（建築基準法、都市計画法、消防法、住宅の品質確保の促進等に関する法律等）　等	24問前後
❷	〈管理組合の運営〉管理組合の運営の円滑化に関すること	管理組合の組織と運営（集会の運営等）、管理組合の業務と役割（役員、理事会の役割等）、管理組合の苦情対応と対策、管理組合の訴訟と判例、管理組合の会計　等	11問前後
❸	〈建物と設備の形質・構造〉マンションの建物及び附属施設の構造及び設備に関すること	マンションの構造・設備、長期修繕計画、建物・設備の診断、大規模修繕　等	10問前後
❹	〈マンション管理適正化法〉マンションの管理の適正化の推進に関する法律に関すること	マンションの管理の適正化の推進に関する法律、マンションの管理の適正化の推進を図るための基本的な方針　等	5問前後

※　管理業務主任者試験の合格者は、❹が免除されます。

※　出題の根拠となる法令等は、その年の4月1日に施行されている法令等です。

※　各分野の出題数は、試験年度により、他の分野にわたる複合問題等がありますので、出題傾向の"めやす"としてください。

●出題数及び出題形式

50問4肢択一式　（試験の一部免除者は45問）

●過去8年間の合格者数

	申込者数（人）	受験者数（人）	合格者数（人）	合格基準点	合格率（%）
令和5年度	13,169	11,158	1,125	36	11.5
令和4年度	14,342	12,209	1,402	40	11.5
令和3年度	14,562	12,520	1,238	38	9.9
令和2年度	14,486	12,198	1,045	36	8.6
令和元年度	13,961	12,021	991	37	8.2
平成30年度	14,227	12,389	975	38	7.9
平成29年度	15,102	13,037	1,168	36	9.0
平成27年度	16,466	14,092	1,158	38	8.2

マンション管理士試験　過去8年間の出題テーマ一覧表①（問1〜25）

分野	問	テーマ	問	テーマ
	令和5年度		**令和4年度**	
❶ 管理に関する法令・実務	1	区分所有法（共用部分・敷地）	1	区分所有法（共用部分）
	2	区分所有法（管理組合）	2	区分所有法・不動産登記法（敷地）
	3	区分所有法（共用部分・敷地・附属施設）	3	区分所有法（管理所有）
	4	区分所有法（規約による別段の定めの可否）	4	区分所有法・民法（管理者）
	5	区分所有法（共用部分に関する不当利得返還請求）	5	区分所有法（管理者）
	6	区分所有法（集会）	6	区分所有法（電磁的記録・方法）
	7	区分所有法・民法・借地借家法（専有部分の賃貸）	7	区分所有法・民法（議決権の行使）
	8	区分所有法・民法（義務違反者に対する措置）	8	区分所有法（集会）
	9	区分所有法・民法（建替え決議）	9	区分所有法（義務違反者に対する措置）
	10	区分所有法（団地）	10	被災マンション法
	11	被災マンション法	11	区分所有法（団地）
	12	民法（即時取得）	12	民法（意思表示）
	13	民法（詐害行為取消権）	13	民法（物権変動）
	14	民法（手付）	14	民法（弁済）
	15	民法（使用貸借）	15	民法・借地借家法（契約の成立）
	16	民法（事務管理）	16	民法・借地借家法（契約の終了・更新）
	17	民法（時効・不法行為）	17	民法（遺産分割）
	18	区分所有法・民法等（先取特権）	18	区分所有法・不動産登記法（敷地権の登記）
	19	マンション建替え円滑化法（マンション建替事業）	19	マンション建替え円滑化法（敷地分割組合）
	20	都市計画法（地区計画）	20	都市計画法（地域地区、都市計画区域）
	21	建築基準法（単体規定）	21	建築基準法（維持保全計画、防火地域、準防火地域、単体規定）
	22	水道法（簡易専用水道）	22	水道法（簡易専用水道、貯水槽水道）
	23	消防法（防炎性能）	23	消防法（消防用設備等）
	24	防犯に配慮した共同住宅に係る設計指針	24	警備業法（認定、警備員、書面の交付）
❷	25	標準管理規約（修繕・改良工事）	25	標準管理規約（共用部分）

分野	問	令和3年度 テーマ	問	令和2年度 テーマ
❶ 管理に関する法令・実務	1	区分所有法・民法（管理組合・賃借権）	1	区分所有法（一部共用部分、敷地）
	2	区分所有法・民法（共有物分割請求）	2	区分所有法・民法（不法行為）
	3	区分所有法（管理組合法人）	3	区分所有法（集会の招集）
	4	区分所有法（管理者）	4	区分所有法（管理者）・民法（委任）
	5	区分所有法（敷地利用権）	5	区分所有法（規約）
	6	区分所有法（規約）	6	区分所有法（管理組合法人）
	7	区分所有法 （電磁的方法による議決権行使又は決議）	7	区分所有法・民法（専有部分の占有者）
	8	区分所有法（共用部分）	8	区分所有法（義務違反者に対する措置）
	9	区分所有法（建替え）	9	区分所有法・民法（建物の滅失・復旧）
	10	区分所有法（団地共用部分）	10	区分所有法（団地）
	11	被災マンション法	11	被災マンション法・民法
	12	民法（意思表示）	12	民法（代理）
	13	民法（時効）	13	民法（抵当権）
	14	民法（物権変動）	14	民法（保証）
	15	民法（債務不履行）	15	民法（担保責任）
	16	民法（保証）	16	民法（賃貸借）
	17	民法（賃貸借）	17	民法（相続）
	18	不動産登記法（分割・区分・合併の登記）	18	不動産登記法（区分建物の登記）
	19	マンション建替え円滑化法	19	マンション建替え円滑化法
	20	都市計画法（地域地区、都市計画制限）	20	都市計画法　（地域地区等）
	21	建築基準法（単体規定）	21	建築基準法（違反建築物、単体規定）
	22	水道法（簡易専用水道）	22	水道法　（簡易専用水道）
	23	消防法	23	消防法　（防火管理者等）
	24	警備業法	24	防犯に配慮した共同住宅に係る設計指針
❷	25	標準管理規約（専有部分の修繕）	25	標準管理規約（専有部分の賃借人）

分野	問	テーマ（令和元年度）	問	テーマ（平成30年度）
❶ 管理に関する法令・実務	1	区分所有法（規約）	1	区分所有法（規約・一部共用部分）
	2	区分所有法（敷地・附属建物）	2	区分所有法（管理者）
	3	区分所有法（先取特権）	3	区分所有法（専用使用権）
	4	区分所有法・民法 （賃貸借・区分所有権売渡請求権）	4	区分所有法（建物・敷地に関する定義）
	5	区分所有法（一部共用部分）	5	区分所有法・民法（先取特権・競売請求）
	6	区分所有法（集会の招集）	6	区分所有法・不動産登記法 （マンションの登記）
	7	区分所有法（団地管理組合法人）	7	区分所有法（電磁的方法による決議）
	8	区分所有法・民法等（滞納管理費）	8	区分所有法（管理組合法人）
	9	区分所有法（復旧・建替え）	9	区分所有法（議事録の保管等）
	10	区分所有法（団地）	10	区分所有法（団地）
	11	被災マンション法	11	被災マンション法（敷地共有者等の集会）
	12	民法・借地借家法（賃貸借等）	12	民法（意思表示）
	13	民法（相続と登記）	13	民法（抵当権）
	14	民法（保証）	14	民法（相殺）
	15	民法（担保責任）	15	借地借家法（建物賃貸借）
	16	民法（請負）	16	民法（委任）
	17	民法（親族）	17	民法（相続）
	18	不動産登記法 （敷地権付き区分建物の登記）	18	不動産登記法（変更・更正の登記）
	19	マンション建替え円滑法（建替組合）	19	マンション建替え円滑法
	20	都市計画法（地域地区）	20	都市計画法（地域地区）
	21	建築基準法（建築物の構造）	21	建築基準法（単体規定等）
	22	水道法（貯水槽水道、簡易専用水道）	22	水道法（簡易専用水道）
	23	消防法（消防用設備等）	23	消防法（防火管理者の業務）
	24	防犯に配慮した共同住宅に係る設計指針	24	防犯に配慮した共同住宅に係る設計指針
❷	25	標準管理規約（専有部分の修繕等）	25	標準管理規約（管理費・修繕積立金）

分野	問	平成29年度 テーマ	問	平成28年度 テーマ
❶ 管理に関する法令・実務	1	区分所有法（3条の団体）	1	区分所有法（共用部分）
	2	区分所有法（特定承継人の責任）	2	区分所有法（管理組合・管理者）
	3	区分所有法（瑕疵の推定）	3	区分所有法・民法（先取特権）
	4	区分所有法（管理者）	4	標準管理規約（管理）
	5	区分所有法（集会の招集）	5	区分所有法・民法・不動産登記法（共用部分）
	6	区分所有法（占有者の意見陳述権）	6	区分所有法（規約）
	7	区分所有法（管理組合法人）	7	区分所有法（公正証書規約）
	8	区分所有法（集会の決議・規約の定め）	8	区分所有法（管理組合法人）
	9	区分所有法（復旧決議があった場合の買取請求）	9	区分所有法（管理組合法人）
	10	区分所有法（団地）	10	区分所有法（義務違反者に対する措置）
	11	被災マンション法（被災区分所有建物の敷地）	11	区分所有法（団地）
	12	民法（時効）	12	民法（共有）
	13	民法（賃貸借）	13	民法（保証）
	14	民法（債務不履行）	14	民法・借地借家法（売買・賃貸借）
	15	民法（総合）	15	民法（賃貸借・債務不履行）
	16	民法（抵当権）	16	民法（不法行為・債務不履行）・失火ノ責任二関スル法律
	17	民法（相続）	17	民法（相続）
	18	不動産登記法（区分建物の登記）	18	不動産登記法（共用部分である旨の登記）
	19	マンション建替え円滑化法	19	マンション建替え円滑化法
	20	都市計画法（地域地区）	20	都市計画法（都市計画）
	21	建築基準法（小問集合）	21	建築基準法（総合）
	22	水道法（貯水槽水道）	22	水道法（簡易専用水道）
	23	消防法（消防用設備等の点検等）	23	消防法（共同住宅の防炎物品・消防用設備等）
	24	防犯に配慮した共同住宅に係る設計指針	24	警備業法
❷	25	標準管理規約（窓ガラス等の改良工事の承認）	25	標準管理規約（駐車場の使用）

マンション管理士試験　過去8年間の出題テーマ一覧表②（問26～50）

分野	問	令和5年度 テーマ	問	令和4年度 テーマ
❷ 管理組合の運営	26	標準管理規約（占有者・同居人等）	26	標準管理規約（管理費の充当、立入り）
	27	標準管理規約（災害対策活動）	27	標準管理規約（修繕積立金）
	28	標準管理規約（外部専門家）	28	標準管理規約（総会の招集）
	29	標準管理規約（役員・理事会）	29	標準管理規約（総会の議決権）
	30	標準管理規約（WEB会議システム）	30	標準管理規約（ITを活用した手続き）
	31	標準管理規約（議決権の行使）	31	標準管理規約（理事会）
	32	標準管理規約（管理規約の改正）	32	標準管理規約（団地型）
	33	標準管理規約（団地管理組合）	33	標準管理規約（団地型・複合用途型）
	34	会計（仕訳）	34	収支決算
	35	収支決算	35	収支予算
❸ 建物と設備の形質・構造	36	長期修繕計画作成ガイドライン	36	標準管理規約・長期修繕計画作成ガイドライン及びコメント等
	37	長期修繕計画作成ガイドライン及びコメント等	37	マンション（建物）外壁に生じる劣化症状と調査
	38	マンションの大規模修繕工事	38	マンションの防水施工
	39	マンションの調査機器・調査方法	39	マンションの調査・診断方法とその目的
	40	マンションの構造	40	マンションの各部の計画
	41	マンションの防犯	41	マンションの構造と地盤改良
	42	マンションの省エネ	42	バリアフリー
	43	マンションの給水設備・受水槽	43	排水設備及び清掃方法
	44	マンションの排水設備	44	給水設備
	45	マンションの設備	45	マンションの設備
法 ❹ マンション管理適正化	46	マンション管理適正化法（管理適正化推進計画等）	46	マンション管理適正化法（マンション管理士）
	47	マンション管理適正化基本方針	47	マンション管理適正化基本方針
	48	マンション管理適正化法（管理計画）	48	マンション管理適正化法（管理適正化推進計画等）
	49	マンション管理適正化法（マンション管理業者）	49	マンション管理適正化法（管理計画）
	50	マンション管理適正化法（重要事項の説明）	50	マンション管理適正化法（重要事項の説明）

分野	問	令和3年度 テーマ	問	令和2年度 テーマ
❷ 管理組合の運営	26	標準管理規約（専有部分の賃貸）	26	標準管理規約（団地型、複合用途型、使用料等の修繕積立金積み立て）
	27	標準管理規約（理事会）	27	標準管理規約（管理費・修繕積立金）
	28	標準管理規約（組合員の配偶者）	28	標準管理規約・個人情報保護法
	29	標準管理規約（役員）	29	標準管理規約（総会の議長）
	30	標準管理規約（議決権）	30	標準管理規約（書類等の閲覧請求）
	31	標準管理規約（団地型）	31	標準管理規約（理事長の権限）
	32	標準管理規約（複合用途型）	32	標準管理規約（書面等による決議）
	33	標準管理規約（複合用途型）	33	標準管理規約（理事会）
	34	収支決算	34	会計（仕訳）
	35	管理組合の税務	35	収支決算
❸ 建物と設備の形質・構造	36	長期修繕計画作成ガイドライン及びコメント等	36	マンションの調査・診断
	37	マンションの大規模修繕工事	37	マンションの防水
	38	マンション（建物）の劣化原因と症状	38	長期修繕計画作成ガイドライン及びコメント等
	39	マンションの修繕積立金に関するガイドライン	39	大規模修繕工事（工事請負契約の締結）
	40	マンションの各部の計画	40	マンションの構造
	41	マンションの室内環境	41	マンションの室内環境
	42	マンションの計画	42	マンションの供給方式
	43	排水設備	43	給水設備
	44	消防用設備等	44	排水設備
	45	マンションの設備	45	換気設備・給湯設備
❹ 法 マンション管理適正化	46	マンション管理適正化法（マンション管理士）	46	マンション管理適正化法（マンション管理業者）
	47	マンション管理適正化法（マンション管理士）	47	マンション管理適正化法（定義）
	48	マンション管理適正化法（重要事項の説明）	48	マンション管理適正化法（マンション管理士）
	49	マンション管理適正化法（財産の分別管理）	49	マンション管理適正化基本方針
	50	マンション管理適正化法（マンション管理士）	50	マンション管理適正化法（総合）

分野		令和元年度			平成30年度	
	問	テーマ		問	テーマ	
❷管理組合の運営	26	標準管理規約（共用部分と専有部分にわたる修繕）		26	標準管理規約（役員の選任）	
	27	標準管理規約（理事会）		27	標準管理規約（総会の議決権・役員・総会招集手続）	
	28	標準管理規約（役員の任期）		28	標準管理規約（総会の決議）	
	29	標準管理規約（総会及び理事会の決議）		29	標準管理規約（理事会）	
	30	標準管理規約（監事の職務及び権限）		30	標準管理規約（管理費の徴収）	
	31	個人情報保護法		31	標準管理規約（団地）	
	32	標準管理規約（団地管理組合）		32	標準管理規約（複合用途型）	
	33	標準管理委託契約書		33	標準管理委託契約書	
	34	会計処理		34	会計（決算）	
	35	収支予算		35	管理組合の税務	
❸建物と設備の形質・構造	36	長期修繕計画作成ガイドライン及びコメント等		36	マンションの維持管理	
	37	マンションの調査・診断		37	マンションの調査・診断	
	38	マンションの調査・診断		38	長期修繕計画の作成・見直し	
	39	大規模修繕工事		39	マンションの修繕工事	
	40	マンションの住棟形式		40	マンションの構造	
	41	建築構造		41	品確法（高齢者等配慮対策等級5）	
	42	バリアフリー・避難施設等		42	マンションの建築材料	
	43	受水槽		43	マンションの給水設備	
	44	排水設備		44	マンションの排水設備	
	45	マンションの設備		45	マンションの設備	
法❹マンション管理適正化	46	マンション管理適正化基本方針		46	マンション管理適正化法（重要事項の説明）	
	47	マンション管理適正化法（マンション管理業者）		47	マンション管理適正化法（マンション管理業者）	
	48	マンション管理適正化法（マンション管理適正化推進センター）		48	マンション管理適正化法（マンション管理士）	
	49	マンション管理適正化法（マンション管理士）		49	マンション管理適正化基本方針	
	50	マンション管理適正化法（管理業務主任者）		50	マンション管理適正化法（定義）	

分野	問	平成29年度 テーマ	問	平成28年度 テーマ
❷管理組合の運営	26	標準管理規約（役員の選任等）	26	標準管理規約（専有部分の修繕）
	27	標準管理規約（役員の選任）	27	標準管理規約（暴力団の排除）
	28	標準管理規約（議決権）	28	標準管理規約（緊急時の対応）
	29	標準管理規約（理事会の運営及び議事）	29	標準管理規約（修繕積立金）
	30	標準管理規約（理事長の職務）	30	標準管理規約（理事）
	31	標準管理規約（理事会の決議等）	31	標準管理規約（代理行為）
	32	標準管理委託契約書	32	標準管理規約（理事会）
	33	標準管理規約（理事会の決議等）	33	標準管理規約（管理費の滞納）
	34	会計（仕訳）	34	会計（仕訳）
	35	会計（決算）	35	会計処理
❸建物と設備の形質・構造	36	マンションの建物の調査・診断	36	建物の点検・調査
	37	マンションの維持・保全	37	マンションの外壁の補修工事
	38	マンションの外壁の補修工事	38	大規模修繕工事
	39	長期修繕計画作成ガイドライン及びコメント等	39	長期修繕計画作成ガイドライン及びコメント
	40	マンションの構造	40	マンションの構造
	41	マンションの室内環境（断熱・遮音等）	41	マンションのバリアフリー
	42	建築物のエネルギー消費性能の向上に関する法律	42	マンションの室内環境
	43	マンションの給水設備	43	マンションの給水設備
	44	マンションの設備	44	マンションの排水設備
	45	マンションの設備の保守点検	45	マンションの設備
法❹マンション管理適正化	46	マンション管理適正化基本方針	46	マンション管理適正化基本方針
	47	マンション管理適正化法（マンション管理士）	47	マンション管理適正化法（マンション管理士）
	48	マンション管理適正化法（マンション管理業者）	48	マンション管理適正化法（マンション管理業者）
	49	マンション管理適正化法（マンション管理適正化推進センター）	49	マンション管理適正化法（重要事項の説明）
	50	マンション管理適正化法（マンション管理業）	50	マンション管理適正化基本方針

● 凡　例 ●

　一部の法令等の略称及び用語の定義は、以下のとおりです。

- 区分所有法……………………………建物の区分所有等に関する法律（昭和37年法律第69号）
- マンション管理適正化法……………マンションの管理の適正化の推進に関する法律（平成12年法律第149号）
- マンション管理適正化基本方針……マンションの管理の適正化の推進を図るための基本的な方針（令和3年9月28日国土交通省告示第1286号）
- 標準管理規約…………………………マンション標準管理規約（単棟型）及びマンション標準管理規約（単棟型）コメント（最終改正令和3年6月22日国住マ第33号）
- 標準管理委託契約書…………………マンション標準管理委託契約書及びマンション標準管理委託契約書コメント（最終改正令和5年9月11日　国不参第35号）
- マンション建替え円滑化法…………マンションの建替え等の円滑化に関する法律（平成14年法律第78号）
- 被災マンション法……………………被災区分所有建物の再建等に関する特別措置法（平成7年法律第43号）
- 耐震改修促進法………………………建築物の耐震改修の促進に関する法律（平成7年法律第123号）
- 品確法…………………………………住宅の品質確保の促進等に関する法律（平成11年法律第81号）
- マンション……………………………「マンション管理適正化法第2条第1号イに規定するマンション」をいう
- 管理組合………………………………「区分所有法第3条に規定する区分所有者の団体」をいう
- 管理組合法人…………………………「区分所有法第47条第1項に規定する法人」をいう
- 団地管理組合…………………………「区分所有法第65条に規定する団地建物所有者の団体」をいう

令和5年度 試験問題

〔問　1〕　次の記述のうち、区分所有法の規定によれば、誤っているものはどれか。

1　専有部分は、規約により共用部分とすることができるが、附属の建物は、規約により共用部分とすることはできない。

2　区分所有者が建物及び建物が所在する土地と一体として管理又は使用する土地は、規約により建物の敷地とすることができる。

3　区分所有者の数人で建物の敷地を所有する場合には、その所有権は「敷地利用権」である。

4　専有部分に属しない建物の附属物は、「共用部分」である。

〔問　2〕　管理組合、団地管理組合及び管理組合法人に関する次の記述のうち、区分所有法及び民法（明治29年法律第89号）の規定によれば、誤っているものはいくつあるか。ただし、規約に別段の定めはないものとする。

ア　法定共用部分を専有部分とする場合には、これについて、その共有者全員の同意が必要である。

イ　管理組合及び団地管理組合においては、その職務に関し、管理者が区分所有者を代理し、管理組合法人においては、その事務に関し、代表権のある理事が共同して区分所有者を代理する。

ウ　管理組合及び団地管理組合の管理者を共用部分の管理所有者とする規約を定めることができるが、管理組合法人の理事を共用部分の管理所有者とする規約を定めることはできない。

エ　共同利益背反行為に該当する行為により当該義務違反者に対して区分所有権の競売請求に係る訴訟を提起するため、管理組合及び団地管理組合の管理者、並びに管理組合法人の代表権のある理事を訴訟担当者として選任することは、それぞれの集会で決議することができる。

1　一つ

2　二つ

3　三つ

4　四つ

〔問　3〕　共用部分等の管理及び変更に関する次の記述のうち、区分所有法の規定によれば、正しいものはいくつあるか。ただし、共用部分の変更が専有部分の使用に特別の影響を及ぼすことはないものとする。

ア　共用部分の変更（その形状又は効用の著しい変更を伴わないものを除く。）は、集会において区分所有者及び議決権の各4分の3以上の多数の決議で決するが、区分所有者の定数は、規約でその過半数まで減ずることができる。

イ　共用部分の管理に関する事項は、共用部分の変更（その形状又は効用の著しい変更を伴わないものを除く。）の場合を除いて、集会における区分所有者及び議決権の各過半数の決議で決するが、規約において、集会出席者の過半数で決すると定めることもできる。

ウ　共用部分以外の附属施設で区分所有者の共有に属するもの（これに関する権利を含む。）の変更（その形状又は効用の著しい変更を伴わないものを除く。）は、集会において区分所有者及び議決権の各4分の3以上の多数の決議で決するが、区分所有者の定数は、規約でその過半数まで減ずることができる。

エ　区分所有者の共有に属する建物の敷地（これに関する権利を含む。）の各共有者は、規約に別段の定めがない限りその持分に応じて、建物の敷地の負担に任じ、建物の敷地から生ずる利益を収取する。

1　一つ
2　二つ
3　三つ
4　四つ

〔問　4〕　次の記述のうち、区分所有法の規定によれば、規約に別段の定めとして規定することができないものはどれか。

1　集会の議長について、管理者及び集会を招集した区分所有者以外の者を選任すること。

2　敷地利用権が数人で有する所有権その他の権利である場合に、区分所有者が、その有する専有部分とその専有部分に係る敷地利用権とを分離して処分すること。

3　管理所有者が、共用部分の変更（その形状又は効用の著しい変更を伴わないものを除く。）を行うこと。

4　区分所有者全員の利害に関係しない一部共用部分を、区分所有者全員の管理にすること。

〔問　5〕　ＡとＢはいずれも甲マンションの区分所有者である。Ａが、塔屋及び外壁（いずれも共用部分である。）と自ら所有する専有部分とをあわせて第三者に賃貸して賃料を得ている場合において、Ｂが、Ａに対して、塔屋及び外壁のうち、自らの持分割合に相当する部分について不当利得の返還請求権を行使できるかどうか等に関する次の記述のうち、判例によれば、誤っているものはどれか。なお、甲マンションの規約には、管理者が共用部分の管理を行い、共用部分を特定の区分所有者に無償で使用させることができる旨の定めがあるものとする。

1　区分所有者全員の共有に属する共用部分を第三者に賃貸することは、共用部分の管理に関する事項に当たる。

2　一部の区分所有者が共用部分を第三者に賃貸して得た賃料のうち各区分所有者の持分割合に相当する部分につき生ずる不当利得返還請求権は、各区分所有者に帰属する。

3　区分所有者の団体は、区分所有者の団体のみが各区分所有者の持分割合に相当する部分につき生ずる不当利得返還請求権を行使することができる旨を集会で決議することはできない。

4　甲マンションの規約の定めは、区分所有者の団体のみが各区分所有者の持分割合に相当する部分につき生ずる不当利得返還請求権を行使することができる旨を含むものと解することができる。

〔問　6〕　集会に関する次の記述のうち、区分所有法の規定によれば、誤っているものはどれか。ただし、規約に別段の定めはないものとする。

1　区分所有者の5分の1以上で議決権の5分の1以上を有するものは、管理者に対し、会議の目的たる事項を示して、集会の招集を請求することができる。

2　集会の議事に係る区分所有者の議決権は、書面で、又は代理人によって行使することができる。

3　集会の招集の通知をする場合において、会議の目的たる事項が、管理者の選任であるときは、その議案の要領をも通知しなければならない。

4　専有部分が数人の共有に属するときは、共有者は、集会において議決権を行使すべき者一人を定めなければならない。

〔問　7〕　甲マンションにおいて、区分所有者Aが所有する101号室をBに賃貸している場合に関する次の記述のうち、民法、区分所有法及び借地借家法（平成3年法律第90号）の規定によれば、誤っているものはいくつあるか。ただし、甲マンションの規約においては、専有部分を専ら住宅として使用するものとし、他の用途に供してはならないとされている他には、別段の定めはないものとする。

ア　Aは賃貸業を営む事業者で、101号室には居住せずに、Bに同室を居住用として賃貸して賃料収入を得る営業行為を行っていたとしても、Aの行為は、甲マンションの用途違反には該当しない。

イ　甲マンションの管理組合で建替え決議がなされたため、AB間の賃貸借契約が期間満了するに際して、AがBに対して更新を拒絶した場合、Bは建替え決議遵守義務があるので、借地借家法による正当事由の有無を判断することなくAB間の賃貸借は終了する。

ウ　AB間の賃貸借契約に基づいて管理費等の支払義務はBにある旨を、あらかじめAから甲マンションの管理組合に届け出てBの銀行口

座から自動的に引き落とされていた場合であっても、甲マンションの管理組合は、Aに対して滞納されている管理費等の請求をすることができる。

エ　甲マンション管理組合の集会を開催する場合、会議の目的たる事項についてBが利害関係を有しない場合であっても、Bのために、甲マンションの管理組合は、甲マンションの見やすい場所に、その集会の招集通知を掲示しなければならない。

1　一つ

2　二つ

3　三つ

4　四つ

〔問　8〕　甲マンション101号室はAが所有し、同室に隣接する102号室はBが所有して居住しているところ、101号室の室内には段ボール、空ペットボトル、ビニール袋に詰めたゴミなどがため込まれてこれらが積み上がった状況となり、悪臭などによってBを含むマンションの居住者に著しい迷惑が及んでいる。この状況のもとで、甲マンションの管理者又はBが講ずることができる措置に関する次の記述のうち、区分所有法及び民法の規定によれば、誤っているものはどれか。

1　甲マンションの管理者は、管理規約に訴訟の提起についての定めがあったとしても、集会の決議がなければ、Aに対して、101号室の室内のゴミなどの除去を求める訴えを提起することはできない。

2　甲マンションの管理者は、Aの所在を知ることができない場合には、裁判所に対して、101号室の専有部分と共用部分の共有持分を対象として、所有者不明建物管理人による管理を命ずる処分を求めることができる。

3　Bは、Aによる101号室の管理が不適当であることによって自らの健康を害して通院、治療が必要となった場合には、Aに対して損害賠償を請求することができる。

4　Bは、Aによる101号室の管理が不適当であることによって自らの

権利が害されている場合であっても、裁判所に対して、101号室の専有部分と共用部分の共有持分を対象として、管理不全建物管理人による管理を命ずる処分を求めることはできない。

〔問　9〕　甲マンションの集会においてマンションの建替え決議が成立した。Eは建替え決議に賛成した区分所有者であり、A、B、C及びDはいずれも建替え決議に賛成しなかった区分所有者である。決議後、集会招集者が建替え決議に賛成しなかった区分所有者に対して建替え決議の内容により建替えに参加するか否かを回答すべき旨を書面で催告した場合の取扱いに関する次の記述のうち、区分所有法及び民法の規定によれば、正しいものはどれか。

1　Aが催告を受けた日から2月以内に回答しなかった場合には、Aは、建替えに参加する旨を回答したものとみなされる。

2　Bが催告を受けた日から2月以内に建替えに参加する旨を回答した場合であっても、EはBに対して、区分所有権及び敷地利用権を時価で売り渡すべきことを請求することができる。

3　Cが建替えに参加しない旨を回答し、EがCに区分所有権及び敷地利用権を時価で売り渡すべきことを請求した場合において、EはCに対して建物の移転登記手続の履行を求めるためには、売買代金を提供しなければならない。

4　Dが建替えに参加しない旨を回答し、EがDに区分所有権及び敷地利用権を時価で売り渡すべきことを請求した場合において、Dが建物の明渡しによりその生活上著しい困難を生ずるおそれがあるときは、裁判所は、代金の支払又は提供の日から1年を超えない範囲内において、Eに対する移転登記手続をする義務について相当の期限を許与することができる。

〔問 10〕 団地内に専有部分のある建物であるＡ棟及びＢ棟があり、団地の敷地は団地建物所有者の共有に属し、その共有者全員で構成する団地管理組合において、規約が定められている。この場合に関する次の記述のうち、区分所有法の規定によれば、誤っているものはどれか。

1 Ａ棟及びＢ棟が所在する土地は、当然にＡ棟及びＢ棟の団地建物所有者によって構成される団地管理組合における団地共用部分となる。

2 Ａ棟及びＢ棟の団地建物所有者によって構成される団地管理組合がＡ棟及びＢ棟の管理を行うものとする場合において、Ａ棟の管理とＢ棟の管理について、規約で異なる内容を定めることができる。

3 団地内建物の一括建替え決議を行おうとする場合、団地建物所有者の集会において、団地内建物の区分所有者及び議決権の各５分の４以上の多数の賛成を得るとともに、Ａ棟及びＢ棟ごとに区分所有者の３分の２以上の者であって議決権の合計の３分の２以上の議決権を有するものが賛成することが必要である。

4 団地内建物の一括建替え決議を行おうとする場合、再建団地内建物の区分所有権の帰属に関する事項についても、議案として決議しなければならない。

〔問 11〕 大規模な火災、震災その他の災害で政令で定めるものにより区分所有建物の全部が滅失した場合において、区分所有建物の敷地利用権を有する者（この問いにおいて「敷地共有者等」という。）が開く集会で建物を建築する旨の決議（この問いにおいて「再建決議」という。）を行った場合、建物を再建することに関する次の記述のうち、被災マンション法の規定によれば、誤っているものはどれか。なお、区分所有建物に係る敷地利用権は数人で有する所有権その他の権利であったものとする。

1 敷地共有者等が開く集会においては、敷地共有者等の議決権の５分の４以上の多数によって、再建決議をすることができる。

2 敷地共有者等が開く集会においては、区分所有建物の全部が滅失し

た後に区分所有建物の敷地利用権を第三者に譲渡した敷地共有者等は、再建決議における議決権を有しない。

3 敷地共有者等が開く集会においては、滅失した区分所有建物の敷地の一部を含み、かつ滅失した区分所有建物の敷地ではない土地を含む土地上に、新たに建物を建築する旨の再建決議をすることができる。

4 滅失した区分所有建物の敷地利用権に設定されていた抵当権は、再建決議がなされて建物が再建された場合には消滅する。

〔問 12〕 Ａは、甲マンションの508号室を所有しているが、同室及び同室内の壁に飾ってあった風景画（この問いにおいて「絵画」という。）をＢに賃貸した。この場合に関する次の記述のうち、民法の規定及び判例によれば、正しいものはどれか。

1 Ｂが死亡し、その後Ｂを単独で相続した子Ｃが、絵画をＢの所有物であり相続財産に属するものであると過失なく信じて、現実に占有していたときは、Ｃは、即時取得により所有権を取得するため、ＡがＣに絵画の返還を請求しても認められない。

2 Ｂが自らの所有物であると称してＤに絵画を売却し、Ｄは、Ｂの所有物であると過失なく信じていた場合において、Ｂが絵画を以後Ｄのために占有する意思を表示してその現実の占有を継続したときは、Ｄは、即時取得により所有権を取得するため、ＡがＤに絵画の返還を請求しても認められない。

3 Ｂが自らの所有物であると称してＤに絵画を売却した場合において、絵画の引渡しを受けた当時、Ｂの所有物であると過失なく信じていたことをＤ自身で立証しない限り、Ｄは、即時取得により所有権を取得しないため、ＡがＤに絵画の返還を請求すれば認められる。

4 無職のＥがＢが不在の間に508号室に侵入して絵画を盗み、Ｆに売却したところ、ＦがＥの所有物であると過失なく信じていた場合において、絵画の占有が現実にＥからＦに移転されたときであっても、Ａは、盗難の時から2年以内にＦに絵画の返還を請求すれば認められる。

〔問 13〕 甲マンション301号室を所有するAは、その債権者Bを害することを知りつつ、301号室をCに贈与し、その旨の所有権移転登記がされた。Bが、Aのした贈与について、Cに対して詐害行為取消請求をする場合に関する次の記述のうち、民法の規定及び判例によれば、正しいものはどれか。

1 Bによる詐害行為取消請求に係る訴えは、AがBを害することを知って行為をした時から2年を経過したときは提起することができない。

2 BのAに対する債権がAのCに対する贈与の前の原因に基づいて生じたものではない場合には、Bは詐害行為取消請求をすることができない。

3 甲マンション301号室の時価が900万円、BのAに対する債権が400万円である場合には、Bは、400万円の限度においてのみ、Aのした贈与の取消しを請求することができる。

4 Bは、Cに対する詐害行為取消請求において、Aのした贈与の取消しとともに、直接自己に甲マンション301号室の所有権移転登記をするよう請求することができる。

〔問 14〕 Aが所有し、居住する甲マンションの101号室をBに3,000万円で売り渡す旨の契約を締結し、Bから手付金として300万円を受領した場合に関する次の記述のうち、民法の規定によれば、誤っているものはどれか。ただし、AB間の売買契約には、手付に関する特約はないものとする。

1 Aは、Bが履行の着手をする前に、Bに600万円を現実に提供すれば、Bがこれを受領しなくとも売買契約の解除をすることができる。

2 Bは、B自身が履行の着手をしても、Aが履行の着手をしなければ、手付金300万円を放棄して売買契約の解除をすることができる。

3 Aは、Bの債務不履行により売買契約を解除したときは、Bに手付金300万円を返還することなく、Bの債務不履行により生じた損害全

額の賠償を請求することができる。

4　Aが履行の着手をする前に、Bが手付金300万円を放棄して売買契約の解除をしたときは、Aは、売買契約の解除によって300万円を超える損害が生じても、Bに対して損害賠償の請求はできない。

〔問 15〕　甲マンション202号室を所有しているAは、友人であるBとの間で、同室を無償で貸す旨の使用貸借契約を締結し、Bに引き渡した。この場合に関する次の記述のうち、民法の規定によれば、正しいものはどれか。

1　使用貸借契約が書面でされていない場合には、Aは、書面によらない使用貸借であることを理由に、使用貸借契約を解除することができる。

2　災害によって202号室が損傷した場合には、Bは、Aに対し、その修繕を請求することができる。

3　使用貸借契約の締結後にBが死亡した場合には、使用貸借契約に基づく借主の地位はBの相続人に相続され、Bの相続人が202号室を無償で使用することができる。

4　使用貸借契約において、使用貸借の期間並びに使用及び収益の目的を定めなかったときは、Aは、いつでも使用貸借契約を解除することができる。

〔問 16〕　Aは、甲マンションの202号室を所有して居住しているが外国出張で不在にしており、Bは、その隣室である203号室を所有して居住しており在室していた。この場合に関する次の記述のうち、民法の規定によれば、誤っているものはどれか。なお、各記述におけるBの行為は、Aの意思や利益に明らかに反しないことを前提とする。

1　台風による強風で飛来物が衝突し202号室の窓ガラスが割れた場合には、Bは、Aから依頼を受けていなくても、割れた窓ガラスを修理することができるが、その修理作業は、最もAの利益に適合する方法

によって行わなければならない。

2　台風による強風で飛来物が衝突し202号室の窓ガラスが割れた場合には、Bは、Aから依頼を受けていなくても、割れた窓ガラスを修理することができるが、その修理費用は、Bが負担しなければならない。

3　台風による強風で飛来物が衝突し202号室の窓ガラスが割れた場合には、Bは、Aから依頼を受けていなくても、割れた窓ガラスを修理することができるが、そのことをAが知らない場合には遅滞なくAに通知しなければならない。

4　202号室の室内で火災が発生していたため、Bがやむを得ずベランダから進入し、202号室の窓ガラスを割って室内に入り消火作業をした場合には、BはAに窓ガラスの修理費用を支払う必要はない。

〔問　17〕　甲マンションの501号室に居住するAは、令和2年5月1日午後1時、同室のベランダに干していた布団を誤って屋外に落としてしまい、Bが所有し運転していた自転車に落下した布団が当たり、同自転車が転倒し破損するとともに、転倒したBが負傷した。

　　その後、Bには後遺症が残ったものの、Bの治療が令和2年7月31日に終了し、同日に症状固定の診断を受けた場合に関する次の記述のうち、民法の規定及び判例によれば、正しいものはどれか。ただし、BはAが布団を誤って屋外に落としたことを事故当日に知っており、時効の更新事由あるいは完成猶予事由はないものとする。

1　BのAに対する人身傷害に係る損害賠償請求権は、令和7年7月31日の経過時に時効により消滅する。

2　BのAに対する自転車損傷に係る損害賠償請求権は、令和7年5月1日の経過時に時効により消滅する。

3　BのAに対する人身傷害に係る損害賠償請求権は、令和7年5月1日の経過時に時効により消滅する。

4　BのAに対する自転車損傷に係る損害賠償請求権は、令和5年7月31日の経過時に時効により消滅する。

〔問 18〕 滞納となっている管理費の回収のため、管理者が、区分所有法第7条の先取特権（この問いにおいて「先取特権」という。）に基づき滞納者が所有する敷地権付き区分建物を目的とする担保不動産競売の申立てをする場合に関する次の記述のうち、区分所有法、民法、民事執行法（昭和54年法律第4号）及び不動産登記法（平成16年法律第123号）の規定によれば、誤っているものはどれか。

1 敷地権付き区分建物の登記記録の乙区に第一順位の抵当権が登記されている場合、先取特権は優先順位において抵当権に劣後する。
2 敷地権付き区分建物の当該建物のみを目的とする先取特権の登記を申請することができる。
3 敷地権付き区分建物の登記記録の乙区にあらかじめ先取特権の登記がなされていなくても、担保不動産競売の申立てをすることができる。
4 滞納者が死亡し、敷地権付き区分建物につき相続を原因とする所有権移転登記がなされていない場合、管理者が相続人に代位して当該登記を申請することができる。

〔問 19〕 マンション建替事業に関する次の記述のうち、マンションの建替え等の円滑化に関する法律（平成14年法律第78号）の規定によれば、誤っているものはどれか。

1 建替え合意者は、5人以上共同して、定款及び事業計画を定め、都道府県知事（市の区域内にあっては、当該市の長。）の認可を受けてマンション建替組合を設立することができる。
2 マンション建替組合において、施行マンション（マンション建替事業を施行する現に存するマンションをいう。以下同じ。）の建替え合意者はすべて組合員となり、マンションの一の専有部分が数人の共有に属するときは、その数人を一人の組合員とみなす。
3 権利変換計画の変更は、組合員の議決権及び持分割合の各過半数で決することができる。

4 組合設立に係る認可の公告があったときは、施行マンションの区分所有権又は敷地利用権を有する者は、その公告があった日から30日以内に、施行者に対し、権利の変換を希望せず、自己の有する区分所有権又は敷地利用権に代えて金銭の給付を希望する旨を申し出ることができる。

〔問 20〕 地区計画に関する次の記述のうち、都市計画法（昭和43年法律第100号）の規定によれば、正しいものはどれか。

1 地区計画については、地区計画の種類、名称、位置及び区域のほか、区域の整備、開発及び保全に関する方針を都市計画に定めなければならない。

2 地区計画は、市街化を抑制すべき区域である市街化調整区域には定めることができない。

3 地区整備計画においては、建築物等の用途の制限、建築物等の形態又は色彩その他の意匠の制限等について定めることができるが、建築物の緑化率の最低限度については定めることができない。

4 地区整備計画が定められている区域内において、土地の区画形質の変更や建築物の建築等を行おうとする者は、原則として、当該行為に着手する日の30日前までに、市町村長に届け出なければならない。

〔問 21〕 建築基準法（昭和25年法律第201号）に関する次の記述のうち、誤っているものはどれか。

1 各階の床面積がそれぞれ300㎡の３階建ての共同住宅について、その１階部分の用途を事務所に変更しようとする場合は、建築確認を受ける必要はない。

2 床面積の合計が300㎡である共同住宅について、大規模の修繕をしようとする場合は、建築確認を受ける必要はない。

3 特定行政庁は、緊急の必要がある場合においては、建築基準法の規定に違反した共同住宅の所有者等に対して、当該者からの意見書の提

出等の手続によらないで、仮に、当該共同住宅の使用禁止又は使用制限の命令をすることができる。

4　共同住宅の屋外に設ける避難階段に屋内から通ずる出口に設ける戸の施錠装置は、屋内からかぎを用いることなく解錠できるものとし、かつ、当該戸の近くの見やすい場所にその解錠方法を表示しなければならない。

〔問　22〕　簡易専用水道に関する次の記述のうち、水道法（昭和32年法律第177号）の規定によれば、誤っているものはどれか。

1　簡易専用水道の設置者が、定期に、地方公共団体の機関又は厚生労働大臣の登録を受けた者の検査を受けない場合、罰金に処せられる。

2　簡易専用水道の設置者は、定期及び臨時の水質検査を行ったときは、これに関する記録を作成し、水質検査を行った日から起算して5年間保管しなければならない。

3　都道府県知事は、簡易専用水道の管理の適正を確保するために必要があると認めるときは、簡易専用水道の設置者からその管理について必要な報告を徴することができる。

4　簡易専用水道の設置者は、給水栓における水質について、臭気、味、色、濁り及び残留塩素に関する検査を受けなければならない。

〔問　23〕　高さ31mを超えるマンション（この問いにおいて「高層マンション」という。）における防炎対象物品の防炎性能に関する次の記述のうち、消防法（昭和23年法律第186号）の規定によれば、誤っているものはどれか。

1　高層マンションで使用するカーテンは、高さ31m以下の階の住戸であっても、政令で定める基準以上の防炎性能を有するものでなければならない。

2　高層マンションの屋上部分に施工する人工芝は、政令で定める基準以上の防炎性能を有するものである必要はない。

3 高層マンションで使用する防炎性能を有するカーテンには、総務省令で定めるところにより、政令で定める基準以上の防炎性能を有するものである旨の表示を付することができる。

4 高層マンションの管理者、所有者又は占有者は、当該高層マンションで使用するため、防炎性能を有しないカーテンを購入し、これを業者等に委託して政令で定める基準以上の防炎性能を与えるための処理をさせたときは、総務省令で定めるところにより、その旨を明らかにしておかなければならない。

〔問　24〕「共同住宅に係る防犯上の留意事項及び防犯に配慮した共同住宅に係る設計指針について」(最終改正　平成18年4月20日　国住生第19号)によれば、新築住宅建設に係る設計指針に関する次の記述のうち、適切でないものはどれか。

1 管理人室は、共用玄関、共用メールコーナー(宅配ボックスを含む。)及びエレベーターホールを見通せる構造とし、又はこれに近接した位置に配置する。

2 通路(道路に準ずるものを除く。以下同じ。)は、周辺環境、夜間等の時間帯による利用状況及び管理体制等を踏まえて、道路等、共用玄関、屋外駐車場等を結ぶ特定の通路に動線が集中しないように配置することが望ましい。

3 エレベーターのかご及び昇降路の出入口の扉に、エレベーターホールからかご内を見通せる構造の窓を設置しても、エレベーターのかご内には、防犯カメラを設置する必要がある。

4 集会所等の共同施設は、周囲からの見通しが確保されたものとするとともに、その利用機会が増えるよう、設計、管理体制等を工夫する。

〔問　25〕マンションの修繕や改良工事に関する次の記述のうち、標準管理規約によれば、適切なものはどれか。

1 区分所有者は、専有部分の排水管(枝管)の取替え工事を行おうと

するときに、設計図、仕様書及び工程表を添付した申請書を理事長に提出して書面による承認を得た場合には、承認の範囲内で、専有部分の修繕等に係る共用部分の工事を行うことができる。

2　台風により窓ガラスが割れたため専有部分に雨が吹き込んでいる場合であっても、当該専有部分の区分所有者は、事前に理事長に申請して書面による承認を受けたうえで、窓ガラスの張替え工事を実施する必要がある。

3　専有部分に設置されている窓ガラスは、当該専有部分の区分所有者が専用使用権を有しているため、経年劣化した窓ガラスの交換工事は、当該区分所有者の負担において行うことになり、管理組合の負担において行うことはない。

4　区分所有者が、断熱性向上のために窓枠と窓ガラスの交換工事を行う場合、あらかじめ理事長に申請して書面による承認を受ければ、工事を実施することができ、その費用については、管理組合に対して請求することができる。

〔問　26〕　専有部分の占有者や同居人等に関する次の記述のうち、標準管理規約によれば、適切なものはいくつあるか。

ア　管理費等を上乗せして家賃を支払っている賃借人は、大幅な修繕積立金値上げを議題とする場合には、利害関係人として総会に出席し意見を述べることができる。

イ　区分所有者は、同居している姪(めい)を代理人として議決権を行使させることができる。

ウ　長期海外勤務の区分所有者から住戸の売却の媒介依頼を受けた宅地建物取引業者は、管理組合の帳簿の閲覧を請求することができる。

エ　区分所有者と同居している親族が規約違反行為の是正の対象者になっている場合には、当該親族は、規約や総会決議の議事録の閲覧を請求することができる。

1　一つ
2　二つ

3　三つ

4　四つ

〔問　27〕　管理組合が実施する災害への備えのための活動に関する次の
　　記述のうち、標準管理規約によれば、適切でないものはどれか。

1　管理組合は、近隣の自治会とも連携して地域住民と一体的に行われ
　　る防災訓練の費用について、マンション住民の避難訓練に相当する分
　　を、管理費から拠出することができる。
2　管理組合は、組合員名簿とは別に、災害発生時に特別な支援を要す
　　る者に係る名簿を備えることとし、該当する組合員や居住者に当該名
　　簿への記載の協力を求めることができる。
3　災害発生時に共用部分や他の専有部分に対して物理的に又は機能上
　　重大な影響を与えるおそれがあるとして、理事長が緊急に専有部分や
　　専用使用部分に立ち入るため、管理組合が各住戸の合い鍵を預かって
　　おくことを定めることもできる。
4　組合員総数及び議決権総数の各4分の3以上の多数による決議で管
　　理規約を改正することにより、災害が発生して総会が開催できない場
　　合には、全員の承諾を要せずに書面決議をすることができる。

〔問　28〕　管理組合が、外部専門家を理事長に選任しようとする場合の
　　手続きに関する次の記述のうち、標準管理規約及び外部専門家の活用
　　ガイドライン（国土交通省平成29年6月公表）によれば、適切でない
　　ものはどれか。ただし、当該管理組合の管理規約には、標準管理規約
　　に沿って外部専門家を役員として選任できる旨が規定されているもの
　　とする。

1　外部専門家の選任方法については、細則に委任されているので、あ
　　らかじめ細則等において、役職も含めて総会で決議する等の特別の手
　　続きを定めておくことが望ましい。
2　マンション管理士の登録の取消し又はマンション管理に関する分野

に係る資格についてこれと同様の処分を受けた者は、役員になること
はできないことを細則で定めることができる。

3　外部専門家を理事長とするためには、管理組合の内部での手続きと
あわせ、管理組合と外部専門家との間で、理事長業務の委託契約を締
結する必要がある。

4　外部専門家の導入のための総会決議において、選任方法について細
則を定める場合には、組合員総数及び議決権総数の各4分の3以上の
多数による決議が必要となる。

〔問　29〕　管理組合の役員及び理事会に関する次の記述のうち、標準管
理規約によれば、適切なものはどれか。

1　区分所有者が、管理組合を原告とする滞納管理費等請求訴訟におい
て被告となっていることは、役員の欠格事由に当たる。

2　監事は、業務監査及び会計監査の権限を有しており、業務の執行又
は財産の状況を理事に報告するために、いつでも、自ら理事会の招集
をすることができる。

3　大規模修繕工事の内容の検討のために建物診断を業者に依頼する場
合、管理組合の理事会は、総会の決議を経ずに、理事会のみの判断で、
建物診断の発注をすることができる。

4　マンション管理士が外部専門家として理事に就任している管理組合
において、当該組合が当該管理士との間で長期修繕計画作成のための
契約を締結する場合には、当該管理士は理事会の承認を得なければな
らない。

〔問　30〕　管理組合が、集会所における集会とWEB会議システムを併
用して総会を行おうとする場合の取扱いに関する次の記述のうち、標
準管理規約によれば、適切なものはどれか。

1　WEB会議システムにより出席する組合員の議決権行使の取扱いを、
あらかじめ管理規約に定めておく必要がある。

2　理事長は、前会計年度における管理組合の業務の執行に関し報告を
　して各組合員からの質疑への応答等に適切に対応する必要があること
　から、集会所における集会に出席しなければならない。

3　いずれの方法によっても総会に出席できない組合員は、その配偶者
　が集会所における集会に出席できる場合であっても、WEB会議シス
　テムにより出席を予定している他の組合員を代理人として議決権を行
　使することができる。

4　理事長は、WEB会議システムにより出席することを予定している
　組合員に個別のID及びパスワードを送付する必要があるため、緊急
　を要する場合であっても、少なくとも会議を開く日の2週間前までに
　招集通知を発しなければならない。

〔問　31〕　総会において議長が議決権行使を有効と判断した取扱いに関
　する次の記述のうち、民法の規定及び標準管理規約によれば、適切で
　ないものはどれか。ただし、当該管理組合の管理規約では、外部専門
　家を役員として選任できない旨が規定されているものとする。

1　総会の招集通知に添付してある一連の出席票・委任状・議決権行使
　書において、出席とした上で、余白に「万一欠席した場合は、議長に
　一任する」という手書きの文章が追加されて返信され、総会当日は欠
　席であったので議長が代理人として議決権を行使した。

2　自分のパソコンで「全ての議案に反対する」と部屋番号と氏名を記
　載した議決権行使書を作成し印刷されたものが提出された。

3　外国居住の区分所有者に住戸購入を媒介した日本の不動産業者が、
　自らを受任者とする委任状に記名押印して管理組合に郵送してきた。

4　議決権行使書に、「議案に賛成する」の箇所を○で囲んでいたが、
　署名のみで住戸番号の記載がなかった。

〔問　32〕　管理組合において、次のことを行うために管理規約の改正が必要なものはどれか。ただし、現行の管理規約は、標準管理規約と同様であるものとする。

1　総会提出議案の役員候補として立候補しようとする組合員は、理事会決議で決められた所定の期間内に届け出なければならないとすること。

2　理事の立候補の届出がない場合に、輪番制で理事の候補者を選任するとすること。

3　総会の議長は、出席組合員の中から選任するとすること。

4　役員選任は、役員全員を一括で選任する一括審議ではなく、それぞれの役員について個別に選任する個別信任方式とすること。

〔問　33〕　団地管理組合の運営に関する次の記述のうち、マンション標準管理規約（団地型）及びマンション標準管理規約（団地型）コメント（最終改正　令和3年6月22日　国住マ第33号）によれば、適切なものはどれか。

1　駐車場使用料は、駐車場の管理に要する費用に充てるほか、各棟の区分所有者の数に応じて、棟ごとに各棟修繕積立金として積み立てる。

2　各棟修繕積立金は各棟の共用部分の特別の管理のために徴収されているため、滞納となっている管理費等の請求に関し、訴訟その他の法的措置を講ずるときは、滞納が発生している棟の総会の決議が必要である。

3　専ら団地内の特定の棟の区分所有者や占有者の通行の用に供されている敷地内の通路であっても、その修繕工事の実施は、団地総会において決議し、その費用は団地修繕積立金から支出する。

4　団地において大規模修繕工事を実施する場合、各棟修繕積立金は各棟で積み立て、区分経理していることから、各棟の工事の実施については、棟総会における決議が必要である。

〔問 34〕 甲マンション管理組合の令和4年度決算（令和4年4月1日 ～令和5年3月31日）に関して、会計担当理事が行った次の仕訳のうち、適切でないものはどれか。ただし、会計処理は発生主義の原則によるものとする。

1 令和4年7月に修繕工事が完了し、20万円を支払った。なお、令和4年2月に着手金5万円を支払っている。

(単位：円)

（借 方）		（貸 方）	
修 繕 費	250,000	現 金 預 金	200,000
		前 払 金	50,000

2 令和5年3月にA組合員から、令和4年3月分から令和5年5月分までの管理費30万円（月額2万円）が入金された。

(単位：円)

（借 方）		（貸 方）	
現 金 預 金	300,000	管理費収入	240,000
		未 収 金	20,000
		前 受 金	40,000

3 令和3年度の貸借対照表に計上されていた管理費の未収金20万円のうち、17万円が令和4年度に入金された。3万円はまだ入金されていない。

(単位：円)

（借 方）		（貸 方）	
現 金 預 金	170,000	未 収 金	200,000
管理費収入	30,000		

4 令和5年3月末の帳簿上の銀行預金残高より銀行発行の預金残高証明書の金額が5万円少なかったため調査したところ、支払った損害保険料5万円の処理が計上漏れとなっていたため、必要な仕訳を行った。

（単位：円）

（借　　　方）		（貸　　　方）	
保　険　料	50,000	現　金　預　金	50,000

〔問　35〕　甲マンション管理組合の令和4年度決算（令和4年4月1日
　　〜令和5年3月31日）に当たり、令和5年3月31日現在の会計帳簿の
　　現金預金の金額と銀行の預金残高証明書の金額に2万円の差異があっ
　　た。この差異原因の説明に関する次の記述のうち、適切なものはどれ
　　か。ただし、会計処理は発生主義の原則によるものとする。

1　令和5年4月分の管理費2万円が令和5年3月に銀行に入金されて
　　いたが、令和5年3月の仕訳で（貸方）管理費収入ではなく前受金で
　　会計処理をしていたため、会計帳簿の現金預金の金額が2万円少な
　　い。

2　令和5年3月分のエレベーター保守料2万円を令和5年3月の仕訳
　　で（貸方）未払金で会計処理していたが、3月分の2万円は銀行から
　　自動引き落としされていたため、会計帳簿の現金預金の金額が2万円
　　少ない。

3　令和4年度分と令和5年度分の損害保険料4万円（年間2万円）を
　　令和5年3月に支払ったが、令和5年3月の仕訳で令和5年度分の
　　2万円は（借方）前払金として会計処理したため、会計帳簿の現金預
　　金の金額が2万円少ない。

4　令和5年3月分の携帯電話基地局設置料収入2万円を令和5年3月
　　の仕訳で（借方）未収金で会計処理していたが、令和5年3月末に銀
　　行に入金されていたことが判明したため、会計帳簿の現金預金の金額
　　が2万円少ない。

〔問　36〕　長期修繕計画作成ガイドライン（令和3年9月国土交通省公
　　表）の長期修繕計画の作成に関する次の記述のうち、適切でないもの
　　はどれか。

1　マンションの快適な居住環境を確保し、資産価値を維持するためには、適時適切な修繕工事を行うことが必要である。
2　長期修繕計画の目的の一つに、将来見込まれる修繕工事及び改修工事の内容、概算の費用等を明確にし、実施の時期を確定することがある。
3　長期修繕計画の目的の一つに、計画修繕工事の実施のために積み立てる修繕積立金の額の根拠を明確にすることがある。
4　長期修繕計画の目的の一つに、修繕工事及び改修工事に関する長期計画について、あらかじめ合意しておくことで、計画修繕工事の円滑な実施を図ることがある。

〔問　37〕　長期修繕計画作成ガイドラインによれば、マンションの長期修繕計画の作成方法に関する次の記述のうち、適切でないものはどれか。

1　長期修繕計画の構成は、マンションの建物・設備の概要等、調査・診断の概要、長期修繕計画作成・修繕積立金の額の設定の考え方、長期修繕計画の内容、修繕積立金の額の設定の項目を基本とする。
2　長期修繕計画の計画期間は、30年以上で、かつ大規模修繕工事が2回含まれる期間以上とする。
3　修繕工事を集約すると、直接仮設や共通仮設の設置費用が増加するなどの経済的なデメリットがある。
4　推定修繕工事費は、長期修繕計画用に算出した概算の数量に、調査データや実績等を基に設定した単価を乗じて算定する。

〔問　38〕　マンションの大規模修繕工事に関する次の記述のうち、適切でないものはどれか。

1　工事中の煙や臭いの発生を少なくするため、溶融温度が低い防水工事用改質アスファルトを用いた。
2　工事による騒音が、室内において40dBA程度になると、不快感を

訴える人が多くなる。

3 モルタル塗り仕上げ部分に発生している幅が1.0mmを超えるひび割れで、ひび割れ幅の変動がある場合の補修は、Uカットシール材充填工法とし、充填材にシーリング材を用いるのが一般的である。

4 外壁複合改修構工法（ピンネット工法）は、既存のタイルやモルタル等の仕上げ層を撤去せずに、アンカーピンによる仕上げ層の剥落防止と繊維ネットによる既存仕上げ層の一体化により安全性を確保する工法である。

〔問 39〕 マンションの建物の調査機器と調査方法に関する次の記述のうち、適切でないものはどれか。

1 電磁波レーダを用いて、鉄筋のかぶり厚さの調査を行った。

2 クラックスケールを用いて、コンクリートのひび割れ幅の調査を行った。

3 タッピングマシンを用いて、外壁タイルの浮きの調査を行った。

4 針入度計を用いて、防水層の劣化度の調査を行った。

〔問 40〕 マンションの構造に関する次の記述のうち、適切でないものはどれか。

1 震度6強から震度7程度の地震がおきても、人命に危害を及ぼすような倒壊等を生じないことを目標として、建築基準法の耐震基準は定められている。

2 壁と床を鉄筋コンクリートで一体的につくり、様々な荷重や外力に対応する壁式構造は、中層や低層のマンションに適している。

3 多くのマンションで採用されている耐震構造は、建物の剛性を高めて地震力に抵抗する構造方式である。

4 チューブ状の鋼管の中にコンクリートを詰めて、柱などの主要構造材としたものを鉄骨鉄筋コンクリート構造（SRC造）といい、鉄筋コンクリート構造（RC造）と同様に、鉄とコンクリートの特性を補い

合う優れた性能を持つ。

〔問 41〕 マンションの防犯に関する次の記述のうち、適切でないもの
はどれか。

1　屋内の共用廊下の照明設備は、床面においておおむね50ルクス以上
の平均水平面照度を確保するものとする。
2　屋外の共用階段について、住棟外部からの見通しが確保され、各住
戸のバルコニーと近接している場合には当該バルコニーに侵入しにく
い構造とする。
3　敷地内の通路は、共用玄関や居室の窓から見通しが確保され、路面
においておおむね3ルクス以上の平均水平面照度を確保できる照明設
備を設けるものとする。
4　共用玄関の照明設備は、その内側の床面においておおむね50ルクス
以上、外側の床面においておおむね20ルクス以上の平均水平面照度を
それぞれ確保するものとする。

〔問 42〕 マンションの省エネに関する次の記述のうち、適切でないも
のはどれか。

1　建築物のエネルギー消費性能の向上等に関する法律（平成27年法律
第53号）において住宅に適用される基準は、建築物エネルギー消費性
能基準と住宅事業建築主基準の2つである。
2　熱貫流率とは、熱伝導率と熱伝達率の2要素により決まり、値が大
きい外壁は熱を通しやすく、値が小さい外壁は保温性が高いことを示
す。
3　夏場の省エネ対策では、日射をいかに防ぐかがポイントとなり、ブ
ラインドやルーバーを用いて直射光が室内に入らないようにすること
は有効である。
4　外壁の仕様を熱伝導抵抗が高いものとしたり建具の気密性を高める
ことは、熱の出入りを低減し、断熱性能を高めるために有効である。

〔問　43〕　マンションの給水設備及び飲料用の受水槽に関する次の記述のうち、適切でないものの組み合わせはどれか。

ア　専有部分の給水管の給水圧力の上限値は、一般的に300〜400kPaに設定する。

イ　さや管ヘッダー工法では、専有部分に設置する配管として、耐衝撃性及び強靱性に優れた水道用ポリエチレン粉体ライニング鋼管を使用する。

ウ　受水槽内に排水が逆流しないように、オーバーフロー管の下端と排水管との間に垂直距離100mmの排水口空間を確保する。

エ　受水槽の点検用マンホール面は、受水槽上面より10cm以上立ち上げる。

1　アとイ
2　イとウ
3　ウとエ
4　エとア

〔問　44〕　マンションの排水設備に関する次の記述のうち、適切なものの組み合わせはどれか。

ア　結合通気管は、排水横枝管から分岐して立ち上げ、通気立て管に接続し、排水横枝管内の圧力を緩和するために用いる。

イ　逆わんトラップは、わん部分を取り外し清掃が容易にできるため、台所流しの排水口に設置する。

ウ　専有部分の浴室系統の排水横枝管の管径が50mmの場合、円滑に排水を行うために最小勾配は1/50とする。

エ　排水立て管の清掃時に清掃ノズルを挿入する掃除口を、3〜5階以内の間隔で設ける。

1　アとイ
2　イとウ
3　ウとエ

4　エとア

〔問　45〕　マンションの設備に関する次の記述のうち、適切なものはどれか。

1　ガス給湯器の能力表示には「号」が一般に用いられ、1号は流量1ℓ/minの水の温度を20℃上昇させる能力をいう。
2　換気設備において、換気による外気の熱負荷を軽減するため、第1種換気方式となる熱交換型換気扇を用いた。
3　特殊継手排水システムは、排水立て管と通気立て管を併設し、それらを接続することにより、排水管内の圧力を緩和する機能があるので、専有部分からの汚水系統や雑排水系統の排水を集約できる。
4　給水設備において、水道水の水質を確保するためには、給水栓における遊離残留塩素の濃度を、通常0.05mg/ℓ以上にしなければならない。

〔問　46〕　マンションの管理に関する次の記述のうち、マンション管理適正化法の規定によれば、正しいものはいくつあるか。

ア　都道府県等は、マンション管理適正化指針に即し、管理組合の管理者等（管理者等が置かれていないときは、当該管理組合を構成するマンションの区分所有者等。）に対し、マンションの管理の適正化を図るために必要な助言及び指導をすることができる。
イ　マンションの区分所有者等は、マンションの管理に関し、管理組合の一員としての役割を適切に果たすよう努めなければならない。
ウ　マンション管理計画の認定は、5年ごとにその更新を受けなければ、その期間の経過によって、その効力を失う。
エ　都道府県等は、マンション管理適正化推進計画の作成及び変更並びにマンション管理適正化推進計画に基づく措置の実施に関して特に必要があると認めるときは、関係地方公共団体、管理組合、マンション管理業者その他の関係者に対し、調査を実施するため必要な協力を求

めることができる。

1　一つ
2　二つ
3　三つ
4　四つ

〔問　47〕「マンションの管理の適正化の推進を図るための基本的な方針」（令和３年９月28日　国土交通省告示第1286号）に関する次の記述のうち、適切なものはいくつあるか。

ア　防災・減災、防犯に加え、日常的なトラブルの防止などの観点からも、マンションにおけるコミュニティ形成は重要なものであり、管理組合においても、区分所有法に則り、良好なコミュニティの形成に積極的に取り組むことが重要である。

イ　管理組合の自立的な運営は、マンションの区分所有者等の全員が参加し、その意見を反映することにより成り立つものであるため、管理組合の運営は、情報の開示、運営の透明化等を通じ、開かれた民主的なものとする必要がある。

ウ　管理組合の管理者等は、維持修繕を円滑かつ適切に実施するため、設計に関する図書等を保管することが重要であり、この図書等について、マンション建設業者や宅地建物取引業者の求めに応じ、閲覧できるように配慮することが望ましい。

エ　管理組合の経済的基盤を確立するため、管理費及び修繕積立金等について必要な費用を徴収するとともに、管理規約に基づき、これらの費目を帳簿上も明確に区分して経理を行い、適正に管理する必要がある。

1　一つ
2　二つ
3　三つ
4　四つ

〔問 48〕 マンション管理適正化法第5条の4に基づく管理計画の認定基準に関する次の記述のうち、誤っているものはどれか。

1 監事が選任されていること。
2 長期修繕計画の実効性を確保するため、計画期間が30年以上で、かつ、残存期間内に大規模修繕工事が2回以上含まれるように設定されていること。
3 マンションの管理状況に係る書面の散逸、毀損防止のため、管理規約において、管理組合の管理に関する情報の保管等を電磁的方法によるものと定めていること。
4 管理組合がマンションの区分所有者等への平常時における連絡に加え、災害等の緊急時に迅速な対応を行うため、組合員名簿、居住者名簿を備えているとともに、1年に1回以上は内容の確認を行っていること。

〔問 49〕 マンション管理業者の業務に関する次の記述のうち、マンション管理適正化法（この問いにおいて「法」という。）によれば、正しいものはいくつあるか。

ア マンション管理業者は、管理組合から委託を受けた管理事務のうち基幹事務について、複数の者に分割して委託する場合は、その全てを再委託することができる。
イ マンション管理業者は、法第77条に定める管理事務報告を行うに際して、管理組合に管理者等が置かれていない場合は、当該管理組合を構成するマンションの区分所有者等に対し、管理事務に関する報告を記載した書面を交付すれば足りる。
ウ マンション管理業者は、管理受託契約を締結したとき、管理組合に管理者等が置かれている場合は、当該管理者等に対し、法第73条に定める契約成立時の書面を交付しなければならない。
エ マンション管理業者は、管理事務の委託を受けた管理組合における会計の収入及び支出の状況に関する書面を作成し、管理組合の管理者等

に交付するときは、管理業務主任者をして記名させなければならない。

1　一つ
2　二つ
3　三つ
4　四つ

〔問　50〕　マンション管理業者が行うマンション管理適正化法第72条の規定に基づく重要事項の説明等に関する次の記述のうち、誤っているものはいくつあるか。

ア　管理業務主任者は、重要事項の説明を行うに当たり、説明の相手方から要求があった場合は、説明の相手方に対し管理業務主任者証を提示しなければならない。

イ　マンション管理業者は、管理受託契約を更新する場合において、従前の管理受託契約に比して管理事務の内容及び実施方法の範囲を拡大し、管理事務に要する費用の額を同一とする場合、あらかじめ、重要事項の説明会を開催する必要はない。

ウ　マンション管理業者は、従前の管理受託契約と同一の条件で管理組合との契約を更新しようとするとき、当該管理組合の認定管理者等から重要事項について説明を要しない旨の意思の表明があったときは、当該認定管理者等に対して重要事項を記載した書面の交付を行えばよい。

エ　マンション管理業者は、管理組合から管理事務の委託を受けることを内容とする契約に係る説明会の日の5日前までに、当該管理組合を構成するマンションの区分所有者等及び当該管理組合の管理者等の全員に対し、重要事項並びに説明会の日時及び場所を記載した書面を交付しなければならない。

1　一つ
2　二つ
3　三つ
4　四つ

令和4年度 試験問題

分野	問	テーマ	分野	問	テーマ
❶ 管理に関する法令・実務	1	区分所有法（共用部分）	❷ 管理組合の運営	25	標準管理規約（共用部分）
	2	区分所有法・不動産登記法（敷地）		26	標準管理規約（管理費の充当、立入り）
	3	区分所有法（管理所有）		27	標準管理規約（修繕積立金）
	4	区分所有法・民法（管理者）		28	標準管理規約（総会の招集）
	5	区分所有法（管理者）		29	標準管理規約（総会の議決権）
	6	区分所有法（電磁的記録・方法）		30	標準管理規約（IT を活用した手続き）
	7	区分所有法・民法（議決権の行使）		31	標準管理規約（理事会）
	8	区分所有法（集会）		32	標準管理規約（団地型）
	9	区分所有法（義務違反者に対する措置）		33	標準管理規約（団地型・複合用途型）
	10	被災マンション法		34	収支決算
	11	区分所有法（団地）		35	収支予算
	12	民法（意思表示）	❸ 建物と設備の形質・構造	36	標準管理規約・長期修繕計画作成ガイドライン及びコメント等
	13	民法（物権変動）		37	マンション（建物）外壁に生じる劣化症状と調査
	14	民法（弁済）		38	マンションの防水施工
	15	民法・借地借家法（契約の成立）		39	マンションの調査・診断方法とその目的
	16	民法・借地借家法（契約の終了・更新）		40	マンションの各部の計画
	17	民法（遺産分割）		41	マンションの構造と地盤改良
	18	区分所有法・不動産登記法（敷地権の登記）		42	バリアフリー
	19	マンション建替え円滑化法（敷地分割組合）		43	排水設備及び清掃方法
	20	都市計画法（地域地区、都市計画区域）		44	給水設備
	21	建築基準法（維持保全計画、防火地域、準防火地域、単体規定）		45	マンションの設備
	22	水道法（簡易専用水道、貯水槽水道）	❹ マンション管理適正化法	46	マンション管理適正化法（マンション管理士）
	23	消防法（消防用設備等）		47	マンション管理適正化基本方針
	24	警備業法（認定、警備員、書面の交付）		48	マンション管理適正化法（管理適正化推進計画等）
				49	マンション管理適正化法（管理計画）
				50	マンション管理適正化法（重要事項の説明）

〔問　1〕　次に掲げる事項のうち、区分所有法の規定によれば、「共用部分」であるものはいくつあるか。

ア　専有部分以外の建物の部分
イ　専有部分に属しない建物の附属物
ウ　専有部分のある建物の敷地
エ　規約により共用部分と定められた附属の建物

1　一つ
2　二つ
3　三つ
4　四つ

〔問　2〕　区分所有建物の敷地に関する次の記述のうち、区分所有法及び不動産登記法（平成16年法律第123号）の規定によれば、正しいものはいくつあるか。

ア　借地上の区分所有建物における敷地利用権の場合には、専有部分と敷地利用権の分離処分禁止の原則は適用されない。
イ　敷地を専有部分の底地ごとに区画して別の筆とし、それぞれの区分所有者が当該区画について単独で所有権を有しているタウンハウス形式の区分所有建物の場合には、専有部分の登記簿の表題部に敷地権は表示されない。
ウ　土地の共有者全員で、その全員が区分所有する建物を建てた場合には、規約に別段の定めがない限り、敷地の共有持分は各区分所有者の専有面積の割合となる。
エ　区分所有法の敷地には、区分所有者が建物及び建物が所在する土地と一体として管理又は使用をする庭、通路その他の土地で規約に定めたものも含む。

1　一つ
2　二つ
3　三つ

4 四つ

〔問 3〕 管理所有に関する次の記述のうち、区分所有法の規定によれば、正しいものはどれか。

1 規約の別段の定めによっても、管理者は一部共用部分を所有することはできない。

2 規約の別段の定めによっても、共用部分の所有者を管理者以外の特定の区分所有者とすることはできない。

3 管理所有者は、その者が管理所有する共用部分を保存し、又は改良するため必要な範囲内において、他の区分所有者の専有部分又は自己の所有に属しない共用部分の使用を請求することができる。

4 管理所有者は、その者が管理所有する共用部分について、その形状又は効用の著しい変更を伴わないものであっても、変更をすることはできない。

◎〔問 4〕 甲マンションにおける管理者が区分所有者Aである場合の管理者の立場等に関する次の記述のうち、区分所有法及び民法（明治29年法律第89号）の規定によれば、正しいものはどれか。ただし、規約に別段の定めはないものとする。

1 Aは、集会の決議を経ることなく、共用部分の保存行為をするとともにその形状又は効用の著しい変更を伴わない変更をすることができる。

2 Aは、甲マンションの大規模修繕工事について、自己の利益を図る目的で請負契約を締結して工事代金を支払ったとしても、当該契約が集会の決議に基づき締結したものであれば、善良な管理者の注意義務違反を問われることはない。

3 Aは、規約又は集会の決議により、その職務に関し、区分所有者のために原告となることができるが、規約による場合には、遅滞なく、区分所有者に原告となった旨を通知しなければならない。

4 甲マンションの敷地が、区分所有者の共有又は準共有に属しない場合、Aは甲マンションの敷地に関して、これを保存し、集会の決議を実行し、並びに規約で定めた行為をする権限を有する。

〔問 5〕 次に掲げる事項のうち、区分所有法の規定によれば、管理者の職務（区分所有者を代理するものも含む。）に当たるものはいくつあるか。

ア 共用部分につき損害保険契約をした場合における、同契約に基づく保険金額の請求及び受領
イ 共用部分について生じた不当利得による返還金の請求及び受領
ウ 規約の保管
エ 集会における毎年1回一定の時期に行う管理者の事務に関する報告
1 一つ
2 二つ
3 三つ
4 四つ

〔問 6〕 区分所有法に定める電磁的記録及び電磁的方法に関する次の記述のうち、同法の規定によれば、誤っているものはどれか。

1 電磁的記録とは、電子的方式、磁気的方式その他人の知覚によっては認識することができない方式で作られる記録であって、電子計算機による情報処理の用に供されるものとして法務省令で定めるものをいう。
2 電磁的方法とは、電子情報処理組織を使用する方法その他の情報通信の技術を利用する方法であって法務省令で定めるものをいう。
3 集会の議事録を電磁的記録により作成するためには、規約による規定又は集会の決議が必要である。
4 規約により集会において決議すべきものとされた事項については、区分所有者全員の書面又は電磁的方法による合意があったときは、書

面又は電磁的方法による決議があったものとみなす。

〔問　7〕　甲マンション101号室の所有者Aが死亡し、Aの相続人である妻Bと子Cは、遺産分割協議中である。この場合に関する次の記述のうち、区分所有法及び民法の規定並びに判例によれば、誤っているものはどれか。

1　BとCが集会において議決権を行使すべき者一人を定めていないときは、集会を開催するに当たって、集会の招集者は、BとCのいずれか一方に集会の招集通知をすれば足りる。

2　Cが未成年の高校生であったとしても、BとCが合意をすれば、Cを議決権を行使すべき者と定めることができる。

3　BとCが、Bを議決権行使者と定める旨の合意をし、管理組合に議決権行使者をBとする旨の通知をしていない場合であっても、Bは議決権行使者の指定を受けたことを証明することにより、議決権を行使することができる。

4　Cは甲マンション101号室に居住しておらず、Bが同号室に居住している場合で、BとCが、Cを議決権行使者と定める合意をし、Cの住所を記載して書面で通知した場合であっても、規約に特別の定めがあるときは、集会の招集の通知は、建物内の見やすい場所に掲示してすることができる。

〔問　8〕　集会において次の事項を決議する場合、区分所有法の規定によれば、議案の要領の通知を要しないものはどれか。ただし、招集手続の省略について、区分所有者全員の同意を得ていないものとする。

1　区分所有建物の一部の階段室をエレベーター室へ変更すること。

2　管理員室を廃止して、来客用の宿泊室に転用すること。

3　管理者を解任すること。

4　建物の価格の2分の1を超える部分が滅失したときに、滅失した共用部分を復旧すること。

◎〔問 9〕 マンションにおいて共同の利益に反する行為（この問いにおいて「義務違反行為」という。）を行う者に関する次の記述のうち、区分所有法の規定によれば、正しいものはいくつあるか。

ア 区分所有者及び議決権の過半数による集会の決議があれば、義務違反行為を行う区分所有者に対し、他の区分所有者の全員が訴えをもって当該義務違反行為の停止を請求することができる。

イ 区分所有者及び議決権の各3分の2以上の多数による集会の決議があれば、義務違反行為を行う区分所有者に対し、他の区分所有者の全員が訴えをもって当該区分所有者の専有部分の使用の禁止を請求することができる。

ウ 義務違反行為による区分所有者の共同生活上の障害が著しく、他の方法によってはその障害を除去して共用部分の利用の確保その他の区分所有者の共同生活の維持を図ることが困難であるときは、区分所有者及び議決権の各4分の3以上の多数による集会の決議があれば、義務違反行為を行う区分所有者に対し、他の区分所有者の全員が訴えをもって当該区分所有者の区分所有権及び敷地利用権の競売を請求することができる。

エ 義務違反行為を行う占有者に対し、当該占有者が占有する専有部分の区分所有者以外の区分所有者の全員が訴えをもって当該占有者が占有する専有部分の使用又は収益を目的とする契約の解除及びその専有部分の引渡しを請求する場合、あらかじめ集会において当該占有者に弁明の機会を与えなければならない。

1 一つ
2 二つ
3 三つ
4 四つ

〔問 10〕 大規模な火災、震災その他の災害で政令で定めるもの（この問いにおいて「政令指定災害」という。）により、その全部又は一部が滅失（区分所有法第61条第1項本文に規定する場合（小規模滅失）を除く。）した場合の被災マンション法第3条の規定による敷地共有者等集会（この問いにおいて「敷地共有者等集会」という。）に関する次の記述のうち、被災マンション法及び民法の規定によれば、正しいものはどれか。

1 敷地共有者等集会の構成員は、政令指定災害によって全部又は一部が滅失した建物の区分所有者及び区分所有者以外の敷地の共有者である。

2 政令指定災害により、区分所有建物の一部が滅失した後、区分所有者全員の同意によって区分所有建物の全部を取り壊したときにも、政令の施行の日から起算して3年が経過する日までの間は、敷地共有者等集会を開くことが認められる。

3 敷地共有者等集会においては、滅失した区分所有建物に係る建物の敷地若しくはその一部の土地又は当該建物の敷地の全部若しくは一部を含む土地の管理に係る規約を定めることができる。

4 敷地共有者等が所在不明となっている場合に、敷地共有者等集会の招集の通知をするためには、民法第98条に定める公示送達による方法（裁判所の掲示場に掲示し、かつ、その掲示があったことを官報に掲載する方法）によらなければならない。

〔問 11〕 一団地内にA棟及びB棟（いずれも専有部分のある建物）があり、団地の敷地はA棟及びB棟の各区分所有者の共有である場合に関する次の記述のうち、区分所有法の規定によれば、誤っているものはどれか。

1 A棟の区分所有者は、A棟の集会の決議があれば、A棟の管理のための規約を定めることができる。

2 団地内の区分所有建物に係る管理事項について、一部のみを団地管

理組合で行い、その余を各棟の管理組合で行うものと定めることができる。

3 　団地管理組合において、A棟及びB棟の管理又は使用について団地管理規約（区分所有法第66条において準用する同法第30条第1項の規約をいう。以下、この問いにおいて同じ。）が定められている場合であっても、A棟の区分所有者の集会で、A棟の管理組合における管理者を定めることができる。

4 　団地管理規約に団地共用部分の定めを設けることにより、団地管理組合の管理者を団地共用部分の所有者と定めることができる。

〔問　12〕　Aは、Bとの間で、甲マンションの1室である202号室をBに売却する旨の売買契約を締結した。この場合に関する次の記述のうち、民法の規定によれば、誤っているものはどれか。

1 　Aは、本心では202号室を売却するつもりはなく売買契約を締結した場合において、Bがそのことを知り、又は知ることができたときは、売買契約は無効となる。

2 　Aは、本心では202号室を売却するつもりはなかったが、借入金の返済が滞り差押えを受ける可能性があったため、Bと相談のうえ、Bに売却したことにして売買契約を締結したときは、売買契約は無効となる。

3 　Bは、甲マンションの近くに駅が新設されると考えて202号室を購入したが、そのような事実がなかったときは、Bが駅の新設を理由に購入したことがAに表示されていなくても、Bは売買契約を取り消すことができる。

4 　Bは、知人のCによる詐欺により、202号室を購入することを決め、Aと売買契約を締結した場合において、BがCによる詐欺を理由に売買契約を締結したことをAが知らず、かつ、知ることもできなかったときは、Bは売買契約を取り消すことができない。

〔問　13〕　Aは、Bとの間で、甲マンションの1室である501号室をB
に売却する旨の売買契約を締結した。この場合に関する次の記述のう
ち、民法の規定及び判例によれば、誤っているものはどれか。

1　Aが501号室を退去した後に、居住するための権利を有しないCが
同室に居住している場合、AからBへの501号室の区分所有権の移転
登記が経由されていないときは、Bは、Cに対して、同室の明渡しを
請求することができない。

2　AからBへの501号室の区分所有権の移転登記が経由されない間に、
AがCに同室を売却する旨の売買契約を締結し、Cに同室が引き渡さ
れた場合において、AからB及びCのいずれに対しても同室の区分所
有権の移転登記を経由していないときは、Bは、Cに対して同室を明
け渡すように請求することができない。

3　AからBに501号室の区分所有権の移転登記を経由した後に、Aが
Bの詐欺を理由にAB間の売買契約を取り消したが、その後にBがC
に同室を売却する旨の売買契約を締結して、区分所有権の移転登記を
BからCに経由し、Cが居住しているときは、Aは、Cに対して、同
室の明渡しを求めることができない。

4　AからBに501号室の区分所有権の移転登記が経由された後に、A
がBの代金未払いを理由にAB間の契約を解除したが、その解除の前
にBがCに同室を売却する旨の売買契約を締結してCが居住している
場合、区分所有権の移転登記がBからCに経由されていないときは、
Aは、Cに対して、同室の明渡しを求めることができる。

〔問　14〕　Aが所有する甲マンションの201号室を賃料月額20万円とし
てBに賃貸し、令和4年8月分の賃料をCがAに対して弁済しようと
する場合に関する次の記述のうち、民法の規定によれば、誤っている
ものはどれか。

1　AB間の賃貸借契約において、B以外の第三者の賃料支払を禁止し
ていたときは、Cが弁済をするについて正当な利益を有していても、

AはCの弁済を拒絶することができる。

2　AB間の賃貸借契約において、B以外の第三者の賃料支払を禁止又は制限していなかったときは、Cが弁済をするについて正当な利益を有していなくても、BがCに弁済の委託をし、これをあらかじめAに伝えていれば、AはCの弁済を拒絶することができない。

3　AB間の賃貸借契約において、B以外の第三者の賃料支払を禁止又は制限していなかった場合、Cが弁済をするについて正当な利益を有していても、Cの弁済がBの意思に反していることをAが知っていたときは、AはCの弁済を拒絶することができる。

4　AB間の賃貸借契約において、B以外の第三者の賃料支払を禁止又は制限していなかった場合、Cが弁済をするについて正当な利益を有していなくても、Cの弁済がBの意思に反していることをAが知らなかったときは、AはCの弁済を受領することができる。

〔問 15〕　甲マンション302号室を所有しているAが各種の契約をする場合に関する次の記述のうち、民法及び借地借家法（平成3年法律第90号）の規定によれば、誤っているものはどれか。

1　Aが、Bとの間で、302号室をBに贈与する旨の贈与契約を成立させるためには、書面によって契約をする必要がある。

2　Aが、Cとの間で、302号室を無償でCに貸す旨の使用貸借契約を成立させるためには、302号室の引渡しをする必要はない。

3　Aが、Dとの間で、302号室を賃料月額10万円でDに賃貸する旨の賃貸借契約を成立させるためには、302号室の引渡しをする必要はない。

4　Aが、Eとの間で、302号室を賃料月額10万円でEに賃貸する旨の定期建物賃貸借の契約を成立させるためには、書面によって契約をする必要がある。

〔問 16〕 Aが所有する甲マンションの102号室を賃貸期間2年と定めて居住用としてBに賃貸した場合に関する次の記述のうち、民法及び借地借家法の規定によれば、誤っているものはどれか。

1　AB間の契約が、定期建物賃貸借でない場合、Aが、Bに対し、期間満了の1年前から6ヵ月前までの間に更新をしない旨の通知又は条件を変更しなければ更新をしない旨の通知をしなかったときは、期間の定めのない賃貸借契約として更新される。

2　AB間の契約が、定期建物賃貸借である場合、Aが、Bに対し、期間満了の1年前から6ヵ月前までの間に期間満了により契約が終了する旨の通知をしなかったときでも、Bは期間満了による契約の終了をAに主張できる。

3　AB間の契約が、定期建物賃貸借でない場合、特約がない限り、Bは、Aに対し、契約期間内に解約の申入れをすることはできない。

4　AB間の契約が、定期建物賃貸借である場合、特約がなくとも、Aがその親族の介護をするため甲マンションの102号室を使用する必要が生じて、Bに対し、解約の申入れをしたときは、当該定期賃貸借契約は、解約の申入れの日から1ヵ月を経過することによって終了する。

〔問 17〕 甲マンション303号室の所有者Aが死亡し、Aの子であるB及びCがAを共同で相続した。Aの遺産は、303号室と現金1,000万円である。この場合に関する次の記述のうち、民法の規定及び判例によれば、正しいものはどれか。ただし、Aの遺言はないものとする。

1　BC間の遺産分割の協議により、303号室と1,000万円をBが取得し、Cは何も取得しない旨の遺産分割をした場合、この協議は無効である。

2　BC間の遺産分割の協議により、303号室を売却して、その売却代金と1,000万円をBCで平等に分割する旨の遺産分割をすることができる。

3 　ＢＣ間の遺産分割の協議により、303号室をＢが、1,000万円をＣが
それぞれ取得する旨の遺産分割が行われた。その後、ＢＣは、その協
議の全部を合意によって解除し、改めて、異なる内容の遺産分割の協
議をすることはできない。

4 　ＢＣ間の遺産分割の協議により、303号室をＢが、1,000万円をＣが
それぞれ取得する旨の遺産分割が行われた。その後、Ｄからの認知の
訴えが認められ、ＤもＡの共同相続人となった場合、ＢＣ間の遺産分
割の協議はその効力を失い、Ｄを含めて再度の遺産分割の協議をしな
ければならない。

〔問　18〕　区分建物の敷地権の登記に関する次の記述のうち、区分所有
法及び不動産登記法の規定によれば、正しいものはどれか。

1 　地上権の敷地権が登記された土地については、当該土地の所有権を
対象とする抵当権を設定してその登記を申請することはできない。

2 　敷地権の登記された土地の一部が分筆により区分建物が所在しない
土地となった場合、当該土地については、敷地権の一部抹消のため区
分建物の表題部の変更登記を申請しなければならない。

3 　敷地権付き区分建物について相続を原因とする所有権の移転の登記
をする場合、同時に、敷地権の移転の登記をしなければならない。

4 　規約により建物の敷地とされた所有権の敷地権が登記された土地に
つき、当該規約が廃止されて、敷地権の一部抹消のため区分建物の表
題部の変更登記が申請された場合、登記官は、当該土地の登記記録に
敷地権であった権利、その権利の登記名義人の氏名又は名称及び住所
並びに登記名義人が二人以上であるときは当該権利の登記名義人ごと
の持分を記録しなければならない。

〔問　19〕　敷地分割組合（この問いにおいて「組合」という。）が実施する敷地分割事業に関する次の記述のうち、マンションの建替え等の円滑化に関する法律（平成14年法律第78号）の規定によれば、誤っているものはどれか。

1　特定要除却認定を受けた場合においては、団地内建物を構成する特定要除却認定を受けたマンションの敷地（当該特定要除却認定マンションの敷地利用権が借地権であるときは、その借地権）の共有者である当該団地内建物の団地建物所有者（この問いにおいて「特定団地建物所有者」という。）及び議決権の各5分の4以上の多数で、敷地分割決議をすることができる。

2　敷地権利変換計画においては、除却マンション敷地となるべき土地に現に存する団地内建物の特定団地建物所有者に対しては、除却敷地持分が与えられるように定めなければならない。

3　敷地権利変換手続開始の登記があった後においては、組合員は、当該登記に係る団地内建物の所有権及び分割実施敷地持分を処分するときは、都道府県知事の承認を得なければならない。

4　総会の決議により組合を解散する場合は、組合員の議決権及び分割実施敷地持分の割合の各4分の3以上で決する。

〔問　20〕　都市計画法（昭和43年法律第100号）に関する次の記述のうち、正しいものはどれか。

1　都市計画区域外においては、都市計画に、都市施設を定めることができる。

2　都市計画区域においては、都市計画に、地区計画を定めなければならない。

3　工業地域においては、都市計画に、建築物の建蔽率を定めるものとするとされているが、準工業地域においては、建築物の建蔽率を定めるものとするとはされていない。

4　現に土地の利用状況が著しく変化しつつあり、又は著しく変化する

ことが確実であると見込まれる土地の区域における地区計画については、都市計画に、再開発等促進区を定めなければならない。

〔問 21〕 建築基準法（昭和25年法律第201号)に関する次の記述のうち、誤っているものはどれか。

1 床面積の合計が200㎡を超える共同住宅（国、都道府県又は建築主事を置く市町村が所有し、又は管理するものを除く。）の場合、その所有者又は管理者は、その建築物の敷地、構造及び建築設備を常時適法な状態に維持するため、必要に応じ、その維持保全に関する準則又は計画を作成し、その他適切な措置を講じなければならない。

2 防火地域又は準防火地域において共同住宅を改築しようとする場合、その改築に係る部分の床面積の合計が10㎡以内であれば、建築確認を受ける必要はない。

3 防火地域内にある共同住宅の屋上に高さ2mの広告塔を設ける場合、その主要な部分を不燃材料で造り、又は覆わなければならない。

4 共同住宅の居室の天井の高さは、居室の床面から測り、一室で天井の高さが異なる部分がある場合、その平均の高さが2.1m以上でなければならない。

〔問 22〕 貯水槽水道に関する次の記述のうち、水道法（昭和32年法律第177号）の規定によれば、誤っているものはどれか。

1 水道事業者は、その供給規程において、貯水槽水道の設置者の責任に関する事項を適正かつ明確に定めなければならない。

2 水槽の有効容量の合計が20㎡の貯水槽水道の設置者は、水槽の掃除を毎年1回以上定期に行わなければならない。

3 貯水槽水道とは、水道事業の用に供する水道及び専用水道以外の水道であって、水道事業の用に供する水道から供給を受ける水のみを水源とするものをいう。

4 簡易専用水道の設置者は、給水栓における水質の検査として、給水

栓における臭気、味、色及び大腸菌に関する検査を行わなければならない。

〔問　23〕　消防用設備等の設置及び点検に関する次の記述のうち、消防法（昭和23年法律第186号）の規定によれば、誤っているものはどれか。ただし、特定共同住宅等はないものとする。

1　避難口誘導灯及び通路誘導灯は、地階及び無窓階のない、9階建ての共同住宅には設置する必要がない。

2　非常コンセント設備は、地階のない、10階建ての共同住宅には設置する必要がない。

3　延べ面積が500㎡の共同住宅の消防用設備等に係る点検は、消防設備士免状の交付を受けている者又は総務省令で定める資格を有する者に行わせなければならない。

4　共同住宅に設置された消防用設備等の点検結果は、3年に1回消防長（消防本部を置かない市町村においては、市町村長。）又は消防署長に報告しなければならない。

〔問　24〕　警備業に関する次の記述のうち、警備業法（昭和47年法律第117号）の規定によれば、誤っているものはどれか。

1　警備業を営もうとする者は、都道府県公安委員会から認定を受けなければならず、認定を受けないで警備業を営んだ者は、刑事処分の対象となる。

2　警備業法における警備業務とは、他人の需要に応じて盗難等の事故の発生を警戒し、防止する業務をいうが、例えば、デパートにおいて、その従業員が商品の万引き防止のために店内の警戒を行う業務も警備業務に該当する。

3　警備業法は、警備員又は警備員になろうとする者について、その知識及び能力に関する検定を行うことを定めているが、検定に合格したとしても、18歳未満の者は警備員となってはならない。

4 警備業者は、警備業務の依頼者と警備業務を行う契約を締結しよう
とするときは、当該契約をするまでに、その概要について記載した書
面を交付しなければならず、契約を締結したときは、遅滞なく、当該
契約の内容を明らかにする書面を依頼者に交付（電磁的方法による提
供を含む。）しなければならない。

〔問 25〕 配管設備の工事等に関する次のマンション管理士の意見のう
ち、標準管理規約によれば、適切でないものはどれか。

1 共用部分配管設備の清掃等に要する費用は、共用設備の保守維持費
として管理費を充当することが可能です。

2 共用部分の配管の取替えはそれだけでかなり多額の費用がかかるた
め、特別決議により実施する必要があります。

3 共用部分の配管の取替えと専有部分の配管の取替えを同時に行うこ
とにより、専有部分の配管の取替えを単独で行うよりも費用が軽減さ
れる場合には、これらについて一体的に工事を行うことも考えられま
す。

4 あらかじめ長期修繕計画において専有部分の配管の取替えについて
記載し、その工事費用を修繕積立金から拠出することについて規約に
規定しておくことにより、修繕積立金を取り崩すことができます。

〔問 26〕 盗難被害が発生したマンションの管理組合における今後の防
犯対策に関する次の記述のうち、標準管理規約によれば、適切でない
ものはどれか。

1 マンションやその周辺における防災・防犯活動のうち、その経費に
見合ったマンションの資産価値の向上がもたらされるもので、建物並
びにその敷地及び附属施設の管理の範囲内で行われる活動について
は、管理組合で実施することができる。

2 1階部分の住戸の区分所有者から、住戸の窓や扉等の開口部につき
防犯機能を強化するための改良工事を、当該区分所有者の責任と負担

において実施する旨の申出があった場合において、管理組合が当該工事を速やかに実施できないときは、理事長は、理事会の決議を経て当該工事の実施の承認をすることができる。

3 共用部分に防犯カメラを設置する工事や敷地内に防犯灯を設置する工事は、総会の普通決議により実施可能である。

4 現在空室となっている住戸に不審者が出入りをしているとの通報があった場合には、理事長は、当該住戸の区分所有者に対し請求をすることなく、直ちに当該住戸に立ち入り、室内を確認することができる。

〔問 27〕 修繕積立金を取り崩して充当することができる経費に関する次の記述のうち、標準管理規約によれば、適切でないものはどれか。

1 建物の建替え及びマンション敷地売却に係る合意形成に必要となる事項の調査費用

2 敷地及び共用部分等の管理に関し、区分所有者全体の利益のために特別に必要となる管理費用

3 WEB会議システムで理事会が開催できるようにするための理事全員分の器材一括購入費用

4 不測の事故により必要となる修繕費用

〔問 28〕 WEB会議システム等を用いた総会の招集等に関する次のマンション管理士の意見のうち、標準管理規約によれば、適切なものはいくつあるか。

ア 総会を招集するには、少なくとも総会開催の日の2週間前までに日時、WEB会議システム等にアクセスする方法及び会議の目的を示して組合員に通知を発しなければなりません。

イ 管理者である理事長が総会で管理組合の業務執行に関する報告をするときは、各組合員からの質疑に対して適切に応答する必要があるので、理事長自身はWEB会議システム等により報告することはできません。

ウ　総会の目的が建替え決議や敷地売却決議であるときは、それらの説
　　明会はWEB会議システム等で行うことができますが、決議そのもの
　　はWEB会議システム等で行うことはできません。

エ　総会において議決権を行使することができない傍聴人としてWEB
　　会議システム等を用いて議事を傍聴する組合員については、定足数の
　　算出においては出席組合員には含まれないと考えられます。

1　一つ
2　二つ
3　三つ
4　四つ

〔問　29〕　甲マンション103号室については、当該住戸に居住している
　　Aと、外部に居住しているBの共有となっている。また、総会に先立
　　ち、あらかじめBを議決権行使者とする理事長への届出がなされてい
　　る。この場合において、総会運営における103号室の取扱いに関する
　　次の記述のうち、標準管理規約によれば、適切でないものはどれか。

1　Bが通知先としてその住所を管理組合に届け出ていない場合には、
　　総会の招集の通知は103号室あてに発することで、招集手続として有
　　効である。

2　A及びBがともに総会を欠席したが、Aが議決権行使書を提出して
　　いた場合には、定足数の確認においては、103号室の組合員を「出席」
　　と扱ってよい。

3　Aが総会に出席し、Bが議決権行使書を提出していた場合には、A
　　の総会の場での賛否の意思表示にかかわらず、Bが提出した議決権行
　　使書の内容を、103号室の賛否とする。

4　甲マンションの他の組合員Cを代理人として議決権を行使しようと
　　する場合には、Bを委任者、Cを受任者とする委任状を作成し、理事
　　長に提出する必要がある。

〔問　30〕　ITを活用した管理組合の運営や手続きに関する次の記述のうち、標準管理規約によれば、適切なものはどれか。

1　組合員が総会において議決権を行使する場合、書面による議決権の行使に代えて、電磁的方法によって行使することは認められていない。

2　電磁的記録で作成された議事録の閲覧請求があったときは、当該電磁的記録に記録された情報の内容を紙面又は出力装置の映像面に表示する方法により表示したものを請求者の自宅において閲覧させることとなる。

3　あらかじめ管理規約でWEB会議システム等を用いて総会が開催できる旨定めている場合に限り、当該方法により総会を開催することができる。

4　住戸が売買されて組合員の変動が生じた場合の組合員の資格の得喪の届出は、電磁的方法により行うことができる。

〔問　31〕　理事、理事会等に関する次の記述のうち、標準管理規約によれば、適切なものはどれか。

1　理事会で、理事長、副理事長及び会計担当理事の役職解任の決議をする場合、WEB会議システム等によって行うことはできない。

2　総会提出議案は、理事の過半数の承諾があれば、書面又は電磁的方法により理事会で決議することができる。

3　理事が止むを得ず理事会を欠席する場合には、規約の明文の規定がなくても、あらかじめ通知された事項について書面で賛否を記載し意思表示することが認められる。

4　理事長は、未納の管理費等及び使用料の請求に関し、管理組合を代表して訴訟を追行する場合には、理事会の決議を経ることが必要である。

〔問　32〕　団地管理組合の運営に関する次の記述のうち、「マンション標準管理規約（団地型）及びマンション標準管理規約（団地型）コメント」（最終改正令和３年６月22日国住マ第33号）によれば、適切なものはどれか。

1　団地内のＡ棟の棟総会について、Ａ棟から選出されている理事が招集できるようにするための規約の変更は、Ａ棟の棟総会の決議のみで行うことができる。

2　団地総会が成立するためには、それぞれの棟の議決権総数の過半数を有する区分所有者が出席する必要がある。

3　敷地内に設置している駐車場の使用料は、駐車場の管理に要する費用に充てるほか、団地修繕積立金として積み立てる必要がある。

4　棟総会の議事録は、各棟において保管者を決めて保管し、他の棟の区分所有者を含めた団地管理組合の組合員又はその利害関係人からの請求があれば、閲覧させなければならない。

〔問　33〕　総会決議と管理費等に関する次の記述のうち、「マンション標準管理規約（団地型）及びマンション標準管理規約（団地型）コメント」及び「マンション標準管理規約（複合用途型）及びマンション標準管理規約（複合用途型）コメント」（最終改正令和３年６月22日国住マ第33号）によれば、適切でないものはどれか。

1　1、2階が店舗、3階以上が住宅の複合用途型マンションの住宅だけに設置されているバルコニーの床の防水工事を計画修繕として行う場合には、総会で決議し、その費用は全体修繕積立金を充当する。

2　団地型マンションにおいて、一つの棟の耐震性能が低いため耐震改修工事をすることは、当該棟の共用部分の変更ではあるが、団地総会で決議し、その費用は当該棟の修繕積立金を充当する。

3　1、2階が店舗、3階以上が住宅の複合用途型マンションで、店舗の外壁はタイル張り、住宅の外壁はモルタル仕様である場合において、計画修繕として外壁の改修工事を行うときは、店舗部会及び住宅

部会でそれぞれの決議をした上で総会で決議し、その費用は店舗一部
修繕積立金及び住宅一部修繕積立金を充当する。

4 　団地型マンションにおいて、マンション管理適正化法第5条の3第
1項に基づく管理計画の認定の申請を行う場合には、各棟ごとの決議
を経る必要はなく、団地総会で決議し、その費用は管理費を充当する。

〔問　34〕　甲マンション管理組合の令和2年度と令和3年度の管理費会
計比較収支報告書（会計年度は4月から翌年3月まで）は下表のとお
りである。これに関し、会計担当理事が理事会で行った次の説明のう
ち、適切なものはどれか。ただし、会計処理は発生主義の原則による
ものとし、資金の範囲は、現金預金、未収入金、前払金、未払金、前
受金とする。（表中の×××は、金額を表す。）

比較収支報告書

甲マンション管理組合（管理費会計）　　　　　　（単位：円）

科　　　　目	令和2年度	令和3年度
管理費	300,000	310,000
駐車場使用料	100,000	110,000
収入合計	400,000	420,000
委託業務費	230,000	230,000
水道光熱費	×××	90,000
支払保険料	40,000	30,000
支出合計	×××	350,000
当期収支差額	×××	70,000
前期繰越収支差額	510,000	×××
次期繰越収支差額	×××	630,000

1 　令和3年度の支払保険料が令和2年度より10,000円減少した理由
は、令和2年度に令和3年度分の保険料10,000円を前払いしていたた
めです。

2 　令和2年度の水道光熱費は、80,000円でした。

3　令和２年度には組合員Ａの管理費の未収が10,000円ありましたが、令和３年度に回収されたため、管理費は10,000円増加しました。

4　令和２年度の次期繰越収支差額は、580,000円でした。

〔問　35〕　甲マンション管理組合の令和３年度（令和３年４月１日から令和４年３月31日まで）の収支予算案に関し、令和３年４月に開催された理事会において、会計担当理事が行った次の説明のうち、適切でないものはいくつあるか。なお、甲マンションの管理規約は標準管理規約の定めと同一であり、会計処理は発生主義の原則によるものとする。

ア　令和３年度の収支予算案は、通常総会で承認を得なければなりませんが、年度途中における収支予算の変更は、理事会限りで承認することができます。

イ　令和３年２月の大雪による修繕費を令和２年度の決算処理で未払金に計上しましたが、実際の支払は令和３年４月になるため、この修繕費は令和３年度の収支予算案に入れることになります。

ウ　令和２年度に組合員Ａの管理費が未納であったため未収金に計上しましたが、将来不足が生じないように令和３年度の収支予算案に令和２年度未収分を上乗せして管理費を予算化しています。

エ　令和２年度に大規模修繕工事が完了し、今後十数年は大規模修繕が見込まれないため、修繕積立金会計から生じる予定の余剰金を管理費会計の令和３年度収支予算案に繰り入れます。

1　一つ

2　二つ

3　三つ

4　四つ

〔問 36〕 マンションの長期修繕計画に関する次の記述のうち、標準管理規約及び長期修繕計画作成ガイドライン（令和3年9月国土交通省公表）によれば、適切なものはどれか。

1 修繕工事の実施前に行う建物診断は、長期修繕計画の対象に含まれない。

2 窓及び玄関の扉などの開口部の改良工事は、長期修繕計画の対象となる工事に含まれる。

3 長期修繕計画の計画期間は、30年以上、又は大規模修繕工事が2回含まれる期間以上とする。

4 長期修繕計画の見直しに当たっては、空き住戸率、賃貸化率、修繕積立金滞納率を考慮する。

〔問 37〕 マンションの建物の外壁に生じる劣化や不具合の状況と調査内容に関する次の記述のうち、適切でないものはどれか。

1 外壁の目地部分のシーリング材の劣化が心配されたので、シーリング材を部分的に切り取り、引張強度や伸びを調べた。

2 外壁タイルのひび割れは、その下地のモルタルやコンクリートが原因であることが多い。

3 外壁塗装の白亜化は、下地のコンクリート中の石灰等が水に溶けて塗装面にしみ出すことをいう。

4 外壁のコンクリートのひび割れの調査の結果、ひび割れ幅が0.2mm〜0.4mmの範囲だったので、漏水の可能性があると判断した。

〔問 38〕 マンションの防水施工に関する次の記述のうち、適切なものはどれか。

1 ウレタン系シーリング材は、耐候性が高いので屋外の金属と金属との接合部の目地に適したシーリング材である。

2 屋上の保護アスファルト防水の改修では、既存防水層を撤去し新た

な防水層を施工することが一般的である。

3 露出アスファルト防水工法は、ルーフバルコニー等の日常的に使用する場所には採用されない。

4 シリコーン系シーリング材は、耐久性及び接着性が高く、目地周辺を汚染しないので、使用箇所が限定されない。

〔問 39〕 マンションの調査・診断方法とその目的に関する次の組合せのうち、適切でないものはどれか。

1 X線法 ——— 給水管の肉厚の減少や錆こぶの状態
2 ドリル削孔（粉末）法 ——— コンクリートの強度
3 反発法 ——— 外壁タイルの浮き
4 電磁波レーダ法 ——— コンクリート中の鉄筋の位置

〔問 40〕 マンションの各部の計画に関する次の記述のうち、適切でないものはどれか。

1 中廊下型のマンションは、片廊下型のマンションに比べ、日照や通風などの居住性が劣っている。

2 1階部分で壁がなく柱だけで構成された吹き抜け空間のことをピロティという。屋外であっても雨にさらされないため、駐輪場や駐車場として使われることが多い。

3 マンションで火災が発生した場合、住戸から安全に避難できるよう計画されている必要があるため、避難経路となる全てのバルコニーには、避難器具を設けなければならない。

4 マンションの管理員室は、管理員の管理事務の空間であるとともに、各種資料の保管場所でもあり、また、居住者から相談を受ける場所でもある。流しやトイレが設置されることもある。

〔問 41〕 マンションの構造などに関する次の記述のうち、適切でない
ものはどれか。

1 鉄骨鉄筋コンクリート構造は、鉄骨を鉄筋コンクリートで被覆した
 構造形式であり、コンクリートの中性化が起きにくい。
2 鉄筋コンクリート構造、鉄骨鉄筋コンクリート構造の施工には、多
 量の水を使用する湿式工法が用いられる。
3 鉄骨構造は、地震力などに対して粘り強い構造であるが、鉄筋コン
 クリート構造と同等の耐火性を備えようとすると、耐火被覆や防錆処
 理が必要となる。
4 地盤改良に用いられる工法は複数あるが、土の間隙部分、特に間隙
 水をどう処理するかということがポイントとなる。

〔問 42〕 マンションのバリアフリーに関する次の記述のうち、適切で
ないものはどれか。

1 高齢者、障害者等の移動等の円滑化の促進に関する法律（平成18年
 法律第91号）における建築物特定施設には、敷地内の通路や駐車場が
 含まれる。
2 高齢者が住むことが想定される住戸とエレベーターホールをつなぐ
 共用廊下は、仕上材を滑りにくい材料とし、段差のないつくりとした。
3 階段の代わりに設けた傾斜路の両側に、手が置きやすいように床面
 から85cmの位置に手すりを設けた。
4 建築物移動等円滑化基準に、不特定かつ多数の者が利用し、又は主
 として高齢者、障害者等が利用する階段は、踊場を含めて手すりを設
 けることが定められている。

〔問 43〕 マンションの排水設備の清掃・維持管理に関する次の記述の
うち、適切でないものはどれか。

1 高層のマンションの排水立て管では、最上部及び最下部とともに、

３階以内ごと又は15m以内ごとに管内清掃用の掃除口を設置すること
　　が望ましい。

2　敷地内に埋設する排水横管の管径が125mmの場合、汚水排水ます
　　は、保守点検及び清掃を容易にするために延長が20mの距離間を目安
　　に設置する。

3　圧縮空気法による排水管の清掃では、付着物で閉塞した排水管内に
　　水を送り、圧縮空気を放出してその衝撃で付着物を除去する。

4　高圧洗浄法による排水管の清掃では、高圧の水を洗浄ノズルから噴
　　射し、噴射力で管内の汚れ、付着物を除去する。

〔問　44〕　マンションの給水設備に関する次の記述のうち、適切なもの
　　はどれか。

1　水道用架橋ポリエチレン管は、耐衝撃性及び耐食性に優れており、
　　主に共用部分に設置する給水立て管に用いられる。

2　給水立て管からの各住戸へ配水する分岐管には、専有部分の給水管
　　の更新工事を行う際に、他の給水系統へ水が逆流しないように逆止弁
　　を設ける。

3　ポンプ直送方式の給水方式における受水槽の有効容量を、マンショ
　　ン全体の１日の使用水量の２分の１程度に設定する。

4　専有部分のシャワー水栓の給水圧力を、給水に支障が生じないよう
　　にするため、30kPaとした。

〔問　45〕　マンションの建築設備に関する次の記述のうち、適切なもの
　　はどれか。

1　水栓を閉める際に生じるウォーターハンマーの防止策として、給水
　　管内の流速の上限値を2.5m/sとすることが有効である。

2　ガス給湯器の湯を供給する出湯能力は「号数」で表す。１号は入水
　　温度を20℃上昇させた湯を毎分１ℓ出湯する能力を示す。

3　敷地内に設置する排水横主管の管径が125mmの場合に、円滑に排

水を流すために、勾配を150分の1以上とした。

4　建築基準法によれば、居室では、シックハウス対策として、換気回数0.4回/h以上の機械換気設備の設置が必要である。

〔問　46〕　マンション管理士に関する次の記述のうち、マンション管理適正化法の規定によれば、正しいものはいくつあるか。

ア　マンション管理士という名称を使用して区分所有者の相談に応じるためには、マンション管理士試験に合格するほか、国土交通大臣（指定登録機関が登録の実施に関する事務を行う場合は指定登録機関）の登録を受ける必要がある。

イ　マンション管理士は、マンション管理士の信用を傷つけるような行為をした場合は、その登録が取り消されるほか、30万円以下の罰金に処される。

ウ　マンション管理士は、5年ごとに、国土交通大臣の登録を受けた者が行う講習を受講しなければならない義務があり、受講しない場合は、マンション管理士の登録の取消し又は期間を定めたマンション管理士の名称の使用停止命令を受けることがある。

エ　マンション管理士は、その事務を行うに際し、マンションの区分所有者から請求があったときは、マンション管理士登録証を提示しなければならない義務がある。

1　一つ
2　二つ
3　三つ
4　四つ

〔問　47〕「マンションの管理の適正化の推進を図るための基本的な方針」（令和3年9月28日国土交通省告示第1286号）（この問いにおいて「基本的な方針」という。）における記載事項に関する次の記述のうち、適切なものはいくつあるか。

ア 基本的な方針では、管理規約や使用細則に違反する行為があった場合は、管理組合は、法令等に則り、少額訴訟等の方法によってその是正又は排除を求め法的措置をとることが重要であるとされている。

イ 基本的な方針では、管理組合によるマンション管理の適正化について定められており、新築分譲マンションについての記載はない。

ウ 基本的な方針では、住生活基本計画（全国計画）において25年以上の長期修繕計画に基づき修繕積立金を設定している管理組合の割合を国における目標として掲げている旨が記載されているが、地方公共団体における目標設定については言及していない。

エ 基本的な方針では、長期修繕計画の作成にあたっては、あらかじめ建物診断を行って計画を適切なものとする必要があるが、必要に応じ、建替えについても視野に入れて検討することが望ましいとされている。

1 一つ
2 二つ
3 三つ
4 四つ

〔問 48〕 マンション管理適正化法に関する次の記述のうち、正しいものはいくつあるか。

ア マンション管理適正化推進計画は、都道府県又は市の区域にあっては当該市が作成することとされており、町村は作成することができない。

イ 地方住宅供給公社は、管理計画認定マンションについて、委託により修繕に関する企画又は実施の調整に関する業務を行うことができる。

ウ 都道府県知事等は、管理組合の運営がマンション管理適正化指針に照らして著しく不適切であることを把握したときは、マンション管理業者に対し、マンション管理適正化指針に則したマンションの管理を行うよう勧告することができる。

エ　都道府県等は、マンション管理適正化推進計画に基づく措置の実施に関して特に必要があると認めるときは、関係地方公共団体や管理組合のほか、マンション管理業者に対しても調査を実施するために必要な協力を求めることができる。

1　一つ
2　二つ
3　三つ
4　四つ

〔問　49〕　マンション管理適正化法に定める管理計画の認定に関する次の記述のうち、正しいものはどれか。

1　都道府県知事は、マンション管理適正化推進計画の策定の有無にかかわらず、管理計画の認定をすることができる。

2　管理計画の認定は、10年ごとにその更新を受けなければ、その期間の経過によって、その効力を失う。

3　管理計画を認定するためには、長期修繕計画の計画期間が30年以上であるか、又は長期修繕計画の残存期間内に大規模修繕工事が2回以上含まれるように設定されていることが必要である。

4　管理計画を認定するためには、管理組合が組合員名簿、居住者名簿を備えていることに加え、1年に1回以上は内容の確認を行っていることが必要である。

〔問　50〕　重要事項の説明等について説明した次の文章について、マンション管理適正化法の規定によれば、〔　ア　〕～〔　エ　〕の中に入るべき用語の組合せとして、正しいものはどれか。

マンションの管理業者は、管理組合から管理事務の委託を受けることを内容とする契約を締結しようとするときは、あらかじめ、説明会を開催し、管理組合を構成するマンションの〔　ア　〕に対し、管理業務主任者をして、重要事項について説明させなければならな

い。説明会の開催に際し、マンション管理業者は、できる限り説明会に参加する参集の便を考慮して開催の日時及び場所を定め、開催日の〔 イ 〕前までに説明会の日時及び場所についてマンションの〔 ア 〕の見やすい場所に掲示するとともに、併せて重要事項を記載した書面を〔 ア 〕の全員に対し交付しなければならない。

また、マンションの管理業者は、従前の管理受託契約と同一の条件で管理組合との管理受託契約を更新しようとするときは、あらかじめ、マンションの〔 ウ 〕全員に重要事項を記載した書面を交付し、また管理者等が置かれている管理組合の場合は、管理業務主任者をして、管理者等に交付・説明させなければならない。ただし、〔 エ 〕から重要事項について説明を要しない旨の意思表明があったときは、重要事項を記載した書面の交付をもって、これらの説明に代えることができる。

	〔 ア 〕	〔 イ 〕	〔 ウ 〕	〔 エ 〕
1	区分所有者等及び管理組合の管理者等	10日	区分所有者等	理事会等
2	区分所有者等及び管理組合の管理者等	1週間	区分所有者等	認定管理者等
3	区分所有者等	10日	区分所有者等及び管理組合の管理者等	認定管理者等
4	区分所有者等	1週間	区分所有者等及び管理組合の管理者等	理事会等

令和3年度 試験問題

〔問　1〕　Aは、甲地、乙地及び丙地の3筆の土地にまたがり、それぞれの上に、構造上、利用上も区分され、独立して住居の用途に供することができる建物の部分を有する1棟の建物（いわゆるタウンハウス）を建築し、甲地上の建物の部分（　①　）をA自身の居住用として使用し、乙地上の建物の部分（　②　）をBに、丙地上の建物の部分（　③　）をCにそれぞれ分譲した。ただし、Aは、乙地をBに、丙地をCにそれぞれ賃貸しているものとする。

　　この場合に関する次の記述のうち、区分所有法及び民法（明治29年法律第89号）の規定によれば、正しいものはいくつあるか。

甲　地	乙　地	丙　地
①	②	③

ア　この1棟の建物について、A、B、Cの全員によって区分所有法第3条に規定する区分所有者の団体が組織される。

イ　敷地利用権について、BとCは、乙地及び丙地の賃借権の準共有者となる。

ウ　Bは、建物の部分を第三者に譲渡する場合、その敷地利用権の譲渡について、Aの承諾が必要である。

エ　Cは、建物の部分の敷地利用権に、Aの承諾を得て抵当権を設定することができる。

1　一つ
2　二つ
3　三つ
4　四つ

〔問　2〕　共有物分割請求権の行使に関する次の記述のうち、区分所有法及び民法の規定によれば、正しいものはいくつあるか。

ア　民法では、5年を超えない期間内は、共有物の分割をしない旨の契

約をすることを妨げられていないが、当該契約の更新は認められない。

イ　区分所有建物の専有部分以外の建物の部分を共有する区分所有者は、当該建物の部分について、共有物分割請求権を行使することができない。

ウ　区分所有建物の専有部分を共有する区分所有者は、当該専有部分について、共有物分割請求権を行使することができない。

エ　区分所有建物の専有部分を規約により共用部分とした場合、当該規約共用部分を共有する区分所有者は、当該規約共用部分について共有物分割請求権を行使することができない。

1　一つ
2　二つ
3　三つ
4　四つ

〔問　3〕　管理組合法人に関する次の記述のうち、区分所有法の規定によれば、誤っているものはどれか。

1　管理組合法人の理事は、規約又は集会の決議により、管理組合法人の事務に関し、区分所有者のために、原告又は被告となることができる。

2　管理組合法人は、区分所有者名簿を備え置き、区分所有者の変更があるごとに必要な変更を加えなければならない。

3　管理組合法人は、建物の全部の滅失又は建物に専有部分がなくなったことのほか、区分所有者及び議決権の各4分の3以上の多数の集会の決議によっても解散する。

4　管理組合法人は、代表理事がその職務を行うについて第三者に加えた損害を賠償する責任を負う。

〔問　4〕　管理者による管理所有に関する次の記述のうち、区分所有法の規定によれば、誤っているものはどれか。

1　規約において、法定共用部分だけでなく規約共用部分についても管理所有の対象とすることができる。

2　規約で管理者が建物の敷地及び附属施設を所有すると定めることにより、管理者はこれらの管理に必要な行為を行う権限を有する。

3　管理者による管理所有が規約で定められている場合、管理者は、共用部分につき損害保険契約を締結することができる。

4　管理者による管理所有が規約で定められていても、管理所有の対象としている共用部分の保存行為については、管理者だけでなく、共用部分を共有する各区分所有者がすることができる。

〔問　5〕　専有部分と敷地利用権の分離処分の禁止に関する次の記述のうち、区分所有法の規定によれば、誤っているものはどれか。

1　敷地利用権が数人で有する所有権その他の権利である場合には、規約に別段の定めがない限り、区分所有者は、その有する専有部分とその専有部分に係る敷地利用権とを分離して処分することができない。

2　敷地利用権が数人で有する所有権その他の権利である場合には、一筆の土地の一部について専有部分とその専有部分に係る敷地利用権とを分離して処分することを認める規約を設定することができない。

3　敷地利用権が数人で有する所有権その他の権利である場合の専有部分とその専有部分に係る敷地利用権との分離処分禁止に違反する処分は、分離処分禁止の登記がなされていない場合、その無効を善意の相手方に主張することができない。

4　最初に建物の専有部分の全部を所有する者は、その有する専有部分とその専有部分に係る敷地利用権とを分離して処分することができるとの規約を公正証書により設定することができる。

〔問　6〕　区分所有法の規定によれば、規約に関する次の記述のうち、正しいものはどれか。

1　建物の管理又は使用に関する区分所有者相互間の事項を規約で定めることができるのは、専有部分以外の建物の部分、専有部分に属しない建物の附属物及び共用部分とされた附属の建物の管理又は使用に関する事項に限られる。

2　規約は、書面又は電磁的記録（電子的方式、磁気的方式その他人の知覚によっては認識することができない方式で作られる記録であって、電子計算機による情報処理の用に供されるものとして法務省令で定めるものをいう。）により、これを作成しなければならない。

3　最初に建物の専有部分の全部を所有する者は、公正証書により、構造上一部の区分所有者の共用に供されるべき建物の部分を専有部分とする旨の規約を設定することができる。

4　管理者がいる場合、規約に定めることにより、管理者が指名した者を規約の保管者とすることができる。

〔問　7〕　電磁的方法（電子情報処理組織を使用する方法その他の情報通信の技術を利用する方法であって法務省令で定めるものをいう。この問いにおいて同じ。）による議決権行使又は決議に関する次の記述のうち、区分所有法の規定によれば、誤っているものはどれか。

1　区分所有者は、規約又は集会の決議により、集会の議事について書面による議決権の行使に代えて、電磁的方法によって議決権を行使することができる。

2　区分所有者全員の承諾を得て電磁的方法による決議をした場合に、その決議は、集会の決議と同一の効力を有する。

3　電磁的方法による決議をする場合には、電磁的方法による回答の期日とされている日より少なくとも3週間前までに、会議の目的たる事項を示して各区分所有者に通知を発しなければならない。

4　区分所有者全員の電磁的方法による合意があったときは、電磁的方

法による決議があったものとみなされ、その決議は、集会の決議と同一の効力を有する。

〔問　8〕　次の記述のうち、区分所有法の規定によれば、規約で別段の定めをすることができないものはどれか。

1　各区分所有者による共用部分の保存行為について、管理者を通じて行うこと。
2　共用部分の変更についての決議要件を、その変更の内容が軽微なものか重大なものかにかかわらず、区分所有者及び議決権の各過半数に減ずること。
3　各住戸の面積等の差が軽微な場合において、共用部分の負担と収益の配分を、住戸数を基準に按分すること。
4　一部共用部分について、これを共用すべき区分所有者の共有とするのではなく、区分所有者全員の共有とすること。

〔問　9〕　マンションの建替え決議及びその後の手続に関する次の記述のうち、区分所有法の規定によれば、誤っているものはどれか。

1　建替え決議があったときは、集会を招集した者は、建替え決議に賛成しなかった区分所有者（その承継人を含む。）に対し、建替え決議の内容により建替えに参加するか否かを回答すべき旨を、決議の日から2月以内に書面で催告しなければならない。
2　建替え決議に賛成した各区分所有者、建替え決議の内容により建替えに参加する旨を回答した各区分所有者及び区分所有権又は敷地利用権を買い受けた各買受指定者（区分所有法第63条第4項に規定する買受指定者をいう。この問いにおいて同じ。）（これらの者の承継人を含む。）は、建替え決議の内容により建替えを行う旨の合意をしたものとみなされる。
3　建替え決議に賛成した各区分所有者若しくは建替え決議の内容により建替えに参加する旨を回答した各区分所有者（これらの者の承継人

を含む。）又は買受指定者は、建替え決議で建替えに反対する旨の投票をし、その後建替えに参加するか否かの書面による催告に対し無回答で催告期間を終えた区分所有者（その承継人を含む。）に対して、催告期間満了の日から2月以内に、区分所有権及び敷地利用権を時価で売り渡すべきことを請求することができる。

4 売渡請求権の行使により区分所有権又は敷地利用権を売り渡した者は、正当な理由もなく建替え決議の日から2年以内に建物の取壊しの工事が着手されない場合には、この期間の満了の日から6月以内に、その区分所有権又は敷地利用権を現在有する者に対して、買主が支払った代金に相当する金銭を提供して、これらの権利を売り渡すべきことを請求することができる。

〔問 10〕 一団地内の附属施設たる建物を規約によって団地共用部分と定めることに関する次の記述のうち、区分所有法の規定によれば、誤っているものはどれか。

1 一団地内の附属施設たる建物が専有部分であっても、団地建物所有者は、その附属施設たる建物について、規約によって団地共用部分とすることができる。

2 一団地内の附属施設たる建物が、団地建物所有者の全部ではなく、一部の共有に属するものである場合であっても、団地建物所有者は、規約によって団地共用部分とすることができる。

3 一団地内の附属施設たる建物について団地共用部分とする規約を設定した場合には、その旨の登記をしなければ、団地共用部分であることをもって第三者に対抗することはできない。

4 一団地内の附属施設たる建物を団地共用部分とする規約の設定は、団地建物所有者及びその議決権の各4分の3以上の多数による集会の決議によってする。

〔問 11〕 大規模な火災、震災その他の災害で政令で定めるものにより、区分所有建物の全部が滅失した場合において、区分所有建物の敷地利用権を有する者（この問いにおいて「敷地共有者等」という。）が開く集会で建物を建築する旨の決議（この問いにおいて「再建決議」という。）を行うことに関して、被災マンション法の規定によれば、誤っているものはどれか。ただし、区分所有建物の敷地利用権は数人で有する所有権その他の権利とする。

1 区分所有建物の全部が滅失した場合、区分所有建物において管理者として定められていた者は、敷地共有者等によって管理者と定められていなくても、再建決議をするための集会を招集することができる。

2 区分所有建物の全部の滅失が、直接に災害によるものではなく、災害により一部が滅失した後に区分所有者によって適切に手続きをとった上で取り壊された場合であっても、建物を建築する旨の再建決議をすることができる。

3 敷地共有者等の集会において、決議手続きや説明会の開催等について規約を定めることはできない。

4 敷地共有者等の集会においては、敷地共有者等の議決権の5分の4以上の多数の賛成で建物の再建を決議することができるのであり、決議に際しては、賛成する敷地共有者等の数が5分の4に足りていなくても決議することができる。

〔問 12〕 甲マンション203号室を所有するＡは、Ｂとの間で、同室をＢに売却する旨の契約（この問いにおいて「本件売買契約」という。）を結んだ。本件売買契約の代金は同室の時価をかなり下回るものであった。この場合に関する次の記述のうち、民法の規定によれば、正しいものはどれか。

1 ＡがＢの詐欺によって本件売買契約をする意思表示をしていた場合であっても、Ｂの詐欺によって意思表示をしたことについてＡに過失があったときは、Ａは詐欺を理由として自己の意思表示を取り消すこ

とができない。

2　Aが第三者Cの詐欺によって本件売買契約をする意思表示をしていた場合には、Bがその事実を知っていたか、知ることができたときに限り、Aは詐欺を理由として自己の意思表示を取り消すことができる。

3　AがBの強迫によって本件売買契約をする意思表示をしていた場合であっても、Bの強迫によって意思表示をしたことについてAに過失があったときは、Aは強迫を理由として自己の意思表示を取り消すことができない。

4　Aが第三者Dの強迫によって本件売買契約をする意思表示をしていた場合には、Bがその事実を知っていたか、知ることができたときに限り、Aは強迫を理由として自己の意思表示を取り消すことができる。

〔問　13〕　滞納されているマンションの管理費（この問いにおいて「滞納管理費」という。）の消滅時効に関する次の記述のうち、民法の規定によれば、誤っているものはどれか。

1　管理組合が、管理費を滞納している区分所有者Aに対して、内容証明郵便をもって累積している滞納管理費分の支払の請求をした場合には、6ヵ月間の時効の完成猶予の効力が生じるが、その期間中になされた再度の支払の請求には、時効の完成猶予の効力が生じない。

2　管理組合が、管理費を滞納している区分所有者Aに対する支払の催告に基づく時効の完成猶予期間を経過した後に、その支払額や支払方法について、あらためてAと協議を行う旨の合意が書面でなされたときには、その合意から1年を経過した時、協議期間を定めている場合にはその期間を経過した時、当事者の一方から相手方に対して協議の続行を拒絶する通知を書面で送付した場合にはその通知の到達から6ヵ月を経過した時、の最も早い時まで時効の完成猶予が認められる。

3　管理費を滞納している区分所有者Aが自ら破産手続開始の申立てを

し、破産手続開始の決定がなされた場合、管理組合が滞納管理費債権について破産債権として届出をしただけでは、時効の更新の効力は生じない。

4 滞納管理費の存在が、確定判決又は確定判決と同一の効力を有するものによって確定した場合には、その時効期間は10年である。

〔問 14〕 甲マンション102号室を所有するＡは、Ｂとの間で、同室を代金1,000万円でＢに売却する旨の契約を結んだ。その後、Ａは、Ｃとの間で、同室を代金1,200万円でＣに売却する旨の契約を結んだ。この場合に関する次の記述のうち、民法の規定及び判例によれば、誤っているものはどれか。

1 ＣがＢよりも先に代金1,200万円をＡに支払った場合であっても、ＢがＣよりも先にＡから102号室の引渡しを受けたときは、Ｂは同室の所有権の移転登記を備えなくても、Ｃに対し、同室の所有権を取得したことを対抗することができる。

2 ＢがＣよりも先に代金1,000万円をＡに支払い、ＣがＢよりも先に102号室の引渡しを受けたが、両者とも同室の所有権の移転登記を備えていないとき、ＢもＣも互いに、同室の所有権を取得したことを対抗することができない。

3 ＣがＡとの売買契約を結んだ当時、Ｂが既に102号室をＡから買い受けたことを知っており、かつ、ＣがＢの登記の不存在を主張することが信義に反すると認められる事情がある場合には、Ｂは同室の所有権の移転登記を備えなくても、Ｃに対し、同室の所有権を取得したことを対抗することができる。

4 ＣがＢよりも先にＡから102号室の引渡しを受けた場合であっても、Ｂが同室の所有権の移転登記を備えたときは、Ｂは、Ｃに対し、同室の所有権を取得したことを対抗することができる。

〔問 15〕 甲マンションの101号室を所有するＡが管理費を滞納した場合の遅延損害金に関する次の記述のうち、民法の規定によれば、誤っているものはどれか。

1 甲マンションの管理規約に遅延損害金の利率の定めがない場合、Ａが令和２年１月末日を支払期限とする管理費を滞納したときは、Ａは、令和２年２月１日から支払済みまで年５％の割合による遅延損害金の支払義務を負う。

2 甲マンションの管理規約に遅延損害金の利率を年10％とする定めがある場合、Ａが令和２年７月末日を支払期限とする管理費を滞納したときは、Ａは、令和２年８月１日から支払済みまで年10％の割合による遅延損害金の支払義務を負う。

3 甲マンションの管理規約に遅延損害金の利率の定めがない場合、Ａが令和３年１月末日を支払期限とする管理費を滞納したときは、Ａは、令和３年２月１日から支払済みまで年３％の割合による遅延損害金の支払義務を負う。

4 甲マンションの管理規約に遅延損害金の利率を年１％とする定めがある場合、Ａが令和３年７月末日を支払期限とする管理費を滞納したときは、Ａは、令和３年８月１日から支払済みまで年３％の割合による遅延損害金の支払義務を負う。

〔問 16〕 Ａがその所有する甲マンションの301号室をＢに賃貸し、ＣがＢの賃料支払債務について連帯保証した場合に関する次の記述のうち、民法の規定及び判例によれば、誤っているものはどれか。

1 Ｂが賃料の支払を怠り、Ａから保証債務の履行を請求されたＣは、Ａに対し、まずＢに対して賃料支払の催告をするよう請求することはできない。

2 ＡＢ間の賃貸借契約において賃料債務についての遅延損害金の定めがない場合には、ＡＣ間の連帯保証契約において保証債務についてのみ遅延損害金を定めることはできない。

3　Bの賃料支払債務が時効により消滅した場合、Bが時効の利益を放棄しても、Cは自ら賃料支払債務の消滅時効を援用し、保証債務を免れることができる。

4　AがCに対して保証債務の履行を請求し、その時効の更新が生じても、AとBが別段の意思表示をしない限り、Bに対する時効更新の効力は生じない。

〔問　17〕　Aは、甲マンション404号室をBから賃借して居住していたが、存続期間の満了によってAB間の賃貸借契約は終了した。この場合に関する次の記述のうち、民法の規定によれば、誤っているものはどれか。

1　Aの居住中に404号室に損傷が生じた場合であっても、その損傷が通常の使用収益によって生じた損耗に当たるときは、Bは、Aに対し、その損傷を原状に復するよう請求することができない。

2　Aの居住中に404号室に損傷が生じた場合であっても、その損傷がAの責めに帰することができない事由によるものであるときは、Bは、Aに対し、その損傷を原状に復するよう請求することができない。

3　Aが、賃貸借契約終了の2ヵ月前に、404号室に物を附属させていた場合であっても、その物を同室から分離することができないとき又は分離するのに過分の費用を要するときは、Aは、Bに対し、その物を収去する義務を負わない。

4　Aが、賃貸借契約終了の2ヵ月前に、404号室についてBの負担に属する必要費を支出した場合であっても、その必要費の償還を請求しないまま賃貸借契約が終了し、同室をBに返還したときは、その後は、Aは、Bに対し、その必要費の償還を請求することができない。

〔問　18〕　区分建物の登記に関する次の記述のうち、不動産登記法（平成16年法律第123号）の規定によれば、正しいものはどれか。

1　所有権の登記がある区分建物が、これと接続する所有権の登記があ

る区分建物と合体して一個の建物となった場合には、当該各区分建物の所有権の登記名義人は、合体前の区分建物について表題部の変更の登記を申請しなければならない。

2 表題登記がある区分建物の部分であって区分建物に該当する建物を、登記記録上別の区分建物とする建物の区分の登記は、当該建物部分の所有権を新たに取得した者が、申請することができる。

3 抵当権の登記がある区分建物の附属建物を、当該区分建物から分割して登記記録上別の一個の建物とする建物の分割の登記は、当該区分建物の抵当権の登記名義人が、申請することができる。

4 表題登記がある区分建物を、これと接続する表題登記がある他の区分建物に合併して登記記録上一個の建物とする区分建物の合併の登記は、各区分建物の表題部所有者が相互に異なるときは、することができない。

〔問 19〕 マンション建替組合（この問いにおいて「組合」という。）が施行するマンション建替事業に関する次の記述のうち、マンションの建替え等の円滑化に関する法律（平成14年法律第78号）の規定によれば、誤っているものはどれか。

1 組合において、権利変換計画について総会の議決があったときは、組合は、当該議決があった日から2月以内に、当該議決に賛成しなかった組合員に対し、区分所有権及び敷地利用権を時価で売り渡すべきことを請求することができる。

2 組合は、権利変換期日後遅滞なく、施行再建マンションの敷地（保留敷地を含む。）につき、権利変換後の土地に関する権利について必要な登記を申請しなければならない。

3 組合は、権利変換計画の認可を申請しようとするときは、権利変換計画について、あらかじめ、総会の議決を経るとともに施行マンション又はその敷地について権利を有する者（組合員を除く。）及び隣接施行敷地がある場合における当該隣接施行敷地について権利を有する者の同意を得なければならない。

4　組合は、権利変換計画に基づき補償金を支払う必要がある者に対して、権利変換期日後遅滞なく当該補償金を支払わなければならない。

〔問　20〕　都市計画法（昭和43年法律第100号）に関する次の記述のうち、誤っているものはどれか。

1　都市計画区域については、都市計画に、当該都市計画区域の整備、開発及び保全の方針を定めるものとされている。
2　準都市計画区域については、都市計画に、地区計画を定めることができない。
3　市街化区域及び区域区分が定められていない都市計画区域については、少なくとも道路、公園及び医療施設を定めるものとされている。
4　促進区域は、市街化区域又は区域区分が定められていない都市計画区域内において、主として関係権利者による市街地の計画的な整備又は開発を促進する必要があると認められる土地の区域について定めることとされている。

〔問　21〕　建築基準法（昭和25年法律第201号）に関する次の記述のうち、誤っているものはどれか。

1　準防火地域内にある共同住宅で、外壁が耐火構造のものについては、その外壁を隣地境界線に接して設けることができる。
2　高さ25mの共同住宅について、周囲の状況によって安全上支障がない場合は、避雷設備を設ける必要はない。
3　共同住宅の住戸から地上に通ずる廊下及び階段で、採光上有効に直接外気に開放されていないものには、非常用の照明装置を設けなければならないが、共同住宅の住戸に非常用の照明装置を設ける必要はない。
4　延べ面積が250㎡の２階建て共同住宅の敷地内には、屋外に設ける避難階段から道又は公園、広場その他の空地に通ずる通路を設けなければならず、当該通路の幅員は0.9m確保すればよい。

◎〔問　22〕　簡易専用水道の設置者の義務に関する次の記述のうち、水道法（昭和32年法律第177号）の規定によれば、誤っているものはどれか。

1　水道の管理について、地方公共団体の機関又は国土交通大臣及び環境大臣の登録を受けた者の検査を、毎年1回以上定期に受けなければならない。

2　給水栓における水の色、濁り、臭い、味その他の状態により供給する水に異常を認めたときは、水質基準のうち必要な事項について検査を行わなければならない。

3　供給する水が人の健康を害するおそれがあることを知ったときは、直ちに給水を停止し、かつ、その水を使用することが危険である旨を関係者に周知させる措置を講じなければならない。

4　水道の管理について技術上の業務を担当させるため、水道技術管理者1人を置かなければならない。

〔問　23〕　消防法（昭和23年法律第186号）の規定によれば、消防法施行令（昭和36年政令第37号。この問いにおいて「政令」という。）別表第一（五）項ロに掲げる防火対象物である共同住宅における防火管理等に関する次の記述のうち、誤っているものはどれか。

1　居住者が50人の共同住宅の管理について権原を有する者は、防火管理者を解任したときは、遅滞なくその旨を所轄消防長（消防本部を置かない市町村においては、市町村長。）又は消防署長に届け出なければならない。

2　その管理について権原が分かれている共同住宅にあっては、当該共同住宅の防火管理者は、消防計画に、当該共同住宅の当該権原の範囲を定めなければならない。

3　延べ面積が2,500㎡で、50人が居住する共同住宅における防火管理者には、当該共同住宅において防火管理上必要な業務を適切に遂行することができる管理的又は監督的な地位にあるもので、市町村の消防職員で管理的又は監督的な職に1年以上あった者を選任することがで

きる。

4　高さが30mで、100人が居住する共同住宅の管理者、所有者又は占有者は、当該共同住宅において使用するカーテンについて、防炎性能を有しないカーテンを購入し、政令で定める基準以上の防炎性能を与えるための処理をさせたときは、総務省令で定めるところにより、その旨を明らかにしておかなければならない。

〔問　24〕　警備業務に関する次の記述のうち、警備業法（昭和47年法律第117号）の規定によれば、誤っているものはどれか。

1　事務所、住宅、興行場、駐車場、遊園地等における盗難等の事故の発生を警戒し、防止する業務であって、他人の需要に応じて行うものは警備業法に定める警備業務に該当する。

2　警備業を営もうとする者は、警備業務を開始した後、速やかに主たる営業所の所在地を管轄する都道府県公安委員会に対して、内閣府令で定める事項を記載した届出書を提出しなければならない。

3　警備業者は、自己の名義をもって他人に警備業を営ませてはならず、認定を受けていない者に名義を貸すことはもとより、他の警備業者に名義を貸すことをも禁止されている。

4　警備業者は、警備業務を行おうとする都道府県の区域を管轄する公安委員会に当該警備業務を行うに当たって携帯しようとする護身用具の種類、規格その他内閣府令で定める事項を記載した届出書を提出しなければならない。

〔問　25〕　区分所有者の一人が、その専有部分及びこれに附属する部分につき修繕等をする場合の手続きに関する次の記述のうち、標準管理規約によれば、適切でないものはどれか。

1　専有部分の床のフローリング工事の申請があった場合、理事長が承認又は不承認の決定を行うに当たっては、構造、工事の仕様、材料等により共用部分や他の専有部分への影響が異なるので、専門的知識を

有する者への確認が必要である。

2　理事長の承認を受けた修繕等の工事後に、当該工事により共用部分や他の専有部分に影響を生じたときには、管理組合の責任と負担により必要な措置を講じなければならない。

3　理事長の承認を要しない修繕等であっても、工事業者の立入りや工事の騒音等工事の実施中における共用部分又は他の専有部分への影響について管理組合が事前に把握する必要があるものを行おうとするときは、あらかじめ理事長にその旨を届け出なければならない。

4　専有部分の内装工事とあわせて防犯上の観点から玄関扉を交換する工事の申請があった場合において、管理組合が計画修繕として同等の工事を速やかに実施できないときには、申請者はあらかじめ理事長の書面による承認を受けることにより、当該工事を自己の責任と負担において実施することができる。

〔問 26〕区分所有者が住戸（専有部分）を賃貸している場合における管理組合の運営上の取扱いに関する次の記述のうち、標準管理規約によれば、適切でないものはどれか。

1　総会の招集通知は、管理組合に対し区分所有者から届出がなされず、転居先が不明である場合には、現在賃借人が居住している専有部分宛てに送付すればよい。

2　管理規約でペットの飼育が禁止されているにもかかわらず、賃借人がペットを飼育したときは、理事長は、賃貸人である区分所有者又は賃借人いずれに対しても勧告や指示等をすることができ、区分所有者は、その是正等のために必要な措置を講じなければならない。

3　賃借人が区分所有者の子である場合には、マンション外に居住している区分所有者の委任により、当該賃借人が区分所有者を代理して、総会において議決権を行使することができる。

4　賃借人は、会議の目的につき利害関係を有するときは、総会に出席して意見を述べることができる。この場合において、当該賃借人はあらかじめ理事長からその旨の承諾を得ておかなければならない。

〔問　27〕　管理組合の理事会に関する次の記述のうち、標準管理規約によれば、適切なものはどれか。ただし、使用細則や理事会決議で特段の取扱いは定めていないものとする。

1　理事会に理事長及び副理事長のいずれもが欠席した場合には、理事の半数が出席した場合であっても、その理事会を開催することはできない。

2　理事が不正の行為をしたと認める場合には、監事は、理事長に対し理事会の招集を請求することができ、請求があった日から5日以内に、その請求があった日から2週間以内の日を理事会の日とする理事会の招集の通知を理事長が発しない場合には、その請求をした監事が理事会を招集することができる。

3　区分所有者から敷地及び共用部分等の保存行為を行うことの承認申請があった場合の承認又は不承認について、書面又は電磁的方法により決議をするためには、理事全員の同意が必要である。

4　緊急を要する場合において、理事の過半数の承諾があれば、理事長は、会日の5日前に理事会の招集通知を発することにより、理事会を開催することができる。

〔問　28〕　組合員の配偶者に関する次の記述のうち、標準管理規約によれば、適切なものはいくつあるか。ただし、外部専門家を役員として選任できることとしていない場合とする。

ア　組合員の配偶者は、その組合員の住戸に同居していても、役員になることができない。

イ　組合員の配偶者は、その組合員の住戸に同居していなくても、その組合員の代理人として総会に出席することができる。

ウ　組合員が代理人により議決権を行使する場合には、他の組合員の同居する配偶者を代理人に選任することができる。

エ　組合員の住戸に同居する配偶者がマンション内で共同生活の秩序を乱す行為を行った場合において、理事長が是正等のため必要な勧告を

行うときは、その組合員に対して行う必要があり、直接その配偶者に
対して行うことはできない。

1　一つ
2　二つ
3　三つ
4　四つ

〔問 29〕 役員の選任についての、理事会における理事長の次の発言の
うち、標準管理規約によれば、適切なものはどれか。

1　会計担当理事が組合員でなくなったことにより任期中にその地位を
　失った場合には、理事会の決議により、会計業務に精通している監事
　2人のうちの1人を新たに会計担当理事に選任することができます。
2　理事に欠員が生じた場合、理事会決議で補欠の理事を選任できると
　する旨を管理規約で定めることはできません。
3　任期の満了に伴う役員の選任に係る議案が総会で否決された場合、
　あらためて新役員が就任するまでの間、新役員の任期として予定され
　ている期間になった後も、これまでの役員が引き続きその職務を行わ
　なければなりません。
4　外部専門家を役員として選任できることとした場合、外部専門家が
　役員に選任された後に組合員となり、その後、その外部専門家が組合
　員でなくなったときは、当然に役員としての地位を失います。

〔問 30〕 総会における議決権行使書の取扱いに関する理事長の次の発
言のうち、区分所有法の規定及び標準管理規約によれば、適切なもの
はどれか。

1　住戸1戸を2人が共有している場合において、共有者それぞれから
　賛否の異なる議決権行使書が提出されている場合には、あらかじめ2
　人のうち1人を議決権を行使する者として届出があったとしても、そ
　れらの議決権行使書は2通とも無効票として取り扱わなければなりま

せん。

2　マンション管理業者との間で管理委託契約を締結する旨の議案に係る決議に際しては、当該マンション管理業者の役員でもある組合員については、議案に利害関係を有することから、その者から提出された議決権行使書は、当該議案の賛否の計算からは排除しなければなりません。

3　規約の変更の議案に係る決議に際し、マンション内に複数の住戸を区分所有している組合員からその有する専有部分の数の議決権行使書が提出された場合でも、「組合員総数」においては１人として賛否を計算しなければなりません。

4　総会の招集通知に添付した委任状及び議決権行使書を使用せず、組合員から「すべての議案に反対する」と記載した書面が提出されていますが、これは無効票として取り扱うことになります。

〔問　31〕　専有部分のある建物であるＡ棟、Ｂ棟、Ｃ棟及びＤ棟からなる団地における団地総会の決議に関する次の記述のうち、「マンション標準管理規約（団地型）及びマンション標準管理規約（団地型）コメント」（最終改正令和３年６月22日　国住マ第33号）によれば、適切なものはどれか。

1　Ａ棟の区分所有者が行った共同利益背反行為に対し、その行為の停止請求に係る訴訟を提起するとともに訴えを提起すべき者の選任をする場合には、団地総会の決議が必要である。

2　Ｂ棟の建物の一部が滅失した場合において、滅失したＢ棟の共用部分の復旧を行うときは、団地総会の決議が必要である。

3　Ｃ棟の屋上の補修を、一定年数の経過ごとに計画的に行う修繕により行う場合には、団地総会の決議が必要である。

4　Ｄ棟の建替え等に係る合意形成に必要となる事項の調査の実施及びその経費に充当する場合のＤ棟の修繕積立金の取崩しを行うときは、団地総会の決議が必要である。

〔問　32〕　複合用途型マンションの管理に関する次の記述のうち、「マンション標準管理規約（複合用途型）及びマンション標準管理規約（複合用途型）コメント」（最終改正令和３年６月22日　国住マ第33号）によれば、適切でないものはどれか。

1　店舗部分の区分所有者は、店舗のシャッターに、その店舗の名称、電話番号その他営業に関する広告を掲示することができる。
2　店舗のシャッターの破損が第三者による犯罪行為によることが明らかである場合のシャッターの修復の実施については、その店舗の区分所有者がその責任と負担においてこれを行わなければならない。
3　店舗部分の区分所有者は、店舗前面敷地について、通路として使用するほか、営業用看板を設置することができる。
4　管理組合が規約で定めれば、店舗のシャッターについてはすべて専有部分とし、利用制限を付すこともできる。

〔問　33〕　複合用途型マンションの管理に関する次の記述のうち、「マンション標準管理規約（複合用途型）及びマンション標準管理規約（複合用途型）コメント」（最終改正令和３年６月22日　国住マ第33号）によれば、適切なものはどれか。

1　建物のうち店舗部分の屋上を店舗の来客者専用駐車場として使用する場合、店舗部分の区分所有者から管理組合に対し支払われる駐車場使用料は、当該駐車場の管理費に充てるほか、全体修繕積立金として積み立てる必要がある。
2　住宅一部共用部分の修繕積立金を取り崩す場合には、総会決議において、全区分所有者の過半数の賛成とともに、住宅部分の区分所有者の過半数の賛成を得る必要がある。
3　複合用途型マンションでは、全体共用部分、住宅一部共用部分及び店舗一部共用部分ごとに管理費及び修繕積立金があることから、会計担当理事を少なくとも３人選任し、それぞれの部分の会計業務にあたらせる必要がある。

4 　住宅部分の区分所有者から、店舗一部管理費及び店舗一部修繕積立金に係る会計帳簿や帳票について理由を付した書面による閲覧の請求があった場合、理事長は、請求者が、帳票類に関し利害関係を有するかを確認する必要がある。

〔問　34〕　甲マンション管理組合の理事会（令和3年4月開催）において、会計担当理事が行った令和2年度決算（令和2年4月1日から令和3年3月31日まで）に関する次の説明のうち、適切なものはどれか。ただし、会計処理は発生主義の原則によるものとし、資金の範囲は、現金預金、未収金、前払金、未払金及び前受金とする。

1 　令和3年3月に組合員Aから令和3年4月分の管理費2万円が入金されたため、令和2年度決算の貸借対照表の正味財産が2万円増加しています。

2 　令和3年3月に行った修繕工事に係る費用8万円については令和3年4月に支払ったため、令和2年度決算の貸借対照表の正味財産の増減には影響がありません。

3 　令和3年3月に令和3年4月分も含めた2ヵ月分のリース料6万円（月3万円）を支払ったため、令和2年度決算の貸借対照表の正味財産が3万円減少しています。

4 　令和元年度決算の貸借対照表に計上されていた管理費の未収金7万円のうち、4万円が令和3年3月に入金されたため、令和2年度決算の貸借対照表の正味財産が4万円増加しています。

〔問　35〕　管理組合及び管理組合法人の税金に関する次の記述のうち、適切でないものはどれか。ただし、「収益事業」とは法人税法（昭和40年法律第34号）第2条第13号及び法人税法施行令（昭和40年政令第97号）第5条第1項に規定されている事業を継続して事業場を設けて行うものをいう。

1 　移動体通信事業者との間で携帯電話基地局設置のため、屋上の使用

を目的とした建物賃貸借契約を結び設置料収入を得ている管理組合の行為は、収益事業の不動産貸付業に該当する。

2 収益事業を行っている管理組合法人は、法人税が課税されるが、管理組合法人の場合、法人税法上、公益法人等とみなされ、法人税率については、法人でない管理組合よりも低い税率が適用される。

3 駐車場が恒常的に空いているため、区分所有者及び区分所有者以外の者に対して、募集は両者を分けず広く行い、利用方法は区分所有者の優先性を設けず、常に同一条件で駐車場の賃貸を行っている管理組合の場合、区分所有者に対する賃貸及び区分所有者以外の者に対する賃貸は、すべてが収益事業に該当するため法人税が課税される。

4 消費税法（昭和63年法律第108号）上、課税期間の基準期間（前々事業年度）における課税売上高が1,000万円以下であっても、その課税期間が特定期間（前事業年度開始の日以後6月の期間）における課税売上高が1,000万円を超えた場合は、消費税の納税義務は免除されない。

◎〔問 36〕「長期修繕計画作成ガイドライン」（令和3年9月国土交通省公表）に関する次の記述のうち、適切でないものはどれか。

1 長期修繕計画は、作成時点において、計画期間の推定修繕工事の内容、時期、概算の費用等に関して計画を定めるものである。

2 大規模修繕工事とは、建物の全体又は複数の部位について行う大規模な計画修繕工事をいう。

3 計画修繕工事における修繕工事には、補修工事（経常的に行う補修工事を除く。）が含まれる。

4 単棟型のマンションの場合、長期修繕計画の対象は、管理規約に定めた組合管理部分である敷地、建物の共用部分及び附属施設であり、専有部分が含まれることはない。

〔問 37〕 マンションの大規模修繕工事に関する次の記述のうち、適切でないものはどれか。

1　CM（コンストラクションマネジメント）方式とは、専門家が発注者の立場に立って、発注・設計・施工の各段階におけるマネジメント業務を行うことで、全体を見通して効率的に工事を進める方式をいう。
2　責任施工方式では、初期の段階から工事中の仮設計画や工事実施手順等に配慮した検討を行うことができる。
3　建築基準法の規定により、一級建築士が設計を行う必要がある工事を行う場合においては、責任施工方式の場合でも、一級建築士である工事監理者を定める必要がある。
4　設計監理方式は、責任施工方式に比べて、工事内容と費用内訳の関係が不明瞭となりやすい。

〔問 38〕 鉄筋コンクリート造のマンションの建物の劣化原因と症状に関する次の記述のうち、適切でないものはいくつあるか。

ア　ひび割れの原因の一つは、コンクリートの乾燥収縮である。
イ　剥落の原因の一つは、コンクリートの中性化による鉄筋の腐食である。
ウ　ポップアウトの原因の一つは、コンクリートの内部の部分的な膨張圧である。
エ　エフロレッセンスの原因の一つは、コンクリートのアルカリ骨材反応である。
1　一つ
2　二つ
3　三つ
4　四つ

◎〔問　39〕　「マンションの修繕積立金に関するガイドライン」（令和３年
　　９月国土交通省公表）に関する次の記述のうち、適切でないものはど
　　れか。

　１　修繕積立金の均等積立方式は、安定的な積立てが可能な方式である
　　が、段階増額積立方式と比べて多額の資金を管理する状況が生じる点
　　に、留意が必要である。
　２　段階増額積立方式は、計画どおりに増額しようとする際に区分所有
　　者間の合意形成ができず修繕積立金が不足する場合がある点に、留意
　　が必要である。
　３　超高層マンション（一般に20階以上）は、戸数、面積が同程度のそ
　　れ以外のマンションと比べて、修繕工事費が安くなる傾向にある。
　４　新築マンションにおいて、配管にステンレス管やプラスチック管を
　　使用することは、給排水管に関する修繕工事費の抑制に有効である。

〔問　40〕　マンション各部の計画に関する次の記述のうち、適切でない
　　ものはどれか。

　１　直角駐車する平面駐車場において、普通自動車１台あたりの駐車ス
　　ペースを幅2.5m×奥行6.0mとした。
　２　エレベーターの出入口の有効な幅員を80cmとした。
　３　共用玄関の存する階のエレベーターホールの照明設備を、床面にお
　　いて20ルクスの平均水平面照度となるように設けた。
　４　２階にあるバルコニーの周囲に、転落防止のため、高さ1.1mの手
　　すり壁を設けた。

〔問　41〕　マンションの室内環境に関する次の記述のうち、適切でない
　　ものはどれか。

　１　窓サッシを二重化すると、窓の熱貫流率が小さくなり、室内の温度
　　を安定させることができる。

2 建築基準法の規定によれば、採光に有効な窓その他の開口部（天窓を除く。）の面積の算定方法は、当該開口部が設けられている方位にかかわらず同じである。

3 ホルムアルデヒドを発散する建築材料を使用しない場合でも、居室には、原則として換気設備の設置が必要である。

4 重量床衝撃音に対する遮音性能は、同じ厚さのコンクリート床の場合、梁によって囲まれた正方形の床版においては、面積が大きいほど高くなる。

〔問 42〕 マンションの計画に関する次の記述のうち、適切でないものはどれか。

1 片廊下型の住棟において、住戸のプライバシーに配慮し、共用廊下を住戸から離して設置した。

2 片廊下型の住棟において、採光に配慮し、居室数の多い大型住戸を端部に、居室数の少ない小型住戸を中間部に配置した。

3 2階建ての共同住宅（メゾネット型の住戸はなく、各階の居室の床面積の合計がそれぞれ250㎡）において、2階から避難階である1階に通ずる直通階段を1つ設けた。

4 共用ゴミ置き場は、防犯の観点から、道路からの見通しが確保できる場所に設けた。

〔問 43〕 マンションの排水設備に関する次の記述のうち、適切でないものはどれか。

1 敷地内に設置する排水横主管の管径が125mmの場合、円滑な排水ができるための最小勾配は1/200である。

2 排水立て管の頂部の伸頂通気管と排水立て管の基部とを接続する通気立て管方式は、下層階で生じた正圧を逃がすことができる。

3 ポンプ直送方式の受水槽に設置するオーバーフロー管とその排水を受ける排水管との間には、最小距離150mmの排水口空間を確保する。

4　逆わんトラップは、洗濯機からの排水を受ける防水パンなどに設置する。

〔問　44〕　マンションの消防用設備等に関する次の記述のうち、適切でないものはどれか。

1　地階を除く階数が7以上のマンションには、連結送水管を設置する必要がある。

2　建物の1階に床面積が300㎡の屋内駐車場を設ける場合には、泡消火設備を設置する必要がある。

3　閉鎖型スプリンクラー設備には、配管内を常時充水しておく湿式と空管にしておく乾式などがあり、一般に寒冷地では乾式が使用される。

4　消防用設備等の総合点検は、1年に1回実施する必要がある。

〔問　45〕　マンションの設備に関する次の記述のうち、適切でないものはどれか。

1　ロータンクを持たない直圧方式の大便器の最低必要圧力は、一般水栓の30kPaに比べて高い。

2　屋上における雨水排水において、排水管への土砂、ゴミ、木の葉などの流入を防ぐため、ベントキャップを設置した。

3　自然冷媒ヒートポンプ式給湯器は、大気の熱を吸収した冷媒（二酸化炭素）を圧縮し、高温の湯を作り貯湯できる機器である。

4　小規模マンションで、各住戸の契約電力と共用部分の契約電力の総量が50kVA未満の場合には、原則として低圧引込みにより電気が供給される。

〔問 46〕　Aは、マンション管理士試験に合格し、マンション管理士となる資格を有する者である。この場合におけるマンション管理士の登録に関する次の記述のうち、マンション管理適正化法の規定によれば、正しいものはいくつあるか。

ア　Aは、国土交通大臣（指定登録機関が登録の実施に関する事務を行う場合は指定登録機関）の登録を受けていないが、マンション管理士となる資格を有しているため、マンション管理士の名称を使用することができる。

イ　Aが禁錮以上の刑に処せられ、その執行を終わり、又は執行を受けることがなくなった日から2年を経過していなければ、マンション管理士の登録を受けることができない。

ウ　Aは、マンション管理士試験の合格日から1年以内にマンション管理士の登録の申請を行わなければ、登録を受けることができない。

エ　Aは、マンションの管理事務に関して2年以上の実務を経験した後にマンション管理士の登録を受けた場合であっても、登録講習機関が行う講習の受講義務は免除されない。

1　一つ
2　二つ
3　三つ
4　四つ

〔問 47〕　マンション管理士に関する次の記述のうち、マンション管理適正化法の規定によれば、誤っているものはいくつあるか。

ア　マンション管理士は、5年ごとに、登録講習機関が行う講習を受けなければならず、当該講習の課程を修了した者は、修了証の交付を受け、その修了証と引換えに新たなマンション管理士登録証の交付を受けることができる。

イ　マンション管理士の名称の使用の停止を命ぜられた者が、当該停止を命ぜられた期間中に、マンション管理士の名称を使用したときは、

30万円以下の罰金に処せられる。

ウ　マンション管理士は、管理組合の管理者等の相談に応じ、助言、指導その他の援助を行うに際し、当該管理者等から請求があったときは、マンション管理士登録証を提示しなければならない。

エ　マンション管理士が死亡し、又は失踪の宣告を受けた場合には、戸籍法（昭和22年法律第224号）に規定する届出義務者又は法定代理人は、遅滞なく、マンション管理士登録証を添え、その旨を国土交通大臣に届け出なければならない。

1　一つ
2　二つ
3　三つ
4　四つ

〔問　48〕　マンション管理業者が締結する管理受託契約に関する次の記述のうち、マンション管理適正化法の規定によれば、正しいものはいくつあるか。

ア　マンション管理業者は、管理組合との管理受託契約を締結するときに遅滞なく交付する書面に代えて、当該管理組合を構成するマンションの区分所有者等又は当該管理組合の管理者等の承諾を得た場合は、当該書面に記載すべき事項を電子情報処理組織を使用する方法その他の情報通信の技術を利用する方法により提供することができる。

イ　マンション管理業者が、管理組合との管理受託契約を更新する場合において、従前の管理受託契約と比べ管理事務の内容及び実施方法の範囲を拡大し、管理事務費用の額を減額することは、従前の管理受託契約と同一の条件での更新に含まれる。

ウ　マンション管理業者は、従前の管理受託契約と同一の条件で管理組合との管理受託契約を更新しようとするときは、あらかじめ、当該管理組合を構成するマンションの区分所有者等全員に対して、説明会を開催し、管理業務主任者をして、重要事項について説明させなければならない。

エ　マンション管理業者は、管理組合から管理事務の委託を受けること
　　を内容とする契約を締結するに当たって、新たに建設されたマンショ
　　ンが分譲され、住戸部分の引渡しの日のうち最も早い日から１年以内
　　に当該契約期間が満了する場合には、あらかじめ説明会を開催して重
　　要事項の説明をすることは不要となる。

1　一つ
2　二つ
3　三つ
4　四つ

〔問　49〕　マンション管理業者に関する次の記述のうち、マンション管
　　理適正化法の規定によれば、誤っているものはいくつあるか。

ア　マンション管理業者は、管理組合から委託を受けて管理する修繕積
　　立金及び管理組合又はマンションの区分所有者等から受領した管理費
　　用に充当する金銭又は有価証券については、整然と管理する方法とし
　　て国土交通省令で定める方法により、自己の固有財産及び他の管理組
　　合の財産と分別して管理しなければならない。
イ　マンション管理業者は、管理者等が置かれていない管理組合で、管
　　理者等が選任されるまでの比較的短い期間に限り保管する場合を除
　　き、保管口座又は収納・保管口座に係る管理組合等の印鑑、預貯金の
　　引出用のカードその他これらに類するものを管理してはならない。
ウ　マンション管理業者は、毎月、管理事務の委託を受けた管理組合の
　　その月における会計の収入及び支出の状況に関する書面を作成し、当
　　月末日に、当該書面を当該管理組合の管理者等に交付しなければなら
　　ない。
エ　マンション管理業者が管理する保管口座とは、マンションの区分所
　　有者等から徴収された修繕積立金又はマンションの区分所有者等から
　　受領した管理費用に充当する金銭等を預入し、一時的に預貯金として
　　管理するための口座で、管理組合等又は管理業者を名義人とするもの
　　をいう。

1　一つ
2　二つ
3　三つ
4　四つ

〔問　50〕　甲マンションの区分所有者Aとマンション管理士Bに関する次の記述のうち、マンション管理適正化法の規定によれば、正しいものはどれか。

1　Bが甲マンションの区分所有者である場合、マンション管理士として甲マンション管理組合に対し、助言、指導等を行うことはできない。
2　Bがマンション管理士登録証を亡失し、国土交通大臣（指定登録機関が登録の実施に関する事務を行う場合は指定登録機関）に再交付を申請している期間中であっても、マンション管理士の名称を使用し、Aからの個別の相談について助言、指導を行うことができる。
3　Bが、Aから受けた相談に関し知り得た秘密を漏らした場合、Aに金銭的損害が生じていなければ、マンション管理士の登録の取消しや名称の使用停止処分を受けることはない。
4　Bは、Aからの個別の相談について助言、指導を行っている場合は、その業務が終了するまでは、甲マンションの他の区分所有者から新たな依頼を受けることができない。

令和２年度 試験問題

分野	問	テーマ	分野	問	テーマ
❶ 管理に関する法令・実務	1	区分所有法（一部共用部分、敷地）	❷ 管理組合の運営	25	標準管理規約（専有部分の賃借人）
	2	区分所有法・民法（不法行為）		26	標準管理規約（団地型、複合用途型、使用料等の修繕積立金積み立て）
	3	区分所有法（集会の招集）			
	4	区分所有法（管理者）・民法（委任）		27	標準管理規約（管理費・修繕積立金）
				28	標準管理規約・個人情報保護法
	5	区分所有法（規約）		29	標準管理規約（総会の議長）
	6	区分所有法（管理組合法人）		30	標準管理規約（書類等の閲覧請求）
	7	区分所有法・民法（専有部分の占有者）		31	標準管理規約（理事長の権限）
	8	区分所有法（義務違反者に対する措置）		32	標準管理規約（書面等による決議）
	9	区分所有法・民法（建物の滅失・復旧）		33	標準管理規約（理事会）
	10	区分所有法（団地）		34	会計（仕訳）
	11	被災マンション法・民法		35	収支決算
	12	民法（代理）	❸ 建物と設備の形質・構造	36	マンションの調査・診断
	13	民法（抵当権）		37	マンションの防水
	14	民法（保証）		38	長期修繕計画作成ガイドライン及びコメント等
	15	民法（担保責任）		39	大規模修繕工事（工事請負契約の締結）
	16	民法（賃貸借）		40	マンションの構造
	17	民法（相続）		41	マンションの室内環境
	18	不動産登記法（区分建物の登記）		42	マンションの供給方式
	19	マンション建替え円滑化法		43	給水設備
	20	都市計画法（地域地区等）		44	排水設備
	21	建築基準法（違反建築物、単体規定）		45	換気設備・給湯設備
	22	水道法（簡易専用水道）	❹ マンション管理適正化法	46	マンション管理適正化法（マンション管理業者）
	23	消防法（防火管理者等）		47	マンション管理適正化法（定義）
	24	防犯に配慮した共同住宅に係る設計指針		48	マンション管理適正化法（マンション管理士）
				49	マンション管理適正化基本方針
				50	マンション管理適正化法（総合）

〔問　1〕　規約共用部分及び規約敷地に関する次の記述のうち、区分所有法の規定によれば、誤っているものはどれか。

1　マンション内に、上層階専用、下層階専用の二基のエレベーターがあり、それぞれが一部共用部分である場合に、その大規模修繕については、区分所有者全員の規約で定め、清掃等の日常の管理や使用方法については、区分所有者全員の利害に関係しないものとしてそれぞれ上層階、下層階の区分所有者の規約で定めることができる。

2　一部共用部分に関する事項で区分所有者全員の利害に関係しないものについての区分所有者全員の規約の設定、変更又は廃止は、当該一部共用部分を共用すべき区分所有者の4分の3以上で、かつ、議決権の4分の3以上の賛成を要する。

3　未利用の規約敷地の一部について、特定の区分所有者に対して特に有利な条件で、かつ、排他的に使用収益をする権利を規約で設定する場合には、その集会の決議に当たり、他の区分所有者全員の承諾を得なければならない。

4　建物が所在する土地の一部が分割により建物が所在する土地以外の土地となったときは、規約に別段の定めがない限り、専有部分との分離処分が禁止される。

〔問　2〕　甲マンション管理組合Ａの組合員であるＢが所有する住戸部分をＣに賃貸していたところ、当該住戸の道路側の外壁タイルが自然に落下して、通行人Ｄが負傷した。この場合に関する次の記述のうち、民法（明治29年法律第89号）及び区分所有法の規定並びに判例によれば、誤っているものはどれか。

1　Ｄは、土地の工作物の設置又は保存の瑕疵によって損害を被ったとして、その工作物の共用部分の所有者である区分所有者全員に対して、その共有持分の範囲で分割債権として損害賠償請求することになる。

2　Ｃが、共用部分の維持管理に関与できる立場になく、損害の発生を

防止するのに必要な注意を払う義務がない場合には、Dは、Cに対して損害賠償請求をすることはできない。

3 外壁タイルの落下原因が、大規模修繕工事において外壁タイル工事を実施した工事業者の施工不良にあっても、A及びAを構成する区分所有者全員が、Dに対して損害賠償責任を負うことになる。

4 甲マンションの建設当時から、建物としての基本的な安全性を欠いていることが原因である場合には、建物の建築を担った設計士、施工業者、工事監理者は、特段の事情がない限り、Dの損害について、それぞれ連帯して不法行為に基づく損害賠償責任を負うことになる。

問題

令和2年度

〔問 3〕 総会の招集について説明した次の文章について、区分所有法の規定及び判例によれば、〔 ア 〕～〔 エ 〕の中に入るべき用語の組合せとして、適切なものはどれか。

　総会の招集通知においては、通常は、〔 ア 〕を示せば足りますが、〔 イ 〕など一定の重要事項を決議するには、そのほかに〔 ウ 〕をも通知するべきであるとされています（区分所有法第35条第5項）。その趣旨は、区分所有者の権利に重要な影響を及ぼす事項を決議する場合には、区分所有者が予め十分な検討をした上で総会に臨むことができるようにするほか、〔 エ 〕も書面によって議決権を行使することができるようにして、議事の充実を図ろうとしたことにあると考えられます。そのような法の趣旨に照らせば、前記〔 ウ 〕は、事前に賛否の検討が可能な程度に議案の具体的内容を明らかにしたものである必要があるものと考えられます。

	〔 ア 〕	〔 イ 〕	〔 ウ 〕	〔 エ 〕
1	会議の目的たる事項	規約の改正	議案の要領	総会に出席しない組合員
2	会議の目的たる事項	建替え	議決権行使の手続	利害関係人
3	議題	共用部分の変更	会議の目的たる事項	占有者
4	議案の要領	管理者の選任	議題	総会に出席しない組合員

〔問　4〕　区分所有する者が複数名である甲マンションにおいて、区分所有者Aが管理者である場合の管理者の立場等に関する次の記述のうち、区分所有法及び民法の規定によれば、誤っているものはどれか。

1　Aは、やむを得ない事由があるときでなければ、管理者としての事務を第三者に委任することはできない。

2　Aは、管理者としての事務を処理するについて費用を要するときは、管理組合に対して事務処理費用の前払いを請求することができる。

3　Aは、甲マンションの敷地が区分所有者の共有又は準共有に属しない場合には、敷地に関して、これを保存し、集会の決議を実行し、並びに規約で定めた行為をする権限を有しない。

4　Aがその職務を行うため自己の過失なくして損害を受けたときは、Aは、委任の規定に従い、管理組合に対してその賠償を請求することができる。

〔問　5〕　法人でない管理組合の規約の保管及び閲覧に関する次の記述のうち、区分所有法及び民法の規定並びに判例によれば、正しいものはいくつあるか。

ア　規約は、管理者がいる場合には管理者が、管理者がいない場合には、現に建物を使用している区分所有者又はその代理人の中から、規約又は集会の決議によって保管する者を定めて保管しなければならない。

イ　規約を保管する者は、建物内の見やすい場所に保管場所を掲示し、利害関係人の閲覧請求に対して、正当な理由なしに、規約の閲覧を拒んではならない。

ウ　区分所有権を第三者に譲渡して移転登記も済ませた者は、利害関係を有する閲覧請求権者には該当しない。

エ　規約を電磁的記録で作成・保管している場合は、当該電磁的記録に記録された情報の内容を紙面又は出力装置の映像面に表示する方法により表示したものを閲覧させる。

1 一つ
2 二つ
3 三つ
4 四つ

〔問 6〕 甲マンション管理組合法人の解散事由に関する次の記述のうち、区分所有法の規定によれば、正しいものはいくつあるか。

ア 甲マンション建物の全部滅失
イ 分譲業者Aによる甲マンションの全区分所有権の買取り
ウ 甲マンション管理組合法人の破産手続開始決定
エ 集会における区分所有者及び議決権の各4分の3以上の多数決決議
1 一つ
2 二つ
3 三つ
4 四つ

〔問 7〕 甲マンション101号室の所有者Aが死亡し、遺産分割協議によって同室は長男Cの単独所有とされた。同室についてはAが遺言でAと同居していた妻Bのために配偶者居住権を設定しており、Aが死亡した後にも、Bは、Cの承諾のもとに、配偶者居住権に基づいて同室の居住を継続している。この場合に関する次の記述のうち、区分所有法及び民法の規定並びに判例によれば、誤っているものはどれか。

1 Bは、会議の目的たる事項に利害関係を有していれば、甲マンションの集会に出席して意見を述べることができる。
2 甲マンションの集会で決議された規約のうち、建物又はその敷地若しくは附属施設の使用方法に当たらない事項に関する定めについては、Bにはその効力は及ばない。
3 Cは、101号室に係る固定資産税を、納付期限が迫っていたため自ら納付したが、これについてはBに対して求償することができる。

4 Bが建物の管理又は使用に関し区分所有者の共同の利益に反する行為を行っていた場合には、甲マンションの管理組合は、集会の決議によってBの配偶者居住権を消滅させることができる。

〔問 8〕 マンションにおいて共同の利益に反する行為をした義務違反者に対する措置に関する次の記述のうち、区分所有法の規定によれば、正しいものはどれか。

1 共同の利益に反する行為の停止の請求、専有部分の使用の禁止の請求、区分所有権の競売の請求及び占有者に対する専有部分の引渡し請求は、いずれも訴えをもってしなければならない。

2 占有者が共同の利益に反する行為をした場合には、占有者に対して、専有部分の引渡しを請求することはできるが、その行為の停止を請求することはできない。

3 規約に定めがあれば、区分所有者及び議決権の各4分の3以上の多数による集会における決議を経ることなく、専有部分の使用の禁止の請求をすることができる。

4 区分所有権の競売の請求が認められた場合に、その判決に基づく競売の申立ては、その判決が確定した日から6月を経過したときは、することができない。

〔問 9〕 共用部分及び敷地の共有持分の割合が等しいA、B、C及びDの区分所有者からなるマンション（この問いにおいて「甲マンション」という。）が地震によって滅失した場合に関する次の記述のうち、区分所有法及び民法の規定によれば、正しいものの組合せはどれか。ただし、同地震は、被災マンション法に基づいて政令の指定を受けた大規模災害ではないものとする。

ア 甲マンションの全部が滅失した場合には、A、B、C及びDのいずれの者も、他の者に対し、甲マンションの敷地について、分割を請求することができる。

イ　甲マンションの滅失がその建物の価格の2分の1を超える部分に相当する部分の滅失である場合に、復旧に反対した区分所有者Aは、復旧に賛成した区分所有者の全員に対して、Aの建物及び敷地に関する権利を時価で買い取るべきことを請求することができるが、復旧に賛成した区分所有者のいずれか一人に対して請求することもできる。

ウ　甲マンションの滅失がその建物の価格の2分の1以下に相当する部分の滅失である場合において、共用部分の復旧は常に集会の決議によるものとし、区分所有者単独での共用部分の復旧は認めないとする旨の規約を設定することはできない。

エ　甲マンションの滅失がその建物の価格の2分の1以下に相当する部分の滅失である場合において、区分所有者Bが自己の専有部分の復旧の工事に着手するまでに復旧の決議があったときは、Bは、単独で専有部分の復旧をすることはできない。

1　アとイ
2　イとウ
3　ウとエ
4　エとア

〔問　10〕　一筆の敷地上に、甲棟、乙棟及び丙棟があり、いずれの棟も専有部分のある建物である。また、敷地は区分所有者全員で共有している。この場合において、甲棟を取り壊し、かつ、従前の甲棟の所在地に新たに建物を建築すること（この問いにおいて「甲棟の建替え」という。）についての、団地管理組合の集会における建替え承認決議に関する次の記述のうち、区分所有法の規定によれば、誤っているものはどれか。ただし、甲棟の建替えは、他の棟の建替えに特別の影響を及ぼさないものとする。

1　団地管理組合の集会において建替え承認決議を行う場合には、団地管理組合の規約で別段の定めがある場合にも、規約で定められる議決権割合ではなく、敷地の持分の割合によって決議の成否が判定される。

2　甲棟の建替えを実施するためには、団地管理組合の集会において議決権の4分の3以上の多数による建替え承認決議を得なければならない。

3　団地管理組合の集会において建替え承認決議を行う場合には、集会を招集した者は、集会の会日より少なくとも1月前までに、団地内建物所有者に対し建替えに関する説明会を開催しなければならない。

4　甲棟の建替え決議が適法に成立したときには、甲棟の建替え決議において甲棟の区分所有者Aが建替えに反対をしていたとしても、その後の団地管理組合の集会における甲棟についての建替え承認決議においては、Aはこれに賛成する旨の議決権の行使をしたものとみなされる。

〔問　11〕　大規模な火災、震災その他の災害で政令で定めるものにより、その一部が滅失（区分所有法第61条第1項本文に規定する場合（小規模滅失）を除く。）したマンションの建物及びその敷地の売却の決議（この問いにおいて「売却決議」という。）に関する次の記述のうち、被災マンション法及び民法の規定によれば、誤っているものはどれか。ただし、マンションの敷地利用権は、数人で有する所有権その他の権利とする。

1　区分所有者は、区分所有者、議決権及び敷地利用権の持分の価格の各5分の4以上の多数による売却決議があれば、建物と敷地利用権の両方を売却することができる。

2　売却決議を行うための区分所有者集会の招集については、規約をもってしても、その発出から会日までの期間を2ヵ月間よりも短縮することはできない。

3　敷地利用権が土地の賃借権である場合にも、借地権設定者の同意を得ずに、建物及びその敷地の賃借権を売却することができる。

4　区分所有者集会において売却決議がなされても、専有部分の賃借権は当然には消滅しない。

〔問　12〕　Aは、甲マンションの１室を所有し、Aの子Bと同室に居住しているが、BがAから代理権を与えられていないにもかかわらず、Aの実印を押捺した委任状を作成し、Aの代理人と称して同室を第三者Cに売却する契約を締結し、登記も移転した。この場合に関する次の記述のうち、民法の規定及び判例によれば、正しいものはどれか。

1　Bが作成したAの委任状を真正なものとCが信じ、かつ信じたことに過失がないときには、当該売買契約は有効である。
2　当該売買契約締結後に、Aが死亡し、BがAを単独で相続した場合、売買契約は相続とともに当然有効となる。
3　Cが、マンションの同室をAC間の売買事情を知らないDに転売した場合、DがCの所有権登記を信じ、信じたことに過失もないときは、AはDに自らの権利を主張できない。
4　売買契約後にBに代理権がなかったことを知ったCが、Aに対し「７日以内に追認するかどうかを確答して欲しい」旨の催告をしたが、Aがその契約の内容を判断する能力があるにもかかわらず、その期間内に確答しなかったときは、その契約を追認したものとみなされる。

〔問　13〕　Aが所有する甲マンション201号室には、AのBに対する債務を担保するためにBの抵当権が設定されている。この場合に関する次の記述のうち、民法の規定及び判例によれば、誤っているものはどれか。

1　Bの抵当権の効力は、Bの抵当権が設定された当時、既に201号室内に存在していた従物に及ぶ。
2　Bの抵当権について設定登記がされる前に、Cが、Aから201号室を賃借して同室の引渡しを受けていた場合において、Bの抵当権が実行されてDが同室を買い受け、Cに対して同室の明渡しを請求したときは、Cは、同室の賃借権を有することを理由にその請求を拒むことができる。
3　Bの抵当権が設定された後であっても、Aは、201号室をEに賃貸

し、Eから賃料を収取することができる。

4　201号室にAのFに対する債務を担保するためにFの抵当権が設定された場合には、Bの抵当権とFの抵当権の順位は、抵当権設定契約の前後によって決まる。

◎〔問　14〕　Aが所有する甲マンションの301号室をBに対して賃貸し、CがBの委託を受けてBのAに対する賃借人の債務についてAとの間で書面によって保証契約を締結した場合に関する次の記述のうち、民法の規定によれば、誤っているものはどれか。

1　AとCとの保証契約が令和2年5月1日に締結された場合、法人でないCは主たる債務の元本、損害賠償その他その債務に従たる全てのもの及びその保証債務について約定された違約金又は損害賠償の額について、その全部に係る極度額を限度として、その履行をする責任を負う。

2　AとCとの保証契約が令和2年5月1日に締結された場合、法人であるCが極度額を当該契約書面に記載せずに保証契約を締結したときは、その契約は無効である。

3　AとCとの保証契約が令和2年5月1日に締結された場合、法人でないCが極度額を当該契約書面に記載せずに保証契約を締結したときは、その契約は無効である。

4　AとCとの保証契約が令和2年5月1日に有効に締結された場合、法人でないCがAに対してBの賃料支払状況に関する情報を求めたときは、Aは遅滞なくこれをCに提供しなければならない。

〔問　15〕　Ａが、Ｂに対し、令和２年８月20日に中古マンションを売却し、Ｂが引渡しを受けた後に当該マンションの天井に雨漏りが発見された場合におけるＡの責任に関する次の記述のうち、民法の規定によれば、正しいものはどれか。ただし、雨漏りにつきＢの責めに帰すべき事由はなく、売買契約にＡの責任についての特約はなかったものとする。

1　Ｂは、Ａに対して、損害賠償請求をすることができ、また、契約の目的を達することができないときは契約解除をすることができるが、雨漏りの補修を請求することはできない。

2　Ｂが、Ａに対して、雨漏りを発見した時から１年以内に損害額及びその根拠を示して損害賠償を請求しないときは、Ｂは損害賠償請求をすることができない。

3　Ｂが、Ａに対して、相当の期間を定めて雨漏りを補修するよう催告をし、その期間内に補修がされない場合において、雨漏りの範囲や程度が売買契約及び取引上の社会通念に照らして軽微でないときは、Ｂは売買契約の解除をすることができる。

4　Ｂが、Ａに対して、相当の期間を定めて雨漏りの補修の催告をし、その期間内に補修がされないときは、雨漏りについてＡの責めに帰すべき事由がある場合に限り、Ｂは雨漏りの範囲や程度に応じて代金の減額を請求することができる。

〔問　16〕　甲マンション707号室を所有するＡは、同室をＢに賃貸する旨の契約（この問いにおいて「本件賃貸借契約」という。）を結び、同室をＢに引き渡すとともに、Ｂから敷金の交付を受けた。この場合に関する次の記述のうち、民法の規定及び判例によれば、正しいものはどれか。

1　Ｂが交付した敷金は、本件賃貸借契約の存続中にＢがＡに対して負担する未払賃料債務だけでなく、本件賃貸借契約終了後、707号室をＡに明け渡すまでにＢがＡに対して負担する不法占拠を理由とする賃

料相当額の損害賠償債務をも担保する。

2　本件賃貸借契約が終了し、AがBに対して707号室の明渡しを請求した場合には、Bは、Aに対し、敷金の返還との同時履行を主張して同室の明渡しを拒むことができる。

3　Bが賃料の支払を怠っていることから、AがBに対してその賃料の支払を請求した場合には、Bは、Aに対し、敷金をその賃料の弁済に充てることを請求することができる。

4　Aが707号室をCに譲渡して所有権の移転登記をした後、本件賃貸借契約が終了して、同室がBからCに明け渡された場合には、Bは、Cに対し、敷金の返還請求権を行使することができない。

〔問　17〕　甲マンションの102号室にAとBが同居し、AがBと同居したまま令和2年7月1日に死亡した場合における次の記述のうち、民法の規定によれば、誤っているものはどれか。ただし、AにはBのほかに相続人がいるものとする。

1　Aが配偶者Bに対し令和2年6月1日に配偶者居住権を遺贈した場合でも、甲マンションの102号室がAとBとの共有であったときには、Bは配偶者居住権を取得しない。

2　甲マンションの102号室がAの所有であり、BがAの配偶者であっても、配偶者居住権を遺産分割によってBが取得するものとされず、また、配偶者居住権が遺贈あるいは死因贈与の目的とされていない場合には、Bは配偶者居住権を取得しない。

3　甲マンションの102号室がAの所有であり、Aが配偶者Bに対し令和2年6月1日に配偶者居住権を遺贈した場合でも、BがAの内縁の配偶者であったときには、Bは配偶者居住権を取得しない。

4　甲マンションの102号室がAの所有であり、BがAの配偶者であっても、AがBに対し令和元年6月1日に配偶者居住権を遺贈あるいは死因贈与した場合には、配偶者居住権を遺産分割によってBが取得するものとされない限り、Bは配偶者居住権を取得しない。

〔問 18〕 区分建物の登記に関する次の記述のうち、不動産登記法（平成16年法律第123号）の規定によれば、正しいものはどれか。

1 共用部分である旨の登記がある区分建物について、共用部分である旨を定めた規約を廃止した後に当該区分建物の所有権を取得した者は、当該区分建物の表題部所有者の変更の登記の申請をしなければならない。

2 敷地権の登記のある区分建物について、敷地権の種類について変更があったときにする表題部の変更の登記の申請は、当該区分建物と同じ一棟の建物に属する他の区分建物についての表題部の変更の登記の申請と併せてしなければならない。

3 区分建物が表題登記のある区分建物でない建物に接続して新築された場合には、当該区分建物の所有者がする表題登記の申請は、表題登記のある建物についての表題部の変更の登記の申請と併せてしなければならない。

4 区分建物を新築して所有者となった法人が、建物の表題登記の申請をする前に合併により消滅したときは、当該法人の承継法人は、承継法人を表題部所有者とする当該建物についての表題登記の申請をしなければならない。

〔問 19〕 マンション敷地売却組合（この問いにおいて「組合」という。）が実施するマンション敷地売却事業に関する次の記述のうち、マンション建替え円滑化法の規定によれば、誤っているものはどれか。

1 組合には、役員として、理事3人以上及び監事2人以上を置く。また、役員として、理事長1人を置き、理事の互選により選任する。

2 組合は、その名称中にマンション敷地売却組合という文字を用いなければならない。

3 組合員の数が30人を超える場合は、総会に代わってその権限を行わせるために総代会を設けることができる。

4 組合員及び総代は、定款に特別の定めがある場合を除き、各1個の

議決権及び選挙権を有する。

〔問　20〕　地域地区に関する次の記述のうち、都市計画法（昭和43年法律第100号）の規定によれば、誤っているものはどれか。

1　準都市計画区域においては、都市計画に、用途地域を定めることができる。
2　市街化調整区域においては、都市計画に、特定用途制限地域を定めることができない。
3　第二種低層住居専用地域においては、都市計画に、特例容積率適用地区を定めることができる。
4　第一種住居地域においては、都市計画に、開発整備促進区を定めることができない。

〔問　21〕　建築基準法（昭和25年法律第201号）に関する次の記述のうち、正しいものはどれか。

1　特定行政庁は、建築基準法令の規定に違反することが明らかな建築工事中の建築物については、当該建築物の建築主等に対して当該工事の施工の停止を命じなければならない。
2　幅が2.5mの共同住宅の階段で、けあげが10cm、かつ、踏面が25cmのものの中間には手すりを設けなければならない。
3　共同住宅の居住のための居室には、採光のための窓その他の開口部を設け、その採光に有効な部分の面積は、その居住の床面積に対して10分の1以上としなければならない。
4　高さ31mを超える共同住宅で、高さ31mを超える部分を階段室の用途に供するものには、非常用の昇降機を設ける必要はない。

◎〔問　22〕　簡易専用水道に関する次の記述のうち、水道法（昭和32年法律第177号）の規定によれば、誤っているものはどれか。

126

1 簡易専用水道は、貯水槽水道のうち、水道事業の用に供する水道から水の供給を受けるために設けられる水槽の有効容量の合計が10㎥を超えるものをいう。

2 簡易専用水道に係る検査項目の一つである給水栓における水質の検査では、臭気、味、色及び濁りに関する検査並びに残留塩素に関する検査を行い、異常が認められた場合は、翌日、改めて検査を行う。

3 市の区域にある簡易専用水道については、市長は簡易専用水道の管理が国土交通省令で定める基準に適合しないと認めるときは、設置者に対して、期間を定めて、清掃その他の必要な措置を採るべき旨を指示することができる。

4 簡易専用水道の設置者は、定期に、地方公共団体の機関又は国土交通大臣及び環境大臣の登録を受けた者の検査を受けない場合、罰金に処せられる。

〔問 23〕 共同住宅の管理について権原を有する者（この問いにおいて「管理権原者」という。）、防火管理者等に関する次の記述のうち、消防法（昭和23年法律第186号）の規定によれば、誤っているものはどれか。

1 高さ31mを超える共同住宅で、その管理について権原が分かれているもののうち消防長又は消防署長が指定するものの管理権原者は、当該建築物の全体について防火管理上必要な業務を統括する防火管理者を協議して定めなければならない。

2 防火管理者は、消防計画を作成し、所轄消防長又は消防署長に届け出るとともに、これに基づいて消火、通報及び避難の訓練等を定期的に実施しなければならない。

3 防火管理者は、共同住宅の廊下、階段、避難口その他の避難上必要な施設について避難の支障になる物件が放置され、又はみだりに存置されないように管理し、かつ、防火戸についてその閉鎖の支障になる物件が放置され、又はみだりに存置されないように管理しなければならない。

4　延べ面積が1,000㎡以上の共同住宅のうち、消防長又は消防署長が火災予防上必要があると認めて指定するものの関係者は、当該共同住宅における消防用設備等について、機器点検は6ヵ月に1回、総合点検は1年に1回、消防設備士免状の交付を受けている者又は総務省令で定める資格を有する者に実施させなければならない。

〔問　24〕　「共同住宅に係る防犯上の留意事項及び防犯に配慮した共同住宅に係る設計指針について」（最終改正平成18年4月20日　国住生第19号）によれば、新築住宅建設に係る設計指針に関する次の記述のうち、適切でないものはどれか。

1　共用玄関には、玄関扉を設置することが望ましい。また、玄関扉を設置する場合には、外部から建物内部が見えないようにするとともに、オートロックシステムを導入することが望ましい。

2　共用廊下・共用階段の照明設備は、極端な明暗が生じないよう配慮しつつ、床面において概ね20ルクス以上の平均水平面照度を確保することができるものとする。

3　ゴミ置場は、道路等からの見通しが確保された位置に配置する。また、住棟と別棟とする場合は、住棟等への延焼のおそれのない位置に配置する。

4　通路（道路に準ずるものを除く。以下同じ。）は、道路等、共用玄関又は居室の窓等からの見通しが確保された位置に配置する。また、周囲環境、夜間等の時間帯による利用状況及び管理体制等を踏まえて、道路等、共用玄関、屋外駐車場等を結ぶ特定の通路に動線が集中するように配置することが望ましい。

〔問　25〕　専有部分の賃借人に関する次の記述のうち、標準管理規約によれば、適切でないものはどれか。

1　組合員が総会で代理人により議決権を行使する場合において、その

住戸の賃借人は、当該代理人の範囲には含まれない。

2　組合員は、専有部分の賃貸をする場合には、組合員が管理組合と駐車場使用契約を締結し自らが使用している駐車場を、引き続きその賃借人に使用させることはできない。

3　組合員は、専有部分の賃貸をする場合には、規約及び使用細則に定める事項を賃借人に遵守させる旨の誓約書を管理組合に提出しなければならない。

4　賃借人は、会議の目的につき利害関係を有するときは、総会に出席して意見を述べることができる。この場合において、当該賃借人はあらかじめ理事長にその旨を通知しなければならない。

〔問　26〕　専用使用料等の取扱いに関する次の記述のうち、「マンション標準管理規約（団地型）及びマンション標準管理規約（団地型）コメント」（最終改正令和3年6月22日　国住マ第33号）及び「マンション標準管理規約（複合用途型）及びマンション標準管理規約（複合用途型）コメント」（最終改正令和3年6月22日　国住マ第33号）によれば、適切なものはどれか。

1　団地型マンションにおいて、団地敷地内の駐車場使用料は、その管理に要する費用に充てるほか、全体修繕積立金として積み立てる。

2　団地型マンションにおいて、団地内の各棟の1階に面する庭の専用使用料は、その管理に要する費用に充てるほか、団地建物所有者の土地の共有持分に応じて棟ごとに各棟修繕積立金として積み立てる。

3　規約に屋上テラスの専用使用料の徴収の定めがある複合用途型マンションにおいて、屋上テラスの専用使用料は、その管理に要する費用に充てるほか、住宅一部修繕積立金として積み立てる。

4　複合用途型マンションにおいて、店舗前面敷地の専用使用料は、その管理に要する費用に充てるほか、店舗一部修繕積立金として積み立てる。

〔問　27〕　管理費及び修繕積立金の取扱いに関する次の記述のうち、標準管理規約によれば、適切でないものはいくつあるか。

ア　未収金の増加で管理費が不足するようになったが、修繕積立金に余裕があるので、その一部を管理費に充当した。

イ　管理費に余剰が生じたので、その余剰は、翌年度における管理費に充当した。

ウ　地震保険の保険料が以前より高額になってきたので、その支払に充てるため、修繕積立金を取り崩した。

エ　修繕工事を前提とする建物劣化診断費用の支払に充てるため、修繕積立金を取り崩した。

1　一つ
2　二つ
3　三つ
4　四つ

〔問　28〕　管理組合の組合員の氏名等の情報提供及び提供された情報に基づき作成する組合員名簿の管理に関するマンション管理士の次の発言のうち、標準管理規約及び個人情報の保護に関する法律（平成15年法律第57号）によれば、適切なものはどれか。

1　数年前に区分所有者が亡くなって以降、遺産分割につき相続人間で争いが継続している場合には、区分所有権の帰属が確定するまでの間は、組合員の得喪の届出を求めることはできません。

2　組合員総数及び議決権総数の5分の1以上に当たる組合員の同意による総会招集を行うことを理由として組合員の一人から組合員名簿の閲覧請求があった場合、改めて組合員全員の同意を得るまでの間、その閲覧を拒否することができます。

3　大規模災害が発生してマンション内の組合員や居住者の生命や財産が失われるおそれがあり、直ちに自治体や関係機関による救助救援が必要なときであっても、管理組合は、組合員の同意を得なければ、自

治体等の要請に基づき組合員名簿を提供することはできません。

4　管理組合は、組合員から提供された情報等に基づいて作成した組合員名簿について、当初の目的には掲げていなかった目的のためであっても、改めて組合員の同意が得られれば利用することができます。

〔問　29〕　管理組合の総会の議長に関する次の記述のうち、標準管理規約によれば、適切なものはどれか。

1　組合員が管理規約に定められた手続に従い総会の招集を請求したにもかかわらず、理事長が招集通知を発しない場合、当該組合員は臨時総会を招集することができるが、その臨時総会では、理事長が議長となることはできない。

2　監事が管理組合の業務の執行に係る不正を報告するために招集した臨時総会では、総会を招集した監事が総会の議長となる。

3　理事長が臨時総会を招集したが、臨時総会の当日に理事長に事故があって総会に出席できない場合には、副理事長が理事長を代理して総会の議長となる。

4　外部専門家が理事長となっている管理組合において、その外部専門家を役員に再任する議案を審議する通常総会では、総会の決議により理事長以外の議長を選任しなければならない。

〔問　30〕　管理組合の書類等について閲覧請求があった場合の理事長の対応に関する次の記述のうち、標準管理規約によれば、適切でないものはいくつあるか。

ア　専有部分の賃借人から、総会議事録の閲覧請求があったが、理由を付した書面による請求ではなかったため、閲覧を認めなかった。

イ　組合員から、修繕工事の契約方法に疑問があるためとの理由を付した書面により、修繕工事請負契約書の閲覧請求があったので、閲覧を認めた。

ウ　組合員から、役員活動費に係る会計処理を詳しく調べたいためとの

理由を付した書面により、会計帳簿に加えこれに関連する領収書や請求書の閲覧請求があったが、会計帳簿のみの閲覧を認めた。

エ　組合員から、理事長を含む理事全員の解任を議題とする総会招集請求権行使のためとの理由を付した書面により、組合員名簿の閲覧請求があったが、閲覧を認めなかった。

1　一つ
2　二つ
3　三つ
4　四つ

〔問　31〕　災害や感染症拡大の影響などで管理組合の運営が困難となっている場合における次の記述のうち、区分所有法の規定及び標準管理規約によれば、適切でないものはどれか。

1　共用部分の応急的な修繕工事が必要となった場合、理事会も開催できないようなときには、理事長が単独の判断で工事を実施することができる旨を、規約で定めることができる。

2　書面又は電磁的方法により理事全員の同意を得れば、理事長は、管理費等を長期にわたって滞納している区分所有者に対し、区分所有法第59条に基づき区分所有権及び敷地権に係る競売を申し立てることができる。

3　任期の満了により退任する役員は、総会が開催されて新役員が就任するまでの間は、引き続きその職務を行うことになる。

4　災害避難により連絡がつかない区分所有者Aの専有部分内で漏水事故が発生し、至急対応しなければ階下の専有部分等に重大な影響が生じるおそれがあるときは、理事長は、Aの専有部分内に立ち入ることができる。

〔問 32〕 管理組合の総会において、総会を開催することに代えて、書面又は電磁的方法による決議（この問いにおいて「書面等による決議」という。）をしようとする場合に係る次の記述のうち、区分所有法及び標準管理規約によれば、適切でないものはどれか。ただし、当該管理組合の管理規約において、書面等による決議が可能である旨規定されているものとする。

1 規約により総会において決議をすべき場合において、組合員全員の承諾があるときは、書面等による決議をすることができる。
2 書面等による決議をすることの承諾を得た議案について、当該議案が可決されるためには、すべての組合員が賛成することが必要とされる。
3 規約により総会において決議すべき事項につき、組合員全員の書面等による合意があったときは、改めて決議を行わなくても、書面等による決議があったものとみなされる。
4 書面等による決議がなされた場合には、理事長は、各組合員から提出された書面等を保管し、組合員又は利害関係人の請求があれば、その書面等を閲覧に供しなければならない。

〔問 33〕 理事会の運営に係る次の記述のうち、標準管理規約によれば、適切なものはいくつあるか。

ア 理事本人が理事会に出席できない場合に備え、規約に代理出席を認める旨を定めるとともに、総会において、それぞれの理事ごとに、理事の職務を代理するにふさわしい資質・能力を有するか否かを審議の上、その職務を代理する者を定めておくことができる。
イ 総会での決議に4分の3以上の賛成を必要とする総会提出議案についても、理事会で議案の提出を決議する場合は、出席理事の過半数の賛成があれば成立する。
ウ 管理組合と理事との間の利益相反取引に係る承認決議に際しては、当該理事を除く理事の過半数により決議する。

エ　専門委員会のメンバーは、理事会から指示された特定の課題の検討結果を理事会に対して具申することはできるが、理事会決議に加わることはできない。

1　一つ
2　二つ
3　三つ
4　四つ

〔問34〕　甲マンション管理組合の2019年度（2019年4月1日〜2020年3月31日）の会計に係る次の仕訳のうち、適切なものはどれか。ただし、会計処理は発生主義の原則によるものとする。

1　2018年度の貸借対照表に計上されていた修繕費の前払金10万円に関して、2019年度に行う予定であった修繕工事を中断し、2020年度に修繕工事を再開し完了させることとした。

（単位：円）

（借　　方）		（貸　　方）	
修　繕　費	100,000	前　払　金	100,000

2　2018年度の貸借対照表に計上されていた管理費の未収金7万円のうち、4万円は2019年度に入金されたが、3万円はまだ入金されていない。

（単位：円）

（借　　方）		（貸　　方）	
現 金 預 金	40,000	管理費収入	70,000
未　収　金	30,000		

3　2018年度の貸借対照表に計上されていた2019年4月分の管理費の前受金5万円の会計処理を2019年4月に行った。

(単位：円)

(　借　　方　)		(　貸　　方　)	
管理費収入	50,000	前　受　金	50,000

4　2018年度の貸借対照表に計上されていた修繕費の未払金8万円に関して、2019年度に追加工事を発注したため1万円増額となり、2019年度に総額9万円を支払った。

(単位：円)

(　借　　方　)		(　貸　　方　)	
未　払　金	80,000	現金預金	90,000
修　繕　費	10,000		

〔問　35〕　甲マンション管理組合の理事会（2020年4月開催）において、会計担当理事が2019年度（2019年4月1日～2020年3月31日）決算の管理費会計の比較貸借対照表について行った次の説明のうち、収支報告書又は貸借対照表に関する説明として適切でないものはどれか。ただし、会計処理は発生主義の原則によるものとし、資金の範囲は、現金預金、未収金、前払金、未払金及び前受金とする。

比較貸借対照表

甲マンション管理組合（管理費会計）　　　　　（単位：千円）

項　目	2019年度	2018年度	増減	項　目	2019年度	2018年度	増減
現金預金	800	700	100	未　払　金	80	120	−40
未　収　金	90	70	20	前　受　金	100	90	10
前　払　金	10	50	−40	正味財産	720	610	110
計	900	820	80	計	900	820	80

1　2019年度収支報告書に計上されている当期収支差額は、110千円のプラスでした。

2　未払金の額が前年度より40千円減少していますが、これは現金預金

が100千円増加した要因の一つになっています。

3　2019年度収支報告書に計上されている前期繰越収支差額は、610千円です。

4　2020年3月に発生した管理費の滞納額については、2019年度の収支報告書の管理費収入に計上されるとともに、貸借対照表上は未収金に計上されています。

〔問　36〕　マンションの建物の調査・診断に関する次の記述のうち、適切でないものはどれか。

1　調査・診断のレベルにおける簡易診断とは、現状把握、本調査・診断の要否の判断を目的とした予備調査・診断のことである。

2　調査・診断のレベルにおける詳細診断とは、劣化の要因を特定し、修繕工事の要否や内容等を判断する目的で行う2次診断及び3次診断のことである。

3　2次診断で行われる非破壊試験とは、被検体である材料あるいは製品の材質や形状、寸法に変化を与えないで、その健全性を調べる試験のことである。

4　3次診断で行われる局部破壊試験には、鉄筋のはつり出し、コンクリートのコア抜き試験や配管の抜管試験などがある。

〔問　37〕　マンションの建物の防水に関する次の記述のうち、適切でないものはどれか。

1　メンブレン防水の調査・診断では、竣工図で、防水材料、工法、納まりを確認し、漏水箇所の有無及び防水材料の劣化状況等の調査結果と照合して、漏水の原因や今後の耐久性を推定する。

2　室内への漏水は、屋根周辺からだけでなく、外壁やサッシまわりからの漏水の場合もある。

3　シーリング材の劣化症状であるチョーキングとは、シーリング材が収縮し、くびれる現象をいう。

4　シーリングの早期の剥離や破断の原因には、当初施工時のプライマー不良やシーリング厚さ不足等の施工不良がある。

◎〔問　38〕　長期修繕計画の見直しに関する次の記述のうち、「長期修繕計画作成ガイドライン及び同コメント」（令和３年９月国土交通省公表）によれば、適切なものはどれか。

1　長期修繕計画は、10年程度ごとに見直すことが必要である。
2　長期修繕計画の見直しに当たっては、入居率、賃貸化率、修繕積立金滞納率を考慮する。
3　長期修繕計画を見直すときには、外壁の塗装や屋上防水などを行う大規模修繕工事が２回含まれる期間以上の計画期間とする。
4　修繕周期は、既存マンションの場合、マンションの仕様、立地条件のほか、建物及び設備の劣化状況等の調査・診断の結果等に基づいて設定するため、経済性は考慮しない。

〔問　39〕　マンションの大規模修繕工事における工事請負契約の締結に関する次の記述のうち、適切でないものはどれか。

1　工事請負契約の締結は、発注者である管理組合と選定された施工会社との間で行うが、マンション管理適正化法に定める基幹業務を管理会社に委託している場合は、当該管理会社と施工会社との間で行う。
2　工事請負契約書には、工事対象物件の所在地、工事内容、工期、工事代金、工事代金の支払い方法等の事項が記載される。
3　工事請負契約約款とは、工事請負契約に基づいて、発注者、工事請負者がそれぞれの立場で履行すべき事項を詳細に定めたものである。
4　工事請負契約上引き渡すべき図書とした工事保証書は、工事請負者と建築塗料等の材料製造会社との連名により作成される場合がある。

〔問　40〕　マンションの構造に関する次の記述のうち、適切でないものはどれか。

1　建築基準法によれば、建築物の基礎及び基礎ぐいは、主要構造部に含まれる。
2　免震装置には、建築物に伝わる地震の揺れを和らげる機能と揺れのエネルギーを減衰させる機能がある。
3　ラーメン構造において耐力壁を設ける場合は、その耐力壁は、柱や梁（はり）と構造的に一体となるようにする。
4　建築基準法において、建築物に作用する固定荷重のうち、屋根、床、壁等の建築物の部分については、部分別に定められた数値により計算することができる。

〔問　41〕　マンションの室内環境に関する次の記述のうち、適切でないものはどれか。

1　窓サッシの遮音性能については、JIS（日本産業規格）で定められるＴ値が大きいほど、遮音性能が高い。
2　建築材料の熱の伝わりにくさを示す熱伝導抵抗（熱抵抗）は、熱伝導率の逆数に材料の厚さを掛けることで求めることができる。
3　換気計画上、居室と一体的に換気を行う廊下は、建築基準法のシックハウス対策に関わる内装仕上げ制限の対象となる。
4　建築物のエネルギー消費性能の向上に関する法律（平成27年法律第53号）において、住宅に関する建築物エネルギー消費性能基準は、設備機器などの一次エネルギー消費量を評価する基準である。

〔問　42〕　マンションを計画する手法に関する次の記述のうち、適切でないものはどれか。

1　コーポラティブハウスは、組合を結成した人たちが共同して住宅を取得する方式のことをいう。

2 コンバージョンとは、既存のマンションにおいて居住性能の向上を目的に改修することをいう。

3 スケルトン・インフィル住宅は、建物各部の耐用年数や利用形態の違いを考慮して、スケルトンとインフィルを分離して計画する。

4 長期優良住宅の普及の促進に関する法律（平成20年法律第87号）による長期優良住宅は、構造及び設備の変更の容易性や維持保全の容易性などのほか、住宅の省エネルギー性能やバリアフリーなどの確保が求められる。

〔問 43〕 マンションの給水設備に関する次の記述のうち、適切でないものはどれか。

1 給水設備の計画において、居住者1人当たりの1日の使用水量を250ℓとした。

2 水道直結増圧方式における給水立て管の頂部に、吸排気弁を設けた。

3 高置水槽方式の給水方式における高置水槽の有効容量を、マンション全体の1日の使用水量の2分の1程度に設定した。

4 飲料用水槽の震災対策として、水槽からの給水分岐部に緊急遮断弁を設けた。

〔問 44〕 マンションの排水設備に関する次の記述のうち、適切でないものはどれか。

1 高層のマンションにおいて、10階間隔程度で通気立て管と排水立て管を接続する結合通気管は、下層階で生じた正圧及び上層階で生じた負圧の両方の緩和に効果がある。

2 高層のマンションの排水立て管では、3階以内ごと又は15m以内ごとに管内清掃用の掃除口を設置することが望ましい。

3 敷地内に埋設する排水横管の管径が150mmの場合、延長が18mを超えない範囲に、保守点検及び清掃を容易にするための排水ますを設

置する。

4　排水立て管に用いる排水・通気用耐火二層管は、配管用炭素鋼鋼管を繊維モルタルで被覆したものである。

〔問　45〕　マンションの換気設備及び給湯設備に関する次の記述のうち、適切でないものはどれか。

1　ガス機器を使用する台所に設置する換気扇の必要換気量は、設置されているガス機器の燃料消費量に比例する。

2　熱交換型換気扇は、室内から排気する空気の熱を回収し、屋外から給気する空気に熱を伝えることで熱損失を少なくさせた第二種機械換気設備である。

3　家庭用燃料電池は、都市ガス等から水素を作り、それと空気中の酸素を反応させて電気を作るとともに、その反応時の排熱を利用して給湯用の温水を作る設備機器である。

4　ガス給湯器の能力表示には「号」が一般に用いられ、1号は流量1ℓ/minの水の温度を25℃上昇させる能力をいう。

〔問　46〕　マンション管理業者に関する次の記述のうち、マンション管理適正化法の規定によれば、誤っているものはいくつあるか。

ア　マンション管理業を営もうとする者は、国土交通省に備えるマンション管理業者登録簿に登録を受けなければならず、その登録の有効期間は5年である。

イ　マンション管理業者は、その事務所ごとに、事務所の規模を考慮して国土交通省令で定める数の成年者である専任の管理業務主任者を置かなければならないが、人の居住の用に供する独立部分が5以下であるマンションの管理組合からの委託を受けて行う管理事務のみを業務とする事務所については、この限りでない。

ウ　マンション管理業者は、自己の名義をもって、他人にマンション管理業を営ませることができる。

エ　マンション管理業者は、事務所の所在地に変更があったときは、その日から30日以内に、その旨を国土交通大臣に届け出なければならない。

1　一つ
2　二つ
3　三つ
4　四つ

〔問　47〕　マンションに関する次の記述のうち、マンション管理適正化法の規定によれば、正しいものはどれか。

1　木造で2階建て以下の建物は、マンションに該当しない。
2　マンションとは、2以上の区分所有者がいる建物のことであり、その敷地や附属施設は含まれない。
3　2以上の区分所有者がいる建物において、人の居住の用に供する専有部分がすべて長期間空室となって使用されていないときは、その期間はマンションに該当しない。
4　2以上の区分所有者がいる建物において、人の居住の用に供する専有部分のすべてを賃貸しているときであっても、その建物はマンションに該当する。

〔問　48〕　マンション管理士に関する次の記述のうち、マンション管理適正化法の規定によれば、正しいものはいくつあるか。

ア　マンション管理士は、3年ごとに、国土交通大臣の登録を受けた者が行う講習を受けなければならない。
イ　マンション管理士は、正当な理由がなく、その業務に関して知り得た秘密を漏らした場合は、国土交通大臣により、その登録を取り消され、又は期間を定めてマンション管理士の名称の使用の停止を命じられる場合がある。
ウ　マンション管理士が、国土交通大臣により、その登録を取り消され

た場合は、その通知を受けた日から起算して10日以内に、登録証を国土交通大臣（指定登録機関が登録の実施に関する事務を行う場合は指定登録機関）に返納しなければならない。

エ　マンション管理士の登録を取り消された者は、取り消された日から1年を経過しなければ、その登録を受けることができない。

1　一つ
2　二つ
3　三つ
4　四つ

◎〔問　49〕　次の記述は、「マンションの管理の適正化の推進を図るための基本的な方針」（令和3年9月28日　国土交通省告示第1286号）に関するものであるが、適切なものはいくつあるか。

ア　マンションの管理の主体は、マンションの区分所有者等で構成される管理組合であり、管理組合は、マンションの区分所有者等の意見が十分に反映されるよう、また、長期的な見通しを持って、適正な運営を行うことが重要である。

イ　管理組合を構成するマンションの区分所有者等は、管理組合の一員としての役割を十分確認して、管理組合の運営に関心を持ち、積極的に参加する等、その役割を適切に果たすよう努める必要がある。

ウ　マンションの管理は、専門的な知識や信頼を必要とすることが多いため、管理組合は、問題に応じ、マンション管理士等専門的知識を有する者の支援を得ながら、主体性をもって適切な対応をするよう心がけることが重要である。

エ　マンションの状況によっては、外部の専門家が、管理組合の管理者等又は役員に就任することも考えられるが、その場合には、マンションの区分所有者等が当該管理者等又は役員の選任や業務の監視等を適正に行うとともに、監視・監督の強化のための措置等を講じることにより適正な業務運営を担保することが重要である。

1　一つ

2　二つ

3　三つ

4　四つ

〔問　50〕　マンションの管理に関する次の記述のうち、マンション管理
適正化法の規定によれば、正しいものはいくつあるか。

ア　マンション管理業者の更新の登録を受けようとする者は、登録の有
効期間満了の日の90日前から30日前までの間に登録申請書を提出しな
ければならない。

イ　マンション管理士は、国土交通大臣（指定登録機関が登録の実施に
関する事務を行う場合は指定登録機関）の登録を受け、マンション管
理士の名称を用いて、専門的知識をもって、管理組合の運営その他マ
ンションの管理に関し、管理組合の管理者等又はマンションの区分所
有者等の相談に応じ、助言、指導その他の援助を行うことを業務とす
る者をいう。

ウ　管理事務とは、マンションの管理に関する事務であって、管理組合
の会計の収入及び支出の調定及び出納並びにマンション（専有部分を
含む。）の維持又は修繕に関する企画又は実施の調整を内容とする基
幹事務を含むものをいう。

エ　管理業務主任者が、マンション管理適正化法第72条第１項に基づく
重要事項の説明をするときは、説明の相手方に対し、必ず管理業務主
任者証を提示しなければならない。

1　一つ

2　二つ

3　三つ

4　四つ

〔問　1〕　規約に関する次の記述のうち、区分所有法の規定によれば、その効力が認められないものの組合せはどれか。

ア　構造上区分所有者の全員又はその一部の共用に供されるべき建物の部分を専有部分とする規約の定め

イ　区分所有権の目的とすることができる建物の部分及び附属の建物を共用部分とする規約の定め

ウ　管理組合法人における理事の任期を3年とする規約の定め

エ　共用部分の変更（その形状又は効用の著しい変更を伴わないものを除く。）は、区分所有者の4分の3以上の多数で、かつ議決権の3分の2以上の多数による集会の決議で決するとする規約の定め

1　アとイ
2　イとウ
3　ウとエ
4　エとア

〔問　2〕　規約により建物の敷地とされた土地に関する次の記述のうち、区分所有法の規定によれば、正しいものはいくつあるか。

ア　規約により建物の敷地とすることができる土地には、区分所有者が建物及び建物が所在する土地と一体として管理又は使用をする庭、通路、駐車場等の土地も含む。

イ　規約により建物の敷地とされた土地の管理は、民法（明治29年法律第89号）の定めるところによるのであり、区分所有法の定めるところによるのではない。

ウ　建物の所在する土地が建物の一部の滅失により建物が所在する土地以外の土地となったときは、その土地は、規約で建物の敷地と定められたものとみなされる。

エ　建物が所在する土地の一部が分割により建物が所在する土地以外の土地となったときは、その土地は、改めて規約で定めなければ建物の敷地とすることができない。

1　一つ
2　二つ
3　三つ
4　四つ

〔問　3〕　区分所有法第7条の先取特権に関する次の記述のうち、区分所有法及び民法の規定によれば、正しいものはどれか。

1　区分所有者が有する区分所有法第7条の先取特権の被担保債権は、共用部分、建物の敷地又は共用部分以外の建物の附属施設につき他の区分所有者に対して有する債権に限られる。
2　管理者が、管理組合との間に報酬を受ける特約がある場合において、管理組合に対して有する報酬債権は、区分所有法第7条の先取特権の対象となる。
3　区分所有法第7条の先取特権は、債務者が専有部分を賃貸しているときは、民法第304条の物上代位により賃料に対して行使できる。
4　区分所有法第7条の先取特権の目的物は、債務者の区分所有権に限らず、債務者の全ての財産である。

〔問　4〕　Aは、Bの所有する専有部分について、Bから賃借し、敷金を差し入れた上で、引渡しを受けてその使用を始めたが、Bが敷地利用権を有していなかったことから、専有部分の収去を請求する権利を有するCが、Bに区分所有権を時価で売り渡すべきことを請求する通知（この問いにおいて「本件通知」という。）を行った。この場合における次の記述のうち、民法及び区分所有法の規定並びに判例によれば、誤っているものはどれか。

1　本件通知の後に、AがCの承諾を得てDに対して賃借権を譲渡したときには、敷金に関するAの権利義務関係はDに承継される。
2　本件通知前にAがBに対して賃料を支払っていなかった場合、BのAに対する未払いの賃料債権は、債権譲渡がなされなければ、Bから

Cに移転しない。

3　賃貸人の地位がBからCに移転したとしても、Cは、所有権の移転登記を経なければ、Aに対して、賃料請求をすることはできない。

4　本件通知がBに到達することによって、Bの承諾がなくても、BとCの間に専有部分及び共用部分の持分を売買対象とした売買契約成立の効果が生じることとなる。

〔問　5〕　一部の区分所有者のみの共用に供されるべきことが明らかな共用部分（この問いにおいて「一部共用部分」という。）の管理に関する次のマンション管理士の説明のうち、区分所有法の規定によれば、誤っているものはどれか。

1　一部共用部分の管理のうち、区分所有者全員の利害に関係するものは、一部共用部分を共用する一部の区分所有者だけで行うことはできません。

2　一部共用部分の管理は、区分所有者全員の規約に定めがあるものを除き、これを共用すべき区分所有者のみで行うことになります。

3　すべての一部共用部分について、その管理のすべてを区分所有者全員で行う場合には、一部の区分所有者のみで構成される区分所有法第3条に規定される区分所有者の団体は存在しないことになります。

4　一部共用部分に関する事項で区分所有者全員の利害に関係しないものについての区分所有者全員の規約の設定は、当該一部共用部分を共用すべき区分所有者の4分の1を超える者又はその議決権の4分の1を超える議決権を有する者が反対したときは、することができません。

〔問　6〕　集会招集手続きに関する次の記述のうち、区分所有法の規定によれば、正しいものはいくつあるか。ただし、規約に別段の定めはないものとする。

ア　区分所有者の5分の1以上で議決権の5分の1以上を有するもの

が、管理者に対し、会議の目的たる事項を示して、集会の招集を請求
した。

イ　区分所有者が法所定の手続きに従い管理者に対して集会の招集を請
求したにもかかわらず、管理者が２週間経過しても集会の招集の通知
を発しなかったため、その請求をした区分所有者が集会を招集した。

ウ　専有部分が二人の共有に属する場合、議決権を行使すべき者が定め
られていなかったときは、管理者は、集会の招集の通知を共有者の双
方に発しなければならない。

エ　管理者がないときに、区分所有者の５分の１以上で議決権の５分の
１以上を有するものが、集会の招集をした。

1　一つ

2　二つ

3　三つ

4　四つ

〔問　7〕　団地管理組合法人に関する次の記述のうち、区分所有法の規
定によれば、誤っているものはどれか。

1　団地管理組合法人は、団地共用部分に係る損害保険契約に基づく保
険金額の請求及び受領について、団地建物所有者を代理する。

2　団地管理組合法人の理事は、特定の行為の代理を他人に委任するこ
とを、規約又は集会の決議によって禁止されることはない。

3　団地管理組合法人の監事は、財産の状況又は業務の執行について、
法令若しくは規約に違反し、又は著しく不当な事項があると認め、こ
れを報告するために必要があるときは、集会を招集することができ
る。

4　団地管理組合法人は、団地建物所有者及び議決権の各４分の３以上
の多数による集会の決議によって解散することができる。

〔問　8〕　甲マンションの管理組合Aの組合員Bは、101号室の区分所有権の購入に際して、C銀行から融資を受けてCのために抵当権を設定し登記を行い、また、現在は同室をDに賃貸して賃料収入を得ている。Bは極めて長期間管理費等を滞納しており、滞納額も多額となったため、Aが再三にわたり督促をしているが、Bは一切無視し続けている。この場合における次の記述のうち、区分所有法、民法、不動産登記法（平成16年法律第123号）及び民事執行法（昭和54年法律第4号）の規定によれば、誤っているものはどれか。

1　B及びDは、101号室について、Cの承諾を得なくても賃借権の登記をすることができる。

2　Bの管理費等の滞納が原因で、建物の修繕に重大な支障が生じるような状況に至っている場合は、Bの滞納は、建物の管理に関し区分所有者の共同の利益に反する行為に該当する。

3　Bの区分所有権及び敷地利用権の最低売却価額で滞納管理費等を回収できる見込みがない場合でも、Aは区分所有法第59条の規定による競売を請求することができる。

4　Cが抵当権の実行として101号室を競売し、Eが当該競売における手続きを経て買受人となった場合には、Aは、Eに対して、滞納管理費等を請求することはできない。

〔問　9〕　マンションの一部が滅失した場合のマンションの復旧又は建替えに関する次の記述のうち、区分所有法の規定によれば、誤っているものはどれか。

1　マンションの滅失が建物の価格の2分の1以下に相当する部分の滅失であるときは、各区分所有者が滅失した共用部分を復旧することができるが、復旧の工事に着手するまでに集会において復旧又は建替えの決議があった場合はこの限りでない。

2　マンションの滅失が建物の価格の2分の1を超えるときは、復旧の決議をした集会の議事録には、その決議についての各区分所有者の賛

否をも記載し、又は記録しなければならない。

3　建替え決議をするときは、決議事項の一つとして、建物の取壊し及び再建建物の建築に要する費用の概算額を定めなければならないが、併せて、その費用の分担に関する事項についても定める必要がある。

4　建替え決議を会議の目的とする集会を招集した者は、区分所有者からの要請がなければ、当該招集の際に通知すべき事項についての説明会を開催する必要はない。

〔問　10〕　A棟、B棟（いずれも分譲マンションで区分所有建物）及びC棟（賃貸マンションで単独所有建物）の三棟が所在する土地がこれらの建物の所有者の共有に属しており、その共有者全員で団地管理組合を構成している。この場合におけるA棟の建替え承認決議に関する次の記述のうち、区分所有法の規定によれば、誤っているものはどれか。なお、既にA棟の区分所有者の集会において、A棟の建替えが議決されているものとする。

1　団地管理組合の集会において、A棟の建替え承認決議を得るためには、議決権の4分の3以上の多数の賛成が必要であり、各団地建物所有者の議決権は、その有する建物又は専有部分の床面積の割合による。

2　A棟の区分所有者は、A棟の区分所有者の集会において建替え決議に賛成しなかった場合でも、団地管理組合の集会におけるA棟の建替え承認決議では、全員が賛成したものとみなされる。

3　建替え承認決議に係るA棟の建替えがB棟の建替えに特別の影響を及ぼすべきときは、A棟の建替えは、団地管理組合の建替え承認決議に係る集会において、B棟の区分所有者全員の議決権の4分の3以上の議決権を有する区分所有者の賛成を得なければ行うことができない。

4　建替え承認決議に係るA棟の建替えがC棟の建替えに特別の影響を及ぼすべきときは、A棟の建替えは、C棟の所有者の賛成を得なければ行うことができない。

〔問　11〕　大規模な火災、震災その他の災害で政令で定めるものにより区分所有建物の一部が滅失した場合において、当該政令の施行の日から起算して1年を経過する日までの間に、被災マンション法及び区分所有法の定めるところにより開催される区分所有法第34条の規定による集会（この問いにおいて「区分所有者集会」という。）に関する次の記述のうち、これらの法律の規定によれば、正しいものはどれか。

1　区分所有者集会の招集の通知は、区分所有者が災害前に管理者に対して通知を受けるべき場所を届け出ていた場合には、その場所に宛ててすることができる。

2　区分所有者集会の招集の通知は、当該集会を招集する者が区分所有者の所在を知っていたときであっても、区分所有建物又はその敷地内の見やすい場所に掲示してすることができる。

3　区分所有建物に係る敷地利用権が数人で有する所有権その他の権利であるときは、区分所有者集会において、区分所有者、議決権及び当該敷地利用権の持分の価格の各4分の3以上の多数で、当該区分所有建物及びその敷地を売却する旨の決議をすることができる。

4　区分所有建物の滅失が建物の価格の2分の1を超える場合には、区分所有者集会において、区分所有者及び議決権の各4分の3以上の多数で、滅失した共用部分を復旧する旨の区分所有法に基づく措置を決議することができる。

◎〔問　12〕　Aがその所有する甲マンションの101号室をBに賃貸した場合に関する次の記述のうち、民法及び借地借家法（平成3年法律第90号）の規定並びに判例によれば、誤っているものはどれか。

1　AとBとの間で、期間を3年として賃貸借契約を締結する場合に、契約の更新がないこととする旨を定めようとするときには、公正証書によって契約をしなければ、その旨の定めは無効となる。

2　Aが、Cに対し、101号室を書面によらずに贈与することとして、その所有権をCに移転し、登記したときは、AはCに対する贈与を解

除できない。

3 Bは、Aの書面による承諾を得ていなくても、口頭による承諾を得ている場合は、Dに対し、101号室を転貸することができる。

4 Eが、Aに対し、Bの賃料債務を保証する場合には、書面又はその内容を記録した電磁的記録によってしなければ保証契約は効力を生じない。

〔問 13〕 甲マンションの102号室を所有するAが遺言することなく死亡し、Aの相続人であるBとCがAの遺産全てをBが相続する旨の遺産分割をした場合における次の記述のうち、民法の規定及び判例によれば、誤っているものはどれか。

1 AがDに対して、Aの死亡前に、102号室を譲渡したときは、Dは所有権移転登記なくしてBに対して102号室の所有権を主張できる。

2 AがEに対して、Aの死亡前に、102号室を譲渡し、BC間の遺産分割後に、BがFに対して102号室を譲渡したときは、Eは所有権移転登記なくしてFに対して102号室の所有権を主張できない。

3 BC間の遺産分割協議前に、CがGに対してCの法定相続分に当たる102号室の持分を譲渡し、Gが所有権移転登記をしたときであっても、BはGに対して102号室全部の所有権を主張できる。

4 BC間の遺産分割協議後に、CがHに対してCの法定相続分に当たる102号室の持分を譲渡したときは、Bは遺産分割に基づく所有権移転登記なくしてHに対して102号室に係るCの法定相続分の権利の取得を対抗できない。

〔問 14〕 Aがその所有する甲マンションの301号室をBに対して期間を3年と定めて賃貸し、CがBのためにAとの間で保証契約を締結した場合における次の記述のうち、民法の規定及び判例によれば、正しいものはどれか。

1 AとBとの間で賃貸借契約が合意更新された場合、Cは更新後も保

証を継続する旨の意思表示をしない限り更新後の賃料債務については保証債務を負わない。

2　Bの賃料不払により賃貸借契約が解除された場合、Cは未納賃料のみならず、Bが301号室を契約に基づき返還すべきところ返還しないことによってAが被った損害の賠償債務についても保証債務を負う。

3　CがBと連帯して保証する旨の特約があり、Bの賃料不払によりAがCに対して保証債務の履行を請求した場合、CはAに対し、まずBに対して履行の催告をするように請求することができる。

4　Bの賃料債務が時効により消滅した場合であっても、Cが保証債務の存在を承認したときには、Cは保証債務を免れない。

◎〔問　15〕　Aは、Bとの間で、甲マンション401号室を代金1,500万円でBに売却する旨の売買契約（この問いにおいて「本件契約」という。）を締結したが、同室はCの所有するものであった。この場合における次の記述のうち、民法の規定及び判例によれば、正しいものはどれか。

1　本件契約は、AがCから401号室の所有権を取得した時に、条件が成就して成立する。

2　Bは、本件契約の時に、401号室の所有権がAに属しないことを知っていた。この場合において、AがCから同室の所有権を取得してBに移転することができないときであっても、Bは、本件契約を解除することはできない。

3　Aは、本件契約の時に、401号室の所有権が自己に属しないことを知らなかった。この場合において、Aは、Cから同室の所有権を取得してBに移転することができないときであっても、本件契約を解除することができない。

4　本件契約の締結後にAが死亡し、CがAを単独で相続した場合には、Cは、Bに対し、本件契約上の売主としての履行義務を拒むことができない。

〔問　16〕　甲マンションの305号室を所有するＡは、同室のキッチンの設備が老朽化したことから、業者Ｂとの間で、その設備を報酬100万円でリニューアルする旨の請負契約を締結した。この場合における次の記述のうち、民法の規定によれば、正しいものはどれか。

1　ＡＢ間での請負契約に係る別段の特約のない限り、Ａは、Ｂがリニューアルの工事に着手するのと同時に、報酬100万円をＢに支払わなければならない。

2　Ｂは、リニューアルの工事を完成させるまでの間であれば、いつでもＡに生じた損害を賠償して請負契約を解除することができる。

3　Ｂがリニューアルの工事を完成させるまでの間にＡが破産手続開始の決定を受けた場合であっても、Ｂは、請負契約を解除することができない。

4　Ｂがリニューアルの工事を完成させた時に、その工事の目的物が品質に関して契約の内容に適合しないものであった場合、その不適合がＡの責めに帰すべき事由によるものであるときは、ＡはＢに対し修補を請求することができない。

〔問　17〕　甲マンションの201号室の区分所有者Ａが死亡し、その配偶者Ｂと未成年の子Ｃが同室の所有権を相続し、ＢとＣが各２分の１の共有持分を有し、その旨の登記がなされている場合における次の記述のうち、民法の規定及び判例によれば、正しいものはどれか。

1　Ｂが金融機関から自己を債務者として融資を受けるに当たり、201号室の区分所有権全部について抵当権を設定しようとする場合に、Ｃの持分に係る抵当権の設定については、ＢはＣのために特別代理人を選任することを家庭裁判所に請求しなければならない。

2　Ｂが、Ｃに区分所有権全部を所有させるため、自己の持分を無償で譲渡する場合でも、ＢはＣのために特別代理人を選任することを家庭裁判所に請求しなければならない。

3　201号室の区分所有権全部を第三者に売却する場合、Ｃの持分の売

却について、BはCのために特別代理人を選任することを家庭裁判所に請求しなければならない。

4 201号室に係る固定資産税等の公租公課について、未成年者であるCが支払うに当たって、BはCのために特別代理人を選任することを家庭裁判所に請求しなければならない。

〔問 18〕 敷地権付き区分建物に関する登記等に関する次の記述のうち、不動産登記法の規定によれば、正しいものはどれか。

1 敷地権付き区分建物について、敷地権の登記をする前に登記された抵当権設定の登記は、登記の目的等（登記の目的、申請の受付の年月日及び受付番号並びに登記原因及びその日付をいう。以下同じ。）が当該敷地権となった土地についてされた抵当権設定の登記の目的等と同一であっても、敷地権である旨の登記をした土地の敷地権についてされた登記としての効力を有しない。

2 敷地権付き区分建物について、敷地権の登記をした後に登記された所有権についての仮登記であって、その登記原因が当該建物の当該敷地権が生ずる前に生じたものは、敷地権である旨の登記をした土地の敷地権についてされた登記としての効力を有する。

3 敷地権付き区分建物について、当該建物の敷地権が生ずる前に登記原因が生じた質権又は抵当権に係る権利に関する登記は、当該建物のみを目的としてすることができる。

4 敷地権付き区分建物の敷地について、敷地権である旨の登記をした土地には、当該土地が敷地権の目的となった後に登記原因が生じた敷地権についての仮登記をすることができる。

〔問 19〕 マンション建替組合（この問いにおいて「組合」という。）が施行するマンション建替事業に関する次の記述のうち、マンション建替え円滑化法の規定によれば、誤っているものはどれか。

1 理事及び監事は、特別の事情があるときは、組合員以外の者のうち

から総会で選任することができる。

2　総会の決議事項のうち、権利変換計画及びその変更、組合の解散については、組合員の議決権及び持分割合の各5分の4以上の多数による決議が必要である。

3　組合は、権利変換計画の認可の申請に当たり、あらかじめ総会の議決を経るとともに、施行マンション又はその敷地について権利を有する者（組合員を除く。）及び隣接施行敷地がある場合における当該隣接施行敷地について権利を有する者の同意を得なければならない。

4　組合は、権利変換期日後マンション建替事業に係る工事のため必要があるときは、施行マンション又はその敷地（隣接施行敷地を含む。）を占有している者に対し、明渡しの請求をした日の翌日から起算して30日を経過した後の日を期限として、その明渡しを求めることができる。

〔問　20〕　地域地区に関する次の記述のうち、都市計画法（昭和43年法律第100号）の規定によれば、誤っているものはどれか。

1　市街化区域については、少なくとも用途地域を定めるものとし、市街化調整区域については、原則として用途地域を定めないものとされている。

2　特定街区については、市街地の整備改善を図るため街区の整備又は造成が行われる地区について、その街区内における建築物の容積率並びに建築物の高さの最高限度及び壁面の位置の制限を定めるものとされている。

3　第一種中高層住居専用地域においては、都市計画に、高層住居誘導地区を定めることができない。

4　準都市計画区域については、都市計画に、高度地区を定めることができない。

〔問　21〕　建築基準法(昭和25年法律第201号)に関する次の記述のうち、誤っているものはどれか。

1　延べ面積が1,000㎡を超える耐火建築物は、防火上有効な構造の防火壁によって有効に区画し、かつ、各区画における床面積の合計をそれぞれ1,000㎡以内としなければならない。

2　1階及び2階が事務所で3階から5階までが共同住宅である建築物は、事務所の部分と共同住宅の部分とを1時間準耐火基準に適合する準耐火構造とした床若しくは壁又は特定防火設備で区画しなければならない。

3　建築物が防火地域及び準防火地域にわたる場合において、当該建築物が防火地域外において防火壁で区画されているときは、その防火壁外の部分については、準防火地域内の建築物に関する規定を適用する。

4　延べ面積が700㎡である共同住宅の階段の部分には、排煙設備を設ける必要はない。

〔問　22〕　水道法(昭和32年法律第177号)に関する次の記述のうち、誤っているものはどれか。

1　水道事業の用に供する水道及び専用水道以外の水道であって、水道事業の用に供する水道から供給される水のみを水源とする水道は、水槽の有効容量を問わず、貯水槽水道である。

2　水道事業者は、供給規程に基づき、貯水槽水道の設置者に対して指導、助言及び勧告をすることができる。

3　簡易専用水道の設置者は、給水栓における水質について、定期に、都道府県知事（市又は特別区の区域においては市長又は区長。この問いにおいて同じ。）の登録を受けた者の検査を受けなくてはならない。

4　都道府県知事は、簡易専用水道の管理の適正を確保するために必要があると認めるときは、簡易専用水道の設置者から簡易専用水道の管理について必要な報告を徴することができる。

〔問　23〕　共同住宅における消防用設備等に関する次の記述のうち、消防法（昭和23年法律第186号）の規定によれば、誤っているものはどれか。ただし、いずれも地階、無窓階はないものとし、危険物又は指定可燃物の貯蔵又は取扱いはないものとする。

1　地上２階建、延べ面積400㎡の共同住宅には、消火器又は簡易消火用具を、階ごとに、当該共同住宅の各部分からの歩行距離が20m以下となるよう設置しなければならない。
2　地上５階建、延べ面積3,000㎡の共同住宅には、避難が容易であると認められるもので総務省令で定めるものを除き、全ての階に非常電源を附置した誘導灯を設置しなければならない。
3　地上11階建の共同住宅においてスプリンクラー設備の設置義務があるのは、11階のみである。
4　高さ31mを超える共同住宅においては、階数にかかわらず、全ての住戸で使用されるカーテンは、政令で定める基準以上の防炎性能を有するものでなければならない。

〔問　24〕　甲マンションの管理組合から、改修計画において、防犯に配慮した設計とする上で留意すべきことの相談を受けたマンション管理士の次の発言のうち、「共同住宅に係る防犯上の留意事項及び防犯に配慮した共同住宅に係る設計指針について」（最終改正平成18年４月20日　国住生第19号）によれば、適切なものはいくつあるか。

ア　甲マンションには、管理員室が設置されていることから、住戸内と管理員室の間で通話が可能な機能を有するインターホンを設置することが望ましいので、検討してください。
イ　エレベーターのかご内には、防犯カメラを設置するようにしてください。
ウ　接地階の住戸のバルコニーの外側等の住戸周りは、住戸のプライバシー確保及び防犯上の観点から、周囲から見通されないように配慮してください。

エ　居住者の意向による改修は、所有形態、管理体制等による制約条件を整理するとともに、計画修繕に併せて改修すべきものと緊急に改修すべきものとに分けて検討するようにしてください。

1　一つ
2　二つ
3　三つ
4　四つ

〔問　25〕　区分所有者が専有部分の修繕等を行おうとする場合における次の記述のうち、標準管理規約によれば、適切でないものはどれか。

1　共用部分又は他の専有部分に影響を与えるおそれがない専有部分の修繕等を行おうとする場合には、理事長の承認を受けなくても実施することができる。

2　専有部分の間取りを変更しようとする場合には、理事長への承認の申請書に、設計図、仕様書及び工程表を添付する必要がある。

3　主要構造部にエアコンを直接取り付けようとする場合には、あらかじめ、理事長にその旨を届け出ることにより、実施することができる。

4　専有部分の床をフローリング仕様に変更しようとして理事長への承認の申請をする場合、承認の判断に際して調査等により特別な費用がかかるときは、申請者に負担させることが適当である。

〔問　26〕　規約が標準管理規約の定めと同一である甲マンション管理組合では、計画修繕工事で給水管の更新工事を行う予定である。これに関し、理事長が理事会の席上で行った次の説明のうち、標準管理規約によれば、適切なものはどれか。

1　給水管の更新工事に際し、共用部分である本管と専有部分である枝管の工事を一体として行う場合には、現規約には一体として管理組合が工事を行う旨の規定がないため、規約をその旨変更した上で当該工事を実施する必要があります。

2　給水管の更新工事に際し、共用部分である本管と専有部分である枝管の工事を一体として行う場合には、専有部分に係るものの費用については各区分所有者が実費に応じて負担すべきです。

3　給水管の更新工事には修繕積立金を充当することになりますが、修繕積立金を取り崩すには、総会で組合員総数及び議決権総数の各4分の3以上の決議が必要となります。

4　給水管の更新工事は共用部分の変更に該当するので、工事を実施するには、総会で組合員総数及び議決権総数の各4分の3以上の決議が必要となります。

〔問　27〕　1棟300戸の住宅のみで構成されるマンションの管理組合で、理事の定数が25名である理事会の効率的な運営の在り方として理事会の中に部会を設置することについて理事長から相談を受けたマンション管理士の次の発言のうち、標準管理規約によれば、適切でないものはどれか。

1　貴マンションのような大規模なマンションの管理組合では、理事会のみで実質的検討を行うのが難しくなるので、理事会の中に部会を設け、各部会に理事会の業務を分担して実質的な検討を行うことが考えられます。

2　部会を設ける場合、理事会の運営方針を決めるため、理事長及び副理事長により構成される幹部会を設けることが考えられます。

3　部会を設ける場合、部会の担当業務とされた事項の決議は、そのまま理事会決議に代えることができます。

4　部会を設ける場合、副理事長が各部の部長を兼任するような組織体制を構築することが考えられます。

〔問 28〕 役員資格について、規約により区分所有者であることを要件としている管理組合において、理事の1名が2年間の任期の途中で住宅を売却して外部に転出した場合の取扱いに関する次の記述のうち、標準管理規約によれば、適切なものはどれか。

1 外部に転出した理事が理事長であった場合、改めて総会で後任の理事長の選任を決議する必要があるが、それまでの間は理事会の決議で仮の理事長を選任してその職に当たらせる。

2 外部に転出した理事は、後任の理事が就任するまでの間は、引き続き理事として理事会に参加し、議決権を行使することができる。

3 外部に転出した理事の補欠となった役員の任期は、補欠として就任した時点からの2年間となる。

4 外部に転出した理事の補欠について、組合員から補欠の役員を理事会の決議で選任することができると、規約に規定することもできる。

〔問 29〕 管理組合の総会及び理事会の決議に関する次の記述のうち、標準管理規約によれば、適切なものはどれか。

1 理事会において総会に提出する規約変更案を決議する場合には、理事総数の4分の3以上の賛成が必要である。

2 総会の前の日に共用部分の漏水で緊急に工事が必要となった場合、理事長が、総会当日に理事会を開催し、工事の実施等を議案とする旨の決議を経て総会に提出したとしても、その総会で緊急の工事の実施を決議することはできない。

3 各戸の議決権割合が同一である管理組合で、書面決議をすることにつきあらかじめ全員の承諾を得ている普通決議事項の議案は、総戸数の過半数の賛成書面が集まらなければ可決とはならない。

4 理事長は、通常総会を、毎年1回新会計年度開始以後1か月以内に招集しなければならない。

〔問　30〕　監事の職務や権限に関する次の記述のうち、標準管理規約によれば、適切なものの組合せはどれか。

ア　監事は、理事会に出席し、必要があると認めるときは、意見を述べなければならず、また、理事が不正の行為をし、又は当該行為をするおそれがあると認めるときは、遅滞なく、その旨を理事会に報告しなければならない。

イ　理事が不正な行為をし、又は当該行為をするおそれがあると認めるときは、監事は、理事長に対し理事会を招集するよう請求することができるが、一定期間内に理事長が招集しないときは、その請求をした監事が理事会を招集することができる。

ウ　監事は理事会への出席義務があるが、監事が出席しなかった場合には、理事の半数以上が出席していたとしても、理事会における決議等は無効となる。

エ　監事は、理事長が解任され、後任の理事長が選任されていない間に、区分所有者の一人が、規約で禁止している民泊事業（住宅宿泊事業法（平成29年法律第65号）に定める住宅宿泊事業をいう。）を行っていることが確認できたときは、当該区分所有者に対し、規約違反行為の是正等のために必要な勧告等を行うことができる。

1　アとイ
2　イとウ
3　ウとエ
4　エとア

〔問　31〕　管理組合における組合員の氏名等の取扱いに関する次の記述のうち、標準管理規約及び個人情報の保護に関する法律（平成15年法律第57号）によれば、適切なものはどれか。

1　組合員の氏名は個人情報の保護に関する法律で保護される個人情報に当たることから、新たに区分所有権を取得して組合員となった区分所有者は、その氏名を管理組合に届け出ることを拒否することができ

る。

2　高齢者等の災害弱者に係る情報は、個人のプライバシーに深く関わるため、災害時等の、人の生命、身体又は財産の保護のために必要がある場合であっても、あらかじめ本人の同意を得ていない限り、地域の防災関係組織等に提供することはできない。

3　組合員名簿の管理を管理会社に委託するに当たっては、氏名の届出の際に、管理会社に対し情報提供することの同意をあらかじめ得ていない区分所有者の氏名については、第三者提供に当たるので、管理会社に提供することはできない。

4　区分所有者の親族を名乗る者から組合員名簿につき閲覧請求を受けた理事長は、その者が親族関係にあることが確認できた場合においても、直ちに閲覧請求に応じることはできない。

〔問　32〕　専有部分のある建物であるＡ棟、Ｂ棟及びＣ棟並びに集会所からなる団地における総会決議に関する次の記述のうち、「マンション標準管理規約（団地型）及びマンション標準管理規約（団地型）コメント」（最終改正令和３年６月22日　国住マ第33号）によれば、適切なものはどれか。

1　集会所を大規模に増改築する場合には、各棟の棟総会での決議が必要である。

2　Ａ棟の建替えに係る合意形成に必要となる事項の調査の実施及びその経費に充当する場合のＡ棟の修繕積立金の取崩しをするときは、団地総会での決議が必要である。

3　Ｂ棟の階段室部分を改造し、エレベーターを新たに設置する場合には、Ｂ棟の棟総会での決議が必要である。

4　計画修繕工事によりＣ棟の外壁補修を行う場合には、団地総会での決議が必要である。

〔問 33〕 甲管理組合と乙管理会社との間の管理委託契約に関する次の記述のうち、標準管理委託契約書によれば、適切でないものはいくつあるか。

ア　甲と乙は、その相手方に対し、少なくとも3月前に書面で解約の申入れを行うことにより、管理委託契約を終了させることができる。

イ　乙が反社会的勢力に自己の名義を利用させ管理委託契約を締結するものではないことを確約し、乙がその確約に反し契約をしたことが判明したときは、甲は何らの催告を要せずして、当該契約を解除することができる。

ウ　乙は、管理事務を行うため必要なときは、甲の組合員及びその所有する専有部分の占有者に対し、甲に代わって、組合員の共同の利益に反する行為の中止を求めることができる。

エ　乙が行う管理事務の内容は、事務管理業務、管理員業務、清掃業務及び建物・設備管理業務となっているが、それぞれの業務について、管理事務の全部又は一部を第三者に再委託することができる。

1　一つ
2　二つ
3　三つ
4　四つ

〔問 34〕 甲マンション管理組合の平成30年度（平成30年4月1日から平成31年3月31日まで）の会計に係る次の仕訳のうち、適切なものはどれか。ただし、会計処理は毎月次において発生主義の原則によるものとする。

1　平成31年3月に、組合員Aから、平成29年10月分から平成31年4月分までの19ヵ月分の管理費総額38万円（月額2万円）が、甲の口座にまとめて入金された。

<table>
<tr><td colspan="4" align="right">（単位：円）</td></tr>
<tr><td colspan="2">（借　　方）</td><td colspan="2">（貸　　方）</td></tr>
<tr><td>現 金 預 金</td><td align="right">380,000</td><td>未 収 金</td><td align="right">340,000</td></tr>
<tr><td></td><td></td><td>管理費収入</td><td align="right">40,000</td></tr>
</table>

2　平成31年３月末の帳簿上のB銀行預金残高よりB銀行発行の預金残高証明書の金額が５万円少なかったため調査したところ、同年３月に支払った損害保険料５万円の処理が計上漏れとなっていたためであることが判明した。このため、必要な仕訳を行った。

<table>
<tr><td colspan="4" align="right">（単位：円）</td></tr>
<tr><td colspan="2">（借　　方）</td><td colspan="2">（貸　　方）</td></tr>
<tr><td>未 払 金</td><td align="right">50,000</td><td>保 険 料</td><td align="right">50,000</td></tr>
</table>

3　平成29年度決算の貸借対照表に修繕工事の着手金60万円が前払金として計上されていたが、その修繕工事が平成30年６月に完了し、総額200万円の工事費の残額140万円を請負業者へ同月に支払った。

<table>
<tr><td colspan="4" align="right">（単位：円）</td></tr>
<tr><td colspan="2">（借　　方）</td><td colspan="2">（貸　　方）</td></tr>
<tr><td>修 繕 費</td><td align="right">2,000,000</td><td>現 金 預 金</td><td align="right">1,400,000</td></tr>
<tr><td></td><td></td><td>前 払 金</td><td align="right">600,000</td></tr>
</table>

4　平成31年３月に、組合員Cから、３月分管理費２万円と３月分駐車場使用料１万円の合計３万円が甲の口座に入金されたが、誤って全額が管理費として計上されていた。このため、必要な仕訳を行った。

<table>
<tr><td colspan="4" align="right">（単位：円）</td></tr>
<tr><td colspan="2">（借　　方）</td><td colspan="2">（貸　　方）</td></tr>
<tr><td>駐車場使用料収入</td><td align="right">10,000</td><td>管理費収入</td><td align="right">10,000</td></tr>
</table>

166

〔問　35〕　規約が標準管理規約の定めと同一である甲マンション管理組合の平成30年度（平成30年4月1日から平成31年3月31日まで）の収支予算案に関連し、平成30年4月に開催された理事会において、会計担当理事が行った次の説明のうち、適切なものはいくつあるか。ただし、会計処理は発生主義の原則によるものとする。

ア　平成29年度の管理費に未収金があったため、その未収金相当額については、平成30年度収支予算案の管理費に上乗せして計上し、不足が生じないようにしてあります。

イ　今年度は、管理規約改正原案の作成に係る業務で専門的知識を有する者の活用を予定していますので、それに必要な費用については平成30年度収支予算案の管理費会計に計上してあります。

ウ　平成29年度の総会で承認され平成29年11月に工事が開始された大規模修繕工事が、予定どおり平成30年4月20日に完了しました。前年度に前払した工事費の残額の支払を5月10日に予定していますが、5月27日に開催予定の通常総会で収支予算案の承認を得る前に支払う必要があるため、規約に基づき、理事会の承認を得てその支出を行うこととします。

エ　平成29年度収支決算の結果、管理費に余剰が生じましたが、その余剰は平成30年度の管理費会計に繰入れせずに、修繕積立金会計に繰入れることとします。

1　一つ
2　二つ
3　三つ
4　四つ

◎〔問　36〕　長期修繕計画に関する次の記述のうち、「長期修繕計画作成ガイドライン及び同コメント」（令和3年9月国土交通省公表）によれば、適切でないものはいくつあるか。

ア　推定修繕工事は、建物及び設備の性能・機能を修繕工事実施時点の

一般的住宅水準に向上させる工事を基本とする。

イ　修繕積立金の積立ては、長期修繕計画の作成時点において、計画期間に積み立てる修繕積立金の額を均等にする均等積立方式を基本とする。

ウ　計画期間における推定修繕工事には、法定点検等の点検及び経常的な補修工事を適切に盛り込む。

エ　推定修繕工事として設定した内容や時期等はおおよその目安であり、計画修繕工事を実施する際は、事前に調査・診断を行い、その結果に基づいて内容や時期等を判断する。

1　一つ

2　二つ

3　三つ

4　四つ

〔問　37〕　鉄筋コンクリート造のマンションの外壁に生じた劣化や不具合の現象とその原因に関する次の記述のうち、適切でないものはどれか。

1　ポップアウトは、アルカリ骨材反応が原因の一つと考えられる。

2　さび汚れは、コンクリートの中性化が原因の一つと考えられる。

3　白華（エフロレッセンス）は、紫外線が原因の一つと考えられる。

4　ひび割れは、コールドジョイントが原因の一つと考えられる。

〔問　38〕　マンションの建物の調査・診断に関する次の記述のうち、適切なものはどれか。

1　仕上げ塗材の付着の強さを調べるプルオフ法は、金属面への塗装及びコンクリート面への塗装のいずれにも用いることができる。

2　外壁タイルの調査に用いる赤外線調査は、壁面に赤外線を照射して、その反射量を測定する。

3　アスファルトルーフィングの使用状態での劣化度を測定するために

は、現地で針入度試験を行う。

4　コンクリートの中性化の程度を調べるには、手持ち型のpH測定器を用いることができる。

〔問　39〕　設計監理方式で実施したマンションの大規模修繕工事に関する次の記述のうち、適切でないものはどれか。

1　施工者が、工事工程計画、仮設計画、品質管理計画などの計画を作成した。

2　管理組合が主催者となって工事説明会を開催し、施工者と工事監理者が説明を行った。

3　工事監理者は、引渡し後に工事監理に関する瑕疵(かし)が判明した場合に対応するため、特定住宅瑕疵担保責任の履行の確保等に関する法律（平成19年法律第66号）に基づき、保険法人と住宅瑕疵担保責任保険契約を締結した。

4　工事完了時に竣工(しゅんこう)検査として、施工者検査、工事監理者検査、管理組合検査の順に行った。

〔問　40〕　マンションの住棟形式に関する次の記述のうち、適切でないものはどれか。

1　センターコア型は、住棟中央部に吹き抜けがあり、その吹き抜けに面した共用廊下より各住戸にアプローチできる。

2　中廊下型は、住棟を南北軸に配置することが多い。

3　タウンハウス型は、戸建て住宅の独立性と集合化することによる経済性を併せ持つ。

4　階段室型は、住棟に設けられた階段室から、直接各住戸にアプローチできるものをいい、その階段室にエレベーターが設置されるものもある。

〔問 41〕 マンションの構造に関する次の記述のうち、適切でないものはどれか。

1 鉄骨鉄筋コンクリート構造は、鉄骨の骨組みの周囲に鉄筋を配しコンクリートを打ち込んだものである。
2 建築物の地上部分に作用する地震力を計算する際に使われる地震層せん断力係数は、同じ建築物であれば上階ほど大きい。
3 耐震改修において、免震装置を既存建築物の柱の途中に設置する工法もある。
4 固定荷重とは、建築物に常時かかる躯体(くたい)、内外装の仕上げ、家具等の重量の合計である。

〔問 42〕 マンションの各部の計画に関する次の記述のうち、下線部の数値が適切でないものはどれか。

1 車いす使用者の利用する平面駐車場において、1台当たりの駐車スペースの幅を、3.5mとした。
2 高低差が50mmある共用部分の傾斜路の勾配を、1/8とした。
3 住戸の床面積の合計が200㎡の階において、両側に居室がある共用廊下の幅を、1.6mとした。
4 屋外に設ける避難階段の出口から道又は公園、広場その他の空地に通ずる通路の幅員を、1.4mとした。

〔問 43〕 マンションの飲料水用の受水槽に関する次の記述のうち、適切でないものはどれか。

1 受水槽には、給水管への逆流が生じないように、吐水口空間を設けた。
2 受水槽を屋内に設置する場合に、受水槽の天井、底及び周壁と建築物との間に、保守点検ができるように、全ての躯体(くたい)面で60cmの空間を設けた。

3 受水槽内部の保守点検を行うためのマンホールは、ほこりその他衛生上有害なものが入らないように、受水槽の天井面より10cm以上立ち上げて設置した。

4 受水槽内へ排水が逆流しないように、受水槽の下部に設置する水抜き管と排水管との間に垂直距離で15cm以上の排水口空間を設けた。

〔問 44〕 マンションの排水設備に関する次の記述のうち、適切でないものはどれか。

1 特殊継手排水システムは、排水立て管と通気立て管を接続することにより、管内の圧力を緩和する機能があるので、専有部分からの汚水系統や雑排水系統の排水を集約できる。

2 洗面台の洗面器にためた水を一気に流すと、接続された排水管を排水が満流状態で流れることにより、トラップ部の封水が流出してしまうことがある。

3 敷地内で雨水排水管と汚水排水横主管を接続する場合に、臭気が雨水系統へ逆流しないようにトラップを設けた。

4 台所に設置する食器洗い乾燥機の排水管に、高温の排水に耐えられるように耐熱性硬質（ポリ）塩化ビニル管を用いた。

〔問 45〕 マンションの設備に関する次の記述のうち、適切でないものはどれか。

1 居室では、シックハウス対策として、換気回数2回／h以上の機械換気設備の設置が必要である。

2 圧縮空気法による排水管の清掃では、付着物で閉塞した排水管内に水を注入し、圧縮空気を放出してその衝撃で付着物を除去する。

3 専有部分に設置するさや管ヘッダー方式による給水・給湯システムには、耐食性、耐熱性、可とう性に優れた水道用架橋ポリエチレン管、水道用ポリブテン管等を使用する。

4 新設する乗用エレベーターに設置する地震時等管制運転装置には、

予備電源を設ける。

◎〔問　46〕「マンションの管理の適正化の推進を図るための基本的な方針」（令和３年９月28日　国土交通省告示第1286号）に関する次の記述のうち、適切なものはいくつあるか。

ア　管理組合は、専有部分と共用部分の範囲及び管理費用を明確にすることにより、トラブルの未然防止を図ることが重要であり、併せて、これに対する区分所有者等の負担も明確に定めておくことが重要である。

イ　管理組合の管理者等は、管理組合の経理に必要な帳票類を作成してこれを保管するとともに、マンションの区分所有者等からの請求があった時は、これを速やかに開示することにより、経理の透明性を確保する必要がある。

ウ　建設後相当の期間が経過したマンションにおいては、長期修繕計画の検討を行う際には、必要に応じ、建替え等についても視野に入れて検討することが望ましい。建替え等の検討にあたっては、その過程をマンションの区分所有者等に周知させるなど透明性に配慮しつつ、各区分所有者等の意向を十分把握し、合意形成を図りながら進める必要がある。

エ　管理業務の委託や工事の発注等については、事業者の選定に係る意思決定の透明性確保や利益相反等に注意して、適正に行われる必要があるが、とりわけ外部の専門家が管理組合の管理者等又は役員に就任する場合においては、マンションの区分所有者等から信頼されるような発注等に係るルールの整備が必要である。

1　一つ
2　二つ
3　三つ
4　四つ

〔問　47〕　マンション管理業者に関する次の記述のうち、マンション管理適正化法の規定によれば、誤っているものはどれか。

1　マンション管理業者は、管理組合から委託を受けた管理事務について、国土交通省令で定めるところにより、帳簿を作成し、これを保存しなければならない。

2　マンション管理業者は、従前の管理受託契約と同一の条件で管理組合との管理受託契約を更新しようとするときは、あらかじめ、国土交通省令で定めるところにより、区分所有者等全員に対し、説明会を開催しなければならない。

3　マンション管理業者は、管理事務の委託を受けた管理組合に管理者等が置かれているときは、国土交通省令で定めるところにより、定期に、当該管理者等に対し、管理業務主任者をして、当該管理事務に関する報告をさせなければならない。

4　管理業務主任者は、重要事項について説明をするときは、説明の相手方に対し、管理業務主任者証を提示しなければならない。

〔問　48〕　次の記述のうち、「マンション管理適正化推進センター」が行う業務として、マンション管理適正化法第92条に規定されていないものはどれか。

1　マンションの管理の適正化の推進に資する啓発活動及び広報活動を行うこと。

2　マンションの管理に関する情報及び資料の収集及び整理をし、並びにこれらを管理組合の管理者等その他の関係者に対し提供すること。

3　マンションの管理の適正化に関し、管理組合の管理者等その他の関係者に対し技術的な支援を行うこと。

4　マンションの管理に関する紛争の処理を行うこと。

〔問　49〕　マンション管理士に関する次の記述のうち、マンション管理適正化法の規定によれば、正しいものはいくつあるか。

ア　マンション管理士は、正当な理由がなく、その業務に関して知り得た秘密を漏らしてはならない。マンション管理士でなくなった後においても、同様とする。

イ　マンション管理士でない者は、マンション管理士又はこれに紛らわしい名称を使用してはならない。

ウ　マンション管理士試験に合格しても、国土交通大臣（指定登録機関が登録の実施に関する事務を行う場合は指定登録機関。この問いにおいて同じ。）の登録を受けなければ、マンション管理士の名称を使用することはできない。

エ　国土交通大臣は、マンション管理士登録簿に、氏名、生年月日、事務所の所在地その他国土交通省令で定める事項を登載してマンション管理士の登録をする。

1　一つ
2　二つ
3　三つ
4　四つ

〔問　50〕　管理業務主任者に関する次の記述のうち、マンション管理適正化法の規定によれば、誤っているものはどれか。

1　マンション管理業者は、既存の事務所がマンション管理適正化法第56条第1項の管理業務主任者の設置に関する規定に抵触するに至ったときは、3月以内に、同項の規定に適合させるため必要な措置をとらなければならない。

2　管理業務主任者は、管理組合に管理事務に関する報告をするときは、説明の相手方に対し、管理業務主任者証を提示しなければならない。

3　管理業務主任者は、その事務を行うに際し、マンションの区分所有

者等その他の関係者から請求があったときは、管理業務主任者証を提示しなければならない。

4　管理業務主任者としてすべき事務を行うことを禁止された場合において、その管理業務主任者がその事務の禁止の処分に違反したときは、国土交通大臣は、その登録を取り消さなければならない。

試験問題

〔問　1〕　規約に関する次の記述のうち、区分所有法の規定によれば、正しいものはどれか。

1　規約の設定、変更又は廃止については、集会を招集してその集会の決議によってこれを設定、変更又は廃止をする以外の方法は認められていない。

2　規約の設定、変更又は廃止が一部の区分所有者の権利に特別の影響を及ぼすべきときは、当該区分所有者は、規約の設定、変更又は廃止の決議に賛成した区分所有者に対し、自己の区分所有権等を時価で買い取るべきことを請求することができる。

3　一部共用部分の管理は、区分所有者全員の利害に関係するもの以外は、これを共用すべき区分所有者のみで行う。

4　規約は、管理者がないときは、建物を使用している区分所有者又はその代理人が保管しなければならないが、保管する者の選任は、集会の決議によるほか規約で定めることもできる。

〔問　2〕　管理者に関する次の記述のうち、区分所有法の規定によれば、正しいものはどれか。

1　集会の決議がなくとも、各区分所有者は、管理者の選任を裁判所に請求することができる。

2　管理者は、集会において、毎年1回一定の時期に、その事務に関する報告をしなければならないが、規約の定めにより書面の送付をもって報告に代えることができる。

3　管理者は、集会の決議により原告又は被告となったときは、遅滞なく、区分所有者にその旨を通知しなければならない。

4　管理者は、規約に特別の定めがあるときは、共用部分を所有することができる。

〔問　3〕　マンションの駐車場が区分所有者の共有に属する敷地上にあり、その駐車場の一部が分譲時の契約等で特定の区分所有者だけが使用できるものとして有償の専用使用権が設定されている場合、使用料を増額するために規約を変更する集会の決議及び特別の影響について、区分所有法及び民法（明治29年法律第89号）の規定並びに判例によれば、次のうち正しいものはどれか。

1　駐車場の使用が管理組合と専用使用権者との間の駐車場使用契約という形式を利用して行われている場合には、管理組合は、専用使用権者の承諾を得ずに規約又は集会の決議をもって、使用料を増額することはできない。

2　区分所有法第31条に規定されている特別の影響を及ぼすべきときに当たるのは、規約の設定、変更等の必要性及び合理性とこれによって一部の区分所有者が受ける不利益とを比較衡量し、区分所有関係の実態に照らして、その不利益が区分所有者の受忍すべき限度を超える場合である。

3　使用料の増額について、増額の必要性及び合理性が認められ、かつ、増額された使用料が区分所有関係において社会通念上相当な額であると認められる場合であっても、使用料の増額に関する規約の設定、変更等は専用使用権者の権利に特別の影響を及ぼすものとなるため、区分所有法第31条の規定により専用使用権者の承諾が必要となる。

4　専用使用権者が訴訟において使用料増額の効力を裁判で争っている場合であっても、裁判所の判断を待つことなく、専用使用権者が増額された使用料の支払に応じないことを理由に駐車場使用契約を解除し、その専用使用権を失わせることができる。

〔問　4〕　区分所有法の定める建物及びその敷地に関する定義によれば、次の記述のうち、正しいものの組合せは、1～4のうちどれか。

ア　建物の敷地には、建物が所在する土地のほか、それと一体として管理又は使用する土地で規約により建物の敷地とされたものも含まれ

る。

イ　専有部分は、規約により共用部分とすることができるが、附属の建物については、規約により共用部分とすることはできない。

ウ　専有部分は、区分所有権の目的たる建物の部分であり、その用途は、住居、店舗、事務所又は倉庫に供することができるものに限られる。

エ　専有部分を所有するための建物の敷地に関する権利である敷地利用権には、所有権だけでなく賃借権や地上権も含まれる。

1　アとイ

2　イとウ

3　ウとエ

4　エとア

〔問　5〕　未納の管理費等の回収や義務違反者に対する措置に関する次の記述のうち、区分所有法及び民法の規定によれば、誤っているものはどれか。

1　未納の管理費等に係る債権は、区分所有法第7条に規定する先取特権の実行としての担保不動産競売を申し立てることにより、他の一般債権者に優先して弁済を受けることができる。

2　区分所有法第7条に規定する先取特権は、不動産について登記をしなくても、特別担保を有しない債権者に対抗することができるが、登記をした第三者に対しては、この限りでない。

3　管理者は、区分所有法第59条の規定による区分所有権及び敷地利用権の競売について、規約又は集会の決議により、訴えをもって請求することができる。

4　区分所有法第59条の規定による競売請求の判決に基づく競売の申立ては、その判決が確定した日から6ヵ月以内に行わなければならない。

〔問 6〕 マンションの登記に関する次の記述のうち、区分所有法及び不動産登記法（平成16年法律第123号）の規定によれば、誤っているものはどれか。ただし、団地管理組合である場合を除くものとする。

1 マンションの登記簿において、一つの登記記録に建物の専有部分と敷地権とが共に登記されることはない。

2 マンションの登記簿の表題部（専有部分の建物の表示）の登記記録において、専有部分は登記されるが、法定共用部分は登記事項ではないので、登記されることはない。

3 専有部分を規約により共用部分とした場合に、その旨の登記をしなければ、これをもって第三者に対抗することはできない。

4 管理組合法人が成立するためには、区分所有者及び議決権の各4分の3以上の多数による集会の決議で法人となる旨並びにその名称及び事務所を定め、登記をすることが必要である。

〔問 7〕 集会の決議における電磁的方法の利用に関する次の記述のうち、区分所有法の規定によれば、誤っているものはどれか。ただし、規約に別段の定めはないものとする。

1 区分所有法又は規約により集会において決議をすべき場合において、電磁的方法による決議をするためには、区分所有者の4分の3以上の承諾がなければならない。

2 集会を招集すべき者は、電磁的方法による決議を行うときには、回答の期限とされている日よりも少なくとも1週間前に、会議の目的たる事項を示して、各区分所有者に通知を発しなければならない。

3 区分所有法又は規約により集会において決議すべきものとされた事項については、区分所有者全員の電磁的方法による合意があったときは、電磁的方法による決議があったものとみなされる。

4 区分所有法又は規約により集会において決議すべきものとされた事項についての電磁的方法による決議は、集会の決議と同一の効力を有する。

〔問　8〕　管理組合法人の理事及び監事に関する次の記述のうち、区分所有法の規定によれば、正しいものはどれか。

1　管理組合が主たる事務所の所在地において登記をすることによって管理組合法人となる場合において、管理組合法人の監事については登記はなされない。

2　代表権のある理事が管理組合法人所有の土地の一部を購入しようとする場合、当該理事は、他の理事全員の承諾を得た上で管理組合法人の代表者として当該売買契約を締結しなければならない。

3　複数の理事がいる管理組合法人において、理事全員が共同して管理組合法人を代表する旨が規約によって定められている場合、そのうちの理事一人と管理組合法人との間で利益相反事項が生じるときには、当該利益相反事項と関わりのない他の理事が管理組合法人を代表することができる。

4　理事が欠けた場合において、事務が遅滞することにより損害を生ずるおそれがあるときには裁判所によって仮理事が選任されるが、監事が欠けた場合には、事務が遅滞することにより損害を生ずるおそれがあるときであっても裁判所による仮監事の選任はなされない。

〔問　9〕　管理組合及び管理組合法人に関する次の記述のうち、区分所有法の規定によれば、正しいものはいくつあるか。

ア　規約を保管する者は、正当な理由がある場合を除き、利害関係人から請求のあった当該規約の閲覧を拒んではならない。

イ　集会の議事録の保管場所は、建物内の見やすい場所に掲示しなければならない。

ウ　管理者が集会の議事録の保管をしなかったときは、20万円以下の過料に処せられる。

エ　管理組合法人は、居住者名簿を備え置き、居住者の変更があるごとに必要な変更を加えなければならない。

1　一つ

2　二つ

3　三つ

4　四つ

〔問　10〕　一筆の敷地上に、甲棟、乙棟、丙棟が存在している。甲棟及び乙棟は戸建て住宅、丙棟は専有部分のある建物であり、また、甲棟の所有者はA、乙棟の所有者はB、丙棟の区分所有者はC、D、Eである。敷地は、A、B、C、D、Eが共有している。この場合の団地管理組合に関する次の記述のうち、区分所有法の規定によれば、正しいものはどれか。ただし、乙棟の建替えは他に特別の影響を及ぼさないものとする。

1　団地管理組合は、団地管理組合の集会において、共有持分の4分の3以上を有するものが承認し、かつ、Aの同意があれば、甲棟を管理するための団地規約を定める決議をすることができる。

2　Bが乙棟を取り壊し、かつ、従前の乙棟の所在地に新たに建物を建築しようとする場合には、団地管理組合の集会において議決権の4分の3以上の多数による承認の決議を得なければならない。

3　団地管理組合が規約を定めて丙棟の管理を行っている場合に、地震によって丙棟の建物の価格の2分の1以下に相当する部分が滅失したときに、その滅失した共用部分を復旧しようとするときは、団地管理組合の集会において、滅失した共用部分を復旧する旨の決議をする必要がある。

4　団地管理組合は、団地管理組合の集会において、区分所有者及び議決権の各5分の4以上の多数で、団地内建物のすべてにつき一括して、その全部を取り壊し、かつ、同一敷地上に新たに建物を建築する旨の決議をすることができる。

〔問　11〕　大規模な火災、震災その他の災害で政令で定めるものにより、区分所有建物の全部が滅失した場合における、被災区分所有建物の敷地共有者等の集会に関する次の記述のうち、被災マンション法の規定によれば、誤っているものはどれか。

1　敷地共有者等の集会を開くに際し、敷地共有者等に管理者がない場合の集会の招集権者は、議決権の5分の1以上を有する敷地共有者等であって、この定数を規約で減ずることはできない。

2　敷地共有者等の集会を招集するに当たり、敷地共有者等の所在を知ることができないときは、集会の招集の通知を、滅失した区分所有建物に係る建物の敷地内の見やすい場所に掲示してすることができるが、敷地共有者等の所在を知らないことについて過失があったときは、到達の効力を生じない。

3　区分所有建物の全部が滅失した後に敷地共有者等が敷地共有持分等を譲渡した場合であっても、滅失の当時にその敷地共有持分等を有していた者は敷地共有者等の集会における議決権を有する。

4　集会における再建決議によって建築する建物は、滅失した区分所有建物に係る建物の敷地若しくはその一部の土地又は当該建物の敷地の全部若しくは一部を含む土地上に建築しなければならない。

〔問　12〕　甲マンション203号室を所有しているＡは、高齢になり判断能力に不安を抱えていたところ、Ｂとの間で、Ｂに高額の報酬を支払って同室の内装をリフォームしてもらう旨の請負契約（以下「本件請負契約」という。）を締結した。この場合に関する次の記述のうち、民法の規定及び判例によれば、誤っているものはどれか。

1　本件請負契約を締結した時にＡに意思能力がなかった場合には、Ａは、意思能力を欠いていたことを理由として、本件請負契約の無効を主張することができる。

2　本件請負契約を締結した時に、Ａについて後見開始の審判はなされていなかったが、Ａが精神上の障害により事理を弁識する能力を欠く

常況にあった場合には、Aは、行為能力の制限を理由として、本件請負契約を取り消すことができる。

3 Bが、実際にはリフォームをする必要がないにもかかわらず、リフォームをしないと健康を害するとAをだまし、これによりAがリフォームをする必要があると誤信して本件請負契約を締結していた場合には、Aは、Bの詐欺を理由として、本件請負契約を取り消すことができる。

4 本件請負契約を締結する際に、Bが、Aの窮迫・軽率・無経験を利用して、相場よりも著しく高額な報酬の支払をAに約束させていた場合には、Aは、公序良俗に違反することを理由として、本件請負契約の無効を主張することができる。

〔問 13〕 Aは、弟Bが事業資金500万円の融資をC銀行から受けるに際して、Aが所有し、居住している甲マンションの103号室にC銀行のために抵当権を設定し、その登記もされた場合に関する次の記述のうち、民法及び区分所有法の規定によれば、正しいものはどれか。

1 Aは、BのC銀行に対する債務について、Bの意思に反してもC銀行に対して、第三者としての弁済をすることができる。

2 C銀行の抵当権の効力は、Aが有する共用部分の共有持分には及ばない。

3 C銀行の抵当権の実行により、Aが103号室の所有権を失った場合には、AはBに対して求償することはできない。

4 Aが103号室を売却するときは、C銀行の承諾を得なければならない。

◎〔問 14〕 Aがその所有する甲マンションの101号室を、賃料を月額10万円としてBに賃貸し、これを使用中のBが、Aに対し、5月分の賃料10万円の支払を怠った場合に関する次の記述のうち、民法の規定及び判例によれば、誤っているものはどれか。なお、AB間に相殺禁止の特約はないものとし、遅延利息については考慮しないものとする。

1 Bは101号室の敷金として20万円をAに差し入れているが、Bは、Aに対し、当該敷金返還請求権20万円のうち10万円と5月分の賃料10万円とを相殺することはできない。

2 Bが101号室の故障したガス給湯設備の修繕費用として適切である10万円を支出し、AB間に費用負担の特約がないときは、Bは、Aに対し、当該費用の償還請求権10万円と5月分の賃料10万円とを相殺することができる。

3 BがAに対し弁済期が到来した50万円の貸金債権を有しているとき、Bは、Aに対し、当該貸金債権と101号室の5月分の賃料10万円及びいまだ支払期限の到来していない6月から9月までの賃料40万円とを相殺することができる。

4 AがBに対して悪意による不法行為を行った結果、BがAに対する損害賠償債権30万円を有しているとき、Bは、Aに対し、損害賠償債権30万円のうち10万円と101号室の5月分の賃料10万円とを相殺することはできない。

◎〔問 15〕 Aが所有する甲マンションの201号室をBに賃貸した場合に関する次の記述のうち、民法及び借地借家法（平成3年法律第90号）の規定によれば、正しいものはどれか。ただし、AB間の契約は定期建物賃貸借でないものとする。

1 AB間の契約で賃貸期間を2年と定め、A又はBが、相手方に対し、期間満了の1年前から6ヵ月前までの間に更新拒絶の通知をしなかったときは、従前と同一の賃貸期間とする契約として更新される。

2 AB間の契約で賃貸期間を10ヵ月と定めたときは、Aに借地借家法

の定める正当の事由があると認められる場合には、Aは期間満了の前でもBに解約の申入れをすることができる。

3　AB間の契約で賃貸期間を60年と定めても、賃貸期間は50年とされる。

4　AB間の契約で賃貸期間を定めなかったときは、Aに借地借家法の定める正当の事由があると認められる場合には、Aの解約の申入れにより、解約の申入れの日から3ヵ月を経過した日に、契約は終了する。

〔問　16〕　甲マンションの301号室を所有するAが、長期間入院することとなり、その間の同室の日常的管理を302号室のBに委託した。この委託が準委任に当たるとされる場合に関する次の記述のうち、民法の規定によれば、正しいものはどれか。

1　Bが報酬の特約をして管理を受託したときは、Bは301号室を自己のためにすると同一の注意をもって管理すれば足りる。

2　Bが報酬の特約をして管理を受託したときは、委託事務を処理するための費用の前払を請求することはできない。

3　Bは、Aに不利な時期であってもAB間の委託契約を解除することができ、やむを得ない事由があればAに損害が生じたときでもAの損害を賠償する義務は生じない。

4　Aが後見開始の審判を受けたときは、AB間の委託契約は終了する。

〔問　17〕　甲マンション305号室を所有するAは、「305号室を娘Bに遺贈する。」という内容の遺言（以下「本件遺言」という。）をした。この場合に関する次の記述のうち、民法の規定及び判例によれば、誤っているものはどれか。

1　本件遺言が公正証書によってなされた場合には、本件遺言を撤回することはできない。

2　Aが本件遺言をした後に、「305号室を息子Cに遺贈する。」という

内容の遺言をした場合には、本件遺言を撤回したものとみなされる。

3　本件遺言が自筆証書によってなされた場合において、Aが本件遺言をした後に、文面全面に斜線を引く等故意にその遺言書の文面全体を破棄する行為をしたときは、本件遺言を撤回したものとみなされる。

4　Aが本件遺言をした後に、305号室を友人Dに贈与した場合には、本件遺言を撤回したものとみなされる。

〔問　18〕　区分建物の登記の申請に関する次の記述のうち、不動産登記法の規定によれば、正しいものはどれか。

1　区分建物の表題部所有者の持分についての変更は、表題部所有者が、当該区分建物について所有権の保存の登記をすることなく、その変更の登記を申請することができる。

2　区分建物の敷地権の更正の登記は、所有権の登記名義人について相続があったときは、相続人は、相続による所有権移転の登記をした後でなければ、その登記の申請をすることができない。

3　区分建物の所有者と当該区分建物の表題部所有者とが異なる場合に行う当該表題部所有者についての更正の登記は、当該表題部所有者以外の者は、申請することができない。

4　区分建物の表題部所有者の氏名又は住所の変更の登記は、表題部所有者について一般承継があったときは、その一般承継人は、その登記の申請をすることができる。

〔問　19〕　マンション建替え円滑化法の規定による、マンション敷地売却組合（この問いにおいて「組合」という。）が施行するマンション敷地売却事業に関する次の記述のうち、誤っているものはどれか。

1　マンション敷地売却決議においては、売却による代金の見込額を定めなければならない。

2　組合は、分配金取得計画の認可を受けたときは、遅滞なくその旨を公告し、及び関係権利者に関係事項を書面で通知しなければならな

い。

3　分配金取得計画に定める権利消滅期日以後においては、売却マンション及びその敷地に関しては、売却マンション及びその敷地に関する権利について、組合の申請により必要な登記がされるまでの間は、他の登記をすることができない。

4　総会の議決により組合を解散する場合の当該議決については、分配金取得計画に定める権利消滅期日後に限り行うことができる。

〔問　20〕　地域地区に関する次の記述のうち、都市計画法（昭和43年法律第100号）の規定によれば、誤っているものはどれか。

1　準住居地域は、道路の沿道としての地域の特性にふさわしい業務の利便の増進を図りつつ、これと調和した住居の環境を保護するため定める地域である。

2　田園住居地域は、農業の利便の増進を図りつつ、これと調和した低層住宅に係る良好な住居の環境を保護するため定める地域である。

3　高度地区は、用途地域内において市街地の環境を維持し、又は土地利用の増進を図るため、建築物の高さの最高限度又は最低限度を定める地区である。

4　特別用途地区は、用途地域が定められていない土地の区域（市街化調整区域を除く。）内において、当該地域の特性にふさわしい土地利用の増進、環境の保護等の特別の目的の実現を図るため定める地区である。

〔問　21〕　共同住宅に関する次の記述のうち、建築基準法（昭和25年法律第201号）の規定によれば、誤っているものはどれか。

1　建築主は、防火地域及び準防火地域外にある共同住宅を増築しようとする場合で、その増築に係る部分の床面積の合計が5㎡であるときは、建築確認を受ける必要はない。

2　政令で定める技術的基準に従って換気設備を設けた場合を除き、共

同住宅の居室には換気のための窓その他の開口部を設け、その換気に有効な部分の面積は、その居室の床面積に対して、20分の1以上としなければならない。

3　主要構造部が準耐火構造である共同住宅の3階（避難階以外の階）については、その階における居室の床面積の合計が150㎡である場合、その階から避難階又は地上に通ずる2以上の直通階段を設けなければならない。

4　防火地域内にある共同住宅の屋上に設ける高さ2mの看板は、その主要な部分を不燃材料で造り、又はおおわなければならない。

〔問　22〕　水道法（昭和32年法律第177号）の規定によれば、簡易専用水道の設置者が1年以内ごとに1回受けなければならない検査に関する次の記述のうち、誤っているものはどれか。

1　簡易専用水道に係る施設及びその管理の状態に関する検査は、水槽の水を抜かずに実施する。

2　給水栓における、臭気、味、色、色度、濁度、残留塩素に関する検査は、あらかじめ給水管内に停滞していた水も含めて採水する。

3　書類の整理等に関する検査の判定基準は、簡易専用水道の設備の配置及び系統を明らかにした図面、受水槽の周囲の構造物の配置を明らかにした平面図及び水槽の掃除の記録その他の帳簿書類の適切な整理及び保存がなされていることと定められている。

4　検査者は設置者に対して、検査終了後に検査結果等を記した書類を交付するとともに、判定基準に適合しなかった事項がある場合には、当該事項について速やかに対策を講じるよう助言を行う。

〔問　23〕　消防法（昭和23年法律第186号）の規定によれば、居住者数50人以上のマンションの管理について権原を有する者によって定められた防火管理者が行うものではない業務は、次のうちのどれか。

1　消防用設備等について定期に点検を行い、その結果を消防長又は消

防署長に報告すること。

2　防火対象物についての消防計画を作成すること。

3　消火、通報及び避難の訓練を実施すること。

4　避難又は防火上必要な構造及び設備について維持管理を行うこと。

〔問　24〕「共同住宅に係る防犯上の留意事項及び防犯に配慮した共同
住宅に係る設計指針について」（最終改正平成18年4月　国住生第19
号）によれば、マンションのA〜Cの場所において確保すべき照明設
備の平均水平面照度に関し、適切なものの組合せは、1〜4のうちど
れか。

〔場所〕

A　共用玄関内側の床面及び共用メールコーナーの床面

B　共用玄関以外の共用出入口床面

C　駐車場の床面及び自転車置場・オートバイ置場の床面

〔確保すべき平均水平面照度の組合せ〕

1　Aは概ね50ルクス以上、Bは概ね10ルクス以上、Cは概ね3ルクス
以上

2　Aは概ね40ルクス以上、Bは概ね20ルクス以上、Cは概ね10ルクス
以上

3　Aは概ね50ルクス以上、Bは概ね20ルクス以上、Cは概ね3ルクス
以上

4　Aは概ね40ルクス以上、Bは概ね10ルクス以上、Cは概ね3ルクス
以上

〔問　25〕　住居専用の単棟型マンションの管理組合における管理費等の
取扱いに関する次の記述のうち、標準管理規約によれば、適切なもの
はどれか。

1　建物の建替えに係る合意形成に必要となる事項の調査費用について

は管理費から支出することとされているが、各マンションの実態に応じて、修繕積立金から支出する旨を規約に定めることもできる。

2　一定年数の経過ごとに計画的に行う修繕及び不測の事故その他特別の事由により必要となる修繕については修繕積立金を充当し、敷地及び共用部分等の変更については管理費を充当する。

3　駐車場使用料その他の敷地及び共用部分等に係る使用料は、管理組合の通常の管理に要する費用に充てるほか、修繕積立金として積み立てる。

4　管理費等の額については、各区分所有者の共用部分の共有持分に応じて算出するものとし、使用頻度等は勘案しない。

〔問　26〕　役員の選任等に関する標準管理規約及び標準管理規約コメントの規定によれば、標準管理規約の本文には規定されていないが、管理組合の規約で定めることもできるとされている事項は、次のうちいくつあるか。ただし、外部専門家を役員として選任できることとしていない場合とする。

ア　組合員である役員が転出、死亡等により任期途中で欠けた場合には、組合員から補欠の役員を理事会の決議で選任することができるとすること。

イ　理事の員数を、○〜○名という枠により定めること。

ウ　役員が任期途中で欠けた場合に備え、あらかじめ補欠を定めておくことができるとすること。

エ　役員の資格要件に居住要件を加えること。

1　一つ
2　二つ
3　三つ
4　四つ

〔問 27〕 甲マンションの105号室を所有している組合員Ａの取扱いに
  係る次の記述のうち、標準管理規約によれば、適切なものはいくつあ
  るか。ただし、甲マンションの規約には外部専門家を役員として選任
  できることとしていない場合とする。

ア　Ａが区分所有する105号室にＡの孫Ｂが居住していない場合であっ
  ても、ＢはＡの代理人として総会に出席して議決権を行使することが
  できる。
イ　Ａが区分所有する105号室にＡと同居している子Ｃは、Ａに代わっ
  て管理組合の役員となることができる。
ウ　Ａが区分所有する105号室の２分の１の持分を配偶者Ｄに移転して
  共有とした場合、議決権はＡとＤがそれぞれの持分に応じて各々が行
  使することとなる。
エ　Ａが甲マンション外に居住しており、自身の住所を管理組合に届け
  出ていない場合には、管理組合は、総会の招集の通知の内容をマン
  ション内の所定の掲示場所に掲示することによって、招集の通知に代
  えることができる。
1　一つ
2　二つ
3　三つ
4　四つ

〔問 28〕 総会の決議に関する次の記述のうち、標準管理規約によれば、
  適切なものはどれか。

1　敷地及び共用部分等の変更を決議するに際し、その変更が専用使用
  部分の使用に特別の影響を及ぼすべきときは、その専用使用部分の専
  用使用を認められている組合員の承諾を得なければならず、この場合
  において、当該組合員は正当な理由がなければこれを拒否してはなら
  ない。
2　マンション敷地売却決議は、組合員総数の５分の４以上及び議決権

総数の5分の4以上で行うことができる。

3　建物の価格の2分の1以下に相当する部分が滅失した場合の滅失した共用部分の復旧の決議は、組合員総数の4分の3以上及び議決権総数の4分の3以上で行わなければならない。

4　総会においては、あらかじめ組合員に目的等を示して通知した事項のほか、出席組合員の過半数が同意した事項について決議することができる。

〔問　29〕　理事会に関する次の記述のうち、標準管理規約によれば、適切なものはどれか。ただし、会議の目的が建替え決議又はマンション敷地売却決議ではない場合とする。

1　理事長が理事会を招集するためには、少なくとも会議を開く日の2週間前までに会議の日時、場所及び目的を示して理事に通知すれば足りる。

2　組合員が組合員総数及び議決権総数の5分の1以上に当たる組合員の同意を得て、会議の目的を示して総会の招集を請求した場合は、理事長は、臨時総会の招集の通知を発しなければならないが、通知を発することについて理事会の決議を経ることを要しない。

3　理事会の招集手続については、総会の招集手続の規定を準用することとされているため、理事会においてこれと異なる定めをすることはできない。

4　理事会には理事本人が出席して、議論に参加し、議決権を行使することが求められているので、理事会に出席できない理事について、書面をもって表決することを認める旨を規約で定めることはできない。

〔問　30〕　管理組合の会計に関する次の記述のうち、標準管理規約によれば、適切なものはいくつあるか。

ア　理事長は、未納の管理費等及び使用料の請求に関し、管理組合を代表して訴訟を追行する場合には、総会の決議を経ることが必要であ

る。

イ　組合員は、納付した管理費等及び使用料について、その返還請求又は分割請求をすることができない。

ウ　管理組合は、未納の管理費等及び使用料への請求に係る遅延損害金及び違約金としての弁護士費用などに相当する収納金については、その請求に要する費用に充てるほか、修繕積立金として積立てる。

エ　管理組合は、管理費に不足を生じた場合には、通常の管理に要する経費に限り、必要な範囲内において、借入れをすることができる。

1　一つ

2　二つ

3　三つ

4　四つ

〔問　31〕　団地管理組合や各棟の区分所有者が行うことができる行為に係る次の記述のうち、「マンション標準管理規約（団地型）及びマンション標準管理規約（団地型）コメント」（最終改正令和3年6月22日　国住マ第33号）によれば、適切でないものはどれか。

1　団地内のA棟内で、A棟の区分所有者が騒音、臭気等により共同の利益に反する行為を行っている場合に、区分所有法第57条により当該行為の停止を求める訴訟を提起する際には、訴えの提起及び訴えを提起する者の選任を、A棟の棟総会で決議する必要がある。

2　団地管理組合の使用細則で、共用廊下には団地管理組合の承諾なく物置を設置することが禁止されている場合、当該行為をしているB棟の区分所有者に対しては、理事長が、理事会の決議を経て、その是正等のため必要な勧告又は指示若しくは警告を行うことができる。

3　バルコニーを無断改造してサンルームを設置しているC棟の区分所有者に対し、共同の利益に反する行為を停止させるための訴訟を提起する場合、その訴訟の実施に必要となる弁護士費用を団地管理組合の管理費から拠出することについてはC棟の棟総会の決議で足りる。

4　団地の近所に住んでいる者が、団地管理組合の許可なく団地内の敷

地に不法駐車をしているときは、理事長は、理事会の決議を経て、その自動車の撤去及び損害賠償を請求する訴訟を提起することができる。

〔問　32〕　複合用途型マンションの管理組合の理事長から、管理規約の変更に係る相談を受けたマンション管理士が行った次の回答のうち、「マンション標準管理規約（複合用途型）及びマンション標準管理規約（複合用途型）コメント」（最終改正令和３年６月22日　国住マ第33号）によれば、適切でないものはどれか。

1　総会の議決権については、住戸部分、店舗部分それぞれの中で持分割合があまり異ならない場合は、住戸、店舗それぞれの中では同一の議決権により対応することが可能です。また、住戸又は店舗の数を基準とする議決権と専有面積を基準とする議決権を併用することも可能です。

2　当該規約を変更するに当たっては、住宅の区分所有者のみの共有に属する一部共用部分の管理に関する条項を変更する場合であっても、区分所有者全員で構成される総会の決議で行うことになります。

3　住宅、店舗各々から選出された管理組合の役員が、住宅部会、店舗部会の役員を兼ねるようにすることができます。

4　店舗共用部分の修繕は、店舗部会の決議があれば、総会の決議がなくても、店舗一部修繕積立金を取り崩してその費用を拠出することができます。

〔問　33〕　甲管理組合と乙管理会社との間の管理委託契約に関する次の記述のうち、標準管理委託契約書によれば、適切でないものはどれか。

1　乙は、管理事務のうち建物・設備管理業務の全部を第三者に再委託した場合においては、再委託した管理事務の適正な処理について、甲に対して、責任を負う。

2　甲は、甲の組合員がその専有部分を第三者に貸与したときは、その月の月末までに、乙に通知しなければならない。

3　乙が実施する理事会支援業務については、基幹事務以外の事務管理業務に含まれている。

4　管理委託契約の更新について甲又は乙から申出があった場合において、その有効期間が満了する日までに更新に関する協議がととのう見込みがないときは、甲及び乙は、従前の契約と同一の条件で、期間を定めて暫定契約を締結することができる。

〔問　34〕　平成30年４月に行われた甲マンション管理組合の理事会において、会計担当理事が行った平成29年度決算（会計年度は４月から翌年３月まで）に関する次の説明のうち、適切なものはどれか。ただし、会計処理は発生主義の原則によるものとし、資金の範囲は、現金預金、未収金、前払金、未払金及び前受金とする。

1　平成28年度決算の貸借対照表に計上されていた管理費の未収金10万円のうち、７万円が平成30年３月に入金されましたが、平成29年度決算の貸借対照表の正味財産の増減には影響がありません。

2　平成30年３月に、組合員Ａから翌４月分の管理費４万円が入金されたため、平成29年度決算の貸借対照表の正味財産が４万円増加しています。

3　平成30年３月に実施した植栽保守に要した費用９万円については翌４月に支払うこととしたため、平成29年度決算の貸借対照表の正味財産の増減には影響がありません。

4　平成30年３月に、翌４月実施予定の清掃費用３万円を支払ったため、平成29年度決算の貸借対照表の正味財産が３万円減少しています。

〔問 35〕 管理組合及び管理組合法人の税金に関する次の記述のうち、適切なものはどれか。ただし、「収益事業」とは法人税法（昭和40年法律第34号）第2条第13号及び法人税法施行令（昭和40年政令第97号）第5条第1項に規定されている事業を継続して事業場を設けて行うものをいう。

1 管理組合法人の場合には、収益事業を行っているときは、課税売上高が1,000万円以下でも、消費税の納税義務は免除されない。

2 法人でない管理組合の場合には、移動体通信事業者との間でマンション屋上に携帯電話基地局設置のための建物賃貸借契約を締結し、その設置料収入を得ているときは、収益事業には該当しないため、法人税は課税されない。

3 管理組合法人の場合には、区分所有者のみに敷地内駐車場を使用させることができる旨規定されている管理規約に基づき区分所有者に同駐車場を使用させ、その使用料収入を得ているときは、収益事業に該当するため、法人税が課税される。

4 法人でない管理組合の場合には、収益事業を行っていないときは、地方税法上は法人とはみなされず、法人住民税（都道府県民税と市町村民税）の均等割額は課税されない。

〔問 36〕 マンションの建物及び設備の維持管理に関する次の記述のうち、適切でないものはどれか。

1 大規模修繕工事前に実施する調査・診断の一環として、竣工図書、過去に行った調査・診断結果、修繕履歴等の資料調査を行う。

2 予防保全の考え方にたって、計画的に建物及び設備の点検、調査・診断、補修・修繕等を行い、不具合や故障の発生を未然に防止することとした。

3 建築基準法第12条第1項に規定する特定建築物の定期調査のうち、竣工後3年以内に実施する外壁タイルの調査は、目視により確認する方法で足りる。

4　中低層鉄筋コンクリート造の既存マンションに対して一般的に行われている耐震診断の評価方法には、計算のレベルが異なる第1次診断法、第2次診断法及び第3次診断法があるが、第1次診断法は、簡易な診断法であるため、耐震性能があると判定するための構造耐震判定指標の値が高く設定されている。

〔問　37〕　マンションの建物及び設備の劣化診断における調査の目的と使用する調査機器に係るア～エの組合せのうち、適切なものの組合せは、1～4のうちどれか。

（調査の目的）　　　　　　　　　　　　　（調査機器）
ア　設備配管の継手の劣化状況　　――――　引張試験機
イ　コンクリートの塩化物イオン量　――　電磁誘導装置
ウ　設備配管（鋼管）の腐食状況　――――　超音波厚さ計
エ　仕上塗材の劣化状況　　　　　――――　分光測色計
1　アとイ
2　イとウ
3　ウとエ
4　エとア

〔問　38〕　長期修繕計画の作成・見直し及び修繕設計に関する次の記述のうち、適切でないものはどれか。

1　新築時の長期修繕計画において、建具の取替え工事が推定修繕工事項目に設定されていなかったが、計画を見直す際に項目の設定の要否を確認した。
2　長期修繕計画の作成・見直しに当たって、計画期間内における推定修繕工事費の総額を削減するために、推定修繕工事の時期を計画期間内で分散させた。
3　大規模修繕工事の修繕設計の内容を踏まえて、工事の実施前に長期修繕計画を見直すこととした。

4　修繕設計において、外壁補修など、設計段階では施工すべき数量が確定できず、工事が始まってから数量を確定させる工事項目について、調査や経験に基づいて数量を仮定した。

〔問　39〕　マンションの修繕工事に関する次の記述のうち、適切でないものはどれか。

1　タイル張り外壁の浮き部分の補修では、アンカーピンニング部分エポキシ樹脂注入工法の方が、注入口付きアンカーピンニング部分エポキシ樹脂注入工法よりも、ピンニングの箇所数が多くなる。
2　ポリマーセメントモルタル充てん工法は、コンクリート表面の剥がれや剥落の発生している欠損部の改修工法であり、表面の軽微な欠損部に適用する。
3　屋上の保護アスファルト防水の改修では、既存防水層を撤去し新たな防水層を施工することが一般的である。
4　ウレタンゴム系塗膜防水材を用いた塗膜防水は、開放廊下やバルコニーに適用することができる。

◎〔問　40〕　マンションの構造に関する次の記述のうち、適切でないものはどれか。

1　支持杭は、杭の先端を安定した支持層に到達させ、主に杭先端の支持力によって上部荷重を支えるものである。
2　防火地域内にある建築物は、その外壁の開口部で延焼のおそれのある部分に防火戸その他一定の防火設備を設け、かつ、壁、柱、床その他の建築物の部分及び当該防火設備を通常の火災による周囲への延焼を防止するためにこれらに必要とされる性能に関して防火地域並びに建築物の規模に応じて一定の技術基準に適合するもので、国土交通大臣が定めた構造方法を用いるものとしなければならない。
3　建築基準法上の主要構造部とは、建築物の自重若しくは積載荷重、風圧、土圧若しくは水圧又は地震その他の震動若しくは衝撃を支える

ものをいう。

4　耐震改修工法には、柱のじん性（粘り強さ）を向上させることを目的として、柱に鋼板を巻きつけて補強する工法もある。

〔問　41〕　マンションの共用部分のバリアフリー設計に関する次の記述のうち、品確法に基づく住宅性能表示制度における高齢者等配慮対策等級の等級5の基準に適合しないものはどれか。

1　共用階段の両側に、路面の先端からの高さが800mmの手すりを設けた。

2　エレベーターホールに、直径が1,200mmの円形が収まる広さの空間を確保した。

3　エレベーター出入口の有効な幅員を800mmとした。

4　エレベーターから建物出入口に至る共用廊下の幅員を1,400㎜とした。

〔問　42〕　マンションの建物に使用される建築材料に関する次の記述のうち、適切でないものはどれか。

1　コンクリートは、調合の際に水セメント比を小さくすると強度が増すが、練り混ぜや打ち込みなどの作業性は低くなる。

2　セラミックタイルは、うわぐすりの有無により「施ゆうタイル」と「無ゆうタイル」に分類されるが、「無ゆうタイル」は、吸水率が高いので、外壁用のタイルには用いられない。

3　合板は、木材から切削した単板3枚以上を、主としてその繊維方向を互いにほぼ直角にして、接着したものである。

4　アスファルトルーフィングは、有機天然繊維を主原料とした原紙に、アスファルトを浸透、被覆し、表裏面に鉱物質粉末を付着させたものである。

〔問　43〕　マンションの給水設備に関する次の記述のうち、適切でないものはどれか。

1　高置水槽方式の受水槽のオーバーフロー管を、オーバーフロー管の管径より太い径の排水管でトラップを有するものに直結させた。
2　ポンプ直送方式で用いる受水槽に、内部の保守点検のために、有効内径60cmのマンホールを設けた。
3　専有部分に設置する給水管として、耐衝撃性及び耐食性の高い水道用架橋ポリエチレン管を用いた。
4　20階以上の超高層マンションで、給水圧力が高い場合に、減圧弁の設置等により、専有部分の給水管の給水圧力が300〜400kPaの範囲になるように調整した。

〔問　44〕　マンションの排水設備に関する次の記述のうち、適切でないものはどれか。

1　雨水排水ますには、土砂が下水道などに直接流れ込まないよう、泥だまりを設けた。
2　台所流しに接続する排水トラップの深さ（封水深）を150mmとした。
3　マンションの建物内の排水方式として、汚水と雑排水を同一の排水系統で排出させる合流式を採用した。
4　敷地内に設置する排水横主管の管径が150mmの場合に、円滑に排水を流すために、勾配を200分の1以上とした。

〔問　45〕　マンションの設備に関する次の記述のうち、適切でないものはどれか。

1　既存マンションのインターネットへの接続の方法として、光ファイバーを住棟内へ引き込み、各住戸までは既存の電話回線を利用してVDSL方式により接続する方法がある。
2　高さ20mを超えるマンションに設置する避雷設備を、受雷部システ

ム、引下げ導線システム及び接地システムからなるシステムに適合する構造とした。

3　自然冷媒ヒートポンプ式給湯器は、二酸化炭素の冷媒を圧縮し高熱にして熱源としており、加熱効率が高い。

4　LED照明は、白熱灯や蛍光灯とは発光原理が異なり、電源部からの発熱はあるが、LED単体からの発熱はない。

〔問　46〕　次の記述は、マンション管理適正化法において定められている、マンション管理業者が新たに管理事務の委託を受ける場合に関係する条文を抜粋したものである。空白となっている　A　～　D　に下欄のア～クの語句を選んで文章を完成させた場合において、正しい組合せは、1～4のうちどれか。なお、語句の定義については、同法第2条の規定によるものとする（以下、問50まで同じ。）。

マンション管理業者は、管理組合から管理事務の委託を受けることを内容とする契約を締結しようとするときは、あらかじめ、国土交通省令で定めるところにより説明会を開催し、当該管理組合を構成するマンションの　A　及び当該管理組合の管理者等に対し、　B　をして、管理受託契約の内容及びその履行に関する事項であって国土交通省令で定めるもの（以下「重要事項」という。）について説明をさせなければならない。この場合において、マンション管理業者は、当該説明会の日の　C　までに、当該管理組合を構成するマンションの　A　及び当該管理組合の管理者等の全員に対し、重要事項並びに説明会の日時及び場所を記載した書面を　D　しなければならない。

〔語　句〕ア　管理業務主任者　　イ　二週間前
　　　　　ウ　掲示　　　　　　　エ　マンション管理士
　　　　　オ　区分所有者等　　　カ　交付
　　　　　キ　役員　　　　　　　ク　一週間前

〔組合せ〕　1　Aはオ、Bはア、Cはイ、Dはカ
　　　　　　2　Aはキ、Bはア、Cはイ、Dはウ

3 Aはオ、Bはア、Cはク、Dはカ
4 Aはキ、Bはエ、Cはク、Dはカ

〔問 47〕 マンション管理適正化法の規定によれば、マンション管理業者に関する次の記述のうち、正しいものはいくつあるか。

ア マンション管理業者は、国土交通省令で定めるところにより、当該マンション管理業者の業務及び財産の状況を記載した書類をその事務所ごとに備え置き、その業務に係る関係者の求めに応じ、これを閲覧させなければならない。
イ マンション管理業者は、自己の名義をもって、他人にマンション管理業を営ませてはならない。
ウ マンション管理業者は、管理組合から委託を受けた管理事務のうち基幹事務については、これを一括して他人に委託することができる。
エ マンション管理業者は、管理組合から委託を受けて管理する修繕積立金その他国土交通省令で定める財産については、整然と管理する方法として国土交通省令で定める方法により、自己の固有財産及び他の管理組合の財産と分別して管理しなければならない。

1 一つ
2 二つ
3 三つ
4 四つ

〔問 48〕 マンション管理適正化法の規定によれば、マンション管理士に関する次の記述のうち、誤っているものはいくつあるか。

ア マンション管理士でない者は、マンション管理士又はこれに紛らわしい名称を使用してはならない。
イ マンション管理士は、マンション管理士登録簿に登載された事項に変更があったときは、遅滞なく、その旨を国土交通大臣（指定登録機関が登録の実務に関する事務を行う場合は指定登録機関）に届け出な

けらばならない。

ウ　マンション管理士は、5年ごとに、国土交通大臣の登録を受けた者が国土交通省令で定めるところにより行う講習を受けなければならない。

エ　マンション管理士は、正当な理由がなく、その業務に関して知り得た秘密を漏らしてはならないが、マンション管理士でなくなった後においては、その限りでない。

1　一つ

2　二つ

3　三つ

4　四つ

◎〔問　49〕　次の記述は、「マンションの管理の適正化の推進を図るための基本的な方針」（令和3年9月28日　国土交通省告示第1286号）に関するものであるが、適切でないものはどれか。

1　管理規約又は使用細則等に違反する行為があった場合、管理組合の管理者等は、その是正のため、必要な勧告、指示等を行うとともに、法令等に則り、その是正又は排除を求める措置をとることが重要である。

2　管理組合の管理者等は、マンション管理の目的が達成できるように、法令等を遵守し、マンションの区分所有者等のため、誠実にその職務を執行する必要がある。

3　管理規約は、マンション管理の最高自治規範であることから、その作成にあたっては、管理組合は、建物の区分所有等に関する法律に則り、「マンション標準管理規約」を参考として、当該マンションの実態及びマンションの区分所有者等の意向を踏まえ、適切なものを作成し、必要に応じ、その改正を行うことが重要である。

4　管理組合の管理者等は、管理組合の最高意思決定機関である。したがって、管理組合の管理者等は、その意思決定にあたっては、事前に必要な資料を整備し、適切な判断が行われるよう配慮する必要がある。

〔問 50〕 マンション管理適正化法の規定によれば、次の記述のうち、正しいものはどれか。

1 「マンション管理業」とは、管理組合から委託を受けて管理事務を行うものであり、マンションの区分所有者等が当該マンションについて行うものも含む。
2 「マンション管理業者」とは、国土交通省に備えるマンション管理業者登録簿に登録を受けて、マンション管理業を営む者をいう。
3 「管理組合」は、マンションの管理を行う区分所有法第3条に規定する団体に限られる。
4 「マンション管理士」とは、国土交通大臣（指定登録機関が登録の実務に関する事務を行う場合は指定登録機関）の登録を受け、マンション管理士の名称を用いて、専門的知識をもって、管理組合の運営その他マンションの管理を行うことを業務とする者をいう。

平成29年度

試 験 問 題

〔問　1〕　区分所有法第３条に規定する区分所有者の団体（この問いにおいて「３条の団体」という。）に関する次の記述のうち、区分所有法の規定及び判例によれば、正しいものはどれか。

1　一棟の建物に二以上の区分所有者が存する場合には、管理者が定められず、かつ、規約が設定されていなくても、３条の団体が成立し、権利能力のない社団が存在する。

2　３条の団体は、区分所有権を有する者がその構成員となる団体であり、区分所有権を有さずにマンションに居住している者は、集会の決議及び規約に拘束されることはない。

3　特定の区分所有者が、建物の管理又は使用に関し区分所有者の共同の利益に反する行為を行い、その行為による共同生活上の障害が著しい場合には、その区分所有者について、区分所有権を保持させたままで３条の団体の構成員の資格を失わせることができる。

4　一部の区分所有者のみの共用に供されるべきことが明らかな共用部分（この問いにおいて「一部共用部分」という。）があっても、区分所有者全員の利害に関係する一部共用部分の管理のすべてを区分所有者全員で行う場合には、一部の区分所有者のみで構成される３条の団体は存在しない。

〔問　2〕　甲マンション101号室の所有権がＡからＢに移転した場合に関する次の記述のうち、区分所有法の規定及び標準管理規約によれば、正しいものはどれか。

1　Ａが管理費を滞納していた場合、ＡＢ間の合意があれば、ＢはＡの滞納管理費を承継しないことができ、管理組合から請求があっても支払を拒否することができる。

2　Ｂは、仲介業者からＡに管理費の滞納があると聞いていたので、滞納管理費の支払には応じるが、甲マンションの規約に定める遅延損害金については、責任はＡにあるとして支払を拒否することができる。

3　Ａがその所有時に甲マンションの規約で定めた義務に違反する行為

を行い、規約に定める違約金としての弁護士費用の支払を怠っていた場合、Bはその弁護士費用を支払う義務がある。

4　Bが、101号室の抵当権の実行による競売において同室を買受け、AからBへの所有権の移転が行われた場合、Aが滞納していた管理費はBに承継されない。

〔問　3〕　Aは、その所有する甲マンションの2階202号室について、上階の排水管から発生した水漏れによって被害を受けたことを理由に、損害賠償を請求することにした。この場合に関する次の記述のうち、区分所有法及び民法（明治29年法律第89号）の規定によれば、誤っているものはどれか。

1　漏水の原因が甲マンションの3階部分にある排水管の設置又は保存の瑕疵によるものであることが立証された場合には、Aは、排水管が共用部分に属するものであることを立証しなくても、管理組合に対して損害賠償を請求することができる。

2　漏水による損害賠償の責任を管理組合が負う場合には、管理組合は、敷地及び共用部分等の管理に要する経費に充てるために納入された管理費等を、賠償金に充当することを集会で決議することができる。

3　Aが受けた水漏れの損害については、3階部分の排水管の設置又は保存に瑕疵があることによって生じたものであることが区分所有法上推定される。

4　漏水の原因が202号室の直上階にある3階302号室の専有部分内に存する排水管の設置又は保存の瑕疵による場合において、302号室を賃借し居住しているCが損害の発生を防止するのに必要な注意をしたときは、同室の所有者Bが損害賠償の義務を負う。

〔問　4〕　管理者の職務に関する次の記述のうち、区分所有法及び民法の規定によれば、誤っているものはどれか。

1　管理者の職務に関する代理権に加えた制限は、善意の第三者に対抗することができない。

2　管理者は、規約の定めや集会の決議によらなくても、当然にその職務に関して区分所有者のために原告又は被告となることができる。

3　管理者が職務を行うに当たって費用を要するときは、管理者は、委任の規定に従い、前払でその費用を請求することができる。

4　管理者がその職務を行うため自己の過失なくして損害を受けたときは、管理者は、委任の規定に従い、その賠償を請求することができる。

〔問　5〕　集会の招集に関する次の記述のうち、区分所有法の規定によれば、正しいものの組合せはどれか。

ア　集会の招集の通知をする場合において、会議の目的たる事項が規約の変更の決議であるときは、その議案の要領をも通知しなければならない。

イ　管理者がないときは、裁判所は、区分所有者の請求により、集会を招集する者を選任して、その者に集会を招集させることができる。

ウ　区分所有者の5分の1以上で議決権の5分の1以上を有するものは、管理者に対し、会議の目的たる事項を示して、集会の招集を請求することができるが、この定数は、規約で増減することができる。

エ　集会の招集の通知は、会日より少なくとも1週間前に、会議の目的たる事項を示して、各区分所有者に発しなければならないが、この期間は、規約で伸縮することができる。

1　アとイ
2　イとウ
3　ウとエ
4　エとア

〔問　6〕　甲マンション301号室の区分所有者Ａが、専有部分をＢに賃貸している場合の次の記述のうち、区分所有法の規定によれば、正しいものはいくつあるか。

ア　規約を変更し専有部分を居住目的以外には使用禁止とすることについて集会で決議する場合、301号室を事務所として使用しているＢは、利害関係を有するとして集会に出席して当該規約変更に関する意見を述べることはできない。

イ　共用部分に係る大規模修繕工事の負担金増額について集会で決議する場合、Ｂは利害関係を有するとして集会に出席して当該決議に関する意見を述べることはできない。

ウ　規約を変更し毎月の管理費を増額することについて集会で決議する場合、管理費相当分を負担しているＢは、利害関係を有するとして集会に出席して当該規約変更に関する意見を述べることができる。

エ　規約を変更しペットの飼育を禁止することについて集会で決議する場合、301号室でペットを飼育しているＢは、利害関係を有するとして集会に出席して当該規約変更に関する意見を述べることができる。

1　一つ
2　二つ
3　三つ
4　四つ

〔問　7〕　管理組合法人に関する次の記述のうち、区分所有法の規定によれば、正しいものはどれか。

1　区分所有者以外の利害関係人は、裁判所に対する仮理事の選任の請求を行うことができない。

2　管理組合法人の成立前の集会の決議、規約及び管理者の職務の範囲内の行為は、管理組合法人には効力を生じない。

3　管理組合法人の財産をもってその債務を完済することができないときは、規約に別段の定めがない限り、区分所有者は等しい割合でその

債務の弁済の責めに任ずる。

4　理事が欠けた場合又は規約で定めた理事の員数が欠けた場合には、任期の満了又は辞任により退任した理事は、新たに選任された理事（仮理事を含む。）が就任するまで、なおその職務を行う。

〔問　8〕　集会の決議及び規約の定めに関する次の記述のうち、区分所有法の規定によれば、誤っているものはどれか。

1　管理組合法人の解散は、建物の全部滅失及び専有部分がなくなった場合を除き、区分所有者及び議決権の各4分の3以上の多数の集会の決議によることが必要であり、規約で集会の決議以外の方法で決するものと定めることはできない。

2　管理者の選任及び解任は、集会の決議によるほか、規約で別段の定めをすることができる。

3　共同の利益に反する行為の停止の請求についての訴訟の提起は、集会の決議によるほか、規約で集会の決議以外の方法で決するものと定めることができる。

4　管理者がない場合の規約の保管については、建物を使用している区分所有者又はその代理人のうちから、規約又は集会の決議で定められたものがこれに当たる。

〔問　9〕　議決権及び共用部分の持分割合が等しいA、B、C及びDの区分所有者からなる甲マンションにおいて、地震によって建物価格の2分の1を超える部分が滅失したために、集会で滅失した共用部分の復旧が議案とされ、区分所有者及び議決権の各4分の3以上の多数で、滅失した共用部分を復旧する旨の決議がなされた（決議では、A、B及びCは決議に賛成し、Dは決議に賛成しなかった）。この場合の区分所有者の買取請求権行使に関する次の記述のうち、区分所有法の規定によれば、正しいものはどれか。ただし、その決議の日から2週間以内に買取指定者の指定がなされなかったものとする。

1　DがAに対して買取請求権を行使し、裁判所がAの請求によってA
　の代金支払についての期限の許与を認めた場合には、Aの代金支払義
　務とDの所有権移転登記及び引渡しの義務は、同時履行の関係に立
　つ。
2　DがBに対して買取請求をした場合におけるBからCに対する再買
　取請求は、復旧決議の日から2月以内にしなければならない。
3　DがCに対して買取請求をし、CがA及びBに対して再買取請求を
　したときには、A、B及びCがDの有する建物及びその敷地に関する
　権利を3分の1ずつ取得する。
4　地震による甲マンションの一部滅失によって、Dの専有部分が失わ
　れている場合には、Dは、買取請求権を行使することはできない。

〔問　10〕　一団地内に下図のとおり、専有部分のある建物であるA棟、
　B棟及び附属施設である集会所が存在し、A棟及びB棟の団地建物所
　有者が土地及び附属施設である集会所を共有している。この場合に関
　する次の記述のうち、区分所有法の規定によれば、誤っているものは
　どれか。

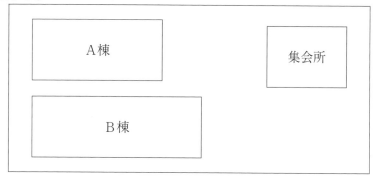

1　集会所は、当然にA棟及びB棟の団地建物所有者によって構成され
　る団地管理組合における団地共用部分となる。
2　A棟及びB棟の団地建物所有者によって構成される団地管理組合
　は、当然に集会所の管理を行う。
3　A棟については、A棟の区分所有者だけによる管理を行うものとし

たままで、B棟については、A棟及びB棟の団地建物所有者によって構成される団地管理組合が管理を行うものとすることはできない。

4　A棟及びB棟の団地建物所有者によって構成される団地管理組合がA棟及びB棟の管理を行うものとする場合において、A棟の管理とB棟の管理について、規約で異なる内容を定めることができる。

〔問　11〕　大規模な火災、震災その他の災害で政令で定めるものにより区分所有建物の全部が滅失した場合における被災区分所有建物の敷地に関する次の記述のうち、民法及び被災マンション法の規定によれば、誤っているものはどれか。

1　区分所有建物に係る敷地利用権（区分所有法第2条第6項に規定する敷地利用権をいう。）が数人で有する所有権その他の権利であったときにその権利を有する者（以下「敷地共有者等」という。）は、政令の施行の日から起算して3年が経過する日までの間は、集会を開き、規約を定め、及び管理者を置くことができる。

2　敷地共有者等の集会を招集する者が、敷地共有者等の所在を知ることができない場合には、集会の招集の通知は、滅失した区分所有建物の敷地内の見やすい場所に掲示することによって行うことができる。

3　敷地共有者等のうち5分の1を超える議決権を有する者は、政令の施行の日から起算して1月を経過する日の翌日以後当該施行の日から起算して3年を経過する日までの間に、敷地の共有物分割の請求をすることができる。

4　敷地共有者等の集会において敷地売却決議をするときは、売却の相手方となるべき者の氏名又は名称及び売却による代金の見込額を定めなければならない。

◎〔問 12〕 甲マンションの区分所有者Ａが、管理組合（管理者Ｂ）に対し、管理費を滞納している場合における管理費債権の消滅時効に関する次の記述のうち、民法の規定及び判例によれば、正しいものはどれか。

1 ＢがＡに対し管理費の支払請求訴訟を提起すれば、その訴えが却下された場合でも、時効は更新される。

2 管理費債権の一部について、すでに消滅時効が完成しているにもかかわらず、Ａが時効完成の事実を知らないで、Ｂに対し、滞納額全額を支払う旨の承認書を差し入れたときは、以後、完成した当該消滅時効の主張は認められない。

3 Ａが自ら破産手続開始の申立てをし、破産手続開始の決定がなされた場合、Ｂが滞納管理費債権について破産債権として届出をしただけでは、時効の完成猶予の効力は生じない。

4 ＢがＡに対し書面で支払の催告を行う場合、内容証明郵便によるものでなければ、時効の完成猶予事由としての催告の効力は生じない。

〔問 13〕 Ａがその所有する甲マンションの101号室をＢに賃貸した場合に関する次の記述のうち、民法の規定及び判例によれば、正しいものはどれか。

1 Ｂが101号室を、Ａの承諾を得ずにＣに転貸した場合において、Ｂの転貸がＡに対する背信行為と認めるに足りない特段の事情の存在をＢが主張立証したときは、ＡはＢとの賃貸借契約を解除できない。

2 Ｂが101号室を、Ａの承諾を得てＤに転貸したとき、Ａは、Ｂに対して賃料の請求をすることができるが、Ｄに対して直接賃料の請求をすることはできない。

3 Ｂが101号室を、Ａの承諾を得ずにＥに転貸したとき、ＢＥ間の転貸借契約は無効である。

4 Ｂが101号室を、Ａの承諾を得てＦに転貸したときでも、ＡとＢが賃貸借契約を合意解除すれば、Ａは合意解除をもってＦに対抗することができる。

〔問 14〕 AとBとの間で、甲マンション707号室を代金2,000万円でA がBに売却する旨の契約（以下「本件売買契約」という。）が結ばれた。 その後、Bは代金全額をAに支払ったが、Aは履行期を過ぎても同室 をBに引き渡していない。この場合に関する次の記述のうち、民法の 規定及び判例によれば、正しいものはどれか。

1 BがAに対して707号室の引渡債務の強制履行を裁判所に請求する には、Aの責めに帰すべき事由によって同室の引渡しが遅滞している 必要がある。

2 Aの責めに帰すべき事由によって707号室の引渡しが遅滞している 場合において、BがAに対して履行遅滞による損害賠償を請求するに は、相当の期間を定めて同室の引渡しを催告しなければならない。

3 Aの責めに帰すべき事由によって707号室の引渡しが遅滞している 場合において、Bが履行遅滞を理由として本件売買契約を解除したと きには、Bは、Aに対し、707号室の引渡しが遅滞したことによって 生じた損害の賠償を請求することができない。

4 Aの責めに帰すべき事由によって707号室の引渡しが遅滞している 場合において、Aが707号室をCに売却し、AからCへの同室の所有 権移転登記がなされたときには、Bは、Aに対し、履行不能によって 生じた損害の賠償を請求することができる。

◎〔問 15〕 Aが所有する甲マンションの301号室に排水管の腐食があっ た場合に関する次の記述のうち、民法の規定によれば、誤っているも のはどれか。

1 AB間の賃貸借契約に基づき、Bが賃借人となった301号室に契約 の内容に適合しない排水管の腐食があり、その不適合がAの責めに帰 すべき事由によるものであるときは、特約のない限り、Bは、Aに対 し、損害賠償の請求をすることができるが、履行の追完を請求するこ とはできない。

2 AC間の負担付でない使用貸借契約に基づき、Cが借主となった

216

301号室の排水管に、301号室が使用貸借の目的として特定した時において存在した腐食があるときは、Aは、当該腐食のある状態で301号室をBに引き渡すことを約したものと推定される。

3　Aが死亡し、相続人D及びEの遺産分割協議に基づき、Dが単独で取得した301号室に排水管の腐食があったときは、共同相続人であるEは、Dに対し、売主と同じく、その相続分に応じて担保の責任を負う。

4　Fが競売によって取得した301号室に排水管の腐食があったときは、Fは、Aに対し、排水管の腐食について損害賠償の請求をすることはできない。

〔問　16〕　Aは、甲マンション206号室を購入する際にB銀行から購入資金を借り受け、これを担保する目的で同室にBのための抵当権を設定し、その旨の登記がなされた。この場合に関する次の記述のうち、民法の規定によれば、正しいものはどれか。

1　抵当権設定登記後に、206号室が全焼し、保険会社からAに火災保険金が支払われた。この場合には、Bは、Aに支払われた火災保険金に対して、抵当権に基づく物上代位権を行使することができない。

2　抵当権設定登記後に、AがC銀行から金銭を借り受けるに当たり、206号室にCのための抵当権を設定する場合には、Bの承諾を得なければならない。

3　抵当権設定登記後に、Dが、206号室にBの抵当権が設定されていることを知らずに、Aから同室を購入しその旨の登記がなされた。この場合には、Dは、同室にBの抵当権が設定されていることにつき善意であったことを理由として、Bに対し、抵当権設定登記の抹消を請求することができる。

4　抵当権設定登記後に、Aが206号室をEに賃貸し、Eが同室に居住し始めた。その後、Bの抵当権の実行による競売において同室をFが買い受けた場合には、Eは、Fの買受けの時に直ちに同室をFに引き渡さなければならない。

〔問　17〕　甲マンションの102号室を所有するＡが死亡し、Ａの配偶者がＢ、Ａの子がＣのみ、Ｃの子がＤのみである場合における次の記述のうち、民法の規定によれば、誤っているものはどれか。

1　ＣがＡより先に死亡していたときは、Ｂ及びＤが102号室の共同相続人となる。

2　Ｃが相続の放棄をしたときは、Ｂ及びＤが102号室の共同相続人となる。

3　Ｃが相続人の欠格事由に該当したときは、Ｂ及びＤが102号室の共同相続人となる。

4　Ｃ及びＤがＡより先に死亡していた場合において、Ｄに子Ｅのみがあるときは、Ｂ及びＥが102号室の共同相続人となる。

〔問　18〕　敷地権付き区分建物の登記等に関する次の記述のうち、不動産登記法（平成16年法律第123号）、区分所有法及び民法の規定によれば、正しいものはどれか。

1　敷地権付き区分建物の敷地権が地上権である場合に、敷地権である旨の登記をした土地には、当該土地の所有権を目的とする抵当権の設定の登記をすることができない。

2　敷地権付き区分建物には、建物のみを目的とする不動産の先取特権に係る権利に関する登記をすることができない。

3　敷地権付き区分建物の所有権の登記名義人の相続人は、区分建物と敷地権とをそれぞれ別の相続人とする相続を原因とする所有権の移転登記をすることができる。

4　規約敷地を新たに追加し、敷地権である旨の登記がなされた場合には、当該規約敷地に、既に区分建物に登記されている抵当権と同一の債権を担保する敷地権のみを目的とする抵当権設定の登記をすることができる。

〔問 19〕 マンション敷地売却組合（この問いにおいて「組合」という。）が施行するマンション敷地売却事業に関する次の記述のうち、マンション建替え円滑化法の規定によれば、正しいものはいくつあるか。

ア 組合が分配金取得計画について認可を申請しようとするときは、分配金取得計画について、あらかじめ、総会において出席組合員の議決権及び敷地利用権の持分の価格の各4分の3以上の特別の議決を経る必要がある。

イ 組合が分配金取得計画について認可を申請しようとするときは、分配金取得計画について、あらかじめ、売却マンションについて賃借権を有する者の同意を得なければならない。

ウ 分配金取得計画においては、売却マンション又はその敷地の明渡しにより当該売却マンション又はその敷地に関する権利（組合員の有する区分所有権及び敷地利用権を除く。）を有する者で、権利消滅期日において当該権利を失うもの（売却マンション又はその敷地を占有している者に限る。）の受ける損失の額を定めなければならない。

エ 分配金取得計画においては、組合員が取得することとなる分配金の価額を定めなければならない。

1 一つ
2 二つ
3 三つ
4 四つ

〔問 20〕 地域地区に関する次の記述のうち、都市計画法（昭和43年法律第100号）の規定によれば、正しいものはどれか。

1 特定用途制限地域は、用途地域内の一定の地区における、当該地区の特性にふさわしい土地利用の増進、環境の保護等の特別の目的の実現を図るために、制限すべき特定の建築物等の用途の概要を定める地域である。

2 特定街区は、市街地の整備改善を図るため街区の整備又は造成が行

われる地区について、その街区内における建築物の容積率並びに建築物の高さの最高限度及び壁面の位置の制限を定める街区である。

3　高度利用地区は、建築物の容積率の最高限度及び最低限度並びに建築物の高さの最高限度及び最低限度を定める地区である。

4　準都市計画区域については、都市計画に、用途地域を定めることができない。

◎〔問　21〕　建築基準法(昭和25年法律第201号)に関する次の記述のうち、誤っているものはどれか。

1　共同住宅に設ける昇降機の所有者（所有者と管理者が異なる場合においては、管理者）は、定期に、一級建築士若しくは二級建築士又は建築設備等検査員資格者証のうち昇降機等検査員資格者証の交付を受けている者に検査をさせて、その結果を特定行政庁に報告しなければならない。

2　共同住宅の各戸の界壁は、小屋裏又は天井裏に達するものとするほか、その構造を遮音性能に関して政令で定める技術的基準に適合するもので、国土交通大臣が定めた構造方法を用いるもの又は国土交通大臣の認定を受けたものとしなければならない。

3　防火地域又は準防火地域内にある共同住宅で、外壁が耐火構造のものについては、その外壁を隣地境界線に接して設けることができる。

4　共同住宅の住戸及び住戸から地上に通ずる廊下、階段その他の通路には、非常用の照明装置を設けなければならない。

◎〔問　22〕　貯水槽水道に関する次の記述のうち、水道法（昭和32年法律第177号）の規定によれば、誤っているものはどれか。

1　貯水槽水道とは、水道事業の用に供する水道及び専用水道以外の水道であって、水道事業の用に供する水道から供給を受ける水のみを水源とするものをいう。

2　水道事業者は、その供給規程において、貯水槽水道の設置者の責任

に関する事項を適正かつ明確に定めなければならない。

3　全ての貯水槽水道の設置者は、国土交通省令で定める基準に従い、その水道を管理しなければならない。

4　貯水槽水道のうち、水槽の有効容量の合計が10㎡を超えるものの設置者は、水槽の掃除を1年以内ごとに1回、定期に、行うこととされている。

〔問　23〕　延べ面積1,000㎡以上で消防長（消防本部を置かない市町村においては、市町村長。以下同じ。）又は消防署長が火災予防上必要があると認めて指定している共同住宅（以下「甲住宅」という。）及び延べ面積1,000㎡未満の共同住宅（以下「乙住宅」という。）において、共同住宅の関係者（所有者、管理者又は占有者をいう。以下同じ。）が行う消防用設備等の点検等に関する次の記述のうち、消防法（昭和23年法律第186号）の規定によれば、誤っているものはどれか。

1　甲住宅については、消防設備士免状の交付を受けている者又は消防設備点検資格者に、定期に、消防用設備等の点検をさせなければならない。

2　乙住宅については、その関係者が、定期に、自ら点検し、その結果を消防長又は消防署長に報告しなければならない。

3　甲住宅については、1年に1回、消防用設備等の点検の結果を消防長又は消防署長に報告しなければならない。

4　乙住宅については、消防長又は消防署長は、消防用設備等が適法に維持されていないと認めるときは、乙住宅の関係者で権原を有するものに対し、その維持のため必要な措置をなすべきことを命ずることができる。

〔問 24〕 マンションの照明設備における、防犯上の設計に関する次の記述のうち、「共同住宅に係る防犯上の留意事項及び防犯に配慮した共同住宅に係る設計指針について」（平成13年３月国土交通省通達）によれば、適切でないものはどれか。

1 共用廊下・共用階段の照明設備は、極端な明暗が生じないよう配慮しつつ、床面において概ね20ルクス以上の平均水平面照度を確保することができるものとする。

2 駐車場の照明設備は、極端な明暗が生じないよう配慮しつつ、床面において概ね３ルクス以上の平均水平面照度を確保することができるものとする。

3 共用玄関の存する階のエレベーターホールの照明設備は、床面において概ね20ルクス以上の平均水平面照度を確保することができるものとする。

4 児童遊園、広場又は緑地等の照明設備は、極端な明暗が生じないよう配慮しつつ、地面において概ね３ルクス以上の平均水平面照度を確保することができるものとする。

〔問 25〕 甲マンションの302号室の区分所有者Ａが、断熱性の向上のために窓ガラスの改良を行いたい旨の工事申請書を管理組合の理事長に提出した。この場合の理事長の各々の対応に関する次の記述のうち、標準管理規約によれば、適切なものはどれか。

1 理事長は、２ヵ月後に管理組合で実施することが決定している計画修繕工事に申請内容の工事が含まれているので、申請を不承認とする旨を、理事会決議を経て、Ａに回答した。

2 理事長は、当分の間、管理組合で計画修繕工事の予定がないため申請を受け付けるとともに、申請書の添付書類として施工予定業者からの仕様書及び見積書を提出するようＡに回答した。

3 理事長は、当分の間、管理組合で計画修繕工事の予定がなく、かつ、当該工事の実施に当たっては、Ａの責任と負担において実施すること

が条件であることから、理事長の判断により申請を承認する旨Aに回答し、次回の理事会でその承認の報告をすることとした。

4　理事長は、当分の間、管理組合で計画修繕工事の予定はないが、申請内容が既設のサッシへの内窓の増設であり、専有部分内の工事であって共用部分や他の専有部分に影響を与えるおそれはないことから、申請の必要がない旨Aに回答した。

〔問　26〕　役員の選任等に関する次の記述のうち、標準管理規約によれば、適切でないものはいくつあるか。

ア　役員は半数改選とし、役員の任期を2年とする旨を規約に定めることができる。

イ　外部専門家を役員として選任できることとした場合、外部専門家が役員に選任された後に組合員となり、その後、その外部専門家が組合員でなくなったときは、当然に役員としての地位を失う。

ウ　正当な理由もなく恒常的に理事会を欠席している監事は、理事会の決議により解任することができる。

エ　理事の選任は総会の決議によるものとし、選任された理事の間で各理事の役職を決定する。

1　一つ
2　二つ
3　三つ
4　四つ

〔問　27〕　理事会において、次期通常総会に提出する役員選任の議案書作成に当たり、役員の選任要件について意見を求められたマンション管理士が行った次の助言のうち、標準管理規約によれば、適切でないものはどれか。

1　管理組合や現理事長等との間で管理組合運営に関し裁判中である区分所有者A氏は、役員とはなれないことから、役員候補者から外すべ

きです。

2　禁錮刑に処せられ、その刑の執行が終わって５年が経過している区分所有者Ｂ氏は、役員候補者になり得ます。

3　細則において、派遣元の法人が銀行取引停止処分を受けている場合は外部専門家として役員となることができないとされているので、それに該当する外部専門家であるＣ氏は、役員候補者から外すべきです。

4　区分所有者Ｄ氏は、破産者でしたが既に復権を得ているとのことなので、役員候補者になり得ます。

〔問　28〕　議決権に関連する次の記述のうち、標準管理規約によれば、適切なものはいくつあるか。

ア　専有部分の価値の違いに基づく価値割合を基礎とした議決権割合を定める場合には、分譲契約等によって定まる敷地等の共有持分についても、価値割合に連動させることができる。

イ　専有部分の価値の違いに基づく価値割合を基礎とした議決権割合を定める場合において、事後的にマンションの前方に建物が建築され、眺望の変化等により価値割合に影響を及ぼす変化があったときは、議決権割合の見直しを行う必要がある。

ウ　組合員が代理人によって議決権を行使する場合において、その組合員の住居に同居する親族を代理人として定めるときは、二親等の親族を代理人とすることができる。

エ　組合員が代理人によって議決権を行使する場合において、他の組合員を代理人として定めるときは、当該マンションに居住する他の組合員の中から定めなければならない。

1　一つ
2　二つ
3　三つ
4　四つ

〔問 29〕 理事会運営に関する次の記述のうち、標準管理規約によれば、適切なものはどれか。

1 理事会に理事がやむを得ず欠席する場合において、事前に議決権行使書又は意見を記載した書面を出すことができる旨を認めるときは、あらかじめ通知された事項について、書面をもって表決することを認める旨を、理事会の決議によって定めることが必要である。

2 理事会において外部専門家である理事の代理出席を認める場合には、あらかじめ総会において、外部専門家の理事としての職務を代理するにふさわしい資質・能力を有するか否かを審議の上、その職務を代理する者を定めておくことが望ましい。

3 理事会が正式な招集手続に基づき招集され、理事の半数以上が出席していれば、監事が出席していなくても、理事会を開催することができる。

4 理事会で専有部分の修繕に係る申請に対する承認又は不承認の決議を行う場合には、理事全員の承諾がなければ書面又は電磁的方法による決議を行うことができない。

◎〔問 30〕 管理組合の書類の保管及び閲覧等に関する次の記述のうち、標準管理規約によれば、適切なものはどれか。ただし、電磁的方法が利用可能ではない場合とする。

1 理事長は、利害関係人から、大規模修繕工事の実施状況や今後の実施予定に関する情報についての書面交付について、理由を付した書面による請求があったときは、当該利害関係人が求める情報を記入した書面を交付することができる。

2 理事長は、総会議事録、理事会議事録及び会計帳簿を保管し、これらの保管場所を所定の掲示場所に掲示しなければならない。

3 理事長は、組合員から、理由を付した書面による会計帳簿の閲覧請求があった場合には、これを閲覧させなければならないが、利害関係人からの理由を付した書面による会計帳簿の閲覧請求については、閲

覧させることを要しない。

4　規約が総会決議により変更されたときは、理事長は、変更前の規約の内容及び変更を決議した総会の議事録の内容を1通の書面に記載し、保管しなければならない。

〔問　31〕　理事長がその職務を行うに当たって、理事会の決議又は承認を経ることなく、単独で行うことができる事項は、標準管理規約によれば、次のうちいくつあるか。

ア　長期修繕計画書、設計図書及び修繕等の履歴情報の保管
イ　災害等の緊急時における敷地及び共用部分等の必要な保存行為
ウ　理事長の職務の他の理事への一部委任
エ　臨時総会の招集

1　一つ
2　二つ
3　三つ
4　四つ

〔問　32〕　甲管理組合と乙管理会社との間の管理委託契約に関する次の記述のうち、標準管理委託契約書によれば、適切なものはどれか。

1　甲は、乙に管理事務を行わせるために不可欠な管理事務室等を無償で使用させるものとし、乙は、乙が管理事務を実施するのに伴い必要となる水道光熱費、通信費、消耗品費等の諸費用を負担するものとする。
2　乙は、管理事務を行うため必要なときは、甲の組合員及びその所有する専有部分の占有者に対し、甲に代わって、所轄官庁の指示事項等に違反する行為又は所轄官庁の改善命令を受けるとみられる違法若しくは著しく不当な行為の中止を求めることができる。
3　乙は、甲の会計に係る帳簿等を整備、保管し、当該帳簿等を、甲の事業年度終了後、遅滞なく、甲に引き渡さなければならない。

4　宅地建物取引業者Ｂが、甲の組合員Ａから、Ａが所有する専有部分の売却の依頼を受け、その媒介業務のために管理規約の提供を求めてきた。この場合、当該管理規約が電磁的記録により作成されているときは、乙は、甲に代わって、電磁的方法により、Ｂに提供しなければならない。

〔問　33〕　手続上、総会決議を経ることなく、理事会の決議又は承認により行うことができる事項は、標準管理規約によれば、次のうちどれか。

1　敷地及び共用部分等（駐車場及び専用使用部分を除く。）の一部を第三者に使用させること。
2　役員活動費の額及び支払方法を定めること。
3　理事会の運営について細則を定めること。
4　規約に違反した区分所有者に対し、理事長が行為の差止訴訟を提起すること。

〔問　34〕　平成29年3月25日に、甲マンション管理組合の普通預金口座に、組合員Ａから、管理費450,000円（月額30,000円）が入金された。450,000円の内訳は、平成28年2月分から平成29年4月分までの15ヵ月分であった。平成29年3月に管理組合が行うべき仕訳として適切なものは次のうちどれか。ただし、会計処理は毎月次において発生主義の原則によるものとし、会計年度は平成28年4月1日から平成29年3月31日までとする。

1　　　　　　　　　　　　　　　　　　　（単位：円）

（借　　方）		（貸　　方）	
現　金　預　金	450,000	未　収　金	30,000
		管理費収入	390,000
		前　受　金	30,000

2

（借　　方）		（貸　　方）	
現 金 預 金	450,000	未 収 金	390,000
		管理費収入	30,000
		前 受 金	30,000

3

（借　方）		（貸　方）	
現 金 預 金	450,000	未 収 金	360,000
		管理費収入	30,000
		前 受 金	60,000

4

（借　方）		（貸　方）	
現 金 預 金	450,000	未 収 金	30,000
		管理費収入	360,000
		前 受 金	60,000

〔問　35〕　甲マンション管理組合の平成26年度から平成28年度までの3年間の管理費会計比較収支報告書（会計年度は4月から翌年3月まで）は下表のとおりである。これに関し、会計担当理事が理事会で行った次の説明のうち、適切なものはどれか。ただし、会計処理は発生主義の原則によるものとし、資金の範囲は、現金預金、未収金、未払金、前受金及び前払金とする。（表中の×××は、金額を表す。）

比較収支報告書

甲マンション管理組合（管理費会計） （単位：円）

科　　　目	平成26年度	平成27年度	平成28年度
管理費収入	300,000	300,000	300,000
駐車場使用料収入	50,000	50,000	40,000
収入合計	350,000	350,000	340,000
委託業務費	250,000	260,000	220,000
水道光熱費	35,000	33,000	32,000
支払保険料	20,000	20,000	20,000
支出合計	305,000	313,000	272,000
当期収支差額	×××	×××	×××
前期繰越収支差額	290,000	×××	×××
次期繰越収支差額	×××	×××	×××

1　委託業務費が平成28年度に減少した理由は、平成29年3月17日に実施したエレベーター点検に係る費用を、平成29年4月10日に支払ったことによるものです。

2　平成28年度の次期繰越収支差額は、決算の結果、395,000円になりました。

3　平成28年度の駐車場使用料収入の減少は、平成28年度中に滞納金が発生し入金されなかったことによるものです。

4　平成29年3月24日に、組合員Aから、平成29年度の管理費1年分を前払する振込がありましたが、平成28年度の管理費収入には計上しないため、前期の額と変動がありませんでした。

〔問　36〕　マンションの建物の調査機器と調査方法に関する次の記述のうち、適切なものはどれか。

1　クラックスケールを用いて、コンクリートのひび割れ深さの調査を行った。

2　タッピングマシンを用いて、外壁タイルの浮きの調査を行った。

3　電磁波レーダを用いて、給排水管内部の劣化状況の調査を行った。

4　無色透明な市販の粘着テープを用いて、仕上塗材の白亜化（チョーキング）の程度の調査を行った。

〔問　37〕　マンションの建物の維持保全に関する法令の規定に関する次の記述のうち、誤っているものはどれか。

1　マンション管理適正化法によれば、宅地建物取引業者は、管理組合の管理者等に対し、建築基準法第6条に規定される確認申請に用いた設計図書を交付しなければならない。

2　建築基準法第8条第2項に規定されている建築物の維持保全に関する計画には、維持保全の実施体制や資金計画等を定めることとされている。

3　長期優良住宅の普及の促進に関する法律（平成20年法律第87号）においては、長期優良住宅建築等計画の認定基準として、新築、増築又は改築のいずれの場合にあっても、新築後、増築後又は改築後の維持保全の期間は30年以上と定められている。

4　品確法の規定による住宅性能表示制度において、鉄筋コンクリート造の既存住宅の劣化対策等級の評価基準には、コンクリートの中性化深さ及びコンクリート中の塩化物イオン量が含まれている。

〔問　38〕　マンションの外壁の補修工事に関する次の記述のうち、適切でないものはどれか。

1　外壁パネル等の目地のシーリング材の補修は、既存のシーリング材を除去して新規のシーリング材を施工するシーリング再充填工法（打替え工法）が一般的である。

2　モルタル塗り仕上げ部分に発生している幅が1.0mmを超えるひび割れで、ひび割れ幅が変動する場合の補修は、Uカットシール材充填工法とし、充填材にシーリング材を用いるのが一般的である。

3　外壁複合改修構工法（ピンネット工法）は、既存のタイルやモルタ

ル等の仕上げ層を撤去せずに、アンカーピンによる仕上げ層の剥落防止と繊維ネットによる既存仕上げ層の一体化により安全性を確保する工法である。

4 コンクリート部分に発生しているひび割れの補修工事で樹脂注入工法を行う場合、注入する圧力は、樹脂を行き渡らせるために、できるだけ高圧とすることが一般的である。

◎〔問 39〕 大規模修繕工事、長期修繕計画及び修繕積立金に関する次の記述のうち、「長期修繕計画作成ガイドライン及び同コメント」（令和3年9月国土交通省公表）及び「マンションの修繕積立金に関するガイドライン」（令和3年9月国土交通省公表）によれば、適切でないものはどれか。

1 2012年に見直した長期修繕計画を大規模修繕工事が完了した2017年に再度見直し、2047年までの計画を作成した。

2 新築時に計画期間を30年とした場合において、修繕周期が計画期間を上回る場合、修繕周期に到達しないため推定修繕工事費を計上していない旨を明示した。

3 大規模修繕工事の実施の時期を長期修繕計画による実施時期にかかわらず、調査・診断結果に基づいて判断した。

4 20階未満のマンションにおける専有床面積当たりの修繕積立金の額の平均値は、建築延床面積が大きいほど高くなる傾向にある。

〔問 40〕 マンションの建物に用いられる構造形式に関する次の記述のうち、適切でないものはどれか。

1 ラーメン構造は、柱と梁を剛接合して建物の骨組みを構成し、荷重及び外力に対応する構造形式であり、構造耐力を増すために耐力壁を設ける場合もある。

2 壁式構造は、壁や床などの平面的な構造部材を一体として構成し、荷重及び外力に対応する構造形式であり、高層の建物より中低層の建

物に採用されることが多い。

3　鉄筋コンクリート構造は、鉄筋とコンクリートのそれぞれの長所を活かすように組み合わせた構造形式であるが、施工現場において鉄筋及び型枠を組み立て、コンクリートを打つ必要があり、工業化はされていない。

4　鉄骨構造は、外力に対して粘り強い構造形式であるが、耐火被覆や防錆処理が必要となるだけでなく、鉄筋コンクリート構造に比べて揺れが大きくなりやすい。

〔問　41〕　マンションの室内環境に関する次の記述のうち、適切でないものはどれか。

1　建築基準法の規定による居室に設ける窓その他の開口部の採光に有効な部分の面積の算定方法は、開口部が設置されている壁面の方位により異なる。

2　低放射複層ガラス（Low-E複層ガラス）は中空層側のガラス面に特殊な金属膜をコーティングしたものであるが、金属膜を屋外側ガラスにコーティングした場合と室内側ガラスにコーティングした場合とでは、室内環境に及ぼす効果が異なる。

3　遮音対策としては、共用廊下やエレベーター、設備配管からの騒音にも配慮する必要がある。

4　壁下地材などの内装材として使用されているせっこうボードは、防火性だけではなく遮音性を有している。

〔問　42〕　建築物のエネルギー消費性能の向上に関する法律（平成27年法律第53号）に関する次の記述のうち、誤っているものはどれか。

1　建築主は、既存の住宅専用マンションにおいても、増築又は改築に係る部分の床面積の合計が300㎡以上となる場合は、その建築物のエネルギー消費性能の確保のための構造及び設備に関する計画を、所管行政庁に届け出なければならない。

2 建築主には、新築、増築、改築、修繕若しくは模様替又は空気調和
設備等の設置若しくは改修をしようとする建築物について、エネル
ギー消費性能の向上を図る努力義務が課せられている。

3 既存建築物の所有者は、エネルギー消費性能の向上のための修繕、
模様替等をしなくても、所管行政庁に対し、当該建築物について建築
物エネルギー消費性能基準に適合している旨の認定を申請することが
できる。

4 建築物エネルギー消費性能基準に適合する建築物を新築する場合、
当該建築物について、建築基準法による容積率制限及び高さ制限の特
例が適用される。

〔問 43〕 マンションの給水設備に関する次の記述のうち、適切でない
ものはどれか。

1 さや管ヘッダー工法では、専有部分に設置する配管として耐衝撃性
及び耐食性に優れた水道用硬質塩化ビニルライニング鋼管を使用す
る。

2 水道直結増圧方式では、水道本管（配水管）が負圧になったときに、
水道本管へ建物内の水が逆流しないように逆流防止装置を設ける。

3 ポンプ直送方式では、水道本管（配水管）から引き込んだ水を一度
受水槽に貯水した後、加圧（給水）ポンプで加圧した水を各住戸に供
給するため、高置水槽は不要である。

4 水栓を閉める際に生じるウォーターハンマーの防止策として、給水
管内の流速を1.5〜2.0m/sとすることが有効である。

〔問 44〕 マンションの設備に関する次の記述のうち、適切でないもの
はどれか。

1 飲料用の受水槽の有効容量は、一般にマンション全体の一日の使用
水量の2分の1程度に計画する。

2 屋内消火栓設備の広範囲型2号消火栓は、火災時に、一人でも操作

ができる。

3 逆わんトラップは、清掃が容易にできるため、台所流しの排水口に設置する。

4 地震時のエレベーター内への閉じ込めの防止策の一つとして、初期微動（P波）を検知して運転を制御する地震時等管制運転装置を設置する。

〔問 45〕 マンションの設備の清掃及び保守点検に関する次の記述のうち、適切でないものはどれか。

1 共用部分の排水管に設置する掃除口は、排水の流れの方向又は流れと直角方向に開口するように設ける。

2 機械式立体駐車場は、機種、使用頻度等に応じて、1〜3ヵ月以内に1度を目安として、専門技術者による点検を受ける。

3 消防用設備の点検において、誘導灯は、外観から又は簡易な操作により判別できる事項について点検を行う機器点検を、6ヵ月に1回実施する。

4 エレベーターの保守契約におけるPOG契約は、定期的な機器・装置の保守・点検のみを行う契約方式で、仕様書で定める消耗品を除き、劣化した部品の取替えや修理等を含まない。

◎〔問 46〕 「マンションの管理の適正化の推進を図るための基本的な方針」（令和3年9月28日 国土交通省告示第1286号）に関する次の記述のうち、適切なものはいくつあるか。

ア 管理組合の自立的な運営は、マンションの区分所有者等の全員が参加し、その意見を反映することにより成り立つものである。そのため、管理組合の運営は、情報の開示、運営の透明化等を通じ、開かれた民主的なものとする必要がある。また、集会は管理組合の最高意思決定機関である。

イ 長期修繕計画の策定及び見直しにあたっては、「長期修繕計画作成

ガイドライン」を参考に、必要に応じ、マンション管理士等専門的知識を有する者の意見を求め、また、あらかじめ建物診断等を行って、その計画を適切なものとするよう配慮する必要がある。

ウ　管理業務の委託や工事の発注等については、説明責任等に注意して、適正に行われる必要があるが、とりわけ外部の専門家が管理組合の管理者等又は役員に就任する場合においては、マンションの管理業者から信頼されるような発注等に係るルールの整備が必要である。

エ　管理費の使途については、マンションの管理と自治会活動の範囲・相互関係を整理し、管理費と自治会費の徴収、支出を分けて適切に運用することが必要である。なお、このように適切な峻別や代行徴収に係る負担の整理が行われるとしても、自治会費の徴収を代行することは差し控えるべきである。

1　一つ

2　二つ

3　三つ

4　四つ

〔問 47〕　マンション管理士に関する次の記述のうち、マンション管理適正化法の規定によれば、誤っているものはどれか。

1　マンション管理士は、マンション管理士の信用を傷つけるような行為をしてはならないが、国土交通大臣は、これに違反した者に対し、登録の取消し、又は期間を定めてマンション管理士の名称使用の停止を命ずることができる。

2　マンション管理士は、正当な理由がなく、その業務に関して知り得た秘密を漏らしてはならないが、これに違反した者に対し、国土交通大臣は、登録の取消し、又は期間を定めてマンション管理士の名称使用の停止を命ずることができるほか、1年以下の懲役又は30万円以下の罰金に処する旨の罰則の規定がある。

3　マンション管理士の登録を取り消された者は、その通知を受けた日から起算して10日以内に、登録証を国土交通大臣（指定登録機関が登

録の実務に関する事務を行う場合は指定登録機関）に返納しなければ
ならない。

4　マンション管理士でない者は、マンション管理士又はこれに紛らわ
　しい名称を使用してはならないが、これに違反した者に対しては、1
　年以下の懲役又は50万円以下の罰金に処する旨の罰則の規定がある。

〔問　48〕　マンション管理業者の業務に関する次の記述のうち、マン
　ション管理適正化法の規定によれば、正しいものはいくつあるか。

ア　国土交通大臣は、マンション管理業者が業務に関し他の法令に違反
　し、マンション管理業者として不適当であると認められるときは、当
　該マンション管理業者に対し、1年以内の期間を定めて、その業務の
　全部又は一部の停止を命ずることができる。

イ　国土交通大臣は、マンション管理業の登録申請者が、禁錮以上の刑
　に処せられ、その執行を終わり、又は執行を受けることがなくなった
　日から2年を経過しない者である場合は、その登録を拒否しなければ
　ならない。

ウ　国土交通大臣は、マンション管理業者が業務に関し、その公正を害
　する行為をしたとき、又はその公正を害するおそれが大であるとき
　は、その旨を公告しなければならない。

エ　国土交通大臣は、マンション管理業の適正な運営を確保するため必
　要があると認めるときは、その必要な限度で、その職員に、マンショ
　ン管理業を営む者の事務所その他その業務を行う場所に立ち入り、帳
　簿、書類その他必要な物件を検査させ、又は関係者に質問させること
　ができる。

1　一つ
2　二つ
3　三つ
4　四つ

〔問 49〕 「マンション管理適正化推進センター」が行うマンション管理適正化法第92条に規定された業務として、正しいものはいくつあるか。ただし、記述の中で「管理者等」とあるのは、同法第2条の規定によるものとする。

ア マンションの管理の適正化に関し、管理組合の管理者等その他の関係者に対し技術的な支援を行うこと。

イ マンションの管理に関する苦情の処理のために必要な指導及び助言を行うこと。

ウ マンションの管理の適正化に関し、管理組合の管理者等その他の関係者に対し講習を行うこと。

エ マンション管理業の健全な発達を図るための調査及び研究を行うこと。

1 一つ

2 二つ

3 三つ

4 四つ

〔問 50〕 マンション管理業者の業務に関する次の記述のうち、マンション管理適正化法の規定によれば、誤っているものはどれか。ただし、記述の中で「マンションの区分所有者等」とあるのは、同法第2条の規定によるものとする。

1 マンション管理業者の使用人その他の従業者は、当該従業者でなくなった後5年を経過するまでは、正当な理由がなく、マンションの管理に関する事務を行ったことに関して知り得た秘密を漏らしてはならない。

2 マンション管理業者は、使用人その他の従業者に、その従業者であることを証する証明書を携帯させなければ、その者をその業務に従事させてはならない。

3 マンション管理業者の使用人その他の従業者は、マンションの管理

に関する事務を行うに際し、マンションの区分所有者等その他の関係者から請求があったときは、当該マンション管理業者の従業者であることを証する証明書を提示しなければならない。

4 マンション管理業者の登録がその効力を失った場合には、当該マンション管理業者であった者又はその一般承継人は、当該マンション管理業者の管理組合からの委託に係る管理事務を結了する目的の範囲内においては、なおマンション管理業者とみなす。

平成28年度 試験問題

〔問　1〕　共用部分に関する次の記述のうち、区分所有法の規定によれば、正しいものはどれか。

1　各共有者は、共用部分の全部について、持分に応じて使用することができる。

2　共有者の持分は、規約に別段の定めがない限り、その有する専有部分の処分に従う。

3　各共有者の持分は、その有する専有部分の床面積の割合によるとされ、その床面積は、壁その他の区画の内側線で囲まれた部分の水平投影面積によるとされているが、これらは規約で別段の定めをすることもできる。

4　共用部分の変更（その形状又は効用の著しい変更を伴わないものを除く。）を行う場合の議決権割合は、規約でその過半数まで減ずることができる。

〔問　2〕　区分所有法第3条に規定する区分所有者の団体（この問いにおいて「3条の団体」という。）又は管理者に関する次の記述のうち、区分所有法の規定によれば、正しいものはいくつあるか。

ア　3条の団体は、区分所有法によって設立が認められる法人である。

イ　3条の団体は、区分所有法の定めるところにより、集会を開き、規約を定め、及び管理者を置くことが義務づけられている。

ウ　管理者は、その職務に関し、区分所有者を代理する。

エ　管理者は、集会の決議により、その職務に関し、区分所有者のために、原告又は被告となったときは、遅滞なく、区分所有者にその旨を通知しなければならない。

1　一つ
2　二つ
3　三つ
4　四つ

〔問 3〕 区分所有法第7条に規定する先取特権に関する次の記述のうち、区分所有法及び民法（明治29年法律第89号）の規定によれば、正しいものはどれか。

1 管理者に対して支払うべき報酬が定められ、管理者が、管理組合に対して報酬請求権を有する場合には、管理者の報酬請求権は、先取特権によって担保される。

2 区分所有法第7条の先取特権は、共益費用の先取特権とみなされ、他の一般の先取特権と競合する場合にはそれらに劣後する。

3 店舗を経営する区分所有者が、管理組合の承諾を得て、共用部分である廊下に自らの所有する動産であるショーケースを備え付けていた場合、このショーケースに対しては、先取特権の効力は及ばない。

4 区分所有者が、規約又は集会の決議に基づき他の区分所有者に対して有する債権について先取特権を行使するに際しては、当該他の区分所有者が第三者から借り受けていた家具についても即時取得の規定の準用がある。

〔問 4〕 共用部分等の管理に関する次の記述のうち、標準管理規約によれば、正しいものはいくつあるか。

ア マンションの駐車場の管理については、駐車場を使用する区分所有者がその責任と負担において行わなければならない。

イ 管理組合は、管理を行うために必要な範囲内において、他の者が管理する専有部分又は専用使用部分への立入りを請求することができ、その請求を正当な理由なく拒否した者は、その結果生じた損害を賠償しなければならない。

ウ 理事長は、災害や事故等により緊急に立ち入らないと共用部分等又は他の専有部分に対して物理的に又は機能上重大な影響を与えるおそれがあるときは、専有部分又は専用使用部分について、立ち入ることができるが、原状回復義務を負う。

エ 計画修繕工事の実施に際し、区分所有者が、専有部分又は専用使用

部分への立入りを正当な理由なく拒否し続け、計画修繕工事の円滑な実施を妨げる場合には、理事長は、理事会の決議を経て、その是正等のため必要な勧告、指示等を行うことができる。

1　一つ
2　二つ
3　三つ
4　四つ

〔問　5〕　共用部分の所有に関する次の記述のうち、区分所有法、民法及び不動産登記法（平成16年法律第123号）の規定によれば、正しいものはどれか。

1　共用部分は、規約の定めにより、区分所有者又は管理者でない者の所有に属させることができる。
2　規約で、共用部分を特定の区分所有者の所有に属させる場合、当該区分所有者の区分所有権に係る共有持分権に変動は生じない。
3　規約により共用部分とした建物の部分を、区分所有者でない管理者の所有に属させる場合、管理者は当該共用部分の所有権を登記できる。
4　管理者が共用部分を所有する場合、共用部分に加え、規約による建物の敷地も所有することができる。

〔問　6〕　規約に関する次の記述のうち、区分所有法の規定によれば、誤っているものはどれか。ただし、規約の定めは、区分所有者間の利害の衡平が図られているものとする。

1　管理者が置かれていない管理組合が、規約を保管する者を集会で定める場合、区分所有者の代理人で建物を使用している者を、規約を保管する者として定めることができる。
2　一部共用部分に関する事項で区分所有者全員の利害に関係しないものについての区分所有者全員の規約の設定、変更又は廃止は、当該一

部共用部分を共用すべき区分所有者の４分の１を超える者又はその議決権の４分の１を超える議決権を有する者が反対したときは、することができない。

3　建物について規約で定めることができる事項は、共用部分の管理又は使用に関する区分所有者相互間の事項に限られ、専有部分の管理又は使用に関する区分所有者相互間の事項は含まれない。

4　数個の専有部分を所有する区分所有者が存在しない場合には、各区分所有者の議決権の割合について、規約で住戸一戸につき各一個の議決権と定めることにより、決議に必要な区分所有者の定数と一致させることができる。

〔問　7〕　区分所有法第32条の規定に基づく公正証書による規約の設定に関する次の記述のうち、正しいものはどれか。

1　等価交換方式によって、分譲業者が、地主の土地上にマンションを建築し、建築したマンションの一部を地主に譲渡した場合には、分譲業者が一般の者に販売を行う前であれば、分譲業者と地主が共同で公正証書による規約を設定することができる。

2　公正証書による規約を設定した者は、専有部分の全部を所有している間は、公正証書による規約の設定と同様の手続により、その規約を廃止することができる。

3　建物が所在する土地以外の土地が、建物及び建物が所在する土地と一体として管理又は使用されるものでなくても、公正証書による規約の設定をするのであれば、建物の敷地とすることができる。

4　建物が完成する前に公正証書により規約が設定された場合には、建物の完成前で所有権が取得されていなくても、規約の効力が生じるのは公正証書を作成した時である。

〔問　8〕　管理組合法人に関する次の記述のうち、区分所有法の規定によれば、誤っているものはどれか。

1 区分所有法第3条に規定する区分所有者の団体は、区分所有者及び議決権の各4分の3以上の多数による集会の決議で法人となる旨並びにその名称及び事務所を定めることで直ちに法人となることができる。

2 管理組合法人の成立前の管理者の職務の範囲内の行為は、管理組合法人の成立後は、管理組合法人につき効力を有する。

3 管理組合法人は、区分所有者を代理して、損害保険契約に基づく保険金額の請求及び受領をすることができる。

4 管理組合法人の理事及び監事の任期は2年とされているが、規約で3年以内において別段の期間を定めたときは、その期間とする。

〔問 9〕 管理組合法人の事務に関する次の記述のうち、区分所有法の規定によれば、誤っているものはどれか。

1 管理組合法人の事務のうちの保存行為について、複数の理事がいる場合、規約に別段の定めがないときは、各理事が単独で決することができる。

2 管理組合法人が共用部分を管理者として所有することについて、規約で定めることはできない。

3 管理組合法人の事務のうち保存行為を除く事務に関しては、集会の決議につき特別の定数が定められている事項及び義務違反者に対する訴訟を提起するために集会決議が求められている事項を除き、規約の定めにより、理事その他の役員で決することができる。

4 管理組合法人が、支払不能による破産手続開始を申し立てられても、それをもって直ちに解散する事由にはあたらない。

〔問 10〕 マンション内で共同利益背反行為を行っている占有者に対して、区分所有者の全員が集会の決議により訴えを提起しようとする場合に関する次の記述のうち、区分所有法の規定及び判例によれば、正しいものはどれか。

1　専有部分を賃借している占有者の共同利益背反行為による共同生活上の障害が著しく、行為の停止を求める請求によってはその障害を除去して共同生活の維持を図ることが困難であるときは、賃借人に対し、相当の期間の賃借人による専有部分の使用の禁止を請求することができる。

2　占有者が専有部分の転借人であるときに、専有部分の賃貸借契約を解除し、専有部分の引渡しを請求するためには、転貸人と転借人に加え、原賃貸人である区分所有者を共同被告として、訴えを提起しなければならない。

3　専有部分を区分所有者から賃借している占有者に対して、原告ではなく、賃貸人である区分所有者に対して専有部分を直接に引き渡すよう求めることはできない。

4　区分所有者及び区分所有者から専有部分を賃借している占有者に対して、専有部分の賃貸借契約を解除し、専有部分の引渡しを求める訴えを提起するための決議をするには、あらかじめ区分所有者に対して弁明の機会を与えなければならない。

〔問　11〕　一団地内に専有部分のあるＡ棟及びＢ棟の２棟の建物がある。区分所有法第70条に基づき、この団地内の建物の一括建替え決議を行おうとする場合に関する次の記述のうち、区分所有法の規定によれば、誤っているものはどれか。ただし、Ａ棟及びＢ棟が所在する土地は、団地建物所有者の共有に属しており、その共有者全員で構成する団地管理組合において、団地管理組合の規約が定められているものとする。

1　一括建替え決議を行う場合の議決権割合は、団地管理組合の規約に議決権割合に関する別段の定めがある場合にはその定めによる。

2　Ａ棟の区分所有者Ｃが一括建替え決議に賛成しなかったときには、一括建替え決議に賛成したＢ棟の区分所有者Ｄは、Ｃに対して、区分所有権及び敷地利用権を時価で売り渡すべきことを請求することができる。

3 団地建物所有者の集会において、団地内建物の区分所有者及び議決権の各5分の4以上の多数の賛成を得るとともに、A棟及びB棟ごとについて、区分所有者の3分の2以上の者であって議決権の合計の3分の2以上の議決権を有するものが賛成することが必要である。

4 一括建替え決議においては、団地内建物の全部の取壊し及び再建団地内建物の建築に要する費用の概算額に加え、その費用の分担に関する事項を定める必要がある。

〔問 12〕 A、B及びCは、等しい持分の割合で、甲マンション201号室の区分所有権を共有している。この場合に関する次の記述のうち、民法の規定及び判例によれば、誤っているものはどれか。

1 AとBは、A、B及びCの間の協議に基づかずに201号室を単独で占有しているCに対し、AとBの持分の価格が201号室の価格の過半数を超えるからといって、当然に同室の明渡しを請求することはできない。

2 Aが201号室の持分権を放棄した場合には、Aの持分権はBとCに帰属し、同室はBとCの共有となる。

3 Dが不法に201号室を占有している場合には、Bは、単独でDに対して同室の明渡しを請求することができる。

4 A、B及びCが201号室をEに賃貸している場合において、Eとの賃貸借契約を解除するためには、A、B及びC全員が同意した上で、共同で解除の意思表示をする必要がある。

◎〔問 13〕 Aは、甲マンション503号室を購入するに当たり、購入資金に充てるための金銭をB銀行から借り受けた。その際、この借入金債務について、Aの姉Cが、Bとの間で、Aと連帯して保証する旨の契約（以下「本件保証契約」という。）を書面で結んだ。この場合に関する次の記述のうち、民法の規定によれば、誤っているものはどれか。

1 Aの委託を受けないで本件保証契約を結んだCは、Aの委託がない

ことを理由に本件保証契約を取り消すことはできない。

2　Bが本件保証契約に基づいて債務の履行をCに対して請求した場合に、Cは、Aに弁済をする資力があり、かつ、Aの財産に対する執行が容易であることを証明することによって、Bの請求を拒むことができる。

3　AがBに対する借入金債務を承認したことによる時効の更新は、Cに対してもその効力を生じ、本件保証契約に基づくCの債務についても時効の更新の効力が生じる。

4　Cは、Aの委託を受けて本件保証契約を結んだ場合において、Aに代わってBに弁済をしたときは、Aに対して求償権を取得する。

〔問　14〕　Aが所有し、Bに賃貸し、かつ、Bが居住している甲マンションの301号室を、AがCに2,000万円で売却する契約を締結した場合に関する次の記述のうち、民法及び借地借家法（平成3年法律第90号）の規定並びに判例によれば、正しいものはどれか。

1　Cが売買契約締結時に解約手付として200万円をAに支払った後、中間金として1,000万円を支払った後でも、Aが契約の履行の着手前であれば、Cは200万円の手付を放棄して売買契約を解除し、中間金1,000万円の返還を請求することができる。

2　AとBの賃貸借契約に基づき、BからAに差し入れられた敷金の返還債務は、Bの同意がなければCに承継されない。

3　Aが、Bの承諾を得ずに、Cとの売買契約を締結したときは、AからCへの賃貸人の地位の移転をBに主張することができない。

4　Bが有益費を支出した後に、301号室の所有権移転により賃貸人がAからCに交替したときは、特段の事情のない限り、Aがその有益費の償還義務を引き続き有し、Cはその償還義務を負わない。

〔問 15〕 Aは、その所有する甲マンションの101号室を、敷金を24万円、月額賃料を8万円として、法人であるB社に賃貸し引き渡したが、B社が初めて1ヵ月分の賃料の支払いを失念したため、B社に対し、相当の期間を定めて1ヵ月分の賃料及びこれに対する遅延損害金の支払いを催告するとともにその支払いがない場合には契約を解除する旨の意思表示をした。この場合に関する次の記述のうち、民法の規定及び判例によれば、正しいものはどれか。

1　Aの催告後、当該「相当の期間」が経過しても賃料及び遅延損害金の支払いがない場合には、当然に賃貸借契約は解除される。

2　B社は支払いを怠った賃料及び遅延損害金につき、敷金から控除することをAに対し主張できる。

3　Aの催告後、「相当の期間」が経過する前に、B社が8万円をAに支払ったとき、A及びB社間において充当についての合意がなく、かつ、両者のいずれからも充当の指定がない場合には、B社の支払額は、まず遅延損害金に充当され、残額が賃料元本に充当される。

4　AとB社間の賃貸借契約において、賃料の支払いに関し、年30％の遅延損害金を定めていた場合、B社は、遅延損害金全額の支払いを免れる。

◎〔問 16〕 Aがその所有する甲マンションの301号室を、Bに事務所として賃貸したところ、Bの事業の執行中に従業員Cの過失により同室で火災が発生し、当該火災により、同室及びその直下のD所有の201号室にそれぞれ損害が生じた。この場合に関する次の記述のうち、民法及び失火ノ責任ニ関スル法律（明治32年法律第40号）の規定並びに判例によれば、誤っているものはどれか。

1　当該火災が成年Cの重過失による場合には、BのCに対する監督についての過失の有無にかかわらず、Dは、Cに対し、損害賠償を請求することができる。

2　当該火災が18歳のCの重過失による場合において、BのCに対する

監督について重過失があるときは、Dは、Bに対し、損害賠償を請求することができる。

3　当該火災が成年Cの重過失による場合には、BのCに対する監督について重過失があるときに限り、Dは、Bに対し、損害賠償を請求することができる。

4　当該火災が成年Cの重大ではない過失による場合において、BのCに対する監督について重大ではない過失があるときは、Dは、Bに対し、損害賠償を請求することができない。

〔問　17〕　甲マンションの301号室を所有するAが死亡し、Aの妻B及びAの子Cが相続人である場合における次の記述のうち、民法の規定によれば、正しいものはどれか。

1　Bが、自己のためにAの相続の開始があったことを知った時から3ヵ月（以下「熟慮期間」という。）以内に、相続の放棄をしても、熟慮期間内であれば相続の放棄を撤回することができる。

2　Cが、熟慮期間内に相続の承認又は放棄ができないときは、熟慮期間内に家庭裁判所に期間の伸長の届出をすれば、その期間は伸長される。

3　Bが、自らの熟慮期間内に甲マンションの301号室を、Dに対して、賃貸期間を2年とする定期建物賃貸借契約により賃貸したときには、熟慮期間内であっても相続の放棄をすることができない。

4　Cは相続人として、その固有財産におけるのと同一の注意をもって甲マンションの301号室を管理する義務を負うが、相続の承認をしたときは、この限りでない。

〔問　18〕　区分建物の専有部分を規約による共用部分に変更した場合における、共用部分である旨の登記手続に関する次の記述のうち、不動産登記法の規定によれば、正しいものはどれか。

1　共用部分である旨の登記は、当該共用部分である旨の登記をする区

分建物の、所有権の登記名義人以外の者は申請することができない。

2 　共用部分である旨の登記は、当該共用部分である旨の登記をする区分建物に所有権の登記以外の権利に関する登記があるときでも、当該権利に関する登記に係る登記名義人の承諾を得ることなく申請することができる。

3 　共用部分である旨の登記申請に際しては、当該区分建物について、表題部所有者の登記又は権利に関する登記の抹消についても申請しなければならない。

4 　共用部分である旨を定めた規約を廃止した場合には、当該区分建物の所有者は、当該規約の廃止の日から1ヵ月以内に、当該区分建物の表題登記を申請しなければならない。

〔問　19〕　マンション敷地売却組合（この問いにおいて「組合」という。）が施行するマンション敷地売却事業に関する次の記述のうち、マンション建替え円滑化法の規定によれば、正しいものはどれか。

1 　総会の決議において、定款の変更のうち政令で定める重要な事項及び組合の解散についての事項は、組合員の議決権及び敷地利用権の持分の価格の各4分の3以上で決する。

2 　審査委員は、土地及び建物の権利関係又は評価について特別の知識経験を有し、かつ、公正な判断をすることができる者のうちから都道府県知事（市の区域内にあっては、当該市の長。以下「都道府県知事等」という。）が選任する。

3 　マンション敷地売却合意者は、5人以上共同して、定款及び事業計画を定め、国土交通省令で定めるところにより、都道府県知事等の認可を受けて組合を設立することができる。

4 　組合員及び総代は、書面又は代理人をもって、議決権及び選挙権を行使することができる。

〔問　20〕　都市計画法（昭和43年法律第100号）に関する次の記述のうち、正しいものはどれか。

1　都道府県が定めた都市計画が、市町村が定めた都市計画と抵触するときは、その限りにおいて、市町村が定めた都市計画が優先するものとされている。

2　都市計画区域のうち、市街化調整区域内においては、地区計画を定めることができない。

3　地区計画については、都市計画に、地区計画の名称、位置、区域の面積を定めなければならない。

4　市街地開発事業については、都市計画に、市街地開発事業の種類、名称及び施行区域を定めなければならず、土地区画整理事業については、これに加えて、公共施設の配置及び宅地の整備に関する事項を都市計画に定めなければならない。

◎〔問　21〕　建築基準法（昭和25年法律第201号）に関する次の記述のうち、誤っているものはどれか。

1　準防火地域内にある地階を除く階数が4で延べ面積が1,000㎡の共同住宅は、耐火建築物又はこれと同等以上の延焼防止性能を有するものとして政令で定める建築物としなければならない。

2　建築物の敷地が防火地域及び準防火地域にわたる場合においては、当該建築物又は当該建築物の敷地の全部について、敷地の過半に属する地域の建築物に関する建築基準法の規定又は建築基準法に基づく命令の規定を適用する。

3　高さ31mを超える共同住宅で、高さ31mを超える部分の各階の床面積の合計が400㎡のものについては、非常用の昇降機を設ける必要はない。

4　建築主は、共同住宅の用途に供する建築物で、その用途に供する部分の床面積の合計が150㎡であるものの大規模の模様替えをしようとする場合、建築確認を受ける必要はない。

◎〔問　22〕　簡易専用水道に関する次の記述のうち、水道法（昭和32年法律第177号）の規定によれば、誤っているものはどれか。

1　簡易専用水道の設置者は、給水栓における水質について、1年以内ごとに1回、地方公共団体の機関又は国土交通大臣及び環境大臣の登録を受けた者の検査を受けなければならない。

2　簡易専用水道の設置者は、給水栓における水質の検査事項として、臭気、味、色、色度、濁度及び残留塩素についての検査を受けなければならない。

3　簡易専用水道の設置者は、給水栓における水の色、濁り、臭い、味その他の状態により供給する水に異常を認めたときは、水道水質基準の項目のうち必要なもの及び残留塩素について検査を行わなければならない。

4　簡易専用水道の設置者は、供給する水が人の健康を害するおそれがあることを知ったときは、直ちに給水を停止し、かつ、その水を使用することが危険である旨を関係者に周知させる措置を講じなければならない。

〔問　23〕　共同住宅における防炎物品又は消防用設備等に関する次の記述のうち、消防法（昭和23年法律第186号）の規定によれば、正しいものはどれか。ただし、いずれも無窓階はないものとし、危険物及び指定可燃物の貯蔵及び取扱いはないものとする。また、消防用設備等については、消防長又は消防署長が、防火対象物の位置、構造又は設備の状況から判断して、同法の規定する基準を適用しないと認める場合を除くものとする。

1　高さ31mを超える共同住宅の1階の住戸で使用されるじゅうたん（織りカーペット（だん通を除く。）をいう。）については、政令で定める基準以上の防炎性能を有するものでなくともよい。

2　地上2階建、延べ面積500㎡の共同住宅においては、消火器又は簡易消火用具（以下「消火器具」という。）を、階ごとに、当該共同住

252

宅の各部分から一の消火器具に至る歩行距離が20m以下となるように配置しなければならない。

3　共同住宅の地階であって、駐車の用に供する部分の存する階（駐車するすべての車両が同時に屋外に出ることができる構造の階を除く。）で、当該部分の床面積が100㎡以上のものには、自動火災報知設備を設置しなければならない。

4　地上3階建、延べ面積500㎡の共同住宅においては、屋内消火栓を階ごとに設けなければならない。

〔問　24〕　警備業務に関する次の記述のうち、警備業法（昭和47年法律第117号）の規定によれば、誤っているものはどれか。

1　警備業者は、警備業務の依頼者と警備業務を行う契約を締結しようとするときは、当該契約をするまでに、当該契約の概要について記載した書面をその者に交付（電磁的方法による提供を含む。）しなければならない。

2　警備業者が機械警備業務を行おうとするときは、基地局又は警備対象施設の所在する都道府県の区域ごとに、当該区域を管轄する公安委員会の許可を受けなければならない。

3　機械警備業者は、基地局ごとに、警備業務用機械装置の運用等の管理監督を行う機械警備業務管理者を、機械警備業務管理者資格者証の交付を受けている者のうちから、選任しなければならない。

4　警備業者は、自己の名義をもつて、他人に警備業を営ませてはならず、これに違反した場合は、100万円以下の罰金に処される。

〔問　25〕　マンションの駐車場に関し、マンション管理士が理事会で行った次の助言のうち、標準管理規約によれば、適切なものはどれか。

1　今後、駐車場に空き区画が出るようになった場合、組合員以外の方に外部貸しする方法がありますが、その駐車場使用料収入は、駐車場の管理に要する費用に充当した後に管理費全体の不足額に充当するこ

とができるため、管理費不足への対策として有効な方法です。

2　駐車場が不足している場合には、駐車場使用料を近傍の駐車場料金と均衡を失しないよう設定することが必要ですが、利便性の差異を加味して考えることも必要です。

3　管理費、修繕積立金の滞納等の規約違反の場合は、駐車場使用契約に、次回の選定時の参加資格をはく奪することができる旨の規定を定めることはできません。

4　今後、機械式駐車場から平置きの駐車場に変更しようとするときは、総会で出席組合員の議決権の過半数の決議があれば実施が可能です。

〔問　26〕　マンションの区分所有者が、自己の所有する専有部分の修繕を行う場合に関する次の記述のうち、標準管理規約によれば、適切なものはどれか。

1　理事長の承認を受けて専有部分の設備交換にあわせて専有部分に属する配管（枝管）の取替え工事を行う場合において、共用部分内に係る工事については、管理組合が当該工事を実施するよう理事長に要請しなければならない。

2　共用部分又は他の専有部分に影響を与えるおそれがない専有部分に係る修繕工事であれば、工事の実施に際し管理組合や理事長に対し特段の手続をとる必要はない。

3　専有部分の修繕工事の申請に対して、理事長が、理事会の決議に基づき承認又は不承認を決定する場合、理事の過半数の承諾があれば、書面又は電磁的方法により理事会の決議を行うことができる。

4　理事長の承認を受けて専有部分の修繕工事が実施されたが、その後に工事による影響が共用部分に生じた場合には、当該工事を発注した区分所有者は、当該影響を排除するための措置を講ずべき責任を負う必要はない。

〔問　27〕　暴力団の排除について規約を定める場合、標準管理規約によれば、適切でないものは次のうちどれか。

1　専有部分の用途として、暴力団事務所としての使用や、暴力団員を反復して出入りさせる等の行為について禁止すること
2　暴力団員又は暴力団員でなくなった日から2年を経過しない者は役員にはなれないとすること
3　賃借人が暴力団員であることが判明した場合において、区分所有者が賃貸借契約を解約しないときは、管理組合は、区分所有者に代理し、解約権を行使することができるとすること
4　専有部分の貸与に関し、暴力団員への貸与を禁止することに加え、暴力団関係者、準構成員等についても貸与を禁止すること

〔問　28〕　災害等の緊急時における管理組合又は区分所有者の対応に関する次の記述のうち、標準管理規約によれば、適切でないものはどれか。

1　災害等により総会の開催が困難である場合に、応急的な修繕工事の実施について理事会決議をしたときは、工事の実施に充てるため修繕積立金の取崩しについては理事会決議で行うことができるが、資金の借入れについては総会決議が必要である。
2　台風で住戸の窓ガラスが割れた場合には、専有部分への雨の吹き込みを防ぐため、当該専有部分の区分所有者は、理事長の承認を受けなくても、割れたものと同様の仕様の窓ガラスに張り替えることができる。
3　理事長は、災害等の緊急時においては、総会又は理事会の決議によらずに、敷地及び共用部分等の必要な保存行為を行うことができ、そのために必要な支出を行うこともできる。
4　災害等により総会の開催が困難である場合には、理事会の決議で、給水・排水、電気、ガス、通信といったライフライン等の応急的な更新を実施することができる。

〔問 29〕 修繕積立金の取扱いに関する次の記述のうち、標準管理規約によれば、総会の普通決議で行うことができるものはいくつあるか。

ア 長期修繕計画を作成するための建物診断費用を修繕積立金の取崩しにより支出すること

イ 修繕積立金について、共用部分の共有持分にかかわらず、全戸一律に値上げ額を同一とすること

ウ 給水管の本管と専有部分に属する配管（枝管）の一斉取替費用の全額を修繕積立金の取崩しにより支出すること

エ 修繕積立金の一部を取崩し、現在の区分所有者の所有年数に応じて返還すること

1 一つ

2 二つ

3 三つ

4 四つ

〔問 30〕 管理組合が、理事長が代表取締役を務める施工会社と共用部分の補修に係る工事請負契約を締結しようとする場合において、理事長がその利益相反取引に関し、理事会を招集し承認を受けようとすることについて、マンション管理士が役員に対して行った次の助言のうち、標準管理規約によれば、適切でないものはどれか。

1 理事長がこの理事会で承認を受けるには、当該取引について重要な事実の開示が必要です。

2 理事会の承認が得られても、理事長は当該取引では代表権を有しないので、監事か他の理事が、管理組合を代表して契約することになります。

3 この理事会で決議を行う場合、理事の過半数の承諾があれば、書面又は電磁的方法による決議により行うこともできます。

4 この理事会で決議を行う場合、理事長は議決権を行使することはできません。

〔問 31〕 管理組合における代理行為又は代理人に関し、マンション管理士が行った次の助言のうち、標準管理規約によれば、適切なものはどれか。

1 理事長に事故があるときは、副理事長が理事長を代理しますが、その場合、個々の代理行為に当たっては理事会の承認を得なければなりません。

2 外部専門家を理事に選任している場合には、その理事に事故があるときでも理事会への代理出席を認めるべきではありません。

3 監事に事故があるときは、理事会決議により監事の職務を代理する者を選任し、その者が監事の代理人として、管理組合の業務の執行及び財産の状況の監査結果を総会で報告することになります。

4 組合員が代理人により議決権を行使しようとする場合に、その代理人の資格について制限を設けることは望ましくありません。

〔問 32〕 理事会に関する次の記述のうち、標準管理規約によれば、適切でないものはどれか。

1 理事が不正の行為をしたと認める場合には、監事は、理事長に理事会の招集を請求することができるが、その請求から5日以内に、その請求があった日から2週間以内の日を理事会の日とする招集通知が発せられないときは、監事が理事長に代わり、理事会を招集しなければならない。

2 理事会は、管理組合の業務執行の決定だけでなく、業務執行の監視・監督機関としての機能を有する。

3 理事会は、その責任と権限の範囲内において、専門委員会を設置し、専門委員会は、調査又は検討した結果を理事会に具申する。

4 外部専門家を役員として選任できることとする場合、理事及び監事は総会で選任し、理事長、副理事長及び会計担当理事は、理事のうちから、理事会で選任する。

〔問　33〕　組合員の管理費に滞納が生じた場合の措置又はあらかじめ規約で定めておくべき事項について、理事長から相談を受けたマンション管理士が行った次の助言のうち、標準管理規約によれば、適切でないものはどれか。

1　滞納管理費の請求に関し、規約違反を理由として法的措置を講じるときは、理事会の決議を経た上で、理事長が管理組合を代表して訴訟等を追行することになります。

2　組合員が所有している専有部分を賃貸に供し、賃貸借契約で賃借人が管理費を負担する旨規定されているときであっても、滞納管理費の請求は区分所有者に対し行います。

3　あらかじめ規約に、遅延損害金、違約金としての弁護士費用、督促などの諸費用を加算して請求することができる旨規定しているのであれば、請求しないことについて合理的事情がある場合を除き、これらについても請求すべきです。

4　規約に遅延損害金を定める場合、その利率の設定については、手間や時間コストなどの回収コストが膨大になったとしても、利息制限法や消費者契約法等における遅延損害金利率を超えることはできません。

〔問　34〕　甲マンション管理組合の平成27年度（平成27年４月１日〜平成28年３月31日）の会計に係る次の仕訳のうち、適切でないものはどれか。ただし、会計処理は発生主義の原則によるものとする。

1　平成28年３月に、平成28年３月分、４月分及び５月分の管理費（１ヵ月分は３万円）の合計９万円が入金された。

（単位：円）

（借　　方）		（貸　　方）	
現 金 預 金	90,000	前 受 金	60,000
		管理費収入	30,000

2　平成28年8月に完了予定の修繕工事の工事費80万円のうち、着手金として平成28年3月に30万円を支払い、工事完了時に50万円を支払う予定である。

（単位：円）

（借　　方）		（貸　　方）	
前　払　金	300,000	現金預金	300,000

3　平成27年4月に、建物の事故等に備え、保険期間3年の積立型マンション保険に加入し、3年分の保険料総額30万円を支払った。なお、1年間の掛捨保険料は8万円、3年後の満期返戻金は6万円である。

（単位：円）

（借　　方）		（貸　　方）	
支払保険料	80,000	現金預金	300,000
前　払　金	160,000		
積立保険料	60,000		

4　平成26年度の貸借対照表に計上されていた管理費の未収金10万円のうち、8万円が平成27年度に入金されたが、2万円はまだ入金されていない。

（単位：円）

（借　　方）		（貸　　方）	
現金預金	80,000	管理費収入	100,000
未　収　金	20,000		

〔問　35〕　甲マンション管理組合の平成27年度決算（平成27年4月1日～平成28年3月31日）に当たり、平成28年3月31日現在の会計帳簿の現金預金の金額と銀行の預金残高証明書の金額に3万円の差異があった。この原因に関する次の記述のうち、適切でないものはどれか。ただし、会計処理は発生主義の原則によるものとし、資金の範囲は、現金預金、未収金、前払金、未払金及び前受金とする。

1　平成28年度分の管理費3万円が平成28年3月に管理組合口座に入金
　　されていたが、会計処理をしなかったため、会計帳簿の現金預金の金
　　額が3万円少ない。

2　平成28年3月分のエレベーター保守料3万円を未払金で会計処理し
　　ていたが、3月中に管理組合口座から自動引落しされていたため、会
　　計帳簿の現金預金の金額が3万円多い。

3　平成27年度分と平成28年度分の損害保険料6万円（年間3万円）を
　　平成28年3月に管理組合口座から支払ったが、3万円は前払金として
　　会計処理したため、会計帳簿の現金預金の金額が3万円少ない。

4　平成27年度分の管理費3万円を未収金で会計処理していたが、平成
　　28年3月に管理組合口座に入金されていたことを見落としたため、会
　　計帳簿の現金預金の金額が3万円少ない。

〔問　36〕　マンションの建物の点検又は調査・診断に関する次の記述の
　　うち、適切なものはどれか。

1　建築基準法第12条第1項に規定される特殊建築物等の定期調査（こ
　　の問いにおいて「定期調査」という。）に当たるのは、一級建築士又
　　は二級建築士でなければならない。

2　アルミ製品の調査・診断に当たっては、主に目視調査により耐久性
　　を推定するが、光沢度、塗膜付着性等について計測機器等を使用して
　　計測する方法もある。

3　反発度法により推定されたコンクリート強度は、試験結果の精度が
　　高いので、耐震診断においても一般的に適用されている。

4　定期調査における外壁タイルの調査・診断では、竣工後又は外壁改
　　修工事実施後10年以内に全ての壁面について打診調査を行わなければ
　　ならない。

〔問 37〕 マンションの外壁の補修工事に関する次の記述のうち、適切でないものはどれか。

1 コンクリートのひび割れの補修における樹脂注入工法において、ひび割れ幅の変動が大きい場合には軟質形のエポキシ樹脂を注入する。

2 コンクリートのひび割れの補修におけるシール工法は、ひび割れ幅が0.2mm未満程度の比較的幅の小さいひび割れの補修に有効な工法である。

3 吹付けタイル等の塗り仕上げの改修は、ひび割れに沿って塗膜を撤去するのが原則であるが、塗膜が健全でコンクリートとの接着が良い場合は、塗膜を撤去せずにひび割れ改修を行うことがある。

4 タイル張り外壁の浮き部分の補修におけるアンカーピンニング全面エポキシ樹脂注入工法は、タイルの中央に穿孔して樹脂を注入してタイルを固定させる工法である。

〔問 38〕 大規模修繕工事に関する次の記述のうち、適切でないものはどれか。

1 大規模修繕工事では、建物及び設備の性能や機能を新築時と同等水準に維持、回復させる工事とともに、必要に応じて性能を向上させる工事も併せて実施される。

2 大規模修繕工事を責任施工方式で行う場合は、設計者と施工者との意思疎通が図りやすいため、修繕工事の厳正なチェックが期待できる。

3 大規模修繕工事の施工会社の選定に当たっては、見積金額だけではなく、修繕工事実績、工事保証能力、施工管理体制、施工計画等から総合的に判断する。

4 大規模修繕工事のコンサルタントには、マンションの建物の調査・診断や修繕設計等だけでなく、施工会社選定への助言及び協力、長期修繕計画の見直し、資金計画に関する助言等ができることが望まれる。

◎〔問 39〕 長期修繕計画の作成及びその見直しに関する次の記述のうち、「長期修繕計画作成ガイドライン及び同コメント」（令和３年９月国土交通省公表）によれば、適切でないものはどれか。

1 長期修繕計画は、修繕積立金の額も含まれていることから、財務状況が管理組合外へ流出することを防ぐため、外部へは開示していない。

2 機械式駐車場があり、維持管理に多額の費用を要するため、管理費会計及び修繕積立金会計とは区分して駐車場使用料会計を新設した。

3 大規模修繕工事直後の長期修繕計画の見直しにおいて、同工事直後の調査・診断を省略し、同工事直前の調査・診断結果を活用した。

4 想定外の工事の発生、災害や不測の事故などによる緊急の費用負担が発生した場合の一時金の徴収を避けるため、推定修繕工事項目に予備費を設定して長期修繕計画を作成した。

〔問 40〕 マンションの構造に関する次の記述のうち、適切なものはどれか。

1 地震で被災した際、被災建築物応急危険度判定で「危険（赤色）」と判定されたため、修繕が不可能と判断し、建物を取り壊すことにした。

2 免震構造は、建築物の基礎と上部構造との間に免震装置を設ける構造であるため、建築物の新築時から免震装置を設置しておかなくてはならない。

3 建築基準法による耐震基準は、震度６強から震度７程度の地震に対して、主要構造部は被害を受けないことを目標としている。

4 耐震改修工法については、壁やブレース、柱、梁を増設、補強する工法だけではなく、逆に柱に取り付く壁と柱の間に隙間を設けることで耐震性能を改善する工法もある。

〔問 41〕 マンションのバリアフリーに関する次の記述のうち、適切な
ものはどれか。

1 高齢者、障害者等の移動等の円滑化の促進に関する法律（平成18年
法律第91号）に規定する特定建築物に該当するマンションでは、建築
基準法に基づく建築確認が必要となる大規模の修繕を行う場合、建築
物移動等円滑化基準に適合させなければならない。
2 品確法に基づく住宅性能表示制度では、新築住宅については高齢者
等配慮対策等級が定められているが、既存住宅については定められて
いない。
3 建築基準法によれば、高さ1mをこえる階段には手すりを設けなけ
ればならない。
4 建築基準法によれば、階段に代わる傾斜路を設ける際は、勾配が12
分の1をこえてはならない。

◎〔問 42〕 マンションの室内環境に関する次の記述のうち、適切でない
ものはどれか。

1 住宅の省エネルギー基準には、外壁や窓等に関する基準以外に暖冷
房や給湯等の住宅設備に関する基準も導入されている。
2 窓サッシを二重化すると、窓の熱貫流率が小さくなり、室内の温度
を安定させるとともに、結露の発生を抑制することができる。
3 JIS（日本産業規格）でのF☆☆☆☆等級に適合する建材は、建築
基準法によるシックハウス対策に係る制限を受けることなく内装仕上
げに用いることができる。
4 マンションの界壁の遮音は、空気伝搬音より固体伝搬音の対策を重
視しなければならない。

〔問　43〕　マンションの給水設備に関する次の記述のうち、適切なもの
はどれか。

1　受水槽のオーバーフロー管及び通気管には、外部からの害虫等の侵
入を防ぐために、トラップ又は先端に防虫網を設ける必要がある。

2　受水槽を屋内に設置する場合においては、受水槽の天井、底及び周
壁と建築物との間に、保守点検のために必要な空間を設けなければな
らない。

3　高層マンションにおいては、高置水槽が不要な給水方式である水道
直結増圧方式及びポンプ直送方式は採用することができない。

4　受水槽における給水管の流入端からオーバーフロー管下端までの吐
水口空間の垂直距離は、150mm以上としなければならない。

〔問　44〕　マンションの排水設備に関する次の記述のうち、適切でない
ものはどれか。

1　専有部分の浴槽からの排水を受ける、管径が50mmの排水横引管につ
いて、円滑に排水を行うため、その最小勾配は50分の1とする。

2　敷地内に埋設する排水管には、起点、屈曲点、合流点、管径や勾配
の変化点、既設管との接続箇所以外にも、維持・管理用に、一定の距
離の範囲内で「ます」を設ける。

3　結合通気管は、排水立て管と通気立て管を接続し、排水立て管の下
層階で生じた負圧、上層階で生じた正圧を緩和するために用いる。

4　特殊継手排水システムは、専有部分からの汚水系統や雑排水系統の
排水を集約できる機能を有する。

〔問　45〕　マンションの設備に関する次の記述のうち、適切でないもの
はどれか。

1　潜熱回収型ガス給湯機を設置する場合には、潜熱回収時に熱交換器
より凝縮水が発生するので、それを排出するために排水管を設置する。

2　新設する乗用エレベーターには、駆動装置又は制御器に故障が生じ、かご及び昇降路のすべての出入口の戸が閉じる前にかごが昇降した場合に、自動的にかごを制止する装置を設けなければならない。

3　都市ガスのマイコンメーターは、災害の発生のおそれのある大きさの地震動、過大なガスの流量又は異常なガス圧力の低下を検知した場合に、ガスを速やかに遮断する機能を有する。

4　消防用設備において、設置後10年を経過した連結送水管は、5年ごとに配管の耐圧性能試験を行わなければならない。

◎〔問　46〕　次の記述は、「マンションの管理の適正化の推進を図るための基本的な方針」において定められている「マンションの管理の適正化のために管理組合が留意すべき事項」の（6）及び（7）を抜粋したものである。空白となっている　A　～　C　に下欄のア～カの語句を選んで文章を完成させた場合において、正しい組合せは、次のうちどれか。

（6）　発注等の適正化

管理業務の委託や工事の発注等については、事業者の選定に係る意思決定の透明性確保や　A　等に注意して、適正に行われる必要があるが、とりわけ　B　が管理組合の管理者等又は役員に就任する場合においては、マンションの区分所有者等から信頼されるような発注等に係るルールの整備が必要である。

（7）　良好な居住環境の維持及び向上

自治会及び町内会等（以下「自治会」という。）は、管理組合と異なり、各　C　が各自の判断で加入するものであることに留意するとともに、特に管理費の使途については、マンションの管理と自治会活動の範囲・相互関係を整理し、管理費と自治会費の徴収、支出を分けて適切に運用することが必要である。なお、このように適切な峻別や、代行徴収に係る負担の整理が行われるのであれば、自治会費の徴収を代行することや、防災や美化などのマンションの管理業務を自治会が行う活動と連携

して行うことも差し支えない。

［語　句］　ア　説明責任　　　　イ　利益相反
　　　　　　ウ　外部の専門家　　エ　管理業者の管理員
　　　　　　オ　居住者　　　　　カ　区分所有者
［組合せ］　1　Aはア、Bはエ、Cはオ
　　　　　　2　Aはイ、Bはウ、Cはカ
　　　　　　3　Aはイ、Bはウ、Cはオ
　　　　　　4　Aはア、Bはエ、Cはカ

〔問　47〕　マンション管理士に関する次の記述のうち、マンション管理
　　適正化法の規定によれば、正しいものはどれか。

1　マンション管理士は、正当な理由がなく、その業務に関して知り得
　　た秘密を漏らしたときは、1年以下の懲役又は30万円以下の罰金に処
　　される。
2　マンション管理士でない者が、マンション管理士又はこれに紛らわ
　　しい名称を使用したときは、1年以下の懲役又は50万円以下の罰金に
　　処される。
3　マンション管理士は、マンション管理士の信用を傷つけるような行
　　為をしたときは、1年以下の懲役又は50万円以下の罰金に処される。
4　マンション管理士は、3年ごとに、国土交通大臣又はその指定する
　　者が行う講習を受けなければならないが、これに違反したときは、国
　　土交通大臣はその登録を取り消すことができる。

〔問　48〕　マンション管理業者の業務に関する次の記述のうち、マン
　　ション管理適正化法の規定によれば、正しいものはいくつあるか。

ア　マンション管理業を営もうとする者は、国土交通省に備えるマン
　　ション管理業者登録簿に登録を受けなければならず、この登録の有効
　　期間は3年である。

イ　マンション管理業者の登録を受けない者は、マンション管理業を営んではならないとされており、これに違反した者は、1年以下の懲役又は50万円以下の罰金に処される。

ウ　マンション管理業者が、その事務所ごとに置かねばならない成年者である専任の管理業務主任者の人数は、管理事務の委託を受けた管理組合（省令で定める人の居住の用に供する独立部分の数が5以下である建物の区分所有者を構成員に含むものは除く。）の数を30で除したもの（1未満の端数は切り上げる。）以上としなければならない。

エ　マンション管理業者は、管理組合から委託を受けた管理事務のうち基幹事務については、これを一括して他人に委託してはならず、国土交通大臣は、これに違反したマンション管理業者に対して、1年以内の期間を定めて、その業務の全部又は一部の停止を命ずることができる。

1　一つ
2　二つ
3　三つ
4　四つ

◎〔問　49〕　マンション管理業者の行う重要事項の説明に関する次の記述のうち、マンション管理適正化法の規定によれば、正しいものはいくつあるか。ただし、記述の中で「マンションの区分所有者等」「管理者等」とあるのは、同法第2条の規定によるものとする。

ア　マンション管理業者は、重要事項の説明会を開催する場合、当該説明会の前日までに、マンションの区分所有者等及び当該管理組合の管理者等の全員に対し、重要事項並びに説明会の日時及び場所を記載した書面を交付しなければならない。

イ　マンション管理業者は、従前の管理受託業務と同一の条件で管理組合との管理受託契約を更新しようとするときは、あらかじめ、当該管理組合を構成するマンションの区分所有者等全員に対し、重要事項を記載した書面を交付しなければならない。

ウ　マンション管理業者が、マンションの区分所有者等及び当該管理組

合の管理者等全員に対し書面で交付する重要事項には、マンション管理業者の商号又は名称、住所、登録番号及び登録年月日並びに当該マンション管理業者の前年度の財務状況が含まれる。

エ　マンション管理業者が、重要事項を記載した書面を作成するときは、管理業務主任者をして当該書面に記名させなければならないが、国土交通大臣は、これに違反したマンション管理業者に対して、1年以内の期間を定めて、その業務の全部又は一部の停止を命ずることができる。

1　一つ
2　二つ
3　三つ
4　四つ

◎〔問 50〕　次の記述は、「マンションの管理の適正化の推進を図るための基本的な方針」（令和3年9月28日　国土交通省告示第1286号）に関するものであるが、正しいものはいくつあるか。

ア　マンションの管理の主体は、マンションの区分所有者等で構成される管理組合であり、管理組合は、マンションの区分所有者等の意見が十分に反映されるよう、また、長期的な見通しを持って、適正な運営を行うことが必要である。

イ　マンションの管理には専門的な知識を要する事項が多いため、管理組合は、問題に応じ、マンション管理士等専門的知識を有する者の支援を得ながら、主体性をもって適切な対応をするよう心がけることが重要である。

ウ　マンションの管理は、状況によっては、外部の専門家が、管理組合の管理者等又は役員に就任することも考えられるが、その場合には、マンションの区分所有者等が当該管理者等又は役員の選任や業務の監視等を適正に行うとともに、監視・監督の強化のための措置等を講じることにより適正な業務運営を担保することが重要である。

エ　管理組合を構成するマンションの区分所有者等は、管理組合の一員

としての役割を十分認識して、管理組合の運営に関心を持ち、積極的
に参加する等、その役割を適切に果たすよう努める必要がある。

1　一つ
2　二つ
3　三つ
4　四つ

令和5年度

解答と解説

正解番号一覧

問	正解	問	正解	問	正解	問	正解	問	正解
1	1	11	4	21	2	31	3	41	1
2	3	12	4	22	2	32	3	42	1
3	4	13	2	23	2	33	3	43	2
4	3	14	3	24	2	34	3	44	3
5	3	15	4	25	1	35	4	45	2
6	3	16	2	26	3	36	2	46	4
7	2	17	1	27	4	37	3	47	3
8	2	18	2	28	4	38	2	48	3
9	3	19	3	29	4	39	3	49	1
10	1	20	4	30	3	40	4	50	3

合格基準点 36点

**問 1 区分所有法
（共用部分・敷地）** 　正解 **1**　重要度 ★★★

1 誤りで正解。 専有部分だけでなく附属の建物も、規約により共用部分とすることができる（区分所有法4条2項前段、1条、2条1項・3項）。

2 正しい。 区分所有者が建物及び建物が所在する土地と一体として管理又は使用をする庭、通路その他の土地は、規約により建物の敷地とすることができる（同法5条1項）。

3 正しい。「敷地利用権」とは、専有部分を所有するための建物の敷地に関する権利をいう（同法2条6項）。区分所有者の数人で敷地を所有する場合、その所有権は、専有部分を所有するためのものといえるので「敷地利用権」である。

4 正しい。「共用部分」とは、専有部分以外の建物の部分、専有部分に属しない建物の附属物及び規約により共用部分とされた附属の建物をいう（同法2条4項）。

肢2について。「敷地」とは、①建物が所在する土地（法定敷地）と、②規約によって敷地とされたもの（規約敷地）をいう（区分所有法2条5項）。

問 2 区分所有法（管理組合） 　正解 **3**　重要度 ★

ア 正しい。 共用部分を専有部分にすることは、共用関係の廃止（共用部分の処分）に当たり、共有者全員の同意が必要である（民法251条1項）。

イ 誤り。 管理組合の理事は、区分所有者を代理する（区分所有法26条2項前段）。しかし、団地管理組合の理事が代理するのは、団地建物所有者であり（同法66条）、管理組合法人において区分所有者を代理するのは、管理組合法人である（同法47条6項前段）。

ウ 誤り。 管理組合の管理者を管理所有者とすることはできるが（同法

27条1項)、団地管理組合の管理者や管理組合法人の理事を管理所有者とすることはできない(同法66条、47条11項)。本肢は、団地管理組合の管理者について誤っている。

エ　誤り。管理組合の管理者は、集会の決議により、訴訟担当者として選任することができる(同法57条3項)。しかし、団地管理組合には競売請求の規定は準用されておらず(同法66条)、管理組合法人において理事を訴訟担当者として選任できる旨の規定もない。

以上より、誤っているものは**イ**、**ウ**、**エ**の三つであるから、**3**が正解である。

 記述アについて。法定共用部分を専有部分にするとは、たとえば、共用部分である廊下の一部を改造して専有部分にするようなことである。

✔ チェック□□□

問3　区分所有法（共用部分・敷地・附属施設）　正解 **4**　重要度 ★★★

ア　正しい。共用部分の変更(軽微な変更を除く)は、区分所有者及び議決権の各4分の3以上の多数による集会の決議で決する。ただし、この区分所有者の定数は、規約でその過半数まで減ずることができる(区分所有法17条1項)。

イ　正しい。共用部分の管理に関する事項は、共用部分の変更(軽微な変更を「除く」)の場合を「除いて」(=「重大な変更の場合を除いて」)、区分所有者及び議決権の各過半数の決議で決するが(同法18条1項本文、39条1項)、規約で別段の定めをすることを妨げない(同法18条2項)。

ウ　正しい。建物の敷地又は共用部分以外の附属施設(これらに関する権利を含む)が区分所有者の共有に属する場合、区分所有法17条が準用されるので(同法21条)、アと同様になる。

エ　正しい。建物の敷地又は共用部分以外の附属施設(これらに関する権利を含む。)が区分所有者の共有に属する場合、各共有者は、規約に別段の定めがない限り、その持分に応じて、建物の敷地の負担に任

じ、建物の敷地から生ずる利益を収取する（同法21条、19条）。

以上より、正しいものは**ア**、**イ**、**ウ**、**エ**の四つであるから、**4**が正解である。

 記述アについて。共用部分の変更（軽微な変更を除く）の場合、本記述のとおり区分所有者の定数を過半数まで減ずることはできるが、議決権割合を減ずることはできない。

✔ チェック□□□

問4 区分所有法（規約による別段の定めの可否） 正解 3 重要度 ★★

1 規定することができる。 集会においては、規約に別段の定めがある場合及び別段の決議をした場合を除いて、管理者又は集会を招集した区分所有者の1人が議長となる（区分所有法41条）。

2 規定することができる。 敷地利用権が数人で有する所有権その他の権利である場合には、区分所有者は、その有する専有部分とその専有部分に係る敷地利用権とを分離して処分することができない。ただし、規約に別段の定めがあるときは、この限りでない（同法22条1項）。

3 規定することができず正解。 管理所有者は、共用部分の変更（軽微な変更を除く）をすることができない（同法20条2項、17条1項）。この点に関し、規約に別段の定めができる旨の規定はない。

4 規定することができる。 一部共用部分の管理のうち、区分所有者全員の利害に関係するもの又は規約に定めがあるものは、区分所有者全員で行う（同法16条）。

 敷地利用権（肢2）と異なり、共用部分の持分と専有部分は、「区分所有法」に別段の定めがある場合を除いて、分離処分できない（区分所有法15条2項）。

問5 区分所有法(共用部分に関する不当利得返還請求)

正解 3 重要度 ★★

最判平27.9.18から本問に関連する部分を抜粋すると、次のようになる。

『(ア)一部の区分所有者が共用部分を第三者に賃貸して得た賃料のうち各区分所有者の持分割合に相当する部分につき生ずる不当利得返還請求権は、各区分所有者に帰属する。他方において、区分所有法は、共用部分の管理を団体的規制に服させている。そして、(イ)共用部分を第三者に賃貸することは共用部分の管理に関する事項に当たるところ、上記請求権は共用部分の管理と密接に関連する。そうすると、(ウ)区分所有者の団体は、区分所有者の団体のみが上記請求権を行使することができる旨を集会で決議し、又は規約で定めることができる。そして、(エ)本件マンションの管理規約には、管理者が共用部分の管理を行い、共用部分を特定の区分所有者に無償で使用させることができる旨の定めがあり、この定めは、区分所有者の団体のみが上記請求権を行使することができる旨を含むものと解することができる。』

1 **正しい**。(イ)のとおりである。

2 **正しい**。(ア)のとおりである。

3 **誤りで正解**。(ウ)のとおり、本肢のような決議をすることができる。

4 **正しい**。(エ)のとおりである。

上記の抜粋の内容をまとめると、おおよそ次のとおりである。「本件の請求権は、(本来は)各区分所有者に属する。しかし、共用部分の管理は団体的規制に服するから、区分所有者の団体のみが上記請求権を行使できる旨を規約で定めることができる。本件マンションの管理規約は、そのような内容を含んでいるといえる。」

問 6 区分所有法 (集会)　　正解 3　重要度 ★★★

1　**正しい。**集会の招集は原則として管理者が行うが、区分所有者の5分の1以上で議決権の5分の1以上を有するものは、管理者に対し、会議の目的たる事項を示して、集会の招集を請求することができる（区分所有法34条3項）。

2　**正しい。**議決権は、区分所有者本人が集会に出席して行使するのが本来の方法であるが、集会に出席せずに書面で議決権を行使すること、及び、代理人によって議決権を行使することも認められている（同法39条2項）。

3　**誤りで正解。**集会の招集通知をする場合において、その議案の要領をも通知しなければならないのは、会議の目的たる事項（議題）が、①共用部分の重大変更、②規約の設定・変更・廃止、③建物の大規模滅失の場合の復旧、④建物の建替え、⑤団地内の区分所有建物につき団地規約を定めることについての各棟の承認、⑥団地内の2以上の特定の区分所有建物の建替えについて一括して建替え承認決議に付す旨の決議、のいずれかに該当する場合である（同法35条5項）。したがって、管理者の選任が会議の目的たる事項である場合は、議案の要領まで通知する必要はない。

4　**正しい。**専有部分を複数の者が共有している場合、共有者全員がそれぞれ議決権を行使したのでは、区分所有者や議決権の数の扱いが混乱するおそれがあるので、共有者は、集会において議決権を行使すべき者1人を定めなければならないとされている（同法40条）。

　肢1について。集会招集請求があった場合、管理者が、2週間以内に、その請求の日から4週間以内の日を会日とする集会の招集通知を発しなかったときは、その請求をした区分所有者が集会を招集することができる（同法34条4項）。

問 **7** 区分所有法・民法・借地借家法（専有部分の賃貸） 正解 **2** 重要度 ★★

ア 正しい。Aは、Bに101号室を居住用として賃貸しているのだから、「専有部分を専ら住宅として使用」しているといえる。したがって、甲マンションの用途違反にはならない。

イ 誤り。専有部分の占有者（賃借人等）が、区分所有者が集会の決議に基づいて負う義務と同一の義務を負うのは、建物・敷地・附属施設の使用方法についての義務に限られる（区分所有法46条2項）。区分所有建物を建て替えるということは、建物・敷地・附属施設の使用方法を超えた問題であるから、占有者Bは建替え決議遵守義務を負わない。したがって、賃貸人Aが賃貸借契約の更新を拒絶するためには、借地借家法による正当事由が必要である（借地借家法28条）。

ウ 正しい。共用部分の各共有者は、規約に別段の定めがない限りその持分に応じて、共用部分の負担に任じなければならない（区分所有法19条）。したがって、本肢のように管理費の実際の支払を賃借人が行う取り決めがあったとしても、管理費の本来的な支払義務者は共用部分の共有者である区分所有者であるから、管理組合は、区分所有者Aに対して滞納管理費を請求することができる。

エ 誤り。区分所有者の承諾を得て専有部分を占有する者は、会議の目的たる事項につき利害関係を有する場合には、集会に出席して意見を述べることができ、この場合には、集会を招集する者は、招集の通知を発した後遅滞なく、集会の日時、場所及び会議の目的たる事項を建物内の見やすい場所に掲示しなければならない（同法44条）。しかし、本肢は、会議の目的たる事項についてBが利害関係を有しない場合であるから、そのような掲示は不要である。

　以上より、誤っているものは**イ**、**エ**の二つであるから、**2**が正解である。

✔ チェック□□□

問 8 区分所有法・民法（義務違反者に対する措置）

正解 **2**　重要度 ★

1　**正しい**。区分所有者の全員は、義務違反者に対し違反行為の停止・結果の除去等の請求をすることができるが（区分所有法57条1項）、その請求を訴訟によって行う場合は、必ず集会の決議によらなければならない（同法57条2項）。また、この訴訟は管理者に追行させることもできるが、その点についても集会の決議が必要である（同法57条3項）。

2　**誤りで正解**。所有者を知ることができず、又はその所在を知ることができない建物について、民法には本肢のとおりの規定が定められている（民法264条の8）。しかし、この民法の規定は、専有部分及び共用部分には適用されないとされているので（区分所有法6条4項）、本肢は誤りである。

3　**正しい**。Aの故意又は過失によって、Bの身体が侵害され、通院・治療が必要となる損害を受けているので、Bは、Aの不法行為に基づく損害賠償請求をすることができる（民法709条、710条）。

4　**正しい**。管理不全の建物について、民法には管理不全建物管理人に管理を命令する制度が定められているが（民法264条の14）、この民法の規定も、専有部分及び共用部分には適用されないとされている（区分所有法6条4項）。したがって、本肢は正しい。

✔ チェック□□□

| 問 9 | 区分所有法・民法
（建替え決議） | 正解 3 | 重要度
★★ |

1　**誤り**。建替え参加に関する催告を受けた区分所有者が、2か月以内に回答をしなかった場合、参加しない旨の回答をしたとみなされる（区分所有法63条4項）。もともと決議に賛成していない者なので、回答がないということは不参加と考えるのが自然だからである。

2　**誤り**。区分所有権及び敷地利用権の売渡し請求は、建替え参加者から不参加者に対し行うものである（同法63条5項）。建替えに参加する旨を回答した者に対して売渡し請求をすることはできない。

3　**正しく正解**。売渡し請求の意思表示が相手方に到達すると、当事者間に売買契約が成立する。売買契約成立の効果として、相手方は専有部分の引渡義務及びその登記移転義務を負い、請求権行使者は時価による売買代金支払義務を負うが、この両者の義務は同時履行の関係に立つ（民法533条）。したがって、移転登記手続の履行を求めるためには、売買代金の提供が必要である。

4　**誤り**。本肢のような場合、建物の明渡しについては期限の許与が認められるが、移転登記手続についての期限の許与は認められない（区分所有法63条6項）。期限許与の制度は、建物の明渡しにより生活上著しい困難が生じることを考慮したものである。登記を移転しても建物を明け渡さなければ、生活上の困難は生じない。

アルファ　売渡し請求は、建替え決議に賛成した区分所有者及び建替え
に参加する旨を回答した区分所有者（これらの者の承継人を
含む）のほか、これらの者の全員の合意により区分所有権及
び敷地利用権を買い受けることができる者として指定さ
れた者もすることができる。

✔ チェック□□□

問10　区分所有法（団地）　　正解 1　重要度 ★★

1　**誤りで正解**。団地共用部分の対象になるのは、一団地内の附属施設
たる建物と区分所有建物の専有部分たり得る部分だけである（区分
所有法67条１項）。団地内の土地を団地共用部分とすることはできな
い。また、団地共用部分は規約の定めによって設定されるのであり、
当然に団地共用部分となるものではない。

2　**正しい**。団地内の専有部分のある建物（区分所有建物）は、当然に
は団地管理組合の管理対象とはならないが、規約の定めによって団地
管理組合の管理対象とすることができる（同法68条１項）。この場合、
それぞれの棟の状況等に応じて、管理について異なる内容を定めるこ
とも可能である。

3　**正しい**。本肢のとおりである（同法70条１項）。要するに、一括建
替え決議の成立要件として、団地全体で５分の４以上の賛成があるだ
けでは足りず、その団地管理組合における一括建替え決議において、
各棟の区分所有者はどのように議決権行使したかをチェックし、各棟
ごとに見て３分の２以上が賛成していることが必要とされているので
ある。

4　**正しい**。一括建替え決議においては、①再建団地内敷地の一体的な
利用についての計画の概要、②新たに建築する建物（再建団地内建物）
の設計の概要、③団地内建物の全部の取壊し及び再建団地内建物の建
築に要する費用の概算額、④③の費用の分担に関する事項、⑤再建団
地内建物の区分所有権の帰属に関する事項を、必ず定めなければなら
ない（同法70条３項）。

団地共用部分は、規約共用部分の団地版と理解するとよい。たとえば、団地管理組合の事務所、集会室、倉庫、車庫などが団地共用部分の典型例である。

✔ チェック□□□

問 11　被災マンション法　　正解 **4**　重要度 ★★★

1　**正しい**。政令指定災害により区分所有建物が全部滅失した場合、敷地共有者集会において、敷地共有者等の議決権の5分の4以上の多数の賛成があれば、建物を再建する旨の決議をすることができる（被災マンション法4条1項）。

2　**正しい**。敷地共有者集会に参加して議決権を行使することができるのは、敷地共有持分を有する者（敷地共有者等）である（同法2条、4条1項）。敷地利用権を第三者に譲渡した者は、敷地共有持分を有していないので、再建決議における議決権を有しない。

3　**正しい**。再建決議による場合、滅失した区分所有建物敷地とまったく異なる土地に建物を再建することはできないが、完全に一致する必要はなく、再建の前後で一部でも敷地が重なっていればよいとされている（同法4条1項）。

4　**誤りで正解**。再建決議は、敷地共有者等及びその承継人に対してのみ拘束力が及び、抵当権者はこれによって法律上の影響を受けない。したがって、敷地利用権に対する抵当権は消滅しない。

再建決議においては、敷地共有者等の人数は決議要件とされていないことに注意。なお、敷地共有者集会における議決権は、敷地共有持分等の価格の割合による。

問 12 民法 (即時取得)　　正解 4　重要度 ★

1　**誤り。**即時取得は取引の安全を図ることを目的とする制度なので、取引行為によって占有を取得した場合でなければ、即時取得は成立しない（民法192条）。したがって、本肢のように相続によって占有を取得した場合には、即時取得は成立しない。

2　**誤り。**即時取得が認められるためには、外観から見て占有の状態に変更が生じるような占有取得形態であることを要すると解されている。本肢のように現実的支配の移転が外形上見えない占有取得（占有改定）では、即時取得は成立しない（最判昭35.2.11）。

3　**誤り。**占有者が占有物について行使する権利は、適法に有するものと推定されているので（同法188条）、動産を占有する者と取引する者は、取引の相手方である占有者をその動産について権利者だと信じたとしても過失がない。それゆえ、即時取得者が無過失を立証する必要はなく、即時取得を否定する真の権利者の側が、占有取得者に過失があったことを主張・立証しなければならない（最判昭41.6.9）。

4　**正しく正解。**即時取得が成立する場合でも、占有物が盗品又は遺失物であるときは、被害者又は遺失者は、盗難又は遺失の時から2年間、占有者に対してその者の返還を請求することができる（同法193条）。

 ＋アルファ　即時取得の制度は、動産を取引した場合にしか適用されない。ただし、動産であっても、登録された自動車には適用されない。

問 13 民法 (詐害行為取消権)　　正解 2　重要度 ★

1　**誤り。**詐害行為取消請求に係る訴えは、債務者が債権者を害することを知って行為した時からではなく、その行為があったことを債権者が知った時から2年を経過した場合に、提起することができなくなる（民法426条）。

2 正しく正解。債権者は、その債権が詐害行為の前の原因に基づいて生じたものである場合に限り、詐害行為取消請求をすることができる（同法424条3項）。したがって、詐害行為が行われた後に発生原因が生じた（詐害行為の前の原因に基づいて生じたものでない）債権は、既に減少した債務者の財産を目的として発生したといえるので、詐害行為取消請求をすることができない。

3 誤り。債権者は、詐害行為取消請求をする場合において、債務者がした行為の目的が可分であるときは、自己の債権の額の限度においてのみ、その行為の取消しを請求することができるとされている（同法424条の8第1項）。しかし、マンションの専有部分を贈与する行為は不可分なので、この規定は適用されない。したがって、Bは、贈与契約全体を取り消すことができる。

4 誤り。301号室の贈与が取り消され所有権がAに戻れば、Bの債権は保全される。したがって、詐害行為の目的物が不動産の場合には、債務者A名義への登記回復を請求することができるだけで、債権者B名義への登記移転を請求することはできない（最判昭53.10.5）。

 詐害行為取消権は、必ず裁判上で行使しなければならず、裁判外で行使しても効力を生じない（同法424条1項）。

✔ チェック□□□

(問)**14** **民法（手付）** [正解]**3** 重要度 ★★★

1 正しい。買主が売主に手付を交付したときは、相手方が契約の履行に着手する前であれば、買主は手付を放棄し、売主はその倍額を現実に提供して、契約を解除することができる（民法557条1項）。売主側から解除する場合の法律上の要件としては、現実に提供することまでしか求められていないので、売主が手付の倍額を現実に提供して契約解除の意思表示をすれば、買主がこれを受領しなくても契約解除の効力は生じる。

2 正しい。手付による契約解除ができなくなるのは、相手方が契約の

履行に着手した場合である（同法557条１項ただし書）。自分が履行に着手していてもかまわない。

3　**誤りで正解**。債務不履行に基づいて契約を解除した場合、契約の当事者が互いに契約前の状態に戻す義務（原状回復義務）があるので、売主は手付を買主に返還しなければならない（同法545条１項）。手付の放棄又は倍返しで処理されるのは、債務不履行などの解除原因によらず、解約手付によって一方的に契約を解除する場合だけである。

4　**正しい**。解約手付の制度は、手付の額だけの損得で契約を解除することを認めるものであり、手付による解除が行われた場合に、別途、損害賠償を請求することはできない（同法557条２項）。したがって、手付の額を超える損害が生じていたとしても、その賠償を請求することはできない。

 履行の着手があったといえるためには、履行行為の一部又は履行の提供をするために欠くことのできない前提行為が行われ、その行為が客観的に外部から認識できるようなものであることが必要とされている（最大判昭40.11.24）。

✔ チェック□□□

問 **15**　**民法（使用貸借）**　正解 **4**　重要度 ★

1　**誤り**。書面によらない使用貸借の場合、貸主は、借主が借用物を受け取るまで、契約の解除をすることができる（民法593条の２）。本肢では、Ｂが引渡しを受けているので、Ａは解除することができない。

2　**誤り**。借主は、通常の必要費以外の費用償還請求権を有するが（同法595条２項）、修繕請求権は有しない。

3　**誤り**。使用貸借は、借主の死亡によって終了する（同法597条３項）。したがって、借主の地位は相続人に相続されず、相続人は目的物を使用することができない。

4　**正しく正解**。当事者が使用貸借の期間並びに使用及び収益の目的を定めなかったときは、貸主は、いつでも契約の解除をすることができる（同法598条２項）。

使用貸借の借主は、いつでも契約の解除をすることができる（民法598条3項）。

✔ チェック□□□

問 **16** 民法（事務管理）　　正解 **2**　重要度 ★

1 **正しい**。義務なく他人のために事務の管理を始めた者は、その事務の性質に従い、最も本人の利益に適合する方法によって、その事務の管理をしなければならない（民法697条1項）。

2 **誤りで正解**。管理者は、本人のために有益な費用を支出したときは、本人に対し、その償還を請求することができる（同法702条1項）。

3 **正しい**。管理者は、事務管理を始めたことを遅滞なく本人に通知しなければならない。ただし、本人が既にこれを知っているときは、この限りでない（同法699条）。

4 **正しい**。管理者は、本人の身体、名誉又は財産に対する急迫の危害を免れさせるために事務管理をしたときは、悪意又は重大な過失があるのでなければ、これによって生じた損害を賠償する責任を負わない（同法698条）。

法律上の義務がないのに他人のために仕事をすることを「事務管理」という。本問のBは依頼されていないのにAのために窓ガラスの修理等をしているので、事務管理の問題になる。

✔ チェック□□□

問 **17** 民法（時効・不法行為）　　正解 **1**　重要度 ★★

1 **正しく正解**。不法行為による損害賠償の請求権は、被害者又はその法定代理人が損害及び加害者を知った時から3年間（人の生命又は身体の侵害の場合は5年間）行使しないときは、時効によって消滅する（民法724条1号、724条の2）。後遺症がある場合、症状固定の診断

を受けた時に「損害を知った」といえる（最判平16.12.24）。本肢の場合、時効の起算日は、症状固定の診断を受けた日の翌日である令和２年８月１日であり（同法140条本文）、人的侵害なので５年後の応当日である令和７年８月１日の前日である令和７年７月31日の経過時に（同法143条２項本文）、請求権が時効消滅する。

2 **誤り。**本肢では、被害者は事故当日に損害及び加害者を知っている。したがって、起算日は事故翌日の令和２年５月２日であり（同法724条１号）、物的侵害なので３年後の応当日である令和５年５月２日の前日である令和５年５月１日の経過時に（同法143条２項本文）、請求権が時効消滅する。

3 **誤り。**肢**1**のとおり、令和７年７月31日の経過時に時効消滅する。

4 **誤り。**肢**2**のとおり、令和５年５月１日の経過時に時効消滅する。

人的損害の時効期間が５年であることと、後遺症がある場合は症状固定の診断時に「損害を知った」といえることが、本問のポイントである。

✔ チェック□□□

問18 区分所有法・民法等（先取特権）　　正解 2　　重要度 ★

1 **正しい。**区分所有法７条の先取特権は、優先権の順位及び効力については、共益費用の先取特権（民法306条１号、一般の先取特権の一種）とみなされる（区分所有法７条２項）。そして、一般の先取特権は、不動産について登記をしなくても、特別担保を有しない債権者に対抗することができるが、登記をした第三者に対しては、この限りでない（民法336条）。つまり、登記をした第三者には劣後する。

2 **誤りで正解。**敷地権付き区分建物には、原則として、当該建物のみの所有権の移転を登記原因とする所有権の登記又は当該建物のみを目的とする担保権に係る権利に関する登記をすることができない（不動産登記法73条３項本文）。

3 **正しい。**一般の先取特権の実行は、その存在を証する文書が提出されたときに限り開始する（民事執行法181条１項４号）。したがって、

登記がされていなくても申立てをすることができる。

4 正しい。 本肢の場合、管理者は、債権者代位権（民法423条1項本文）を行使して、相続人に代位して相続を原因とする所有権移転登記を申請することができる。

本問は難しい肢を含むが、肢2が頻出事項なので、正解は導き出せる。復習は、肢1と肢2を中心に。

✔ チェック□□□

問19 マンション建替え円滑化法（マンション建替事業） 正解 3 重要度 ★★★

1 正しい。 建替え合意者は、5人以上共同して、定款及び事業計画を定め、都道府県知事（市の区域内にあっては、当該市の長）の認可を受けてマンション建替組合を設立することができる（マンション建替え円滑化法9条1項)。

2 正しい。 施行マンションの建替え合意者等は、すべて組合の組合員となり、マンションの一の専有部分が数人の共有に属するときは、その数人を「1人の組合員」とみなす（同法16条1項・2項）。

3 誤りで正解。 権利変換計画及びその変更は、組合員の議決権及び持分割合の各5分の4以上で決する（同法30条3項、27条7号）。

4 正しい。 組合設立に係る認可の公告又は個人施行者の施行の認可の公告があったときは、施行マンションの区分所有権又は敷地利用権を有する者は、その公告があった日から起算して30日以内に、施行者に対し、権利の変換を希望せず、自己の有する区分所有権又は敷地利用権に代えて金銭の給付を希望する旨を申し出ることができる（同法56条1項）。

肢3について。組合員は、定款に特別の定めがある場合を除き、各1個の議決権を有する（マンション建替え円滑化法33条1項）。

問 20 都市計画法（地区計画）　　正解 4　重要度 ★★

1　**誤り**。地区計画とは、建築物の建築形態、公共施設その他の施設の配置等からみて、一体としてそれぞれの区域の特性にふさわしい態様を備えた良好な環境の各街区を整備し、開発し、及び保全するための計画をいう（都市計画法12条の5第1項）。この地区計画については、地区計画の種類、名称、位置及び区域を定めるものとされている（同法12条の5第2項、12条の4第2項）。他方、当該地区計画の目標、当該区域の整備、開発及び保全に関する方針は、定めるよう努めるものとされている（同法12条の5第2項2号・3号）。したがって、定めなければならないのではない。

2　**誤り**。地区計画は、用途地域が定められている土地の区域、用途地域が定められていない土地の区域のうち一定の区域に定めることができる（同法12条の5第1項各号）。市街化調整区域は、原則として用途地域が定められない（同法13条1項7号）。したがって、地区計画は、市街化調整区域に定めることができないわけではない。

3　**誤り**。地区整備計画においては、建築物等の用途の制限、建築物等の形態又は色彩その他の意匠の制限のほか、建築物の緑化率の最低限度についても定めることができる（同法12条の5第7項2号）。

4　**正しく正解**。地区計画の区域（再開発等促進区若しくは開発整備促進区又は地区整備計画が定められている区域に限る）内において、土地の区画形質の変更、建築物の建築その他政令で定める行為を行おうとする者は、当該行為に着手する日の30日前までに、行為の種類、場所、設計又は施行方法、着手予定日その他国土交通省令で定める事項を、市町村長に届け出なければならない（同法58条の2第1項本文）。

肢4の届出が市町村長になされた場合でも、その届出に係る行為が地区計画に適合しないと認めるときは、市町村長は、その届出をした者に対し、その届出に係る行為に関し設計の変更その他の必要な措置をとることを勧告することができる。

問 21 建築基準法（単体規定）　正解 2　重要度 ★★

1　正しい。特殊建築物で、その用途に供する部分の床面積の合計が200㎡を超えるものに用途を変更するときには、建築確認を受ける必要がある（建築基準法87条1項、6条1項1号）。しかし、事務所は、特殊建築物にあたらない（同法別表第一参照）。したがって、用途を事務所に変更する場合には、建築確認を受ける必要はない。

2　誤りで正解。特殊建築物で、その用途に供する部分の床面積の合計が200㎡を超えるものについて、大規模の修繕をするときには、建築確認を受ける必要がある（同法6条1項1号）。共同住宅は、特殊建築物にあたる（同法別表第一）。したがって、共同住宅について、大規模の修繕をしようとする場合には、建築確認を受ける必要がある。

3　正しい。特定行政庁は、緊急の必要がある場合においては、建築基準法の規定に違反した共同住宅の所有者等に対して、当該者からの意見書の提出等の手続によらないで、仮に、当該共同住宅の使用禁止又は使用制限の命令をすることができる（同法9条7項・5項）。

4　正しい。屋外に設ける避難階段に屋内から通ずる出口に設ける戸の施錠装置は、屋内からかぎを用いることなく解錠できるものとし、かつ、当該戸の近くの見やすい場所にその解錠方法を表示しなければならない（同法施行令125条の2第1項1号）。

肢2について。共同住宅は建築基準法では「特殊建築物」にあたる。この特殊建築物につき、その用途に供する部分の床面積の合計が200㎡を超えるものについて、新築、10㎡を超える増改築（防火・準防火地域を除く）、大規模修繕・模様替えをするときには、建築確認が必要となる。

問22 水道法（簡易専用水道）　　正解 2　重要度 ★★★

1　**正しい**。簡易専用水道の設置者は、当該簡易専用水道の管理について定期に、地方公共団体の機関又は国土交通大臣及び環境大臣の登録を受けた者の検査を受けなければならない（水道法34条の2第2項）。これに違反した者は、100万円以下の罰金に処せられる（同法54条8号）。

2　**誤りで正解**。専用水道の設置者は、定期及び臨時の水質検査を行わなければならず、この水質検査を行ったときは、これに関する記録を作成し、水質検査を行った日から起算して5年間、これを保存しなければならない（同法34条1項、20条1項・2項）。しかし、簡易専用水道の設置者については、このような規定は定められていない。

3　**正しい**。都道府県知事は、簡易専用水道の管理の適正を確保するために必要があると認めるときは、簡易専用水道の設置者から簡易専用水道の管理について必要な報告を徴することができる（同法39条3項）。

4　**正しい**。簡易専用水道の設置者は、当該簡易専用水道の管理について、定期に、地方公共団体の機関又は国土交通大臣及び環境大臣の登録を受けた者の検査を受けなければならない（同法34条の2第2項）。この検査には、給水栓における水質の検査として、臭気、味、色及び濁りに関する検査、残留塩素に関するものがある（厚生労働省告示262号）。

専用水道の設置者には義務付けられているが、簡易専用水道の設置者には義務付けられていないものとしては、肢2のように、水道技術管理者の設置、従事者の健康診断、給水栓における水の塩素消毒などが挙げられる。

問23 消防法（防炎性能）

正解 **2**　重要度 ★★

1　正しい。 高層建築物（高さ31mを超える建築物をいう）において使用する防炎対象物品（どん帳、カーテン、展示用合板その他これらに類する物品で政令で定めるものをいう）は、政令で定める基準以上の防炎性能を有するものでなければならない（消防法8条の3第1項）。そして、この規定は、高層建築物である建物全体（高さ31m以下の階の住戸にも同様）に適用される。

2　誤りで正解。 肢1の解説で述べた「政令で定める基準以上の防炎性能を有するもの」には、人工芝が含まれる（同法施行令4条の3第3項、同法施行規則4条の3第2項5号）。たとえ屋上で使用するものであっても、同様である。

3　正しい。 防炎対象物品又はその材料で防炎性能を有するもの（防炎物品）には、総務省令で定めるところにより、防炎性能を有するものである旨の表示を付することができる（同法8条の3第2項）。したがって、防炎性能を有するカーテンには、防炎性能を有するものである旨の表示を付することができる。

4　正しい。 高層建築物の管理者は、防火対象物において使用する防炎対象物品について、当該防炎対象物品若しくはその材料に防炎性能を与えるための処理をさせたときは、総務省令で定めるところにより、その旨を明らかにしておかなければならない（同法8条の3第5項）。

肢2の「政令で定める基準以上の防炎性能を有するもの」には、人工芝のほか、じゅうたん（織りカーペット（だん通を除く））、毛せん（フェルトカーペット）、タフテッドカーペット・ニッテッドカーペット等、ござ、合成樹脂製床シート、床敷物のうち毛皮製床敷物、毛製だん通などが挙げられる。

問24 防犯に配慮した共同住宅に係る設計指針

正解 2　重要度 ★★★

1 適切。 管理人室は、共用玄関、共用メールコーナー（宅配ボックスを含む）及びエレベーターホールを見通せる構造とし、又はこれらに近接した位置に配置する（防犯に配慮した共同住宅に係る設計指針第３.２（2））。

2 適切でなく正解。 通路（道路に準ずるものを除く）は、道路等、共用玄関又は居室の窓等からの見通しが確保された位置に配置する。また、周辺環境、夜間等の時間帯による利用状況及び管理体制等を踏まえて、道路等、共用玄関、屋外駐車場等を結ぶ特定の通路に動線が集中するように配置することが望ましい（同指針第３.２（9）ア）。

3 適切。 エレベーターのかご内には、防犯カメラを設置する（同指針第３.２（5）ア）。また、エレベーターのかご及び昇降路の出入口の扉は、エレベーターホールからかご内を見通せる構造の窓が設置されたものとする（同指針第３.２（5）ウ）。

4 適切。 集会所等の共同施設は、周囲からの見通しが確保されたものとするとともに、その利用機会が増えるよう、設計、管理体制等を工夫する（同指針第３.２（12）ウ）。

＋アルファ 「防犯に配慮した企画・計画・設計」の基本原則として、①周囲からの見通しを確保する（監視性の確保）、②居住者の帰属意識の向上、コミュニティ形成の促進を図る（領域性の強化）、③犯罪企図者の動きを限定し、接近を妨げる（接近の制御）、④部材や設備等を破壊されにくいものとする（被害対象の強化・回避）が挙げられている。

問 25 標準管理規約
（修繕・改良工事）

正解 1

重要度
★★★

1 適切で正解。 区分所有者は、専有部分の排水管（枝管）の取替え工事を行おうとするときは、専有部分の修繕等として、あらかじめ、理事長にその旨を申請し、書面による承認を受けなければならない（標準管理規約17条1項）。この申請をする場合には、区分所有者は、設計図、仕様書及び工程表を添付した申請書を理事長に提出しなければならない（同規約17条2項）。そして、理事長の承認があったときは、区分所有者は、承認の範囲内において、専有部分の修繕等に係る共用部分の工事を行うことができる（同規約17条4項）。

2 不適切。 バルコニー等の保存行為のうち、通常の使用に伴うものについては、専用使用権を有する者がその責任と負担においてこれを行わなければならない。例えば、台風等で住戸の窓ガラスが割れた場合に、専有部分への雨の吹き込みを防ぐため、割れたものと同様の仕様の窓ガラスに張り替えるというようなケースが該当する（同規約21条関係コメント⑧）。したがって、窓ガラスの張替え工事は、事前に理事長に申請して書面による承認を受ける必要はなく、専用使用権を有する者がその責任と負担においてこれを行う。

3 不適切。 バルコニー等の経年劣化への対応については、管理組合がその責任と負担において、計画修繕として行うものである（同規約21条関係コメント⑤）。この「バルコニー等」には、窓ガラスが含まれる（同規約14条1項）。したがって、経年劣化した窓ガラスの交換工事は、管理組合がその責任と負担において行う。

4 不適切。 共用部分のうち各住戸に附属する窓枠、窓ガラス、玄関扉その他の開口部に係る改良工事であって、防犯、防音又は断熱等の住宅の性能の向上等に資するものについては、管理組合がその責任と負担において、計画修繕としてこれを実施する（同規約22条1項）。具体例として、防犯・防音・断熱性等により優れた複層ガラスやサッシ等への交換、既設のサッシへの内窓又は外窓の増設等が考えられる（同規約22条関係コメント⑥）。もっとも、区分所有者は、管理組合

が当該工事を速やかに実施できない場合には、あらかじめ理事長に申請して書面による承認を受けることにより、当該工事を当該区分所有者の責任と負担において実施することができる（同規約22条2項）。したがって、この場合における当該工事の費用については、管理組合に対して請求することはできない。

 肢2・3の「敷地及び共用部分等の管理（保存行為も含む）」であるが、原則として、管理組合が管理する（標準管理規約21条1項）。しかし、次の3つの場合は、区分所有者が行うことができる。①バルコニー等の保存行為のうち通常の使用に伴うもの、②理事長の承認を受けたもの、③専有部分の使用に支障を生じ、緊急を要するもの（同規約21条3項）。

✔ チェック□□□

標準管理規約（占有者・同居人等） 　正解 **3** 　重要度 ★★★

ア　不適切。占有者は、対象物件の使用方法につき、区分所有者が規約及び総会の決議に基づいて負う義務と同一の義務を負うこと（標準管理規約5条2項）から、区分所有者の承諾を得て専有部分を占有する者は、会議の目的につき利害関係を有する場合には、総会に出席して意見を述べることができる（同規約45条2項前段）。しかし、修繕積立金の値上げの議題は、当該使用方法に関するものではない。したがって、賃借人は、総会に出席して意見を述べることができない。

イ　適切。組合員が代理人により議決権を行使しようとする場合、組合員の住戸に同居する親族は、その代理人とすることができる（同規約46条5項2号）。したがって、区分所有者は、同居している姪を代理人として議決権を行使させることができる。

ウ　適切。理事長は、会計帳簿、什器備品台帳、組合員名簿及びその他の帳票類を作成して保管し、組合員又は利害関係人の理由を付した書面又は電磁的方法による請求があったときは、これらを閲覧させなければならない（同規約64条1項前段）。この「利害関係人」とは、敷地、専有部分に対する担保権者、差押え債権者、賃借人、**組合員から**

の媒介の依頼を受けた宅地建物取引業者等法律上の利害関係がある者をいう（同規約49条関係コメント①）。したがって、区分所有者から住戸の売却の媒介依頼を受けた宅地建物取引業者は、管理組合の帳簿の閲覧を請求することができる。

エ　適切。 理事長は、組合員又は利害関係人の書面又は電磁的方法による請求があったときは、総会の議事録や規約原本等の閲覧をさせなければならない（同規約49条5項、72条4項）。また、区分所有者の同居人が、法令、規約又は使用細則等に違反したときは、理事長は、理事会の決議を経て、その者に対し、その是正等のため必要な勧告又は指示若しくは警告を行うことができる（同規約67条1項）。これにより、当該同居人は、当該利害関係人にあたると解される。したがって、規約違反行為の是正対象となっている区分所有者と同居している親族は、規約や総会決議の議事録の閲覧を請求することができる。

以上より、適切なものは、**イ、ウ、エ**の三つであり、**3**が正解である。

 肢2の「親族（一親等の親族を除く）」とは、組合員の兄弟姉妹、おじ・おば、甥・姪、従妹などである。なお、「一親等の親族」とは、組合員の父母・祖父母・子・孫などを指す。

✔ **チェック**□□□

問27　標準管理規約（災害対策活動）　　正解 **4**　　重要度 ★★

1　適切。 マンションやその周辺における防災・防犯活動等で、その経費に見合ったマンションの資産価値の向上がもたらされる活動は、それが区分所有法3条に定める管理組合の目的である「建物並びにその敷地及び附属施設の管理」の範囲内で行われる限りにおいて可能である。したがって、近隣の自治体と連携して行う防災訓練費用は管理費から支出することができる（標準管理規約27条11号、32条12号、32条関係コメント）。

2　適切。 災害発生時に特別の支援が必要な者の名簿（避難行動要支援者名簿）を備え、該当する組合員等に名簿への記載の協力を求めることを特に禁止する規定はなく、適切である。

3　適切。災害発生時に緊急に各住戸に立ち入る必要が生じる場合に備えて、各住戸の合鍵を管理組合が預かることを管理規約に定めることもできる。

4　不適切で正解。書面決議をするためには、組合員全員の承諾が必要である（同規約50条1項）。災害のため総会を開くことができないときは、全員の承諾がなくても、書面決議することができる旨の規約を制定することはできない。

理事長は、組合員名簿を作成して保管し、組合員又は利害関係人の理由を付した書面による請求があったときは、これを閲覧させなければならない。

✔ チェック□□□

問28　標準管理規約（外部専門家）　正解 4　重要度 ★★

1　適切。組合員以外の者から理事又は監事を選任する場合の選任方法については細則で定める（標準管理規約35条4項）。この細則等には、総会において、どの役職を外部専門家に依頼できるかなどを決議しておくなどの特別の定めをしておくことが望ましい（同規約コメント35条関係⑤）。

2　適切。マンション管理士の登録の取消し又はマンション管理の分野に係る資格についてこれと同様の処分を受けた者は役員となることができない旨を細則に定めることができる（同規約コメント36条の2関係②ア）。

3　適切。外部専門家を理事長に就任させるには、管理組合と外部専門家との間で理事長業務の委託契約を締結することが必要となる（「外部専門家の活用ガイドライン」29頁）。

4　不適切で正解。選任方法について、規約ではなく、細則を定める場合には、普通決議で足りる（同規約48条4号）。

「外部専門家の活用ガイドライン」によれば、細則で定めておく事例として「外部専門家役員は、理事会における議決権を有しない。」と定めている（「同ガイドライン」8頁）。

問29 標準管理規約（役員・理事会）

正解 4　重要度 ★★★

1　**不適切**。区分所有者が、滞納管理費等請求訴訟の被告になっていることは、理事の欠格事由には該当しない（標準管理規約36条の2）。

2　**不適切**。監事は、必要があると認めるときは、理事長に対し、理事会の招集を請求することができる。ただし、一定期間内に理事会の招集の通知が発せられない場合は、その請求をした監事は、理事会を招集することができる。「いつでも、自ら理事会の招集」をすることができるのではない（同規約41条6項・7項）。

3　**不適切**。修繕工事の前提としての劣化診断（建物診断）に要する経費の充当については、修繕工事の一環としての経費であることから、原則として修繕積立金から取り崩すこととなる（同規約コメント32条関係④）。したがって、修繕積立金を取り崩す場合には、総会の決議が必要である（同規約48条10号）。

4　**適切で正解**。役員が自己のために管理組合と取引をするのは、利益相反行為に該当し、理事会の承認が必要である（同規約37条の2第1号）。

肢1について。役員の欠格要件には、①破産者で復権を得ないもの、②禁錮以上の刑に処せられ、その執行を終わり、又はその執行を受けることがなくなった日から5年を経過しない者、③暴力団員等であること、がある。

問30 標準管理規約（WEB会議システム）

正解 3　重要度 ★★

1　**不適切**。WEB会議システム等を用いて総会に出席している組合員が議決権を行使する場合の取扱いは、WEB会議システム等を用いずに総会に出席している組合員が議決権を行使する場合と同様であり、規約の定めや集会の決議は不要である（標準管理規約46条関係コメント⑧）。

2 **不適切。**WEB会議システム等を用いて開催する通常総会において、理事長が当該システム等を用いて出席し報告を行うことも可能である（同規約38条関係コメント②）。

3 **適切で正解。**組合員に配偶者がいても、他の組合員を代理人として選んで議決権を行使できる（同規約46条5項）。

4 **不適切。**集会招集通知は、2週間前までに発しなければならないが、WEB会議システム等を用いて出席を予定する組合員に対しては個別にID及びパスワードを送付することになる。ただし、緊急を要する場合には、理事長は、理事会の承認を得て、5日間を下回らない範囲において、通知期間を短縮することができる（同規約43条9項）。

 WEB会議システムを用いて議決権を行使する場合、第三者が組合員になりすました場合や、サイバー攻撃・大規模障害等による通信手段の不具合が発生した場合等には、総会の決議が無効となるおそれがあるなどの課題に留意する必要がある（同規約コメント46条関係⑧）。

✔ チェック□□□

| 問 **31** | 標準管理規約
（議決権の行使） | 正解 **3** | 重要度
★★★ |

1 **適切。**総会の議長は理事長が務める。理事長は組合員であるから、議決権行使の代理人になることができる。

2 **適切。**書面で議決権を行使することができる。この書面については、区分所有者の名前等が記載され、組合員の意思表示であると確認できれば、議決権の行使と認めてもよい。

3 **不適切で正解。**議決権の行使について代理人となることができる者は、組合員の配偶者又は一親等の親族、組合員の住戸に同居する親族、他の組合員であり、これらに該当しない不動産業者は、議決権の代理行使をすることができない（標準管理規約46条5項）。

4 **適切。**議決権行使書に署名があれば、区分所有者の誰が議決権行使しているかがわかるので、住戸番号の記載は不要である。

肢3について。「一親等の親族」とは、自分の両親、自分の子、配偶者の両親、配偶者の子（いわゆる「連子」）をいう。兄弟姉妹は、二親等親族である。したがって、区分所有者と兄弟姉妹が同居しているのであれば、兄弟姉妹は議決権の代理行使をすることができる。

✔ チェック□□□

問 32 標準管理規約（管理規約の改正）

正解 **3**　重要度 ★★

1 **改正不要**。役員の立候補についての総会における手続き規定は特にないので、理事会決議することができ、規約の改正は不要である。

2 **改正不要**。理事の立候補の手続きについての総会における手続き規定は特にないので、理事会決議することができ、規約の改正は不要である。

3 **改正が必要で正解**。総会の議長は理事長が務めるとされているので、出席組合員の中から議長を選任する場合には、規約の改正が必要となる（標準管理規約42条5項）。

4 **改正不要**。役員の選任方式について、管理規約には「一括審議又は個別信任方式にしなければならない」との規定がないので、改正の必要はない。

管理組合には役員を置くが、その「役員」とは、①理事長、②副理事長、③会計担当理事、④理事、⑤監事をいい、役員の任期については、組合の実情に応じて1～2年で設定することとし、選任に当たっては、その就任日及び任期の期限を明確にしなければならない。

✔ チェック□□□

問 33 標準管理規約（団地管理組合）

正解 **3**　重要度 ★★

1 **不適切**。駐車場使用料は、それらの管理に要する費用に充てるほか、団地建物所有者の土地の共有持分に応じて棟ごとに各棟修繕積立金と

して積み立てる（標準管理規約（団地型）31条）。

2　不適切。滞納管理費等の請求訴訟をするには、棟の総会決議は不要である。理事長は、未納の管理費等及び使用料の請求に関して、理事会の決議により、管理組合を代表して、訴訟その他法的措置を追行することができる（同規約62条4項）。

3　適切で正解。団地内の敷地内の通路の修繕工事の実施は、団地総会で決議し、団地修繕積立金から支出する（同規約28条1項）。

4　不適切。各棟修繕積立金の取り崩しは、団地総会の決議が必要である。

駐車場使用料その他の土地及び共用部分等に係る使用料は、それらの管理に要する費用に充てるほか、団地建物所有者の土地の共有持分に応じて棟ごとに各棟修繕積立金として積み立てる。

✔ **チェック**□□□

（問）**34　会計（仕訳）**　　正解 **3**　　重要度 ★★★

1　適切。令和4年2月（令和3年度）に修繕工事の着手金として支払っていた5万円は、当時、前払金を計上し、次のように仕訳した。「（借方）前払金　5万円／（貸方）現金預金　5万円」。そして、同年7月には当該工事が完了したため、当該前払金を会計処理し、残金20万円の支払いを仕訳した。本肢の仕訳は、これにあたるため適切である。

2　適切。令和4年3月分（令和3年度）の管理費2万円については、当時、未収金を計上し、次のように仕訳した。「（借方）未収金　2万円／（貸方）管理費収入　2万円」。そして、令和5年3月に、当該未収金が入金され、次のように会計処理した。「（借方）現金預金　2万円／（貸方）未収金　2万円」。また、令和4年4月〜令和5年3月分（令和4年度）の管理費24万円が入金されており、次のように仕訳した。「（借方）現金預金　24万円／（貸方）管理費収入　24万円」。さらに、令和5年4月分・5月分（令和5年度）の管理費4万円が入

金され、前受金を計上し、次のように仕訳した。「（借方）現金預金4万円／（貸方）前受金　4万円」。本肢の仕訳は、これらにあたるため適切である。

3　適切でなく正解。 令和3年度の貸借対照表に仕訳した管理費の未収金20万円は、当時、未収金を計上し、次のように仕訳した。「（借方）未収金　20万円／（貸方）管理費収入　20万円」。そして、令和4年度には、未収金20万円のうち17万円が入金されたため、当該未収金は、次のように会計処理した。「（借方）現金預金　17万円／（貸方）未収金　17万円」。しかし、未収金の残金3万円は、入金されていないため、これに関する仕訳はしないこととなるが、本肢では、この残金3万円を仕訳しているため、適切でない。

4　適切。 計上漏れとなっていた損害保険料5万円の支払いであるが、本肢の仕訳のとおりであり、適切である。

 肢3の「未収」となっている管理費の残金3万円は、仕訳上、「（借方）未収金　3万円／（貸方）管理費収入　3万円」として残っていなければならない。

✔ **チェック**□□□

問 35　収支決算　　正解 **4**　　重要度 ★★★

1　不適切。 令和5年3月に入金された同年4月分の管理費2万円は、前受金として、次のように仕訳していた。「（借方）現金預金　2万円／（貸方）前受金　2万円」。そして、この管理費2万円は、すでに銀行に入金されているため、銀行の預金残高証明書の金額と会計帳簿の現金預金の金額とは一致する。したがって、「会計帳簿の現金預金の金額が2万円少ない」ということはない。

2　不適切。 令和5年3月分のエレベーター保守料2万円は、未払金として、次のように仕訳していた。「（借方）保守料　2万円／（貸方）未払金　2万円」。しかし、保守料2万円は、すでに銀行から自動引き落としされていたため、銀行の預金残高の金額は2万円少なくなっているが、会計帳簿上の現金預金は少なくなっていない。したがって、

会計帳簿の現金預金の金額は、銀行の預金残高の金額と比べて、2万円「少ない」ということはなく、逆に「多い」。なお、本来は、「（借方）保守料　2万円／（貸方）現金預金　2万円」と仕訳しなければならなかった。

3　不適切。令和4年度分の損害保険料2万円は、保険料として計上し、令和5年度分の損害保険料2万円は、前払金として計上して、次のように仕訳していた。「（借方）保険料　2万円　前払金　2万円／（貸方）現金預金　4万円」。つまり、現金預金4万円はすでに支払われており、銀行の預金残高の金額と会計帳簿の現金預金の金額と一致する。したがって、「会計帳簿の現金預金の金額が2万円少ない」ということはない。

4　適切で正解。令和5年3月分の携帯電話基地局設置料収入2万円は、未収金として、次のように仕訳していた。「（借方）未収金　2万円／（貸方）携帯電話基地局設置料収入　2万円」。しかし、実際には、携帯電話基地局設置料収入2万円は銀行に入金されていた。このことから、銀行の預金残高の金額は2万円多くなっているが、会計帳簿上の現金預金は多くなっていない。したがって、本肢のとおり、会計帳簿の現金預金の金額は、銀行の預金残高の金額と比べて、2万円「少ない」。なお、本来は、「（借方）現金預金　2万円／（貸方）携帯電話基地局設置料収入　2万円」と仕訳しなければならなかった。

管理組合の取引を仕訳し、その結果、仕訳された現金預金の金額の増減と、実際に増減した銀行の預金残高の金額とが一致しているかどうかを検討する必要がある。例えば、仕訳上、預金現金が増加しているのに実際には入金されていなかったり、反対に、仕訳上、現金預金が減少しているのに実際には出金されていないときには、それらが一致しないこととなる。

問36 長期修繕計画作成ガイドライン 　**正解 2**　重要度 ★★

1　適切。 マンションの快適な居住環境を確保し、資産価値を維持するためには、適時適切な修繕工事を行うことが必要である（長期修繕計画作成ガイドライン2章1節1）。

2　適切でなく正解。 長期修繕計画の目的の一つに、将来見込まれる修繕工事及び改修工事の内容、おおよその時期、概算の費用等を明確にすることがある（同ガイドライン2章1節1①）。したがって、将来見込まれる修繕工事及び改修工事の実施の時期を確定することとはされていない。

3　適切。 長期修繕計画の目的の一つに、計画修繕工事の実施のために積み立てる修繕積立金の額の根拠を明確にすることがある（同ガイドライン2章1節1②）。

4　適切。 長期修繕計画の目的の一つに、修繕工事及び改修工事に関する長期計画について、あらかじめ合意しておくことで、計画修繕工事の円滑な実施を図ることがある（同ガイドライン2章1節1③）。

 肢2の将来の一定期間に見込まれる修繕工事及び改修工事については、①マンションの形状、仕様などに応じた内容、②経済性（順序、集約化など）、立地条件、劣化状況などを考慮したおおよその時期、③必要となる概算の費用などを明確にする（同ガイドラインコメント2章1節1）。

問37 長期修繕計画作成ガイドライン及びコメント等 　**正解 3**　重要度 ★★

1　適切。 長期修繕計画の構成は、次に掲げる項目を基本とする。①マンションの建物・設備の概要等、②調査・診断の概要、③長期修繕計画の作成・修繕積立金の額の設定の考え方、④長期修繕計画の内容、⑤修繕積立金の額の設定（長期修繕計画作成ガイドライン3章1節1）。

2　適切。長期修繕計画の計画期間は、30年以上で、かつ大規模修繕工事が2回含まれる期間以上とする（同ガイドライン3章1節5）。

3　適切でなく正解。修繕工事の時期は、早過ぎると不要な修繕となり、遅すぎても劣化が進み計画修繕工事費を増加させる。また、修繕工事を集約すると、直接仮設や共通仮設の設置費用が軽減できるなどの経済的なメリットがある（同ガイドラインコメント3章1節7）。

4　適切。推定修繕工事費は、推定修繕工事項目の詳細な項目ごとに、算出した数量に設定した単価を乗じて算定する（同ガイドラインコメント3章1節8三）。そして、数量計算は、既存マンションの場合、現状の長期修繕計画を踏まえ、保管している設計図書、数量計算書、修繕等の履歴、現状の調査・診断の結果等を参考として、長期修繕計画用に算出する（同ガイドラインコメント3章1節8一）。また、単価は、修繕工事特有の施工条件等を考慮し、部位ごとに仕様を選択して、既存マンションの場合、過去の計画修繕工事の契約実績、その調査データ、刊行物の単価、専門工事業者の見積価格等を参考として設定する（同ガイドラインコメント3章1節8二）。

> 肢2の長期修繕計画の期間であるが、新築時は、経年が30年程度において実施が見込まれる昇降機設備の取替えなどを含めた期間以上とする。また、外壁の塗装や屋上防水などを行う大規模修繕工事の周期は部材や工事の仕様等により異なるが、一般的に12〜15年程度であるため、見直し時には、これが2回含まれる期間以上とする（同ガイドラインコメント3章1節5）。

✔ チェック□□□

問 38　マンションの大規模修繕工事　　正解 **2**　重要度 ★★

1　適切。防水工事用改質アスファルトとは、防水工事用アスファルトの溶融時・施工時に発生する煙や臭気を低減するアスファルトのことである。したがって、工事中の煙や臭いの発生を少なくするため、防水工事用改質アスファルトを用いたことは適切である。

2 適切でなく正解。40dBA程度の音は、不快ではなく、静かに感じるものであり、閑静な住宅地の昼、図書館内の音である。

3 適切。モルタル塗り仕上げ部分に発生している幅が1.0mmを超えるひび割れで、ひび割れ幅の変動がある場合の補修は、Uカットシール材充填工法とし、充填材にシーリング材を用いるのが一般的である。

4 適切。外壁複合改修構工法（ピンネット工法）とは、外壁の落下事故を防ぐため、ピンでモルタルをコンクリートへ固定し、ひび割れたモルタルをネット層で補強することで、外壁の落下を防止する補修工法である。この工法は、既存のタイルやモルタル等の仕上げ層を撤去せずに、アンカーピンによる仕上げ層の剥落防止と繊維ネットによる既存仕上げ層の一体化により安全性を確保するものである。

騒音レベルは「dB」（デシベル）という単位で表され、この数値が大きいほどうるさい（騒々しい、不快と感じる）音となる。一般には、次のようになる。
20dB：きわめて静か、30dB・40dB：静か、50dB・60dB：普通、70dB・80dB：うるさい、90dB：きわめてうるさい。

✔ **チェック**□□□

問**39** **マンションの調査機器・調査方法**　　正解**3**　　重要度 ★★★

1 適切。電磁波レーダ法は、コンクリート中の鉄筋の位置やかぶり厚さの調査に用いるものである。

2 適切。クラックスケールは、コンクリートのひび割れの幅や長さの調査に用いるものである。

3 適切でなく正解。タッピングマシンは、床衝撃音レベルの測定を行うものである。外壁タイルの浮きの調査には、反発法や赤外線法などを用いる。

4 適切。針入度計は、防水層の劣化度の調査に用いるものである。

肢3の「タッピングマシン」とは、小物の落下や家具を移動したときに床に加わる衝撃による下階室の衝撃音（軽量床衝撃音）を測定する器具である。これに対し、子供が飛びはねたり走り回ったりする時に床に加わる衝撃による直下階室の衝撃音（重量床衝撃音）レベルを測定する器具を「バングマシン」という。

✔ チェック□□□

問40 マンションの構造　　正解 4　重要度 ★★

1　**適切**。現行の耐震基準（新耐震基準）は、中規模の地震（震度5強程度）に対しては、ほとんど損傷を生じず、極めて稀にしか発生しない大規模の地震（震度6強から震度7程度）に対しては、人命に危害を及ぼすような倒壊等の被害を生じないことを目標としている。

2　**適切**。壁式構造は、壁や床などの平面的な構造部材を一体として構成し、荷重及び外力に対応する構造形式であり、中層や低層のマンションに適している。

3　**適切**。耐震構造とは、建物の剛性を高めて地震力に抵抗する構造である。

4　**適切でなく正解**。鉄骨鉄筋コンクリート構造は、鉄骨を鉄筋コンクリートで被覆した構造形式である。チューブ状の鋼管の中にコンクリートを詰めて、柱などの主要構造部としたものは、鋼管コンクリート（CFT）構造である。

肢4の「鋼管コンクリート構造」の特徴として、他の構造と比べ、柱スパンや階高を大きくすることができ、平面的、立体的に自由度の高い設計を行うことができる。現場での鉄筋工事や型枠工事が不要となり、省力化され生産性が向上し、かつ、型枠に使う合板の使用も抑制でき、環境負荷低減につながる。また、柱に鋼管を使用した場合と比べ、充填コンクリートの剛性が付加されることで、鋼管の大きさや厚さを減らすことができることなども挙げられる。

問 41 マンションの防犯　　正解 **1**　　重要度 ★★★

1　**適切でなく正解。**共用廊下の照明設備は、床面において概ね20ルクス以上の平均水平面照度を確保することができるものとする。

2　**適切。**共用階段のうち、屋外に設置されるものについては、住棟外部から見通しが確保されたものとすることが望ましい。また、各住戸のバルコニー等に近接する部分については、当該バルコニー等に侵入しにくい構造とすることが望ましい。

3　**適切。**敷地内の通路は、道路等・共用玄関・居室の窓等からの見通しが確保された位置に配置するのがよい。また、通路の照明設備は、路面において概ね3ルクス以上の平均水平面照度を確保することができるものとする。

4　**適切。**共用玄関の照明設備は、その内側の床面において概ね50ルクス以上、その外側の床面において概ね20ルクス以上の平均水平面照度をそれぞれ確保することができるものとする。

本問は、「防犯に配慮した共同住宅に係る設計指針」からの出題であるが、ポイントとなる「照度」の数値は、「50ルクス・20ルクス・3ルクス」の3種類しかない。したがって、問題文の「何々は概ね30ルクスである」との記述は、誤りとなる。

問 42 マンションの省エネ　　正解 **1**　　重要度 ★

1　**適切でなく正解。**住宅に適用される基準には、建築物エネルギー消費性能基準、誘導基準、住宅事業建築主基準の3つがある。

2　**適切。**熱貫流率（U値）は、熱伝導率と熱伝達率の2要素により決まる。どちらも、数値が小さいほど保温性が高い。

3　**適切。**夏場の省エネ対策として、ブラインドやルーバーを設けて直射日光が室内に入らないようにすることは有効である。

4 適切。熱伝導抵抗の高い壁としたり、建具の気密性を高めることは、断熱性能を高めるためには有効である。

アルファ 熱貫流率は「U値」ともいわれ、建物の壁や床や窓等の断熱性能を表すものであり、その両側の温度差を1℃とした場合、1m²の広さについて1時間にどれだけの量の熱が伝わるかを示している。

✔ チェック□□□

問43 マンションの給水設備・受水槽 正解 2 重要度 ★★★

ア 適切。マンションでは、給水管の給水圧力の上限値を300〜400kPaに設定する。

イ 不適切。さや管ヘッダー方式における、専有部分に設置する配管には、耐衝撃性及び強靭性に優れた水道用架橋ポリエチレン管や水道用ポリブデン管が用いられる。

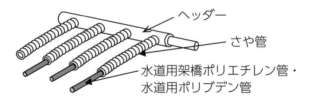

ヘッダー
さや管
水道用架橋ポリエチレン管・
水道用ポリブデン管

ウ 不適切。排水口空間は、「垂直距離150mm以上」とするのが適切である。

エ 適切。受水槽の点検用マンホールは、水槽の天井面より10cm以上立ち上げるのが適切である。

　以上から、適切でないものの組合せは**イ、ウ**であるから、**2**が正解である。

アルファ 受水槽は、周囲4面と、上下2面の外面6面をすべて点検できるように設置しなければならない。また、周囲4面と壁、下面と床の距離を60cm以上離さなければならず、上面と天井の距離は、100cm以上離さなければならない。

✔ チェック□□□

(問) **44** **マンションの排水設備** 正解 **3** 重要度 ★★★

ア 不適切。結合通気管とは、排水立て管と通気立て管を結合するパイプのことをいう。

イ 不適切。逆わんトラップは、洗濯機の洗濯パン等に使用される。台所流しに設置するのは、わんトラップである。

ウ 適切。管径が65mm以下（本肢では50mm）の場合、円滑に排水するための最小勾配は50分の1である。

排水横枝管

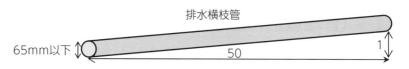

65mm以下 ‖ 50 1

エ 適切。排水立て管の清掃用のノズル等を挿入するための掃除口は、3階から5階以内の間隔で設けるとよい。

以上から、適切なものの組合せは**ウ**と**エ**であり、**3**が正解である。

> 排水立て管と通気立て管の2本のパイプを設置する方式を2管式という。高層以上のマンションに2管式を設ける場合、通気立て管と排水立て管を結ぶ結合通気管を設けると、排水管内の圧力が一定となる。

✔ チェック□□□

(問) **45** **マンションの設備** 正解 **2** 重要度 ★★

1 不適切。ガス給湯器における「1号」とは、水温を25℃上昇させて1分間に出湯する量（ℓ）をいう。「20℃上昇」ではない。

2 適切で正解。熱交換型換気扇は、第1種換気方式に採用される。熱交換型換気扇とは、排気から熱を回収し、給気の冷たい空気に熱を与える換気扇のことであり、熱負荷を軽減する。

3 不適切。特殊排水継手システムとは、排水管の頂部を伸ばして通気管として利用する伸張通気方式のことである。排水立て管と通気立て

管の両方を併設する「2管式」ではない。

4 不適切。給水栓における遊離残留塩素濃度は、「0.1mg／ℓ以上」
にしなければならない。

 機械換気方式には、第1種換気方式、第2種換気方式、第3
種換気方式の3種類がある。本問の第1種換気方式は、給
気も排気もファンを使用する方式で、給気ファンを強めれば、
室内は正圧になり、排気ファンを強めれば、逆に負圧になる。

✔ **チェック**□□□

問46 **マンション管理適正化法（管理適正化推進計画等）** **正解4** 重要度 ★★★

ア 正しい。都道府県等は、マンション管理適正化指針に即し、管理組
合の管理者等（管理者等が置かれていないときは、当該管理組合を構
成するマンションの区分所有者等）に対し、マンションの管理の適正
化を図るために必要な助言及び指導をすることができる（マンション
管理適正化法5条の2第1項）。

イ 正しい。マンションの区分所有者等は、マンションの管理に関し、
管理組合の一員としての役割を適切に果たすよう努めなければならな
い（同法5条2項）。

ウ 正しい。マンション管理計画の認定は、5年ごとにその更新を受け
なければ、その期間の経過によって、その効力を失う（同法5条の6
第1項）。

エ 正しい。都道府県等は、マンション管理適正化推進計画の作成及び
変更並びにマンション管理適正化推進計画に基づく措置の実施に関し
て特に必要があると認めるときは、関係地方公共団体、管理組合、マ
ンション管理業者その他の関係者に対し、調査を実施するため必要な
協力を求めることができる（同法3条の2第6項）。

以上より、正しいものは**ア**、**イ**、**ウ**、**エ**の四つであるから、**4**が正解
である。

アやエのような規定は、「誰が」「誰に対して」の部分に注意して覚えるとよい。誤りの文を作りやすい箇所だからである。

✔ チェック□□□

問47 マンション管理適正化基本方針

正解 **3**　　重要度 ★★

ア **適切**。防災・減災、防犯に加え、日常的なトラブルの防止などの観点からも、マンションにおけるコミュニティ形成は重要なものであり、管理組合においても、区分所有法に則り、良好なコミュニティの形成に積極的に取り組むことが重要である（マンション管理適正化基本方針三2（7））。

イ **適切**。管理組合の自立的な運営は、マンションの区分所有者等の全員が参加し、その意見を反映することにより成り立つものである。そのため、管理組合の運営は、情報の開示、運営の透明化等を通じ、開かれた民主的なものとする必要がある（同方針三2（1））。

ウ **不適切**。管理組合の管理者等は、維持修繕を円滑かつ適切に実施するため、設計に関する図書等を保管することが重要である。また、この図書等について、マンションの区分所有者等の求めに応じ、適時閲覧できるようにすることが重要である（同方針三2（5））。「マンション建設業者や宅地建物取引業者の求めに応じ」ではない。

エ **適切**。管理組合がその機能を発揮するためには、その経済的基盤が確立されている必要がある。このため、管理費及び修繕積立金等について必要な費用を徴収するとともに、管理規約に基づき、これらの費目を帳簿上も明確に区分して経理を行い、適正に管理する必要がある（同方針三2（4））。

以上より、適切なものは**ア**、**イ**、**エ**の三つであるから、**3**が正解である。

マンション管理適正化基本方針を丸暗記するのは困難であるから、過去問の「誤り」「不適切」な肢について、どの部分が誤りなのかを覚えるとよい。

問48 マンション管理適正化法（管理計画） 正解 3 重要度 ★★

1 **正しい。**「監事が選任されていること」は基準に定められている（マンション管理適正化基本方針別紙二1（2））。

2 **正しい。**「長期修繕計画の実効性を確保するため、計画期間が30年以上で、かつ、残存期間内に大規模修繕工事が2回以上含まれるように設定されていること」は基準に定められている（同方針別紙二4（3））。

3 **誤りで正解。**本肢のような定めはない。

4 **正しい。**「管理組合がマンションの区分所有者等への平常時における連絡に加え、災害等の緊急時に迅速な対応を行うため、組合員名簿、居住者名簿を備えているとともに、1年に1回以上は内容の確認を行っていること」は基準に定められている（同方針別紙二5（1））。

 肢2について。「かつ」なので、計画期間が30年以上であることと、残存期間内に大規模修繕工事が2回以上含まれることの両方が必要である。

問49 マンション管理適正化法（マンション管理業者） 正解 1 重要度 ★★★

ア **誤り。**マンション管理業者は、管理組合から委託を受けた管理事務のうち基幹事務については、これを一括して他人に委託してはならない（マンション管理適正化法74条）。当然のことながら、複数の者に分割して全てを再委託することもできない。

イ **誤り。**マンション管理業者は、管理組合に管理者等が置かれていないときは、定期に、説明会を開催し、マンションの区分所有者等に対し、管理業務主任者をして、当該管理事務に関する報告をさせなければならない（同法77条2項）。書面の交付のみでは足りない。

ウ **正しい。**マンション管理業者は、管理委託契約を締結したときは、当該マンション管理業者が当該管理組合の管理者等である場合又は当

該管理組合に管理者等が置かれていない場合を除き、当該管理組合の管理者等に対し、遅滞なく、契約成立時の書面を交付しなければならない（同法73条1項）。

エ　誤り。 管理業務主任者の記名が必要な書面は、重要事項の説明書面、説明会の日時及び場所を記載した書面（同法72条5項）、契約成立時の書面（同法73条2項）である。本肢の書面は含まれていない。

以上より、正しいものは**ウ**の一つであるから、**1**が正解である。

イについて、管理者等が置かれているときは、管理者等に対して報告をしなければならない。ウについて、管理者等が置かれていないとき等は、区分所有者等全員に対して交付しなければならない。

✔ **チェック**□□□

問50 マンション管理適正化法（重要事項の説明）　正解 3　重要度 ★★★

ア　誤り。 管理業務主任者は、重要事項の説明をするときは、説明の相手方に対し、管理業務主任者証を提示しなければならない（マンション管理適正化法72条4項）。相手方からの要求の有無は関係ない。

イ　正しい。 従前の管理受託契約と同一の条件で管理組合との管理受託契約を更新する場合、重要事項の説明会を開催する必要はない（同法72条2項・1項）。「同一の条件」には、従前の管理受託契約に比して管理事務の内容及び実施方法の範囲を拡大し、管理事務に要する費用の額を同一とし又は減額しようとする場合が含まれる（国総動309号第一5（2））。

ウ　誤り。 従前の管理受託契約と同一の条件で管理受託契約を更新する場合、説明会を開催する必要はないが、あらかじめ、当該管理組合を構成するマンションの区分所有者等全員に対して、重要事項を記載した書面を交付しなければならない（同法72条2項）。認定管理者等に対する交付（同法72条3項）だけでは足りない。

エ　誤り。 マンション管理業者は、説明会の日の1週間前までに、区分所有者等及び管理者等の全員に対し、重要事項並びに説明会の日時及

び場所を記載した書面を交付しなければならない（同法72条1項後段）。「5日前まで」ではない。

以上より、誤っているものは**ア**、**ウ**、**エ**の三つであるから、**3**が正解である。

管理受託契約を同一の条件で更新する場合、説明会を開催する必要はないが（イ）、区分所有者等全員に対し重要事項の説明書面を交付しなければならない（ウ）。これにプラスして、管理者等が置かれているときは、管理者等に対し、重要事項の説明書面を交付して管理業務主任者が説明しなければならないが、認定管理者等から説明を要しない旨の意思の表明があったときは、認定管理者等に対する重要事項の説明書面の交付をもって、これに代えることができる（同法72条3項）。

令和4年度

解答と解説

正解番号一覧

問	正解	問	正解	問	正解	問	正解	問	正解
1	3	11	4	21	2	31	4	41	1
2	2	12	3	22	4	32	1	42	4
3	3	13	1	23	3	33	3	43	2
4	3	14	3	24	2	34	2	44	3
5	4	15	1	25	2	35	4	45	3
6	3	16	4	26	4	36	2	46	2
7	4	17	2	27	3	37	3	47	2
8	3	18	4	28	2	38	3	48	2
9	3	19	3	29	2	39	2	49	4
10	2	20	1	30	4	40	3	50	2

合格基準点 40 点

問1 区分所有法（共用部分）　　正解 3　重要度 ★★★

　「共用部分」とは、専有部分以外の建物の部分、専有部分に属しない建物の附属物及び規約により共用部分とされた附属の建物をいう（区分所有法2条4項、4条2項）。したがって、「共用部分」であるものは、**ア**の「専有部分以外の建物の部分」、**イ**の「専有部分に属しない建物の附属物」、**エ**の「規約により共用部分と定められた附属の建物」の三つであるから、**3**が正解である。

＋アルファ　　「専有部分以外の建物の部分」とは、複数の専有部分に通ずる廊下・階段室等や、規約共用部分のことをいう。「専有部分に属しない建物の附属物」とは、共用部分に備え付けられた配線・配管やエレベーター昇降機等のことをいう。

問2 区分所有法・不動産登記法（敷地）　　正解 2　重要度 ★★

ア　**誤り**。分離処分禁止の原則が適用されるのは、敷地利用権が数人で有する所有権その他の権利である場合である（区分所有法22条1項本文）。「その他の権利」の場合も含まれるので、賃借権（借地権）の場合も分離処分禁止の原則が適用される。

イ　**正しい**。敷地利用権を共有・準共有していない場合は、分離処分禁止の原則は適用されない（同法22条1項本文）。したがって、敷地権には該当せず、敷地権の表示はされない（不動産登記法44条1項9号）。

ウ　**誤り**。土地共有者の共有持分を専有面積の割合とする旨の規定はない。なお、区分所有法22条2項は、1人の区分所有者が数個の専有部分を所有する場合における敷地利用権の割合の規定である。

エ　**正しい**。「建物の敷地」には、建物が所在する土地のほか、区分所有者が建物及び建物が所在する土地と一体として管理又は使用をする庭、通路その他の土地で、規約により建物の敷地とされたものが含ま

れる（区分所有法2条5項、5条1項）。

以上より、正しいものは、**イ**、**エ**の二つであるから、**2**が正解である。

肢イについて。敷地権とは、登記された敷地利用権で専有部分と分離処分できないものをいう（不動産登記法44条1項9号）。したがって、分離処分できる場合は、敷地権に当たらない。

チェック□□□

3 区分所有法（管理所有） 　　正解 **3** 　重要度 ★★

1 **誤り**。管理者は、規約に特別の定めがあるときは、共用部分を所有することができる（区分所有法27条1項）。一部共用部分も共用部分であるから（同法3条）、管理者の所有とすることができる。

2 **誤り**。規約で共用部分の所有者になることができるのは、区分所有者と管理者である（同法11条2項、27条1項）。したがって、管理者以外の特定の区分所有者を共用部分の所有者とすることができる。

3 **正しく正解**。管理所有者は、共用部分を保存し、又は改良するため必要な範囲内において、他の区分所有者の専有部分又は自己の所有に属しない共用部分の使用を請求することができる（同法27条2項、6条2項）。

4 **誤り**。管理所有者は、形状又は効用の著しい変更（重大変更）をすることができないが、形状又は効用の著しい変更を伴わない変更（軽微な変更）をすることはできる（同法27条2項、20条1項・2項）。

肢4について。管理所有者が共用部分についてできる行為は、①狭義の管理行為（区分所有法18条1項本文）、②保存行為（同法18条1項ただし書）、③軽微変更（同法17条1項1項かっこ書）である。

令和4年度

区分所有法・民法（管理者） 正解 **3** 重要度 ★★

1 **誤り**。管理者は、共用部分等を保存し、集会の決議を実行し、並びに規約で定めた行為をする権利を有し、義務を負う（区分所有法26条1項）。保存行為には集会の決議を経る必要はないが、軽微な変更には集会の決議が必要である。

2 **誤り**。管理者は善管注意義務を負う（民法644条）。管理者が私的利益を目的として職務を遂行することは善管注意義務違反に当たり、総会の決議に基づくものであったことは責任を免れる理由にはならない（東京高判令元.11.20）。

3 **正しく正解**。管理者は、規約又は集会の決議により、その職務に関し、区分所有者のために、原告又は被告となることができる（区分所有法26条4項）。規約によるときは、遅滞なく、区分所有者に通知しなければならないが、集会の決議によるときは、通知は不要である（同法26条5項前段）。

4 **誤り**。管理者は、建物の敷地又は共用部分以外の附属施設（これらに関する権利を含む。）が区分所有者の共有又は準共有に属する場合には、本肢のような権利を有し義務を負う（同法26条1項、21条）。しかし、区分所有者の共有又は準共有に属しない場合には、本肢のような権利義務はない。

肢4について。敷地が区分所有者の共有に属しない場合とは、一部のタウンハウスのように、一棟の建物の敷地を専有部分ごとに区画して、各専有部分の所有者がそれぞれの敷地を単独所有する場合等のことである。それぞれの所有者が自分の敷地を管理すればよいので、団体的管理の対象外とされている。

問 5　区分所有法 (管理者)　正解 4　重要度 ★★

ア　職務に当たる。管理者は、その職務に関し、区分所有者を代理する。共用部分につき損害保険契約をした場合における同契約に基づく保険金額の請求及び受領についても、同様である（区分所有法26条2項、18条4項）。

イ　職務に当たる。管理者は、その職務に関し、区分所有者を代理する。共用部分等について生じた損害賠償金及び不当利得による返還金の請求及び受領についても、同様である（同法26条2項、18条4項）。

ウ　職務に当たる。規約は、原則として、管理者が保管しなければならない（同法33条1項本文）。

エ　職務に当たる。管理者は、集会において、毎年1回一定の時期に、その事務に関する報告をしなければならない（同法43条）。

以上より、管理者の職務に当たるものは、**ア、イ、ウ、エ**の四つであるから、**4**が正解である。

> 管理者は、少なくとも毎年1回集会を招集しなければならない（区分所有法34条2項）。時期に関しては、肢エの報告をするために、毎年一定の時期に集会を開催しなければならないと解されている。

問 6　区分所有法 (電磁的記録・方法)　正解 3　重要度 ★★

1　正しい。区分所有法30条5項（規約は、書面又は電磁的記録により作成しなければならないとする規定）には、電磁的記録の定義が本肢のとおり定められている。なお、区分所有法施行規則1条は、記録の保存等の確実性・効率性等を考慮して、「電磁的記録は、磁気ディスクその他これに準ずる方法により一定の情報を確実に記録しておくことができる物をもって調製するファイルに情報を記録したものとする」と定めている。

2　正しい。 区分所有法39条3項（集会における議決権行使を電磁的方法によって行うことを認める規定）には、電磁的方法の定義が本肢のとおり定められている。

3　誤りで正解。 集会の議事録は、書面又は電磁的記録により作成しなければならないが（同法42条1項）、書面と電磁的記録のどちらにするかは議長の判断に任されており、規約の規定や集会の決議は不要である。

4　正しい。 区分所有者全員の書面又は電磁的方法による合意があれば、書面又は電磁的方法による決議があったものとみなされ、集会の決議と同一の効力が認められる（同法45条2項・3項）。議題の内容について区分所有者全員が賛成しているので、集会を開いて決議するまでもないからである。

 集会の議事録を電磁的記録により作成する場合は、議長及び集会に出席した区分所有者の2人が電子署名という方法によって議事録に署名する。

✔ チェック□□□

| 問7 | 区分所有法・民法
（議決権の行使） | 正解 4 | 重要度
★★ |

1　正しい。 相続人が数人あるときは、相続財産は、その共有に属する（民法898条1項）ので、BとCは101号室を共有している。このように専有部分が数人の共有に属するときは、共有者は、議決権を行使すべき者一人を定めなければならない（区分所有法40条）。集会の招集通知は、この定められた議決権行使者のみに対してすればよいが、定められていないこともあるので、その場合は共有者の一人を招集権者が任意に選んで通知すれば足りるとされている（同法35条2項）。

2　正しい。 BとCが合意してCを議決権行使者として定めた場合、未成年者Cの法定代理人であるBが、未成年者Cによる議決権行使に同意していると解することができるので、Cは有効に議決権を行使できる（民法5条1項）。

3　正しい。 議決権行使者として指定した者をあらかじめ通知していな

かったとしても、共有者間で合意した議決権行使者が集会に出て来て議決権行使者として指定されたことを証明すれば、有効に議決権行使者が指定されたと解されるので（区分所有法40条）、その者は議決権を行使することができる。

4 誤りで正解。 建物内に住所を有しない者で、その通知場所を管理者に通知した区分所有者に対しては、その場所にあてて個別に招集通知をしなければならず、掲示による通知で済ますことはできない（同法35条3項・4項）。したがって、建物内に住所を有しないCが議決権行使者として指定され、Cの住所を通知場所とした場合は、その通知場所に招集通知を発しなければならない。

 通知を受けるべき場所を通知した区分所有者であっても、その者が建物内に住所を有するときは、掲示による通知が認められることに注意。

✔ **チェック**□□□

問 8　区分所有法（集会） 　正解 **3**　重要度 ★★★

1 議案の要領の通知を要する。 集会の招集通知をする場合において、会議の目的たる事項が、次の6つのどれかに該当する場合は、その議案の要領をも通知しなければならない（区分所有法35条5項）。すなわち、①共用部分の重大変更、②規約の設定・変更・廃止、③建物の大規模滅失の場合の復旧、④建物の建替え、⑤団地内の区分所有建物につき団地規約を定めることについての各棟の承認、⑥団地内の2以上の特定の区分所有建物の建替えについて一括して建替え承認決議に付す旨の決議が、会議の目的である場合である。重要な事項を会議の目的とする場合には、議案の要領を通知して、各区分所有者が十分に検討をした上で集会に臨むことができるようにするためである。区分所有建物の一部の階段をエレベーター室へ変更することは、共用部分の形状又は効用の著しい変更を伴う行為であり、①の共用部分の重大変更に該当するので（同法17条1項）、議案の要領の通知が必要である。

2 議案の要領の通知を要する。 管理員室を廃止して、来客用の宿泊室

に転用することは、共用部分の形状又は効用の著しい変更を伴う行為であり、上記①の共用部分の重大変更に該当するので、議案の要領の通知が必要である。

3 議案の要領の通知を要しないもので正解。管理者の解任は、肢１の解説で示したとおり、議案の要領をも通知すべき６つの議題には含まれていない。

4 議案の要領の通知を要する。建物の価格の２分の１を超える部分が滅失したときに、滅失した共用部分を復旧することは、上記③の建物の大規模滅失の場合の復旧に該当するので（同法61条５項）、議案の要領の通知が必要である。

 議案の要領の通知を要する６つの事項は、特別決議事項のうち、管理組合の法人化と義務違反者に対する措置（使用禁止請求、競売請求、引渡し請求）を除いたものであると覚えるとよい。

✔ チェック□□□

(問) **9** 区分所有法
（義務違反者に対する措置） 正解 **3** 重要度 ★★★

ア 正しい。義務違反行為を行う区分所有者に対してその行為の停止を請求することは、裁判外でも裁判上でもすることができるが、訴えをもって請求する場合は、集会の普通決議（区分所有者及び議決権の各過半数による決議）によって行わなければならない（区分所有法57条２項）。

イ 誤り。区分所有者である義務違反者に対して、訴えをもって当該区分所有者の専有部分の使用の禁止を請求する場合は、区分所有者及び議決権の各４分の３以上の多数による集会の決議によらなければならない（同法58条２項）。３分の２の多数では足りないのである。

ウ 正しい。区分所有者である義務違反者に対して、訴えをもって当該区分所有者の区分所有権及び敷地利用権の競売を請求する場合は、本肢のとおり区分所有者及び議決権の各４分の３以上の多数による集会の決議によらなければならない（同法59条２項）。

エ　正しい。 義務違反者が賃借人などの占有者である場合、区分所有者及び議決権の各4分の3以上の多数による集会の決議により、訴えをもって占有の権原になっている賃貸借契約等を解除して、専有部分の引渡しを請求することができるが、この決議をする際には、あらかじめ義務違反者である占有者に対し弁明する機会を与えなければならない（同法60条2項）。

以上より、正しいものは**ア、ウ、エ**の三つであるから、肢**3**が正解である。

肢エについて。弁明の機会は占有者のみに与えればよく、当該専有部分の区分所有者に弁明の機会を付与する必要はない。なお、引渡し請求訴訟は、占有者と当該専有部分の区分所有者を共同被告として提起される。

✔ チェック□□□

問**10**　**被災マンション法**　　正解**2**　重要度 ★★

1　誤り。 政令指定災害により区分所有建物が全部滅失した場合は、建物が存在しないのだから建物の区分所有者も存在しなくなる。したがって、全部滅失した場合に敷地共有者等集会の構成員となるのは敷地の共有者であり、区分所有者は構成員とはならない（被災マンション法2条）。

2　正しく正解。 政令指定災害により区分所有建物の一部が滅失した後、取壊し決議又は区分所有者の全員の同意に基づき区分所有建物の全部を取り壊した場合、建物が全部滅失したのと同じ状態になる。それゆえ、全部滅失した場合と同じく政令の施行の日から3年が経過する日までの間は、敷地共有者等集会を開くことが認められている（同法2条）。

3　誤り。 敷地共有者等集会は再建決議や敷地売却決議が行われるまでの暫定的な管理を目的とするものだから、継続的な管理のためのルールである規約を定めることは認められていない（同法3条1項は、規約について定めている区分所有法30条から33条を準用していない）。

4 **誤り**。敷地共有者等集会を招集する者が敷地共有者等の所在を知ることができず、かつ、そのことについて過失がない場合には、敷地内の見やすい場所に掲示することによって集会の招集通知をすることができる（被災マンション法3条2項）。したがって、公示送達の方法による必要はない。

 肢3の解説で述べたとおり、敷地共有者等集会において規約を定めることはできないが、管理者を置くことは認められている。

✔ チェック□□□

問11 区分所有法（団地）　　正解 4　重要度 ★★★

1 **正しい**。敷地がA棟及びB棟の各区分所有者の共有である場合、団地管理組合が成立するが、他方で、団地内の数棟の建物が区分所有建物であれば、その区分所有建物ごとにそれぞれの管理組合（棟別管理組合）も生じる。それゆえ、A棟の区分所有者は、A棟の集会の決議によりA棟の管理のための規約を定めることができる（区分所有法31条1項）。

2 **正しい**。団地管理組合の管理対象物には、団地内の専有部分のある建物（区分所有建物）も含まれる（同法65条、68条1項）。棟別管理組合もその棟の建物を管理対象物とするので、団地管理組合と棟別管理組合の管理事項の範囲を明確にするために、一部のみを団地管理組合で行い、その余を棟別管理組合で行うものと定めることができる。

3 **正しい**。団地管理組合において、A棟及びB棟の管理又は使用について団地管理規約が定められている場合でも、団地管理組合では管理等をすることができず、棟別管理組合で管理等すべき事項があるので、棟別管理組合における管理者を定めることができる（同法3条）。

4 **誤りで正解**。管理所有について定めた区分所有法27条の規定は、団地の管理者には準用されていない（同法66条）。したがって、団地共用部分を団地の管理者の管理所有とすることはできない。

団地内の区分所有建物を団地管理組合が管理するためには、その旨の団地管理規約の定めが必要だが、この団地規約を定めるには、団地管理組合の集会の特別決議に加えて、棟別管理組合の特別決議も必要となる（同法68条1項）。

✔ チェック□□□

問 12 民法（意思表示） 　正解 3 　重要度 ★★★

1 **正しい**。表意者がその真意でないことを知って行った意思表示（心裡留保による意思表示）は、原則として有効だが、相手方がその意思表示が表意者の真意でないことを知り、又は知ることができたときは無効となる（民法93条1項）。

2 **正しい**。本肢のように、相手方と通じてした虚偽の意思表示は、無効となる（同法94条1項）。

3 **誤りで正解**。Bがマンションを購入したのは、近くに駅が新設されると思ったからである。このように意思表示をする際の動機の部分に勘違いがあった場合を行為基礎事情の錯誤という。行為基礎事情の錯誤は、錯誤の有無が外部からはわかりにくいので、その事情が法律行為の基礎とされていることが表示されているときに限り、錯誤を理由とする意思表示の取消しが認められている（同法95条1項2号・2項）。

4 **正しい**。相手方に対する意思表示について第三者が詐欺を行った場合は、相手方がその事実を知り、または知ることができたときに限り、詐欺を理由とする意思表示の取消しが認められている（同法96条2項）。したがって、相手方Aが第三者Cによる詐欺の事実を知らず、かつ、知ることもできなかったときは、Bは意思表示を取り消すことができない。

 肢3については、行為基礎事情の表示は黙示的なものでもよいとする判例（最判平元.9.14）があることもあわせて押さえておいてほしい。

問 13 民法（物権変動）　　正解 1　重要度 ★★

1　誤りで正解。 不動産の物権変動を第三者に対抗するためには、登記を得ておかなければならないのが原則である（民法177条）。これは、不動産について正当な利害関係を有する者を保護しようという考え方に基づいている。それゆえ、不動産の所有権取得者は、不法占拠者のように正当な利害関係を有しない者に対しては、登記を得ていなくても所有権を主張してその明渡しを請求することができる（最判昭25.12.19）。

2　正しい。 本肢のように同じ物を二重に売却等することを二重譲渡という。不動産が二重譲渡された場合、契約の順序に関わりなく、先に登記を得たほうが勝つという扱いになる。すなわち、二重譲渡の譲受人は、それぞれ登記を得ていない限り他方に対して所有権を主張できないという関係になるのである（同法177条）。

3　正しい。 売主が詐欺を理由に売買契約を取り消した後に、買主から当該不動産を購入した者が現れた場合、取消しをした売主と取消し後に買主から購入した者とは、どちらが先に登記を得たかで勝敗が決まるという関係になる（大判昭17.9.30）。したがって、買主Ｂからの購入者Ｃが既に登記を得ているので、Ａは、取消しによって所有権を回復したことをＣに対して主張することができない。

4　正しい。 不動産がＡ→Ｂ→Ｃと売買された後に、ＡＢ間の売買契約が解除された場合、Ａが解除の効果をＣに主張できるかどうかは、第三者Ｃが登記を得ているかどうかで決まる（同法545条１項、大判大10.5.17）。Ｃが登記を得ていない場合は、Ａは契約解除によって所有権を回復したとしてＣに明渡しを請求できる。

+アルファ　肢３は取消し後に第三者が出現した事例であるが、詐欺を理由とする取消しをする前に第三者が出現していた場合（Ａが取り消す前に、ＢからＣへの売却が行われていた場合）は、登記の有無は関係なく、第三者が詐欺の事実について善意無過失であったかどうかでＡＣ間の勝ち負けが決まる。

問 **14** 民法（弁済）　　　正解 **3**　　重要度 ★

1 **正しい**。当事者が第三者の弁済を禁止し、又は制限する旨の意思表示をしたときは、弁済をするについて正当な利益を有する第三者も弁済することができない（民法474条4項）。債権者と債務者の両方が第三者の弁済を認めないという意思表示をしている以上、これを尊重すべきだからである。

2 **正しい**。弁済をするについて正当な利益を有しない第三者は、債権者の意思に反して弁済をすることができないのが原則であるが、その第三者が債務者の委託を受けて弁済する場合において、そのことを債権者が知っていたときは、例外的に第三者の弁済が認められる（同法474条3項）。

3 **誤りで正解**。弁済をするについて正当な利益を有する第三者は、債務者の意思に反しても弁済をすることができる（同法474条1項・2項）。したがって、Aは、弁済について正当な利益を有するCの弁済が債務者Bの意思に反していたことを知っていたとしても、Cの弁済を拒絶することはできない。

4 **正しい**。弁済をするについて正当な利益を有しない第三者は、債務者の意思に反して弁済をすることができないのが原則であるが、債務者の意思に反することを債権者が知らなかったときは、債権者は有効に第三者からの弁済を受領することができる（同法474条2項）。

アルファ

弁済をするについての正当な利益を有する第三者とは、弁済をすることに法律上の利益を有する者をいう。たとえば、他人の借金のために自己の土地に抵当権を設定している物上保証人が該当する。これに対し、単に親子、兄弟などの親族関係にある者は該当しない。

問 15 民法・借地借家法（契約の成立）

正解 **1**　重要度 ★★

1　**誤りで正解。**贈与は、当事者の一方がある財産を無償で相手方に与える意思を表示し、相手方が受諾をすることによって、その効力を生ずる（民法549条）。合意によって成立するので、書面によらなくても成立する。

2　**正しい。**使用貸借は、当事者の一方がある物を引き渡すことを約し、相手方がその受け取った物について無償で使用及び収益をして契約が終了したときに返還をすることを約することによって、その効力を生ずる（同法593条）。合意によって成立するので、契約成立のために引渡しをする必要はない。

3　**正しい。**賃貸借は、当事者の一方がある物の使用及び収益を相手方にさせることを約し、相手方がこれに対してその賃料を支払うこと及び引渡しを受けた物を契約が終了したときに返還することを約することによって、その効力を生ずる（同法601条）。合意によって成立するので、契約成立のために引渡しをする必要はない。

4　**正しい。**定期建物賃貸借の契約を成立させるためには、公正証書による等書面によって契約をする必要がある（借地借家法38条1項）。

肢4について。「公正証書」は例示であり、書面であればよい。なお、事業用定期借地権の場合には、公正証書によって契約しなければならない（借地借家法23条3項）。

問 16 民法・借地借家法（契約の終了・更新）

正解 **4**　重要度 ★★★

1　**正しい。**期間の定めのある普通建物賃貸借は、当事者が期間の満了の1年前から6カ月前までの間に相手方に対して更新をしない旨の通知又は条件を変更しなければ更新をしない旨の通知をしなかったときは、従前の契約と同一の条件で契約を更新したものとみなされるが、その期間は、定めがないものとされる（借地借家法26条1項）。

2　正しい。期間が１年以上の定期建物賃貸借の場合、建物の賃貸人が賃借人に対し期間の満了による賃貸借の終了を対抗するには、通知が必要である（同法38条６項）。しかし、Bは賃借人であるので、通知がなかったときでも、契約の終了を賃貸人Aに主張できる。

3　正しい。期間の定めのある普通建物賃貸借の場合、特約がなければ、解約申入れの規定が準用されない（民法618条、617条）。

4　誤りで正解。床面積200㎡未満の居住用建物の定期建物賃貸借において、転勤、療養、親族の介護その他のやむを得ない事情により、賃借人が建物を自己の生活の本拠として使用することが困難となったときは、賃借人は、解約の申入れをすることができ、賃貸借は、解約の申入れの日から１カ月を経過することによって終了する（借地借家法38条７項）。しかし、Aは賃貸人であるので、上記の解約申入れをすることができない。

肢２の「通知」は、期間満了の１年前から６カ月前までの間にしなければならない（借地借家法38条６項本文）。

✔ チェック□□□

問17　民法（遺産分割）　　正解 **2**　　重要度 ★★

1　誤り。協議分割（民法907条１項）は共同相続人の自由な意思に基づいて行われるので、どのような内容の分割がされてもよい。したがって、１人の相続人に遺産を集中させる協議分割も有効である。

2　正しく正解。協議分割（同法907条１項）の場合、どのような内容の分割がされてもよい。したがって、遺産を現金化して分割する旨の分割協議も有効である。

3　誤り。共同相続人の全員が、既に成立している遺産分割協議の全部又は一部を合意により解除した上、改めて遺産分割協議をすることは、法律上、当然には妨げられるものではない（最判平2.9.27）。したがって、BCが協議の全部を合意により解除して異なる内容の遺産分割協議をすることは、認められる可能性がある。

4　誤り。相続の開始後認知によって相続人となった者が遺産の分割を請求しようとする場合において、他の共同相続人が既にその分割その他の処分をしたときは、価額のみによる支払の請求権を有する（同法910条）。したがって、ＢＣ間の遺産分割協議は効力を失わず、Ｄは価額のみによる支払の請求権を取得する。

肢３のように、遺産分割を合意によって解除（合意解除）することは認められる可能性があるが、遺産分割を債務不履行を理由に解除（法定解除）することはできない（最判平元2.9)。

✔チェック□□□

問18　区分所有法・不動産登記法（敷地権の登記）　正解 4　重要度 ★★

1　誤り。敷地権である旨の登記をした土地には、原則として、敷地権の移転の登記又は敷地権を目的とする担保権に係る権利に関する登記をすることができない（不動産登記法73条2項本文）。本肢では地上権の敷地権が登記されているので、（敷地権ではない）所有権を対象とする抵当権の登記は可能である。

2　誤り。建物が所在する土地の一部が分割により建物が所在する土地以外の土地となったときは、規約で建物の敷地と定められたものとみなされる（区分所有法5条2項後段）。したがって、敷地権の一部抹消のための変更登記の申請は不要である。

3　誤り。敷地権である旨の登記をした土地には、原則として、敷地権の移転の登記又は敷地権を目的とする担保権に係る権利に関する登記をすることができない（不動産登記法73条2項本文）。このことは、相続を原因とする場合でも変わりがない。

4　正しく正解。登記官は、敷地権付き区分建物について、敷地権であった権利が敷地権でない権利となったことによる建物の表題部に関する変更の登記をしたときは、当該土地の登記記録の権利部の相当区に、敷地権であった権利、その権利の登記名義人の氏名又は名称及び住所並びに登記名義人が2人以上であるときは当該権利の登記名義人

ごとの持分を記録しなければならない（不動産登記規則124条１項前段・２項）。

 本問では、肢１〜肢３が誤りであることから消去法で肢４が正解であると判断できればよい。

✔ **チェック**□□□

問 **19** マンション建替え円滑化法（敷地分割組合） 正解 **3** 重要度 ★★

1 **正しい**。特定要除却認定を受けた場合においては、団地建物所有者集会において、特定団地建物所有者及び議決権の各５分の４以上の多数で、敷地分割決議をすることができる（マンション建替え円滑化法115条の４第１項）。

2 **正しい**。敷地権利変換計画においては、除却マンション敷地となるべき土地に現に存する団地内建物の特定団地建物所有者に対しては、除却敷地持分が与えられるように定めなければならない（同法193条１項）。

3 **誤りで正解**。敷地権利変換手続開始の登記があった後においては、組合員は、当該登記に係る団地内建物の所有権及び分割実施敷地持分を処分するときは、敷地分割組合の承認を得なければならない（同法189条２項）。「都道府県知事」ではない。

4 **正しい**。総会の決議により敷地分割組合を解散する場合は、組合員の議決権及び分割実施敷地持分の割合の各４分の３以上で決する（同法179条、177条８号）。

 敷地分割制度は、団地型マンションにおいて、一部の棟を残しながら他の棟の建替え・敷地売却を行うために、多数決による敷地の分割を可能とする制度である。

問 20 都市計画法（地域地区、都市計画区域）　正解 1　重要度 ★★★

1 **正しく正解。**都市計画区域には、都市計画に、都市施設を定めることができるが、特に必要があるときは、当該都市計画区域外においても、定めることができる（都市計画法11条1項）。

2 **誤り。**都市計画区域について、都市計画に、地区計画等を定めることができる（同法12条の4第1項）。定めなければならないというのは誤り。

3 **誤り。**準工業地域、工業地域とも、建蔽率を定めるものとされている（同法8条3項2号ハ）。

4 **誤り。**現に土地の利用状況が著しく変化しつつあり、又は著しく変化することが確実であると見込まれる土地の区域の地区計画については、再開発等促進区を都市計画に定めることができる（同法12条の5第3項1号）。「定めなければならない」というのは誤り。

> すべての用途地域には、容積率と建築物の敷地面積の最低限度を定める。そのほか、用途地域により以下のものを定める(都市計画法8条3項2号)。
>
> | 第一種、第二種低層住居専用地域、田園住居地域 | 建蔽率、外壁の後退距離の限度、建築物の高さの限度 |
> | --- | --- |
> | 上記以外 | 建蔽率 |

問 21 建築基準法（維持保全の計画、防火地域、準防火地域、単体規定）　正解 2　重要度 ★★

1 **正しい。**共同住宅でその用途に供する床面積の合計が100㎡を超える建築物の所有者又は管理者は、その建築物の敷地、構造及び建築設備を常時適法な状態に維持するため、必要に応じ、その建築物の維持保全に関する準則又は計画を作成し、その他適切な措置を講じなければならない（建築基準法8条2項1号、同法施行令13条の3第1項、法別表第一（い）欄（2）項）。

2 **誤りで正解**。防火地域及び準防火地域外において建築物の増築、改築、又は移転しようとする場合、床面積の合計が10㎡以内であるときには、建築確認を受ける必要はない（同法6条2項）。

3 **正しい**。防火地域内にある看板、広告塔、装飾塔その他これらに類する工作物で、建築物の屋上に設けるものは、その主要な部分を不燃材料で造り、又は覆わなければならない（同法64条）。

4 **正しい**。居室の天井の高さは、2.1m以上でなければならない。天井の高さは、居室の床面から測り、一室で天井の高さの異なる部分がある場合には、その平均の高さによる（同法施行令21条）。

防火地域・準防火地域とも、都市計画区域内で都市計画に定める「地域地区」である（都市計画法8条1項5号）。市街地における火災の危険を防除するために定める地域とされる（都市計画法9条21項）。建築基準法では、屋根、隣地境界線に接する外壁、看板等の防火措置などが定められている（建築基準法61条から66条）。

このほかに建築基準法22条区域がある。これは、防火地域及び準防火地域以外の市街地において、火災による類焼の防止を図る目的から、建築物の屋根を不燃材で葺くなどの措置をする必要のある区域である（建築基準法22条、23条）。

✔ **チェック**□□□

問 **22** **水道法（簡易専用水道、貯水槽水道）** 正解 **4** 重要度 ★★★

1 **正しい**。水道事業者は、その供給規程において、貯水槽水道の設置者の責任に関する事項を、適正かつ明確に定めるものとされている（水道法14条2項5号）。

2 **正しい**。貯水槽のうち受水槽の有効容量が10㎡を超えるものを簡易専用水道といい、簡易専用水道の設置者は、水槽の掃除を1年以内ごとに1回以上、定期に行わなければならない（同法34条の2第1項、同法施行規則55条1号）。

3 **正しい**。貯水槽水道とは、水道事業の用に供する水道及び専用水道以外の水道であって、水道事業の用に供する水道から供給を受ける水

のみを水源とするものをいう（同法14条2項5号）。

4　誤りで正解。 簡易専用水道の設置者は、給水栓における水質の検査として、臭気、味、色及び濁りに関する検査、残留塩素に関する検査を行わなければならない（厚生労働省告示262号第四）。しかし、大腸菌に関する検査を行うことは、義務づけられていない。

貯水槽水道には，以下の2つがある（同法3条7項、同法施行令2条)
- (1)　簡易専用水道（水槽の有効容量が10㎥を超えるもの）
- (2)　(1)以外の貯水槽水道（水槽の有効容量が10㎥以下のもの）

(1)(2)とも、水道事業者の定める供給規程で、水道事業者及び当該貯水槽水道の設置者の責任に関する事項が、適正かつ明確に定められていなければならない（肢1）。

✔**チェック**□□□

問23　消防法（消防用設備等）　　正解 **3**　　重要度 ★★★

1　正しい。 避難口誘導灯、通路誘導灯は、共同住宅では、地階、無窓階及び11階以上の部分については設置しなければならない。本肢では、地階も無窓階もない9階建てなので避難口誘導灯、通路誘導灯とも設置義務はない（消防法施行令26条1項1号・2号）。

2　正しい。 非常コンセント設備は、地階を除く階数11以上では設置義務があるが、本肢では、地階のない10階建てなので設置義務はない（同法施行令29条の2、施行令別表第一（5）項ロ）。

3　誤りで正解。 共同住宅で、消防用設備等の点検を、消防設備士又は消防設備点検資格者に点検をさせなければならないのは、延べ面積が1,000㎡以上のもののうち、消防長（消防本部を置かない市町村では市町村長。以下、同じ。）又は消防署長が火災予防上必要があると認めて指定するものである（同法17条の3の3、同法施行令36条2項2号、施行令別表第一（5）項ロ）。

4　正しい。 防火対象物の関係者は、点検結果を3年に1回消防長又は

消防署長に報告しなければならない（同法施行規則31条の6第3項2号、施行令別表第一（5）項ロ）。

> 1　指定されたマンションの点検時期（消防法施行規則31条の6第1項、平成16年5月31日消防庁告示第9号）
> 点　検：年2回
> 機器点検：6ヵ月ごと（外観や機器の機能を簡易な操作により確認）
> 総合点検：1年ごと（実際に機器を作動させて機能を確認）
> 2　報告に関する罰則
> 　　3年に1回の報告をせず、又は虚偽の報告をした者には、30万円以下の罰金又は拘留が科せられる（消防法44条11号）。

✔ チェック□□□

問24　警備業法（認定、警備員、書面の交付）　正解 2　重要度 ★★

1　**正しい**。警備業を営もうとする者は、欠格要件に該当しないことについて都道府県公安委員会の認定を受けなければならない（警備業法4条）。認定を受けないで警備業を営んだ者は100万円以下の罰金に処せられる（警備業法57条1号）。

2　**誤りで正解**。警備業者が、他人の需要に応じて、事務所、住宅、興行場、駐車場、遊園地等（警備業務対象施設）における盗難等の事故の発生を警戒し、防止する業務は警備業務の一つである（同法2条1項1号）。しかし、デパートでその従業員が万引き防止のために店内の警戒を行う業務は警備業務には該当しない。

3　**正しい**。18歳未満の者は、警備員となってはならない（同法14条1項）。したがって、警備員になろうとする者が公安委員会の実施するその知識及び能力に関する検定（同法23条1項）を受けて合格したとしても、18歳未満であれば、警備員になることはできない。

4　**正しい**。警備業者は、警備業務の依頼者と警備業務を行う契約を締結しようとするときは、当該契約を締結するまでに、内閣府令で定め

るところにより、当該契約の概要について記載した書面をその者に交付しなければならない（同法19条1項）。また、警備業務を行う契約を締結したときは、遅滞なく、内閣府令で定めるところにより、当該契約の内容を明らかにする書面を当該警備業務の依頼者に交付（電磁的方法による提供を含む）しなければならない（同法19条2項）。

認定証（警備業法5条、7条）

　公安委員会は、認定申請書を提出した者が欠格要件のいずれにも該当しないと認定したときは、その者に対し、その旨を通知するとともに、速やかに認定証を交付しなければならない。認定証の有効期間は、認定を受けた日から起算して5年である（警備業法5条2項・4項）。

　また、警備業者は、認定証の有効期間の満了後も引き続き警備業を営もうとするときは、その主たる営業所の所在地を管轄する公安委員会に、認定証の有効期間の更新を申請し、その更新を受けなければならない（同法7条1項）。更新後の有効期間も5年である。

　認定証の交付を受けた者は、当該認定証を亡失したり、滅失したときは、速やかにその旨を当該公安委員会に届け出て、認定証の再交付を受けなければならない（同法5条5項）。

✔ チェック□□□

問25 標準管理規約（共用部分）　正解 2　重要度 ★★★

1　**適切**。共用設備の保守維持費については通常の管理に関する経費に相当する。共用部分配管設備の清掃などに要する費用は管理費を充当できる（標準管理規約27条3号）。

2　**適切でなく正解**。その形状又は効用の著しい変更を伴わない共用部分の変更は普通決議により実施する。配管の取換えは形状又は効用の著しい変更を伴わない（同規約47条3項2号）。

3　**適切**。専有部分である設備のうち共用部分と構造上一体となった部分の管理を共用部分の管理と一体として行う必要があるときは、管理組合がこれを行うことができる（同規約21条2項）。共用部分の配管

の取替えと専有部分の配管の取替えを同時に行うことにより、専有部分の配管の取替えを単独で行うよりも費用が軽減される場合には、一体的に工事することも可能である（同規約コメント21条関係⑦）。

4　適切。あらかじめ長期修繕計画において専有部分の配管の取替えについて記載し、その工事費用を修繕積立金から拠出することについて規約に規定することにより、修繕積立金を取り崩すことができる（同規約コメント21条関係⑦）。

本問は、共用部分の配管設備に関する標準管理規約の規定について、保守維持費、取替えなどについてまとめて出題されており、過去問の重要性を認識させる良問である。基本書では個別に学ぶものであるが、本問で一通り整理しておきたい。

✔ チェック□□□

| 問 26 | 標準管理規約（管理費の充当、立入り） | 正解 4 | 重要度 ★★★ |

1　適切。マンションやその周辺における防災・防犯活動で、その経費に見合ったマンションの資産価値の向上がもたらされる活動は、それが区分所有法に定める管理組合の目的である「建物並びにその敷地及び附属施設の管理」の範囲内で行われる限りにおいて可能である（標準管理規約32条12号、同規約コメント27条関係②、32条関係⑧）

2　適切。共用部分のうち各住戸に附属する窓枠、窓ガラス、玄関扉その他の開口部に係る改良工事であって、防犯、防音又は断熱等の住宅の性能の向上等に資するものについては、管理組合がその責任と負担において、計画修繕としてこれを実施する（同規約22条1項）。区分所有者は、管理組合がそれらの工事を速やかに実施できない場合には、あらかじめ理事長に申請して理事会の決議を経て書面による承認を受けることにより、当該工事を当該区分所有者の責任と負担において実施することができる（同規約22条2項）。

3　適切。共用部分に防犯カメラを設置する工事や敷地内に防犯灯を設置する工事は、管理組合のマンション及び周辺の風紀、秩序及び安全の維持、防災並びに居住環境の維持及び向上に関する業務に係るもの

であり、防犯カメラ、防犯灯の設置工事は普通決議により、実施可能と考えられる（同規約コメント47条関係⑥ウ）。

4　**適切でなく正解**。区分所有者への請求をすることもなく、緊急の立入りが認められるのは、災害時等における共用部分に係る緊急的な工事に伴い必要な場合や、専有部分における大規模な水漏れ等、そのまま放置すれば、他の専有部分や共用部分に対して物理的に又は機能上重大な影響を与えるおそれがある場合に限られる（同規約23条4項、同規約コメント23条関係①）。不審者の出入りだけでは該当しない。

 共用部分の保存・管理行為、玄関扉、窓ガラス等の改良工事などの管理を行う者は、管理を行うために必要な範囲内において、他の者が管理する専有部分又は専用使用部分への立入りを請求することができる（標準管理規約23条1項）。また、理事長は、災害、事故等が発生した場合であって、緊急に立ち入らないと共用部分等又は他の専有部分に対して物理的に又は機能上重大な影響を与えるおそれがあるときは、専有部分又は専用使用部分に自ら立ち入り、又は委任した者に立ち入らせることができる（同規約23条4項）。

✔ **チェック**□□□

問27　標準管理規約（修繕積立金）　正解 3　重要度 ★★★

1　**適切**。建物の建替え及びマンション敷地売却に係る合意形成に必要となる事項の調査のために修繕積立金を取り崩して充当することができる（標準管理規約28条1項4号）。

2　**適切**。修繕積立金は、敷地及び共用部分等の管理に関し、区分所有者全体の利益のために特別に必要となる管理に必要な経費に充当できる（同規約28条1項5号）。

3　**適切でなく正解**。WEB会議システムで理事会を開催するための理事全員分の機材一括購入費用（パソコン等の購入等）を修繕積立金から支出することはできない（同規約28条に規定がない）。備品費に該当するので管理費から支出される（同規約27条4号）

4　**適切**。修繕積立金は、不測の事故その他特別の事由により必要とな

る修繕をするための経費に充当できる（同規約28条1項2号）。

✓ **チェック**□□□

問 28 標準管理規約（総会の招集）　正解 2　重要度 ★★★

ア　適切。総会を招集するには、少なくとも会議を開く日の2週間前までに、会議の日時、場所（WEB会議システム等を用いて会議を開催するときは、その開催方法）及び目的を示して、組合員に通知を発しなければならない（標準管理規約43条1項）。また、WEB会議システム等を用いる場合に必要な通知事項として、当該WEB会議システム等にアクセスするためのURL等を送付することが考えられる（同規約43条第1項関係コメント）

イ　不適切。WEB会議システム等を用いて開催する通常総会において、理事長が当該システム等を用いて出席し報告を行うことも可能である（同規約38条関係コメント②）。

ウ　不適切。総会の目的が建替え決議や敷地売却決議であるとき、説明会だけでなく、決議もWEB会議システムで行うことができる（同規約43条第7項関係コメント）。

エ　適切。議決権を行使することができない傍聴人としてWEB会議システム等を用いて議事を傍聴する組合員については、出席組合員には含まれないと考えられる（同規約47条関係コメント①）。

以上より、適切なものは**ア**と**エ**の二つであるから、肢**2**が正解である。

肢エについて。総会の議事は、出席組合員の議決権の過半数で決するが、書面、電磁的方法又は代理人によって議決権を行使する者は、出席組合員とみなされる。

問29 標準管理規約（総会の議決権）

正解 **2**　重要度 ★★★

1　適切。 住戸1戸を二人で共有する者は、議決権を行使する者1名を選任し、その者の氏名をあらかじめ総会開会までに理事長に届け出なければならない（標準管理規約46条3項）。集会招集通知は、組合員が届出をしたあて先に発するものとするが、その届出のない組合員に対しては、対象物件内の専有部分の所在地あてに発する（同規約43条2項）。

2　適切でなく正解。 議決権行使者をBとして届けているので、他の共有者Aが議決権行使書を提出しても、103号室の組合員は出席にはならない（同規約46条3項）。

3　適切。 議決権行使者をBとして届けているので、Aが違う意見を総会で述べていても、Bが提出した議決権行使書が103号室の賛否となる（同規約46条3項）。

4　適切。 組合員が代理人により議決権を行使しようとする場合において、他の組合員を代理人とすることができる。この場合、Bを委任者、Cを受任者とする代理権を証する書面を理事長に提出しなければならない（同規約46条6項）。

肢4について。議決権行使書による場合は組合員自らが賛否の意思決定をするのに対し、委任状による場合は賛否の意思決定を代理人に委ねるという点で性格が大きく異なるものである。

問30 標準管理規約（ITを活用した手続き）

正解 **4**　重要度 ★★★

1　不適切。 書面による議決権の行使に代えて、電磁的方法により、議決権を行使することができる（標準管理規約46条7項）。

2　不適切。 電磁的記録で作成された議事録の閲覧請求があったときは、当該電磁的記録に記録された情報の内容を紙面又は出力装置の映

像面に表示する方法により表示したものを当該議事録の保管場所において閲覧させる。閲覧請求者の自宅で閲覧させるのではない（同規約49条5項）。

3　不適切。WEB会議システム等を用いる総会は、あらかじめ管理規約で開催できる旨を定めていなくても開催できる。あらかじめ管理規約でWEB会議システム等を用いる総会を開催できる旨を定めていなければならないとの規定はない。

4　適切で正解。新たに組合員の資格を取得し又は喪失した者は、直ちにその旨を書面又は電磁的方法により管理組合に届け出なければならない（同規約31条）。

肢4について。組合員資格の得喪の届出内容は、以下のとおり。①対象住戸の号室、②区分所有権を取得した者の氏名、③区分所有権を喪失した者の氏名及び住所（移転先）、④区分所有権の変動の年月日、⑤区分所有権の変動の原因。

✔ **チェック**□□□

問31　標準管理規約（理事会）　　正解 **4**　　重要度 ★★★

1　不適切。理事長、副理事長及び会計担当理事の選任及び解任は、理事会で決議するが、WEB会議システム等によって行うこともできる（標準管理規約53条1項）。

2　不適切。総会提出議案は理事会で決議するが、理事の過半数の承諾があっても、書面又は電磁的方法で決議することはできない（同規約53条2項、53条関係コメント⑥）。

3　不適切。理事がやむを得ず欠席する場合には、代理出席によるのではなく、事前に議決権行使書又は意見を記載した書面を出せるようにすることが考えられる。これを認める場合には、理事会に出席できない理事が、あらかじめ通知された事項について、書面をもって表決することを認める旨を、規約の明文の規定で定めることが必要である（53条関係コメント④）。

4　適切で正解。未納の管理費等及び使用料の請求に関する訴訟その他

法的措置の追行をするには、理事会の決議が必要である（54条1項7号）。

 肢2について。理事は、総会で選任され、組合員のため、誠実にその職務を遂行するものとされているため、理事会には本人が出席して、議論に参加し、議決権を行使することが求められる。そのため書面等で決議するのは適切でない。

問 32　標準管理規約（団地型）　正解 1　重要度 ★★

1 **適切で正解。** 棟総会は、その棟の区分所有者が当該棟の区分所有者総数の5分の1以上及び議決権総数の5分の1以上に当たる区分所有者の同意を得て、招集するのが原則である（標準管理規約（団地型）68条2項）。団地内のA棟の棟総会の招集請求について、A棟で選出された理事が請求できるとする旨の規約を定めるには、A棟の棟総会で決議する（同規約（団地型）68条関係コメント②）。

2 **不適切。** 団地総会の会議は、総組合員の議決権総数の半数以上を有する組合員が出席すれば成立する（同規約（団地型）49条1項）。

3 **不適切。** 駐車場使用料は、駐車場の管理に要する費用に充てるほか、団地建物所有者の土地の共有持分に応じて棟ごとに各棟修繕積立金として積み立てる（同規約（団地型）31条）。

4 **不適切。** 棟総会の議事録は、理事長が保管し、その棟の区分所有者又は利害関係人の書面による請求があったときは、議事録の閲覧をさせなければならない。しかし、他の棟の区分所有者は、閲覧請求できない（同規約（団地型）74条4項）。

 肢4について。棟総会の議事については、議長は、議事録を作成しなければならない。議長は、一定の議事録への署名等の手続きをした後遅滞なく、議事録を理事長に引き渡さなければならない。

問 33 ## 標準管理規約（団地型・複合用途型） 　正解 **3**　重要度 ★★

1 **適切**。バルコニーは、全体共用部分である（標準管理規約（複合用途型）別表2）。バルコニーの床の防水工事を計画修繕として行う場合、総会で決議し、全体修繕積立金を充当する（同規約（複合用途型）30条1項1号、52条10号）。

2 **適切**。一つの棟の耐震改修工事は、団地総会で決議するが、その費用は、その棟の修繕積立金を充当する（同規約（団地型）29条1項3号）。

3 **適切でなく正解**。店舗部会、住宅部会は、協議する組織であって、管理組合としての意思を決定する必要はない（同規約（複合用途型）60条関係コメント①）。なお、費用については、団地総会で決議し、店舗一部修繕積立金及び住宅一部積立金から充当する（同規約（複合用途型）31条2項1号）

4 **適切**。適正化法5条の3第1項に基づく管理計画の認定の申請は、団地総会の決議で行われ、その費用は管理費から支出される（同規約（団地型）50条8号）。

アルファ　肢4について。管理組合の管理者等は、当該管理組合によるマンションの管理計画を作成し、マンション管理適正化推進計画を作成した都道府県等の長の認定を申請することができる。

問 34 ## 収支決算 　正解 **2**　重要度 ★★

1 **不適切**。発生主義の原則に基づき会計処理しているため、前払いにより、当年度に計上すべき支払保険料の金額は影響を受けない。

2 **適切で正解**。令和3年度の次期繰越収支差額630,000円から当期収支差額70,000円を差し引くと、前期繰越収支差額（令和2年度の次期繰越収支差額）は560,000円となり、令和2年度の前期繰越収

支差額510,000円を差し引くと、同年度の当期収支差額は50,000円となる。さらに、収入合計が400,000円であることから、支出合計は350,000円となり、委託業務費230,000円と支払保険料40,000円を差し引くと、水道光熱費は80,000円となる。

3 **不適切**。発生主義の原則に基づき会計処理しているため、未収管理費の回収は収支報告書に計上すべき収入には影響を与えない。

4 **不適切**。肢2の解答で示したとおり、令和2年度の次期繰越収支差額は560,000円である。

 発生主義と現金主義の相違点を確かめておこう。

✔ チェック□□□

問35 **収支予算**　　　正解 **4**　　重要度 ★★★

ア **適切でない**。収支予算は総会の決議を経る必要があり（標準管理規約48条）、収支予算を変更しようとするときは、臨時総会に提出し、その承認を得る必要がある（同規約58条2項）。

イ **適切でない**。発生主義の原則に基づき会計処理しているため、支払時期に関係なく、令和3年2月に実施した修繕費は令和2年度の修繕費に計上し、令和2年度の予算から使用するべきものである。

ウ **適切でない**。発生主義の原則に基づき会計処理しているため、未収金を収入の管理費に上乗せする必要はない。

エ **適切でない**。大規模修繕工事が当面見込まれないからといって、修繕積立金会計の余剰金を管理費会計へ繰り入れることはできない。修繕積立金は、計画修繕、不測の事故その他特別の事由により必要となる修繕等の特別の管理による経費に充当する場合等以外は取り崩すことはできない（同規約28条）。

以上より、適切でないものは、**ア**、**イ**、**ウ**、**エ**の四つであるから、**4**が正解である。

アルファ　標準管理規約における収支予算案の取り扱いを確認しておこう。

✔ チェック □□□

問 36 標準管理規約・長期修繕計画作成ガイドライン及びコメント等 正解 **2** 重要度 ★★★

1　**不適切**。修繕工事の実施前に行う建物診断は、長期修繕計画の対象に含まれる（標準管理規約32条関係コメント③）。

2　**適切で正解**。窓及び玄関の扉などの開口部の改良工事は、長期修繕計画の対象となる工事に含まれる（同規約32条関係コメント②2）。

3　**不適切**。長期修繕計画の計画期間は、30年以上で、「かつ」大規模修繕工事が2回含まれる期間以上とするとされている（長期修繕計画作成ガイドラインコメント3章1節5、標準管理規約32条関係コメント②1）。

4　**不適切**。長期修繕計画の見直しに当たっては、建物及び設備の劣化の状況や社会的環境及び生活様式の変化その他の一定の不確定な事項を考慮する（長期修繕計画作成ガイドラインコメント3章1節10）。しかし、本肢のように、「空き住戸率、賃貸化率、修繕積立金滞納率を考慮する」とはされていない。

アルファ　肢2について。長期修繕計画の対象となる工事には外壁補修、屋上防水、給排水管取替え、窓及び玄関扉等の開口部の改良等がある。

✔ チェック □□□

問 37 マンション（建物）外壁に生じる劣化症状と調査 正解 **3** 重要度 ★★

1　**適切**。外壁の目地部分のシーリング材の劣化を調査する方法は、シーリング材を部分的に切り取り、引張り試験機によって物性試験（試験場において引張強度試験・伸びの試験など）により行う。

2　**適切**。外壁タイルのひび割れは、その下地のモルタルやコンクリー

ト躯体にひび割れが発生し、それが原因でタイル面にもひび割れが発生する場合が多い。

3 適切でなく正解。 外壁塗装の白亜化は、表面が粉状になる現象をいい、チョーキングともいう。

4 適切。 外壁のコンクリートのひび割れの調査の結果、ひび割れの幅が0.2mm～0.4mmの範囲内だった場合、内部に雨水等が入り、漏水や鉄筋腐食の原因となり得るので、漏水の可能性があると判断すべきである。

 肢3について。チョーキング（白亜化）は、塗料の中の顔料がチョークのような粉状になり消耗していく現象のことで、外壁をさわると手に白い粉のようなものが付着し、塗装面の劣化のサインであり、外壁の塗り替えの目安にもなる。

✔ チェック□□□

問 **38** **マンションの防水施工** 正解 **3** 重要度 ★★

1 不適切。 ウレタン系シーリング材は、紫外線等に弱く劣化が速いので、屋外の金属と金属との接合部の目地に適したシーリング材とはいえない。

2 不適切。 屋上の保護アスファルト防水の改修では、既存防水層を撤去し新たな防水層を施工する「撤去工法」ではなく、費用、工期及び撤去・廃材処分費が多くかからない「被せ工法」を選択することが多く、一般的である。

3 適切で正解。 露出アスファルト防水工法は、メンテナンス等のための軽歩行には十分耐えられるが、傷がつきやすく、強度も弱いため、ルーフバルコニー等の日常的に使用する場所には採用されない。

4 不適切。 シリコーン系シーリング材は、耐久性及び接着性が高いが、周辺の壁面等を汚染させる傾向があるので、金属とガラス間等、使用箇所が限られる。

アルファ 肢2、肢3について。アスファルト防水には、一般的に「露出防水」と「保護防水」があり、「露出防水」は防水面が露出して見える状態の防水工法で、「保護防水」は防水施工後にさらにコンクリートやモルタルを表面に打設して防水層を保護する工法である。人や物が出入りする機会の少ないマンション屋上では、露出防水が採用される。

✔ チェック□□□

問 39 マンションの調査・診断 方法とその目的

正解 2

重要度 ★★★

1 **適切**。X線法は、配管の肉厚の減少や錆こぶの発生状態を、配管の切断をすることがないX線撮影により調査・診断する方法であるので、この組合せは適切である。

2 **不適切で正解**。ドリル削孔（粉末）法は、電動ドリルによる削孔で落下するコンクリートの粉末を、フェノールフタレイン溶液を吸収させた試験紙に受け、試験紙が発色したとき直ちに削孔を停止し、コンクリートの中性化深さを測定する調査方法であるので、この組合せは適切でない。

3 **適切**。反発法は、外壁タイル面に一定の打撃を加え、その衝撃により生じた跳ね返りの大きさを自動的に記録し、タイルの浮き等の程度を調査する方法であるので、この組合せは適切である。

4 **適切**。電磁波レーダ法は、コンクリート中の鉄筋の位置やかぶり厚さを計測する調査方法であるので、この組合せは適切である。

アルファ 肢2について。コンクリートの中性化は、高アルカリ性であるコンクリートのpHが低下し中性になっていく劣化現象で、鉄筋が錆びることを防止する役割のある不動態皮膜が破壊され、鉄筋の腐食がはじまり、その腐食膨張圧でひび割れが発生する現象である。

問 40 マンションの各部の計画　正解 3　重要度 ★★

1　**適切**。中廊下型のマンションは、片廊下型のマンションに比べ、日照や通風などの居住性に劣るため、採用例は少ない。なお、マンションの共用廊下の一方に住戸を設けるのが片廊下型で、両方に住戸を設けるのが中廊下型である。

2　**適切**。1階部分で壁がなく、柱だけで構成された吹き抜け空間のことをピロティといい、この部分を駐輪場や駐車場として利用する場合が多い。

3　**適切でなく正解**。2方向避難等の一定の要件を満たす場合、避難経路となる連続した形状のバルコニーには、容易に破壊できる隔て板を設置するが、部分的にしか連続していないバルコニー等には、避難器具（避難ハッチ）を設けなければならない。

4　**適切**。マンションの管理員室は、管理員の管理事務の空間であるとともに、各種資料の保管の場所でもあり、また、居住者からの相談を受ける場所でもある。流しやトイレが設置されることもある。

肢3について。例えば、1階部分のバルコニーには、避難器具の設置は不要である。

問 41 マンションの構造と地盤改良　正解 1　重要度 ★★★

1　**誤りで正解**。鉄骨鉄筋コンクリート構造は、コンクリートの中性化が起きにくいとは言えない。これに対し、鋼管コンクリート構造は、コンクリートが鋼管で覆われているため、コンクリートの中性化は生じにくい。

2　**正しい**。施行にあたって、多量の水を使用する工法を湿式工法といい、鉄筋コンクリート構造や鉄骨鉄筋コンクリート構造は湿式工法である。木造や鉄骨構造は水を使用しない乾式工法である。

3 正しい。鉄骨構造は、熱に弱く、錆を生じるという欠点があるので、耐火被覆及び防錆処理が必要である。

4 正しい。地盤改良とは、地耐力のない軟弱地盤自体を改良強化して、支持力を増強し、沈下を防止する地業である。地盤改良工法には多種類あるが、間隙水の処理が重要である。

 肢4について。地盤改良には、地表面付近の軟弱地盤全体をセメント等で固める表層改良工法、セメント系の柱状で支持する柱状改良工法、鋼管杭によって建物を支持する鋼管杭工法等がある。

✔ **チェック**□□□

問 **42** バリアフリー　　正解 **4**　　重要度 ★★

1 適切。建築物特定施設とは、出入口、廊下、階段、エレベーター、便所、敷地内の通路、駐車場その他の建築物又はその敷地に設けられる施設で政令で定めるものをいう（バリアフリー法2条20号）。

2 適切。高齢者が住む住戸とエレベーターを結ぶ共用廊下の仕上げ材は滑りにくいものを使用し、段差がないことが適切である（高齢者が居住する住宅の設計に係る指針第4.2）。

3 適切。手すりは、床面から70cm〜90cmの位置に設けるべきであるから、85cmは適切である（同設計指針第4.2）。

4 適切でなく正解。不特定かつ多数の者が利用し、又は主として高齢者、障害者等が利用する階段は、踊場を除き、手すりを設けなければならない（バリアフリー法施行令12条1号）。「踊場を含めて手すりを設ける」の部分が不適切。

 肢4の階段の建築物移動等円滑化基準については、他に、表面は、粗面とし、又は滑りにくい材料で仕上げることや、原則として、主たる階段は、回り階段でないこと等がある。

349

解説

令和4年度

問 43 排水設備及び清掃方法　　正解 2　重要度 ★★★

1 **適切**。排水立管の掃除口の設置位置は、排水立管の最下部及びその付近、排水立管の最上部及び排水立管の途中に設ける。したがって、最上部及び最下部とともに、3階以内ごと又は15m以内ごとに設置するのは望ましいといえる。

2 **適切でなく正解**。排水設備の技術上の基準によれば排水桝間の最長距離は管径の120倍を超えない範囲内とされているので、管径125mm×120＝15,000mm（15m）となる。排水桝は延長15mの距離間を目安とすべきである。

3 **適切**。圧縮空気法は、ウォーターラム法ともいい、閉塞した管内に水を送り、圧縮空気を一気に放出してその衝撃で閉塞物を除去する方法である。

4 **適切**。高圧洗浄法は、高圧の水を噴射し、噴射力で管内の汚れ、付着物を除去する方法である。

> 肢4について。排水管の洗浄方法には、機械的洗浄方法と科学的洗浄方法とがあり、機械的洗浄方法には、高圧洗浄法、スネークワイヤー法、ロッド法、ウォーターラム法（肢3）がある。

問 44 給水設備　　正解 3　重要度 ★★

1 **不適切**。水道用架橋ポリエチレン管は、耐衝撃性、耐食性にすぐれているが、共用部分の給水立て管に使用するのではなく、専有部分のさや管ヘッダー方式に使用される。

2 **不適切**。専有部分の給水管の更新工事を行う際に、他の給水系統に逆流しないようにバルブ（止水弁）を設ける。逆止弁を設けるのではない。

3 **適切で正解**。給水設備の受水槽の有効容量は、マンション全体で使

用する１日の使用水量の２分の１程度で設計される。

4　不適切。シャワーの最低必要圧力は、70kPa（キロパスカル）である。

肢４について。一般的にマンションにおける住戸内の給水管の給水圧力の上限値は、300〜400kPaに設定する。給水圧力が高い場合には、減圧弁等を設ける。

✔ チェック□□□

問45　マンションの設備　　正解 **3**　重要度 ★★★

1　不適切。ウォーターハンマー防止対策として、給水管内の流速を1.5〜2.0m／sに押さえるとよい。

2　不適切。ガス給湯器の出湯能力は「号数」で表示する。「１号」とは、入水温度を25度上昇させて、１分間に１リットル出湯できる能力をいう。

3　適切で正解。排水横引管（排水横主管も含む）の管径が125mmの場合、最小勾配は150分の１である。したがって、150分の１以上にするのは、適切である。

4　不適切。シックハウス対策として、居室には、換気回数0.5回／h以上の機械換気設備が必要である。

肢２について。例えば、入水温度を25℃上昇させたお湯を１分間に16リットル供給できるガス給湯器を16号といい、20リットル供給できるものを20号という。

✔ チェック□□□

問46　マンション管理適正化法（マンション管理士）　　正解 **2**　重要度 ★★★

ア　正しい。マンション管理士の名称を用いて区分所有者の相談に応じることはマンション管理士の業務であり、マンション管理士になるためには、試験に合格して国土交通大臣（指定登録機関）の登録を受ける必要がある（マンション管理適正化法２条５号、30条１項、36条

１項）。

イ　誤り。 マンション管理士は、マンション管理士の信用を傷つけるような行為をした場合は、登録の取消し、又は期間を定めたマンション管理士の名称の使用停止命令を受けることがある（同法33条２項、40条）。「登録を取り消される」とは限らない。また、信用失墜行為に対する罰則の規定はない。

ウ　正しい。 マンション管理士は、５年ごとに、国土交通大臣の登録を受けた者が行う講習を受けなければならない（同法41条、同法施行規則41条）。これに違反すると、登録の取消し、又は期間を定めたマンション管理士の名称の使用停止命令を受けることがある（同法33条２項）。

エ　誤り。 マンション管理士証に関しては、管理業務主任者証（同法63条）と異なり、提示義務がない。

以上より、正しいものは、**ア**、**ウ**の二つであるから、**2**が正解である。

 肢エについて。管理業務主任者に関しては、「その事務を行うに際し、マンションの区分所有者等その他の関係者から請求があったときは、管理業務主任者証を提示しなければならない」とされている（マンション管理適正化法63条）。

✔ チェック□□□

問47 マンション管理適正化基本方針　正解 2　重要度 ★

ア　適切。 基本方針は「管理費等の滞納など管理規約又は使用細則等に違反する行為があった場合、管理組合の管理者等は、その是正のため、必要な勧告、指示等を行うとともに、法令等に則り、少額訴訟等その是正又は排除を求める法的措置をとることが重要である（方針三２（２））」としている。

イ　不適切。 基本方針には、「分譲会社は、管理組合の立ち上げや運営の円滑化のため、分譲時に管理規約や長期修繕計画、修繕積立金の金額等の案について適切に定めるとともに、これらの内容を購入者に対して説明し理解を得るよう努める必要がある（方針一４）」と、新築

分譲マンションについての記載がある。

ウ　不適切。基本方針では、「地方公共団体においては、国が掲げる目標を参考にしつつ、マンションの管理の適正化のために管理組合が留意すべき事項も考慮し、区域内のマンションの状況を把握し、地域の実情に応じた適切な目標を設定することが望ましい（方針二）」と、地方公共団体における目標設定についても言及している。なお、国に関する本肢の記述は適切である。

エ　適切。基本方針は「長期修繕計画の作成及び見直しにあたっては、（中略）あらかじめ建物診断等を行って、その計画を適切なものとするよう配慮する必要がある」「必要に応じ、建替え等についても視野に入れて検討することが望ましい（方針三2（5））」としている。

以上より、適切なものは、**ア、エ**の二つであるから、**2**が正解である。

令和3年9月に公表された「マンション管理適正化基本方針」からの最初の出題である。対策は難しいが、本問が「方針」の前半（一〜三）から出題されているので、余裕があればそこを読み込んでおくのがよいと考えられる。

✔ チェック□□□

問48　マンション管理適正化法（管理適正化推進計画等）　**正解 2**　重要度 ★★

ア　誤り。マンション管理適正化推進計画を作成できるのは、都道府県、市の区域内にあっては当該市、町村であってマンション管理適正化推進行政事務を処理する町村の区域内にあっては当該町村である（マンション管理適正化法3条の2第1項）。

イ　正しい。地方住宅供給公社は、委託により、管理計画認定マンションの修繕に関する企画又は実施の調整に関する業務を行うことができる（同法5条の11第1項）。

ウ　誤り。都道府県知事等は、管理組合の運営がマンション管理適正化指針に照らして著しく不適切であることを把握したときは、当該管理組合の管理者等に対し、マンション管理適正化指針に即したマンションの管理を行うよう勧告することができる（同法5条の2第2項）。

「マンション管理業者に対し」ではない。

エ　正しい。都道府県等は、マンション管理適正化推進計画の作成及び変更並びにマンション管理適正化推進計画に基づく措置の実施に関して特に必要があると認めるときは、関係地方公共団体、管理組合、マンション管理業者その他の関係者に対し、調査を実施するため必要な協力を求めることができる（同法3条の2第6項）。

以上より、正しいものは、**イ、エ**の二つであるから、**2**が正解である。

 マンションの管理に地方公共団体が積極的に関与できるようにするため、①管理適正化推進計画の作成（肢ア）、②管理計画の認定、③助言・指導、勧告（肢ウ）等の制度が設けられている。

問49　マンション管理適正化法（管理計画）　正解 4　重要度 ★★

1　誤り。管理計画の認定をすることができるのは、マンション管理適正化推進計画を作成した都道府県等の長に限られる（マンション管理適正化法5条の3第1項）。

2　誤り。管理計画の認定は、5年ごとにその更新を受けなければ、その期間の経過によって、その効力を失う（同法5条の6第1項）。「10年ごと」ではない。

3　誤り。管理計画を認定するためには、計画期間が30年以上であり、かつ、申請日から当該計画期間の終了の日までの間に2回以上の大規模修繕の実施を予定するものであること（申請日から当該計画期間の終了の日までの間にマンションの除却その他の措置の実施が予定され、その実施時期が適切に定められている場合を除く。）が必要である（同法5条の4第1号、同法施行規則1条の4第2号）。「かつ」であって、「又は」ではない。

4　正しく正解。管理計画を認定するためには、区分所有者名簿及び居住者名簿が作成され、かつ、これらの名簿が年1回以上更新されていることが必要である（同法5条の4第3号、同法施行規則1条の5第

3号）。

管理計画の認定基準は、肢３・４のほかに、①長期修繕計画の作成又は見直しが７年以内に行われていること、②管理組合に管理者等及び監事が置かれていること、③集会が年１回以上開かれていること等がある（マンション管理適正化法施行規則１条の４、１条の５）。

✔ チェック□□□

問50 マンション管理適正化法（重要事項の説明）

正解 **2**　重要度 ★★★

　説明会では、管理組合を構成するマンションの**ア**〔区分所有者等及び当該管理組合の管理者等〕に対し、管理業務主任者をして、重要事項について説明させなければならない（マンション管理適正化法72条１項）。マンション管理業者は、開催日の**イ**〔１週間〕前までに説明会の開催の日時及び場所について掲示しなければならない（同法施行規則83条２項）。

　マンション管理業者は、従前の管理受託契約と同一の条件で管理組合との管理受託契約を更新しようとするときは、あらかじめ、マンションの**ウ**〔区分所有者等〕全員に重要事項を記載した書面を交付し（同法72条２項）、また管理者等が置かれている管理組合の場合は、管理業務主任者をして、管理者等に交付・説明させなければならない。ただし、**エ**〔認定管理者等〕から重要事項について説明を要しない旨の意思の表明があったときは、重要事項を記載した書面の交付をもって、これに代えることができる（同法72条３項ただし書）。

　以上より、**ア**には「区分所有者等及び管理組合の管理者等」、**イ**には「１週間」、**ウ**には「区分所有者等」、**エ**には「認定管理者等」が入るから、**2**が正解である。

認定管理者等とは、管理計画の認定を受けた者のことをいう（マンション管理適正化法５条の５）。

令和3年度

解答と解説

正解番号一覧

問	正解	問	正解	問	正解	問	正解	問	正解
1	2	11	1	21	4	31	3	41	4
2	2	12	2	22	4	32	2	42	3
3	1	13	2	23	4	33	1	43	1
4	2	14	1	24	2	34	3	44	2
5	2	15	4	25	2	35	2	45	2
6	2	16	2	26	4	36	4	46	2
7	3	17	4	27	2	37	4	47	2
8	2	18	4	28	2	38	1	48	3
9	1	19	4	29	3	39	3	49	2
10	2	20	3	30	3	40	3	50	2

合格基準点38点

**区分所有法・民法
（管理組合・賃借権）** 正解 2 重要度 ★★

ア　正しい。 区分所有者は、全員で当然に区分所有者の団体を構成する（区分所有法3条前段）。A、B、Cは1棟の建物を区分所有しているので、全員によって区分所有者の団体が組織される。

イ　誤り。 Bは乙地を、Cは丙地を賃借（民法601条）しているので、それぞれ単独で賃借権を有する。賃借権を準共有（同法264条前段）しているのではない。

ウ　正しい。 賃借権の譲渡には、原則として賃貸人の承諾が必要である（同法612条1項）。BはAから乙地を賃借しているので、その賃借権の譲渡にはAの承諾が必要である。

エ　誤り。 賃借権には、抵当権を設定することができない（同法369条2項）。したがって、Cは、その敷地利用権、すなわち丙地の賃借権に抵当権を設定することができない。

以上により、正しいものは、**ア**、**ウ**の二つであるから、**2**が正解である。

区分所有関係があれば、当然に区分所有者の団体を構成する（肢ア）。区分所有法3条前段は、このことを確認した規定である。タウンハウスのように敷地利用権を共有していない場合でも、建物を区分所有していれば区分所有者の団体が構成されることに変わりがない。

**区分所有法・民法
（共有物分割請求）** 正解 2 重要度 ★★

ア　誤り。 民法では、5年を超えない期間内は共有物の分割をしない旨の契約をすることができる（民法256条1項）。この契約は更新することができるが、その期間は更新の時から5年を超えることができない（同条2項）。したがって、更新が認められないとする本肢は誤り。

イ　正しい。 専有部分以外の建物の部分は、共用部分にあたる（区分所

有法2条4項)。共用部分の共有に関しては、共有物分割請求は認められていない（同法12条以下）。

ウ 誤り。専有部分の共有に関しては、民法の適用を排除する旨の規定はない。したがって、共有物分割請求権の行使が認められる（民法256条1項）。

エ 正しい。規約により共用部分とされた部分（区分所有法4条2項前段）も、共用部分であるから、共有物分割請求は認められない（同法12条以下）。

以上により、正しいものは、**イ、エ**の二つであるから、**2**が正解である。

> 共用部分の共有については、民法の共有の規定が排除され、区分所有法13条〜19条が適用される（区分所有法12条）。各共有者は、共用部分をその用方に従って使用することができ（同法13条。持分に応じた使用ではない）、分割請求や持分の放棄は認められない。

✔ チェック□□□

問 **3** 区分所有法（管理組合法人） 正解 **1** 重要度 ★★

1 誤りで正解。管理組合法人は、規約又は集会の決議により、その事務に関し、区分所有者のために、原告又は被告となることができる（区分所有法47条8項）。「理事」ではない。

2 正しい。管理組合法人は、区分所有者名簿を備え置き、区分所有者の変更があるごとに必要な変更を加えなければならない（同法48条の2第2項）。

3 正しい。管理組合法人は、建物の全部の滅失又は建物に専有部分がなくなったことのほか、区分所有者及び議決権の各4分の3以上の多数の集会の決議によって解散する（同法55条1項各号・2項）。

4 正しい。管理組合法人は、代表理事がその職務を行うについて第三者に与えた損害を賠償する責任を負う（同法47条10項、一般社団法人及び一般財団法人に関する法律78条）。

法人ではない管理組合の場合には、管理者が、規約又は集会の決議により、その職務に関し、区分所有者のために、原告又は被告となることができる（区分所有法26条4項）。これに対し、管理組合法人は法人であるから、訴訟の当事者になることができる。そこで、管理組合法人が区分所有者のために原告又は被告になることができるとされている（肢1）。

問 **4** **区分所有法（管理者）** 正解 **2** 重要度 ★★★

1 正しい。 規約において、管理者を共用部分の所有者と定めることができる（区分所有法27条1項）。これは「共用部分」に関する規定なので、規約共用部分も管理所有の対象とすることができる。

2 誤りで正解。 共用部分については、規約で管理者が所有すると定めることにより、管理者が管理に必要な行為を行う権限を有するが（同法27条、20条）、建物の敷地及び附属施設については、管理者が所有することを認める規定がない。

3 正しい。 共用部分につき損害保険契約をすることは、共用部分の管理に関する事項とみなされる（同法18条4項）。したがって、管理所有を行う管理者は、共用部分につき損害保険契約を締結することができる（同法27条2項、20条）。

4 正しい。 保存行為は、各共有者がすることができる（同法18条1項ただし書）。したがって、管理所有が規約で定められていても、各区分所有者は保存行為をすることができる。

管理所有が定められた共用部分については、管理所有者に管理が委ねられているので、各区分所有者は、管理上必要な行為を行うことができないのが原則である。その例外として、保存行為は各区分所有者が行うことができる（肢4）。

問 5　区分所有法（敷地利用権）　　正解 **2**　　重要度 ★★

1　正しい。敷地利用権が数人で有する所有権その他の権利である場合には、区分所有者は、その有する専有部分とその専有部分に係る敷地利用権とを分離して処分することができない。ただし、規約に別段の定めがあるときは、この限りでない（区分所有法22条1項）。

2　誤りで正解。敷地利用権の一部について分離処分を認めることは禁止されていない（同法22条1項）。したがって、一筆の土地の一部について分離処分を認める規約を設定することも可能である。

3　正しい。分離処分禁止に違反する処分は、分離処分禁止の登記がされていない場合、その無効を善意の相手方に主張することができない（同法23条）。

4　正しい。最初に建物の専有部分の全部を所有する者は、公正証書により、専有部分と敷地利用権の分離処分を認める旨の規約を設定することができる（同法32条、22条1項ただし書）。

区分所有法32条による規約の設定（肢4）が認められるのは、①規約共用部分を定める規約、②規約敷地を定める規約、③専有部分と敷地利用権の分離処分を認める規約、④各専有部分に係る敷地利用権の割合を定める規約についてである。

問 6　区分所有法（規約）　　正解 **2**　　重要度 ★★★

1　誤り。建物又はその敷地若しくは附属施設の管理又は使用に関する区分所有者相互間の事項は、規約で定めることができる（区分所有法30条1項）。「建物」については、共用部分だけでなく、専有部分についても、その管理や使用が区分所有者全体に影響を及ぼすような事項については規約で定めることができる。例えば、専有部分を居住以外の目的で使用することを禁止する定めなどである。

2　正しく正解。規約は、書面又は電磁的記録により作成しなければな

らないとされている（同法30条5項）。

3　誤り。 構造上区分所有者の全員又は一部の共用に供されるべき建物の部分は、法定共用部分であり、規約の定めによっても専有部分として区分所有権の目的とすることはできない（同法4条）。また、最初に建物の全部を所有する者が、公正証書により規約を設定できる事項は、①規約共用部分の定め、②規約敷地の定め、③専有部分と敷地利用権の分離処分を許す定め、④各専有部分に係る敷地利用権の割合に関する定めに限られる（同法32条）。

4　誤り。 管理者がいる場合は、必ず管理者が規約を保管しなければならない（同法33条1項本文）。なお、管理者がないときは、建物を使用している区分所有者又はその代理人で規約又は集会の決議で定めるものが規約を保管しなければならない（同法33条1項ただし書）。

 規約を書面で作成するのか電磁的記録で作成するのかは、集会の決議によっても、規約の定めによってもよく、また、これらがない場合には、管理者が任意に決定することができると考えられている。

✔ チェック□□□

問7　区分所有法（電磁的方法による議決権行使又は決議）　正解 3　重要度 ★★

1　正しい。 区分所有者は、書面で議決権を行使することができるが（区分所有法39条2項）、規約又は集会の決議により、書面による議決権の行使に代えて、電磁的方法によって議決権を行使することもできる（同法39条3項）。

2　正しい。 決議は集会を開いた上で行うのが原則であるが、区分所有者全員の承諾があるときは、集会を開かずに書面又は電磁的方法によって決議をすることができ（同法45条1項）、その決議は、集会の決議と同一の効力を有する（同法45条3項）。

3　誤りで正解。 書面又は電磁的方法による決議をする場合も、集会を開いて決議をする場合と同様に、会議の目的たる事項を示して各区分所有者に通知を発すべき時期は、回答期日より少なくとも1週間前ま

でである（同法45条５項、35条１項）。

4　正しい。区分所有者全員の書面又は電磁的方法による合意があったときとは、区分所有者全員が決議内容に賛成していることを指している。このように区分所有者全員の合意があるときは、書面又は電磁的方法による決議があったものとみなされ、その決議は、集会の決議と同一の効力を有する（同法45条２項・３項）。区分所有者全員が議題に賛成しているので、集会で反対意見が出て議論する場を確保する必要性がないからである。

集会に出席せず書面で議決権を行使することは、すべての区分所有者に認められた権利であるが、電磁的方法により議決権を行使することは、規約又は集会の決議での許容が必要であることに注意。

✔ **チェック**□□□

問 8　区分所有法（共用部分）　正解 2　重要度 ★★★

1　規約で別段の定めをすることができる。共用部分の保存行為は、各共有者がすることができるのが原則であるが（区分所有法18条１項ただし書）、規約で別段の定めをすることが認められている（同法18条２項）。したがって、各区分所有者による共用部分の保存行為について、管理者を通じて行うこととする旨を規約に定めることができる。

2　規約で別段の定めをすることができず、正解。共用部分の変更の内容が重大なもの（形状又は効用の著しい変更を伴わないものを除く変更）は、区分所有者及び議決権の各４分の３以上の多数による集会の決議で決するのが原則である（同法17条１項本文）。この決議要件のうち、区分所有者の定数については、規約でその過半数まで減ずることができるが、議決権の定数を減ずることは認められていない（同法17条１項ただし書）。

3　規約で別段の定めをすることができる。共用部分に対する各共有者の持分は、その有する専有部分の床面積の割合による（同法14条１

項）。各共有者は、その持分に応じて、共用部分の負担に任じ、共用部分から生ずる利益を収取するのが原則であるが、規約で別段の定めをすることが認められている（同法19条）。したがって、共用部分の負担と収益の配分について、各住戸の床面積の差を無視して、住戸数を基準に按分する旨を規約に定めることができる。

4 規約で別段の定めをすることができる。一部共用部分は、これを共用すべき区分所有者の共有に属するのが原則であるが（同法11条1項ただし書）、規約で別段の定めをすることが認められている（同法11条2項）。したがって、一部共用部分を区分所有者全員の共有とする旨を規約に定めることができる。

 一部共用部分を区分所有者全員の共有とする場合は、その規約の設定が「一部の区分所有者の権利に特別の影響を及ぼすべきとき」に当たるため、一部共用部分を共用すべき区分所有者全員の承諾を得なければならない（区分所有法31条1項後段）ことに注意。

✔チェック☐☐☐

㉘ **9 区分所有法（建替え）** 正解1 重要度★★

1 誤りで正解。建替え決議があったときは、集会を招集した者は、建替え決議に賛成しなかった区分所有者（その承継人を含む）に対し、建替え決議の内容により建替えに参加するか否かを回答すべき旨を書面で催告しなければならないが、その催告は、決議の日から2月以内ではなく、「遅滞なく」すべきものとされている（区分所有法63条1項）。

2 正しい。建替えを実行する際には、全員が建替えに合意している状態にしておく必要がある。そのため、本肢のとおり、建替え決議に賛成した区分所有者、建替えに参加する旨の回答をした区分所有者、及び売渡請求により区分所有権を買い受けた買受指定者並びにこれらの者の承継人は、全員、建替えを行う旨の合意をしたものとみなされる（同法64条）。

3　正しい。 建替え不参加者がそのまま区分所有者として残ったままでは、実際上、建替え工事に着手することができない。そこで、本肢のとおり、建替え参加者又は買受指定者は、建替え不参加者に対し、区分所有権及び敷地利用権を時価で売り渡すべきことを請求することができる（同法63条4項）。

4　正しい。 建替え決議の日から2年以内に、正当な理由なく建替えのための建物取壊し工事に着手しない場合、売渡請求により区分所有権を及び敷地利用権を売り渡した者は、上記2年の期間満了の日から6月以内に、買主が支払った代金に相当する金銭を提供して、これらの権利を売り渡すよう請求すること（買い戻すこと）ができる（同法63条6項）。売渡請求により建替え不参加者の区分所有権等を強制的に買い取ったままいつまでも建替えの実行に着手しないことは衡平を欠くからである。

 肢1の催告を受けた区分所有者は、催告を受けた日から2月以内に回答しなければならず、その期間内に回答しなかった場合は、建替えに参加しない旨を回答したものとみなされる（区分所有法63条2項・3項）。

✔ **チェック**□□□

(問)**10** 区分所有法（団地共用部分）　正解 **2**　重要度 ★

1　正しい。 団地共用部分とすることができるのは、団地内に存在し、かつ、附属施設たる独立した建物又は区分所有建物の専有部分たり得る部分である（区分所有法67条1項前段、1条）。したがって、附属施設たる建物が専有部分であっても、規約で団地共用部分とすることができる。

2　誤りで正解。 区分所有法65条は、団地内の附属施設が団地建物所有者の共有に属する場合には、団地建物所有者は、全員で、その附属施設の管理を行うための団体を構成するとしている。団地共用部分は、この65条の規定を受けて定められたものであるから、団地共用部分とすることができるのは、団地建物所有者全員の共有に属する附

属施設たる建物に限られる。したがって、一部の共有に属するものを団地共用部分とすることはできない。

3　正しい。団地共用部分とされるのは独立した建物又は専有部分であるので、外観上は共用部分であることが分からない。それゆえ、団地共用部分を定めた場合、その旨の登記をしなければ、これをもって第三者に対抗できないとされている（同法67条1項後段）。

4　正しい。団地共用部分は、団地規約により定めなければならない（同法67条1項前段）。団地規約の設定は、団地建物所有者及びその議決権の各4分の3以上の多数による集会の決議によって決する（同法66条、30条1項、31条1項）。

> 例えば、A棟とB棟で構成する団地において、A棟のみの区分所有者の共有に属する附属施設たる建物は、「団地」共用部分とすることはできないが、A棟の「規約」共用部分にすることはできる。

✔ チェック□□□

問11　被災マンション法　　**正解 1**　**重要度 ★★**

1　誤りで正解。区分所有建物が全部滅失すると区分所有関係が消滅し、管理者であった者の地位も消滅するので、その管理者であった者が敷地共有者等集会を招集することはできない。再建決議をするための集会は、敷地共有者等が新たに管理者を選任した場合はその管理者が招集し、管理者を新たに選任していない場合は議決権の5分の1以上を有する敷地共有者等が招集する（被災マンション法3条1項、区分所有法34条1項・5項）。

2　正しい。災害により区分所有建物の一部が滅失した後に、区分所有者が適切な手続きによって建物を取り壊した場合も、災害により区分所有建物が全部滅失した場合と同じ状態になるので、建物を建築する旨の再建決議をすることができる（被災マンション法2条、4条1項）。

3　正しい。敷地共有者等集会は、再建決議や敷地売却決議が行われる

までの暫定的な管理を目的とするものなので、規約を定めることはできない（同法2条、3条1項）。規約は、団体を継続的に運営するためのルールだからである。

4 **正しい**。敷地共有者等集会においては、敷地共有者等の議決権の5分の4以上の多数の賛成で再建決議をすることができ、敷地共有者等の頭数は決議要件とされていない（同法4条1項）。

 再建決議は、区分所有建物の滅失に係る災害を定める政令が施行された日から起算して3年以内に行う必要があることもあわせて押さえておいてほしい（被災マンション法2条）。

✔ **チェック**□□□

問 **12** **民法（意思表示）** 正解 **2** 重要度 ★★★

1 **誤り**。詐欺によって意思表示したことについて過失があったとしても、詐欺を理由として意思表示を取り消すことができる（民法96条1項）。Aに過失があったとしても、詐欺をした張本人である買主Bとの関係では、意思表示の取消しを制限する理由はないからである。

2 **正しく正解**。詐欺をしたのは第三者Cであり、買主Bが詐欺をしたわけではない。それゆえ、第三者が詐欺をした場合は、意思表示の相手方が詐欺の事実を知っていたか、知ることができたとき（悪意又は善意有過失のとき）に限り、詐欺を理由として意思表示を取り消すことができるものとされている（同法96条2項）。

3 **誤り**。強迫によって意思表示したことについて過失があったとしても、強迫を理由として意思表示を取り消すことができる（同法96条1項）。

4 **誤り**。詐欺の場合、もっと注意深ければだまされなかったのではないかという意味で、被害者にも多少の落ち度がある。それゆえ、肢2のように、詐欺の加害者以外の者との関係では取消しが制限されることがある。しかし、強迫の場合、恐怖にかられて意思表示した被害者に落ち度はないので、第三者が強迫をした場合、意思表示の相手方が強迫の事実について善意無過失であっても、意思表示の取消しが認め

解説 令和3年度

367

られている（同法96条１項・２項参照）。

✔チェック☐☐☐

問13 民法（時効）　正解 2　重要度 ★★

1　正しい。 内容証明郵便による支払請求は、裁判外の請求である催告に該当する。催告があったときは、その時から６ヵ月間の時効完成猶予の効力が生じる（民法150条１項）。ただし、催告は、裁判上の請求などを行うまでの暫定的な手段と位置づけられており、催告の繰り返しには時効の完成を阻止する効力は認められない。したがって、最初の催告後の６ヵ月の時効完成猶予の期間中に再度の催告をしても、時効完成猶予の効力は生じない（同法150条２項）。

2　誤りで正解。 催告による時効完成猶予期間が経過したのであるから、時効が完成している。時効が完成してしまっている以上、本肢のような合意がなされたとしても、時効完成猶予の効力は生じない。

3　正しい。 破産債権を届け出て破産手続に参加した場合、破産手続が終了するまでの間は、時効の完成が猶予されるのであって（同法147条１項４号）、時効の更新の効力までは生じない。

4　正しい。 確定判決又は確定判決と同一の効力を有するものによって確定した権利については、10年より短い時効期間の定めがあるものであっても、その時効期間は10年となる（同法169条１項）。

アルファ　滞納管理費債権は、債権者が権利を行使することができることを知った時から５年、又は権利を行使することができる時から10年で時効消滅する（民法166条１項）。

問 14 民法 (物権変動)　　　　正解 1　　重要度 ★★

1　**誤りで正解**。不動産の物権変動（所有権などの物権が発生、変更及び消滅すること）を第三者に対抗するためには、登記を得ておかなければならない（民法177条）。したがって、102号室の引渡しを受けていたとしても、移転登記を備えていない以上、同室の所有権を第三者に対抗することはできない。

2　**正しい**。代金の支払や物件の引渡しがあったとしても、登記を得ていない以上不動産の物権変動を第三者に対抗できない。したがって、BとCは、どちらも登記を得ていないので、互いに所有権の取得を対抗できないことになる。

3　**正しい**。例えば、先に契約をした者が登記をしていないのに乗じて嫌がらせをしたり、先に契約をした者に高く売りつけるなどの悪質な目的をもって二重に権利を譲り受けた者のように、登記の不存在を主張することが信義に反すると認められる事情がある者を背信的悪意者といい、この背信的悪意者に対しては、登記を得ていなくても所有権の取得を対抗できるとされている（最判昭43.8.2）。

4　**正しい**。Cが先に引渡しを受けたとしても、Bが先に登記を備えた以上、Bは、Cに対して所有権の取得を対抗することができる。

すでに売買契約等が行われていることを知っているだけで、肢3のような背信性が認められない第三者との関係では、登記を得ていない以上物権変動を対抗できない。

問 15 民法 (債務不履行)　　　　正解 4　　重要度 ★★

1　**正しい**。平成29年改正民法の施行日（令和2年4月1日）前に債務者が遅滞の責任を負った場合における遅延損害金の法定利率は、従前の例による（民法附則17条3項）。したがって、Aは、年5％の割合による遅延損害金の支払義務を負う（同法419条1項、改正前同法

404条）。

2　正しい。 当事者は、債務の不履行について損害賠償の額を予定することができる（同法420条１項）。したがって、遅延損害金の利率を年10％とする定めがある場合、Aは、年10％の割合による遅延損害金の支払義務を負う。

3　正しい。 金銭の給付を目的とする債務の不履行については、その損害賠償の額は、債務者が遅滞の責任を負った最初の時点における法定利率によって定める（同法419条１項本文）。したがって、Aは、年３％の割合による遅延損害金の支払義務を負う（同法404条２項）。

4　誤りで正解。 当事者は、債務の不履行について損害賠償の額を予定することができる（同法420条１項）。したがって、遅延損害金の利率を年１％とする定めがある場合、Aは、年１％の割合による遅延損害金の支払義務を負う。「３％」ではない。

アルファ　法定利率は、平成29年改正前の民法では、年５％とされていた。改正により、年３％とされ（民法404条２項）、３年ごとに見直すこととされている（同法404条３項）。

✔ チェック□□□

問 16　民法（保証）　　　正解 **2**　　重要度 ★★

1　正しい。 普通の保証の場合は、保証人は、まず主たる債務者に催告すべき旨を請求することができる（民法452条。催告の抗弁権）。しかし、Cは、連帯保証人なので、催告の抗弁権を有しない（同法454条）。

2　誤りで正解。 保証人は、その保証債務についてのみ、違約金又は損害賠償の額を約定することができる（同法447条２項）。したがって、ＡＢ間で遅延損害金の定めがなくても、ＡＣ間において遅延損害金を定めることができる。

3　正しい。 主たる債務者が時効の利益を放棄したとしても、時効の利益の放棄は相対的効力しか有しないので（大判大5.12.25）、保証人は、主たる債務についての消滅時効を援用し（同法145条）、付従性

により保証債務を免れることができる。

4 **正しい**。連帯保証人に対する履行の請求は、債権者と主たる債務者が別段の意思表示をしない限り、主たる債務者に対して効力を生じない（同法458条、441条）。

 連帯保証人に生じた事由は、原則として主たる債務者に対して効力を生じないが、弁済等の債権者に満足を与える事由や、更改、相殺、混同は主たる債務者に対して効力を生じる（民法458条、438条、439条1項、440条）。

✔ チェック□□□

問 17 **民法（賃貸借）** 　正解 **4** 　重要度 ★★★

1 **正しい**。賃借人は、賃借物を受け取った後にこれに生じた損傷（通常の使用及び収益によって生じた賃借物の損耗並びに賃借物の経年変化を除く）がある場合において、賃貸借が終了したときは、その損傷を原状に復する義務を負う（民法621条本文）。したがって、通常の使用収益によって生じた損耗にあたる損傷については、Bは、原状に復するよう請求することができない。

2 **正しい**。賃借人は、その責めに帰することができない事由による損傷については、原状に復する義務を負わない（同法621条ただし書）。

3 **正しい**。賃借人は、賃貸借が終了したときは、賃借物に附属させた物を収去する義務を負うのが原則である。ただし、賃借物から分離することができない物又は分離するのに過分の費用を要する物については、収去義務を負わない（同法622条、599条1項）。

4 **誤りで正解**。賃借人が支出した費用の償還は、賃貸人が返還を受けた時から1年以内に請求しなければならない（同法622条、600条1項）。したがって、Aは、404号室を返還した後でも、1年以内であれば必要費（同法608条1項）の償還を請求することができる。

賃借人は、賃貸人の負担に属する必要費（肢４）を支出した
ときは、直ちにその償還を請求することができる（民法608
条１項）。これに対し、賃借人が有益費を支出したときは、
賃貸人は、賃貸借の終了の時に、その価格の増加が現存する
場合に限り、賃貸人の選択に従い、支出した金額又は増価額
を償還しなければならない（同法608条２項、196条２項）。

✔チェック□□□

問18 不動産登記法 （分割・区分・合併の登記） 正解 4 重要度 ★

1 誤り。 ２以上の建物が合体して一個の建物となった場合、合体の日
から１月以内に、合体後の建物についての建物の表題登記及び合体前
の建物についての建物の表題部の登記の抹消を申請しなければならな
い（不動産登記法49条１項柱書）。「表題部の変更の登記」ではない。

2 誤り。 建物の区分の登記は、表題部所有者又は所有権の登記名義
人以外の者は、申請することができない（同法54条１項２号）。した
がって、当該建物部分の所有権を新たに取得した者は、申請すること
ができない。

3 誤り。 建物の分割の登記は、表題部所有者又は所有権の登記名義
人以外の者は、申請することができない（同法54条１項１号）。した
がって、抵当権の登記名義人は、申請することができない。

4 正しく正解。 表題部所有者又は所有権の登記名義人が相互に異なる
建物の合併の登記は、することができない（同法56条２号）。

✔ チェック□□□

問 19 マンション建替え円滑化法 正解 4 重要度 ★★★

1 **正しい。** 組合において、権利変換計画について総会の議決があったときは、組合は、当該議決があった日から2月以内に、当該議決に賛成しなかった組合員に対し、区分所有権及び敷地利用権を時価で売り渡すべきことを請求することができる（マンション建替え円滑化法64条1項）。

2 **正しい。** 施行者は、権利変換期日後遅滞なく、施行再建マンションの敷地（保留敷地を含む）につき、権利変換後の土地に関する権利について必要な登記を申請しなければならない（同法74条1項）。本問は組合施行なので、組合が上記の申請を行う。

3 **正しい。** 施行者である組合は、権利変換計画の認可を申請しようとするときは、権利変換計画について、あらかじめ、総会の議決を経るとともに施行マンション又はその敷地について権利を有する者（組合員を除く）及び隣接施行敷地がある場合における当該隣接施行敷地について権利を有する者の同意を得なければならない（同法57条2項本文）。

4 誤りで正解。 権利変換計画に基づく補償金は、権利変換期日までに支払わなければならない（同法75条柱書）。「権利変換期日後遅滞なく」ではない。

 権利変換期日以後においては、施行再建マンションの敷地（保留敷地を含む）に関しては、肢2の登記がされるまでの間は、他の登記をすることができない（マンション建替え円滑化法74条2項）。

✔ チェック□□□

問20 都市計画法（地域地区、都市計画制限） 　正解 3　重要度 ★★★

1 正しい。 都市計画区域については、都市計画に、当該都市計画区域の整備、開発及び保全の方針を定めるものとされている（都市計画法6条の2第1項）。

2 正しい。 地区計画等を都市計画に定めることができるのは、都市計画区域内に限られる。準都市計画区域内には定めることができない（同法8条2項、12条の4第1項）。

3 誤りで正解。 本肢では医療施設が誤り。市街化区域及び区域区分が定められていない都市計画区域については、少なくとも道路、公園及び下水道を定めるものとされている（同法13条1項11号）。

4 正しい。 促進区域は、市街化区域又は区域区分が定められていない都市計画区域内において、主として関係権利者による市街地の計画的な整備又は開発を促進する必要があると認められる土地の区域について定めることとされている（同法13条1項8号）。

 準都市計画区域内に定めることができる地域地区は、用途地域、特別用途地区、特定用途制限地域（用途地域が定められていない土地の区域内）、高度地区、景観地区、風致地区、緑地保全地域、伝統的建造物群保存地区の8つがある（都市計画法8条2項）。

問 21 建築基準法（単体規定） 正解 **4** 重要度 ★★★

1 **正しい**。防火地域又は準防火地域内にある建築物で、外壁が耐火構造のものについては、その外壁を隣地境界線に接して設けることができる（建築基準法63条）。

2 **正しい**。高さ20mをこえる建築物には、有効に避雷設備を設けなければならないが、周囲の状況によって安全上支障がない場合には、設けなくてもよい（同法33条）。

3 **正しい**。共同住宅の住居から地上に通じる廊下、階段その他の通路で、採光上有効に直接外気に開放されていないものには非常用の照明装置を設けなければならないが、共同住宅の住戸については設置が免除されている（同法施行令126条の4）。

4 **誤りで正解**。敷地内には、屋外に設ける避難階段及び屋外の出口から道又は公園、広場その他の空地に通ずる通路を設けなければならず、その通路の幅員は原則として1.5m以上とされている。なお、階数が3以下で延べ面積が200㎡未満の建築物の敷地内では、90cm以上の通路を設けなければならない（同法施行令128条）。

> 高さ20mをこえる建築物には、有効に避雷設備を設けなければならないが、この高さには、原則として階段室、昇降機塔、装飾塔、物見塔、屋窓その他これらに類する建築物の屋上部分も含まれることに注意したい。ただし、避雷針設備自体については、「装飾、防火壁の屋上突出部」に該当するため、建築物の高さには算入されない(建築基準法施行令2条1項第六号ハ)。

問 22 水道法（簡易専用水道） 正解 **4** 重要度 ★★★

1 **正しい**。簡易専用水道の設置者は、当該簡易専用水道の管理について、毎年1回以上定期に、地方公共団体の機関又は国土交通大臣及び

環境大臣の登録を受けた者の検査を受けなければならない（水道法34条の2第2項、同法施行規則56条1項）。

2 正しい。 給水栓における水の色、濁り、臭い、味その他の状態により供給する水に異常を認めたときは、水質基準に関する省令に定められた事項のうち必要なものについて検査を行わなければならない（同法施行規則55条3号）。

3 正しい。 供給する水が人の健康を害するおそれがあることを知ったときは、直ちに給水を停止し、かつ、その水を使用することが危険である旨を関係者に周知させる措置を講じなければならない（同法施行規則55条4号）。

4 誤りで正解。 水道技術管理者は、水道事業者・簡易水道・専用水道の設置者が必ず設置しなければならないが（同法19条1項、31条、34条）、簡易専用水道の設置者に設置義務はない。

水道事業者から供給される水だけを水源として、受水槽の有効容量の合計が10㎥を超えるものを簡易専用水道というが、飲用水として使用しない場合は簡易専用水道ではない。また、地下水や井戸水を揚水して受水槽に貯めて供給しているものも簡易専用水道ではない。

✔ チェック□□□

問 **23** 消防法　　　　　正解 **4**　　重要度 ★★★

1 正しい。 居住者が50人以上の共同住宅の管理について権原を有する者は、防火管理者を解任したときは、遅滞なくその旨を所轄消防長（消防本部を置かない市町村においては市町村長）又は消防署長に届け出なければならない（消防法8条2項、同法施行令1条の2第3項1号ハ）。

2 正しい。 その管理について権原が分かれている防火対象物（本肢では共同住宅）の防火管理者は、消防計画に、当該防火対象物の当該権原の範囲を定めなければならない（同法施行規則3条3項）。

3 正しい。 居住者が50人以上の共同住宅では、その管理について権

原を有する者は、防火管理者を定めなければならないが、甲種防火対象物（面積が500㎡以上）、乙種防火対象物（面積が500㎡未満）とも、当該防火対象物において防火管理上必要な業務を適切に遂行することができる管理的又は監督的な地位にあるもので、市町村の消防職員で、管理的又は監督的な職に1年以上あった者を防火管理者に選任することができる（同法8条1項、同法施行令3条1項1号ハ・2号ロ）。

4　誤りで正解。高さ31mを超える建築物（高層建築物）では、使用する防炎対象物品（どん帳、カーテンなど）は、政令で定める基準以上の防炎性能を有するものでなければならない（同法8条の2第1項、8条の3第1項）。当該高層建築物で使用するのに、防炎性能を有しないカーテンを購入し、政令で定める以上の基準の防炎性能を与えるための処理をさせたときは、その旨を明らかにしておかなければならない（同法8条の3第5項）。しかし、本肢では、高さが30mなので高層建築物に該当しないので、誤りである。また、本肢では、居住者数が100人としているが、居住者数はこの規定には関係ない。

 甲種防火管理講習修了者はすべての防火対象物で防火管理者に選任できるが、乙種防火管理講習修了者は、防火管理者に選任できる防火対象物が、比較的小規模なものに限られる(500㎡未満)。

✔ **チェック**□□□

問24　警備業法　　**正解 2**　重要度 ★★★

1　正しい。事務所、住宅、興行場、駐車場、遊園地等における盗難等の事故の発生を警戒し、防止する業務であって、他人の需要に応じて行うものは、警備業務に該当する（警備業法2条1項1号）。

2　誤りで正解。警備業を営もうとする者は、欠格要件に該当しないことについて、その主たる営業所の所在地を管轄する都道府県公安委員会の認定を受けなければならず、公安委員会に、内閣府令で定める書類を添付して、認定申請書を提出しなければならない（同法4条、5

条1項）。認定を受けていなければ、警備業務を開始することはできない。また、公安委員会に、内閣府令で定める事項を記載した届出書を提出しなければならないのは、警備業を廃止したときである（同法10条1項）。

3　正しい。 警備業者は、自己の名義をもって、他人に警備業を営ませてはならない（同法13条）。認定を受けていない者やほかの警備業者に名義を貸すことはできない。

4　正しい。 警備業者は、警備業務を行おうとする都道府県の区域を管轄する公安委員会に、当該公安委員会の管轄区域内において警備業務を行うに当たって携帯しようとする護身用具の種類、規格その他内閣府令で定める事項を記載した届出書を提出しなければならない（同法17条2項、16条2項）。

> 警備業務とは、①事務所、住宅、興行場、駐車場、遊園地等における盗難等の事故の発生を警戒し、防止する業務、②人若しくは車両の雑踏する場所又はこれらの通行に危険のある場所における負傷等の事故の発生を警戒し、防止する業務、③運搬中の現金、貴金属、美術品等に係る盗難等の事故の発生を警戒し、防止する業務、④人の身体に対する危害の発生を、その身辺において警戒し、防止する業務のいずれかであって、他人の需要に応じて行うものをいう（2条1項各号）。

✔ チェック□□□

問25　標準管理規約（専有部分の修繕）　　正解 2　　重要度 ★★★

1　適切。 承認を行うに当たっては、専門的な判断が必要となる場合も考えられることから、専門的知識を有する者（建築士、建築設備の専門家等）の意見を聴く等により専門家の協力を得ることを考慮する。特に、フローリング工事の場合には、構造、工事の仕様、材料等により影響が異なるので、専門家への確認が必要である（標準管理規約コメント17条関係⑤）。

2　不適切で正解。 承認を受けた修繕等の工事後に、当該工事により共

用部分又は他の専有部分に影響が生じた場合は、当該工事を発注した区分所有者の責任と負担により必要な措置をとらなければならない（同規約17条6項）。

3 **適切**。区分所有者は、承認を要しない修繕等のうち、工事業者の立入り、工事の資機材の搬入、工事の騒音、振動、臭気等工事の実施中における共用部分又は他の専有部分への影響について管理組合が事前に把握する必要があるものを行おうとするときは、あらかじめ、理事長にその旨を届け出なければならない（同規約17条7項）。

4 **適切**。共用部分のうち各住戸に附属する窓枠、窓ガラス、玄関扉その他の開口部に係る改良工事であって、防犯、防音又は断熱等の住宅の性能の向上等に資するものについて、区分所有者は、管理組合が速やかに実施できない場合には、あらかじめ理事長に申請して書面又は電磁的方法による承認を受けることにより、当該工事を当該区分所有者の責任と負担において実施することができる（同規約22条1項・2項）。

 理事長又はその指定を受けた者は、施行に必要な範囲内において、修繕等の箇所に立ち入り、必要な調査を行うことができる。この場合、区分所有者は、正当な理由がなければこれを拒否することはできない。(標準管理規約（単棟型）17条5項)

✔ **チェック**□□□

問 26 **標準管理規約（専有部分の賃貸）** 　**正解 4**　重要度 ★★★

1 **適切**。招集通知は、管理組合に対し組合員が届出をしたあて先に発するが、その届出のない組合員に対しては、対象物件内の専有部分の所在地あてに発するものとされている。区分所有者が専有部分を賃貸している場合でも、この規定が適用される（標準管理規約43条2項）。

2 **適切**。区分所有者から専有部分の貸与を受けた者が、管理規約に違反したときは、理事長は、理事会の決議を経てその区分所有者や賃借人に対し、その是正等のため必要な勧告又は指示若しくは警告を行う

ことができる。また、区分所有者は、その是正等のため必要な措置を講じなければならない（同規約67条1項・2項）。

3　適切。マンション外に居住している組合員が代理人により議決権を行使しようとする場合、賃借人であっても、一親等の親族（本肢では子）であれば、その代理人として議決権を行使することができる（同規約46条4項・5項）。

4　不適切で正解。区分所有者の承諾を得て専有部分を占有する者（本肢では賃借人）は、会議の目的につき利害関係を有する場合には、総会に出席して意見を述べることができる。当該賃借人は、あらかじめ理事長にその旨を通知しなければならない（同規約45条2項）。理事長からあらかじめその旨の承諾を得るという規定はない。

肢3　組合員が代理人により議決権を行使しようとする場合、その代理人は、以下の者に限られている。
一　その組合員の配偶者（婚姻の届出をしていないが事実上婚姻関係と同様の事情にある者を含む）又は一親等の親族（親又は子を指すが、養親・養子も含まれる）
二　その組合員の住戸に同居する親族
三　他の組合員

✔ チェック□□□

問27　標準管理規約（理事会）　　正解 2　重要度 ★★

1　不適切。理事会の会議は、理事長及び副理事長のいずれも欠席していても、理事の半数以上が出席すれば開くことができ、その議事は出席理事の過半数で決する（標準管理規約53条1項）。

2　適切で正解。監事は、理事に不正の行為があり、必要があると認めるときは、理事長に対し、**理事会の招集を請求**することができる。請求があった日から5日以内に、その請求があった日から2週間以内の日を理事会の日とする理事会の招集の通知が発せられない場合は、その請求をした監事は、理事会を招集することができる（同規約41条6項・7項）。

3 不適切。保存行為を行うことの承認申請があった場合の承認・不承認について、理事の過半数の承諾があれば、書面又は電磁的方法により決議することができる（同規約53条2項）。理事全員の同意は不要。

4 不適切。緊急を要する場合には、理事長は、理事及び監事の全員の同意を得て、5日間を下回らない範囲において、理事会の招集通知を発することができる（同規約52条4項、43条9項）。

監事は、理事会を招集請求できるだけでなく、管理組合の業務の執行及び財産の状況について不正があると認めるときは、臨時総会を招集することもできる。

✔ チェック□□□

問28 標準管理規約（組合員の配偶者） 　正解 **2**　重要度 ★★★

ア 適切。役員は組合員でなければならず、組合員の配偶者は、役員にはなれない（標準管理規約35条2項）。

イ 適切。組合員の配偶者は、同居していなくても、代理人として出席し、議決権を行使できる（同規約46条5項1号）。

ウ 不適切。他の組合員は、代理人とすることができるが、他の組合員と同居する配偶者は、代理人とすることができない（同規約46条5項3号）。

エ 不適切。共同生活の秩序を乱す行為をした配偶者に対しても、勧告をすることができる（同規約67条1項）。

以上により、適切なものは**ア**と**イ**の二つであるから、**2**が正解である。

✔ チェック□□□

問29 標準管理規約（役員） 　正解 **3**　重要度 ★★★

1 不適切。会計担当理事は、理事の中から理事会で選任するので、監事から選任することはできない。なお、監事を解任する場合には、**総会の決議**が必要である。理事会で監事を解任して、その監事を会計担当理事と決議することはできない（標準管理規約35条1項・3項）。

2 **不適切**。理事に欠員を生じた場合、理事会決議で補欠理事を選任できるとの管理規約を定めることができる（同規約コメント36条関係④）。

3 **適切で正解**。任期満了により退任する役員は、後任の役員が就任するまでの間引き続きその職務を行わなければならない（同規約36条3項）。

4 **不適切**。外部の専門家として選任された役員は、専門家としての地位に着目して役員に選任されたものであるから、当該役員が役員に選任された後に組合員となった場合にまで、組合員でなくなれば当然に役員としての地位も失うとするのは相当でない（同規約コメント36条関係③）。

 役員が任期途中で欠けた場合、総会決議により新たな役員を選任することは可能であるが、外部の専門家の役員就任の可能性や災害時等緊急時の迅速な対応の必要性を踏まえると、規約において、あらかじめ補欠を定めておくことができる旨を規定することが望ましい。

✔ チェック□□□

問30 **標準管理規約（議決権）** 　　正解 **3**　　重要度 ★★

1 **不適切**。住戸が共有されている場合で、議決権行使者の届出があるのであれば、届出をした者の議決権行使書は、有効であり、届出のない者の議決権行使書は、無効票となる（標準管理規約46条3項）。

2 **不適切**。組合員でさえあれば、総会における議決権を有しており、管理委託契約を締結する管理業者の役員であっても、議決権は行使できる。

3 **適切で正解**。規約の変更は、区分所有者及び議決権の各4分の3以上の多数による集会の決議が必要である。複数の住戸を区分所有している組合員は、組合員総数（区分所有者）においては、1人として算定しなければならない（区分所有法31条）。

4 **不適切**。総会招集通知に添付した議決権行使書面を使用して議決権

を行使しなければならないわけではないので、全ての議題に反対を表明した書面も議決権の行使となる。

書面による議決権の行使に代えて、電磁的方法によって議決権を行使することができる。また、代理権を証する書面の提出に代えて、電磁的方法によって提出することができる。

✔ チェック□□□

問 31　標準管理規約（団地型）　　正解 3　　重要度 ★★

1　**不適切**。A棟の区分所有者が行った共同利益背反行為に対し訴えを提起すべき者を選任する場合には、**棟総会の決議が必要**である（標準管理規約（団地型）72条2号）。

2　**不適切**。建物の一部が滅失した場合の滅失した棟の共用部分の復旧は、棟総会の決議が必要である（同規約72条3号）。

3　**適切で正解**。一定年数の経過ごとに計画的に行う修繕のための**各棟修繕積立金**を取り崩すには、団地総会の決議が必要である（同規約29条1項1号、50条10号）。

4　**不適切**。建替え等に係る合意形成に必要となる事項の調査の実施及びその経費に充当する場合の各棟修繕積立金の取崩しは、棟総会の決議を経なければならない（同規約72条6号）。

棟総会の決議事項は重要である。なお、棟総会の議事は、その棟の区分所有者総数の4分の3以上及び議決権総数の4分の3以上で決する。

✔ チェック□□□

問 32　標準管理規約（複合用途型）　　正解 2　　重要度 ★★

1　**適切**。店舗のシャッターは、営業用広告掲示場所として利用することができる（標準管理規約（複合用途型）別表4）。

2　**不適切で正解**。バルコニー等の破損が第三者による犯罪行為等によることが明らかである場合の保存行為の実施については、通常の使用

に伴わないものであるため、**管理組合がその責任と負担**においてこれを行う（同規約コメント21条関係⑥）。

3 **適切**。店舗前面敷地は、営業用看板等の設置場所及び通路として利用することができる（同規約別表4）。

4 **適切**。シャッターは、鍵及び内部塗装部分のみが専有部分であるが、規約で店舗のシャッターについてはすべて**専有部分とし、利用制限を付すことも可能**である（同規約コメント7条関係④）。

 肢2について補足。同居人や賃借人等による破損については、「通常の使用に伴う」ものとして、当該バルコニー等の専用使用権を有する者がその責任と負担において保存行為を行う。

✔ チェック□□□

（問）**33** **標準管理規約（複合用途型）** 正解 **1** 重要度 ★★

1 **適切で正解**。駐車場使用料は、それらの管理に要する費用に充てるほか、**全体修繕積立金**として積み立てる（標準管理規約（複合用途型）33条）。

2 **不適切**。複合用途型の標準管理規約は、一部共用部分についても全体で一元的に管理するものとし、一部管理組合は特に規定していない（同規約コメント全般関係⑤）。住宅一部修繕積立金を取り崩すときは、総会の決議が必要であり、議決権総数の半数以上を有する組合員が出席し、出席組合員の議決権の過半数で決するのであり（同規約52条10号、51条1項・2項）、全区分所有者の過半数の賛成や住宅部分の所有者の過半数の賛成は要件ではない。

3 **不適切**。会計担当理事を少なくとも3人選任しなければならないとの規定はない（同規約39条1項3号）。

4 **不適切**。組合員が帳票類の閲覧請求をしてきた場合、理事長は、帳票類を閲覧させなければならず、組合員が帳票類に関し利害関係を有するか否かを確認する必要はない（同規約69条1項）。

住宅一部修繕積立金は、住宅一部共用部分の一定年数の経過ごとに計画的に行う修繕に要する経費に充当する場合等、一定の場合にのみ取り崩すことができる。

✔ チェック□□□

問34　収支決算　　　　　正解 3　重要度 ★★

1　**不適切**。現金預金が2万円増加するが、前受金も同額増加するため、正味財産に影響を与えない。

2　**不適切**。3月に実施した修繕工事費8万円は、未払金として計上されるため、正味財産は同額減少する。

3　**適切で正解**。4月分のリース料3万円は、前払金として計上されるため、正味財産は同額減少する。

4　**不適切**。現金預金が4万円増加するが、一方で未収金が同額減少するため、正味財産に影響を与えない。

各肢の取引について、仕訳を書き出して、正味財産が増減するか確かめよう。

✔ チェック□□□

問35　管理組合の税務　　　　正解 2　重要度 ★★

1　**適切**。管理組合が賃貸借契約に基づいてマンション（建物）の一部を他の者に使用させ、その対価を得た場合には、収益事業（不動産貸付業）に該当するため、建物賃貸借契約を締結し携帯電話基地局設置料収入を得ている場合には、法人税が課税される（国税庁HP質疑応答事例　法人税（収益事業）「12. マンション管理組合が携帯電話基地局の設置場所を貸し付けた場合の収益事業判定」）。

2　**不適切で正解**。管理組合法人は、法人でない管理組合同様、法人税法上、人格のない社団等に該当するため、法人税率は一般法人と同率である。

3　適切。区分所有者の優先性がなく、恒常的に区分所有者以外の者に
駐車場を使用させている場合は、区分所有者以外の者の使用部分だけ
でなく、区分所有者の使用も含め、駐車場使用料収入のすべてが収益
事業に該当し、法人税が課税される（国税庁HP文書回答事例　「マン
ション管理組合が区分所有者以外の者へのマンション駐車場の使用を
認めた場合の収益事業の判定について」）。

4　適切。消費税法上、基準期間の課税売上高が税抜金額1,000万円
以下の場合でも、特定期間における課税売上高又は給与等支払額が
1,000万円超の場合には、納税義務を免除されない（消費税法9条、
9条の2）。

 管理組合の収益事業に関する法人税、消費税の取扱いを確認
しておこう。

✔ チェック□□□

**問36　長期修繕計画作成
ガイドライン及びコメント等**　正解 **4**　重要度 ★★★

1　適切。長期修繕計画は、作成時点において、計画期間の推定修繕工
事の内容、時期、概算の費用等に関して計画を定めるものである（長
期修繕計画作成ガイドライン2章1節2.三）。

2　適切。大規模修繕工事とは、建物の全体又は複数の部位について行
う大規模な計画修繕工事をいう（同ガイドライン1章4.十五）。

3　適切。計画修繕工事における修繕工事には、補修工事（経常的に
行う補修工事を除く）が含まれる（同ガイドライン1章4.十三・
十四）。

4　不適切で正解。単棟型のマンションの場合、長期修繕計画の対象の
範囲は、管理規約に定めた組合管理部分である敷地、建物の共用部分
及び附属施設（共用部分の修繕工事又は改修工事に伴って修繕工事が
必要となる専有部分を含む）を対象とする（同ガイドライン2章1節
2.一）。

肢4について。例えば、共用部分の排水管の取替えを行うために、パイプシャフトに面した専有部分の壁をいったん撤去した後に修復する場合、当該修復工事は管理組合が費用を負担するので、長期修繕計画の対象に含むことになる。

✔ チェック□□□

問37 マンションの大規模修繕工事

正解 **4**

重要度 ★★

1 **適切**。CM（コンストラクション・マネジメント）方式とは、発注者の立場に立った建築の専門家であるCMR（コンストラクション・マネジャー）が、発注・設計・施工の各段階におけるマネジメント業務を行うことで、工事の全体を見通して効率的に工事を進める方式をいう。

2 **適切**。責任施工方式では、初期の段階から工事中の仮設計画や工事実施手順等に配慮した検討を行うことができる。

3 **適切**。建築基準法の規定により、一級建築士が設計を行う必要がある工事を行う場合においては、責任施工方式の場合でも、一級建築士である工事監理者を定める必要がある（建築基準法5条の6第1項・4項、建築士法3条、3条の2、3条の3）。

4 **不適切で正解**。設計監理方式は、設計と施工（会社）が分離しているので、施工会社の選定を同一基準で適正に行うことができ、責任施工方式に比べて、工事の内容と費用内訳の関係が明瞭となりやすく、工事の厳正なチェックも期待できるので、管理組合にとっては安心して進められる方式である。

肢4について。設計監理方式は、建築士、建築設計事務所、建設会社、管理会社等を選定し、合意形成までの段階では、調査・診断、修繕設計、工事監理などの専門的、技術的及び実務的な部分を委託し、工事実施段階では工事監理を委託する方式である。

✔ チェック□□□

問38 マンション（建物）の劣化原因と症状　正解 1　重要度 ★★★

ア　適切。ひび割れは、コンクリートに許容される以上の変形や応力が作用して生じるコンクリートの部分的な破壊現象で、乾燥収縮、温度変化、水分の凍結融解などによって、様々な形状を示して発生するので、ひび割れの原因の一つは、コンクリートの乾燥収縮といえる。

イ　適切。鉄筋の腐食は、コンクリートの中性化やひび割れ、侵食性化学物質によって鉄筋が発錆する現象で、剥落の原因の一つといえる。

ウ　適切。ポップアウトは、コンクリートの内部の部分的な膨張圧によって、コンクリート表面の小部分が円錐形のくぼみ状に破壊された状態をいうので、ポップアウトの原因の一つは、コンクリートの内部の部分的な膨張圧といえる。

エ　不適切。エフロレッセンスは、硬化したコンクリートの表面に出た白色の物質をいい、セメント中の石灰等が水に溶けて表面に染み出し、空気中の炭酸ガスと化合して生じるもので、コンクリートのアルカリ骨材反応によるのではない。

以上により、適切でないものは**エ**の一つであるから、**1** が正解である。

> 肢イについて。浮いているコンクリートが、躯体から剥がれ落ちた状態が「剥落」であり、腐食した鉄筋が表面のコンクリートを押し出し剥離させ、鉄筋の露出も伴う場合がある。

✔ チェック□□□

問39 マンションの修繕積立金に関するガイドライン　正解 3　重要度 ★★★

1　適切。修繕積立金の均等積立方式は、安定的な積立てが可能な方式であるが、修繕資金需要に関係なく均等額の積立金を徴収するため、段階増額積立方式と比べて、**多額の資金を管理する状況が生じる点**に、留意が必要である（マンションの修繕積立金に関するガイドライン4）。

2　適切。修繕積立金の段階増額積立方式は、将来の負担増を前提と

しており、計画どおりに増額しようとする際に区分所有者間の合意形成ができず修繕積立金が不足する場合がある点に、留意が必要である（同ガイドライン4（1））。

3　不適切で正解。超高層マンション（一般に20階以上）は、戸数、面積が同程度のそれ以外のマンションと比べて、外壁等の修繕のための特殊な足場が必要となるほか、施工期間が長引くことや共用部分の占める割合が高くなる等のため、修繕工事費が増大する傾向にある（同ガイドライン3（2）②）。

4　適切。新築マンションにおいて、配管にステンレス管やプラスチック管を使用することは、給排水管に関する修繕工事費が少なくて済むようになる傾向があり、修繕工事費の抑制に有効である（同ガイドライン5）。

 肢3について。中低層マンションでは新築時と同様の足場を設置して大規模修繕工事を行うことが可能であるが、大型クレーンを使用し無足場工法で建設されたタワーマンションでは、全く新規に仮設（代表的な仮設足場はゴンドラ足場、移動昇降式足場など）の計画を立てる必要がある。

✔ **チェック**□□□

問40　マンションの各部の計画　**正解 3**　重要度 ★

1　適切。「直角駐車する平面駐車場において、普通自動車1台あたりの駐車スペースを幅2.5m×奥行き6.0mとした」ことは適切である（例えば、東京都駐車場条例17条の5参照）。

2　適切。「エレベーターの出入口の有効な幅員を80㎝とした」ことは適切である（品確法評価方法基準 第5　9　9−2（3）イ④ a（ⅰ））。

3　不適切で正解。共用玄関の存する階のエレベーターホールの照明設備は、床面においておおむね50ルクス以上（20ルクスではない）の平均水平面照度を確保することができるものとするとされている（防犯に配慮した共同住宅に係る設計指針第3　2（4）イ）。

4　適切。「2階にあるバルコニーの周囲に、転落防止のため、高さ1.1mの手すり壁を設けた」ことは適切である（品確法評価方法基準第5　9　9−1（3）イ④ bバルコニー）。

肢3について。例えば、共用メールコーナーの照明設備は、床面においておおむね50ルクス以上、共用廊下・共用階段の照明設備は床面においておおむね20ルクス以上の平均水平面照度を確保することができるものとするとされている。

✔チェック□□□

問41 マンションの室内環境　正解4　重要度★★★

1　適切。窓サッシを2重にすると、熱貫流率が小さくなる。熱貫流率とは、熱の伝わりやすさを表した値であり、熱貫流率が小さいとは、保温性が高いことを示すので室内の温度を安定化させることができる。

2　適切。採光に有効な開口部の面積の算定にあたって、用途地域等によって影響を受けることはあるが、東西南北の方位によって特に異なることはない（建築基準法施行令20条）。

3　適切。ホルムアルデヒドを発散する建築材料でなくても、家具等からも発散することが考えられるので、居室には、原則として、換気設備を設けなければならない（建築基準法28条2項）。

4　不適切で正解。重量床衝撃音に対する遮音性能は、同じ厚さのコンクリートの場合、梁によって正方形に囲まれた床版の面積が小さいほど高くなる。

熱貫流率とは、壁、屋根、床について、室内と室外の空気温度に1℃の差があるとき、1時間に壁1㎡を通過する熱量をいう。数値が小さいほど断熱性能が良いことになる。

✔ チェック□□□

問 42 マンションの計画 正解 **3** 重要度 ★★

1 **適切**。片廊下型の住棟の場合、居住者の活動や会話等が住戸の居住者に聞こえるので、住戸のプライバシーに配慮して、**共用廊下を住戸から離して設置**することは適切である。

2 **適切**。片廊下型の住棟では、居室数の少ない小型住戸を中間部に、居室数の多い大型住戸を端部（端部は開口部を多くとることができる）に設けるのは適切である。

3 **不適切で正解**。共同住宅では、その階における居室の床面積の合計が100㎡（主要構造部が準耐火構造又は不燃材料でつくられている場合は200㎡）を超える場合、避難のための直通階段は2つ以上設けなければならない（建築基準法施行令121条1項5号・2項）。

4 **適切**。共用ゴミ置き場は、放火等の被害に遭うおそれがあるので、道路からよく見える場所に設けるのは適切といえる（防犯に配慮した共同住宅に係る設計指針）。

 屋外に設ける避難階段に屋内から通ずる出口に設ける戸の施錠装置は、一定の場合を除き、屋内からかぎを用いることなく解錠できるものとし、かつ、当該戸の近くの見やすい場所にその解錠方法を表示しなければならない。

✔ チェック□□□

問 43 排水設備 正解 **1** 重要度 ★★★

1 **不適切で正解**。排水横主管の**管径が125mm**の場合、円滑な排水ができるようにするため、最小勾配は1/150である。

2 **適切**。通気立て管方式とは、通気立て管と排水立て管を併設し、頂部の伸張通気管と排水立て管の基部（脚部）で接続する方式をいう。通気立て管方式は、主に下層階で生じた正圧を逃がすためのものである。

3 **適切**。オーバーフロー管と排水を受ける排水管との間の空間を排水

□空間といい、その垂直距離を最小150mm確保することが必要である。

4 適切。逆ワントラップは、洗濯機からの排水を受ける防水パンや、台所の流し台の排水トラップに用いられる。

 通気立て管方式を高層マンションに適用する場合、10階間隔程度で通気立て管と排水立て管とを結合通気管で結び、下層階で生じた正圧を逃がすだけでなく、上層階の負圧も緩和する。

✔ チェック□□□

問44 消防用設備等　正解 2　重要度 ★★★

1 適切。共同住宅において、地階を除く階数が7以上のものや、地階を除く階数が5以上の建築物で、延べ面積が6000㎡以上のものには、連結送水管を設けなければならない（消防法施行令29条1項1号）。

2 不適切で正解。延べ面積が500㎡以上の屋内駐車場を建物の1階に設ける場合は、泡消火設備等を設置する必要がある（同法施行令13条1項）。

3 適切。常時、配管内に水を充満させる湿式を寒冷地において採用すると、配管内の水が凍ることにより体積が膨張して、配管を破裂させるおそれがある。そのため、寒冷地においては乾式が採用される。

4 適切。消防用設備等の総合点検は年に1回、機器点検は6箇月に1回である（消防法告示）。

 泡消火設備は、泡による窒息作用と冷却作用により消火する設備で、水だけでは消火が困難な場合、放水により更に火災が広がってしまう場所に設けられる。

✔ チェック□□□

問 **45** マンションの設備　　　正解 **2**　重要度 ★★★

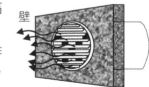

壁

ベントキャップ

1　**適切**。一般水栓の最低必要圧力は、30kPaであるが、大便器のロータンクを持たない直圧方式は、それより高い給水圧力が必要である。

2　**不適切で正解**。外壁に設置する給気・排気の開口部に取り付ける蓋をベントキャップという。雨水排水管に葉っぱやゴミがはいらないように設けるのは、ルーフドレンという器具である。

3　**適切**。自然冷媒ヒートポンプ式給湯器とは、いわゆるエコキュートのことである。冷媒として、フロンではなく二酸化炭素を使用するもので、空気中の二酸化炭素を圧縮して熱を発生させ湯を沸かす給湯器である。

4　**適切**。各住戸の契約電力と共用部分の契約電力の総量が50kVA未満のときは、原則として「低圧引込み（受電電圧は100V又は200V）」で電源が供給される。

＋アルファ　低圧引込みは、架空引込みと地中引込みの２つの方式があるが、どちらも１つの建物に対して１つの引込みが原則となっている。

✔ チェック□□□

問 **46** マンション管理適正化法（マンション管理士）　　正解 **2**　重要度 ★★★

ア　**誤り**。マンション管理士でない者は、マンション管理士又はこれに紛らわしい名称を使用してはならない（マンション管理適正化法43条）。登録を受けていない者はマンション管理士ではないので（同法2条5号）、マンション管理士の名称を使用することができない。

イ　**正しい**。禁錮以上の刑に処せられ、その執行を終わり、又は執行を受けることがなくなった日から２年を経過しない者は、登録を受けることができない（同法30条１項１号）。

ウ　誤り。マンション管理士試験に合格した者は、マンション管理士となる資格を有する（同法6条）。合格日から1年以内に申請しなければ登録を受けることができない旨の規定はない。

エ　正しい。マンション管理士は、5年ごとに、登録講習機関が行う講習を受けなければならない（同法41条、同法施行規則41条）。実務経験の有無は関係ない。

以上により、正しいものは、**イ、エ**の二つであるから、**2**が正解である。

 ＋アルファ　マンション管理士の登録は、国土交通大臣が、マンション管理士登録簿に、氏名、生年月日その他国土交通省令で定める事項を登載してするものとされている（マンション管理適正化法30条2項）。

✔ チェック□□□

問47 マンション管理適正化法 （マンション管理士）　正解 2　重要度 ★★★

ア　誤り。マンション管理士は、5年ごとに、登録講習機関が行う講習を受けなければならず（マンション管理適正化法41条、同法施行規則41条）、当該講習の課程を修了した者に対して、修了証が交付される（同法施行規則42条の14）。しかし、修了証と引換えに新たなマンション管理士登録証の交付を受けることができる旨の規定はない。

イ　正しい。マンション管理士の名称の使用の停止を命ぜられた者が、当該停止を命ぜられた期間中に、マンション管理士の名称を使用したときは、30万円以下の罰金に処せられる（同法109条1項2号）。

ウ　誤り。マンション管理士登録証（同法31条）には、提示義務の規定はない。

エ　正しい。マンション管理士が死亡し、又は失踪の宣告を受けた場合には、戸籍法に規定する届出義務者又は法定代理人は、遅滞なく、マンション管理士登録証を添え、その旨を国土交通大臣に届け出なければならない（同法施行規則31条1号）。

以上により、誤っているものは、**ア、ウ**の二つであるから、**2**が正解

である。

✔ チェック□□□

問48 マンション管理適正化法（重要事項の説明）　正解 3　重要度 ★★★

ア　正しい。 マンション管理業者は、管理受託契約の成立時の書面の交付に代えて、当該管理組合を構成するマンションの区分所有者等又は当該管理組合の管理者等の書面等による承諾を得て、当該書面に記載すべき事項を電子情報処理組織を使用する方法その他の情報通信の技術を利用する方法より提供することができる（マンション管理適正化法73条3項、同法施行令15条3項・1項）。

イ　正しい。「従前の管理受託契約と同一の条件」（同法72条2項）には、従前の管理受託契約に比して管理事務の内容及び実施方法の範囲を拡大し、管理事務に要する費用の額を同一とし又は減額しようとする場合が含まれる（国総動309号第1）。

ウ　誤り。 マンション管理業者は、従前の管理受託契約と同一の条件で管理組合との管理受託契約を更新しようとするときは、あらかじめ、当該管理組合を構成するマンションの区分所有者等全員に対し、重要事項を記載した書面を交付しなければならない（マンション管理適正化法72条2項）。説明会の開催や説明は不要である。

エ　正しい。 管理組合から管理事務の委託を受けることを内容とする契約を締結するに当たって、新たに建設されたマンションが分譲され、当該マンションの住戸部分の引渡しの日のうち最も早い日から1年以内に契約期間が満了する場合には、説明会の開催や重要事項の説明は不要である（同法72条1項かっこ書、同法施行規則82条1号）。

　以上により、正しいものは、**ア、イ、エ**の三つであるから、**3**が正解である。

重要事項を記載した書面（マンション管理適正化法72条1項から3項）、肢アの契約成立時の書面（同法73条1項）については、書面の交付に代えて、区分所有者又は管理者等の書面等による承諾を得て、情報通信の技術を利用する方法より提供することができる（同法72条6項、73条3項）。

✔ チェック□□□

（問）**49** **マンション管理適正化法（財産の分別管理）** 　正解 **2** 　重要度 ★★

ア　正しい。 マンション管理業者は、管理組合から委託を受けて管理する修繕積立金及び管理組合又はマンションの区分所有者等から受領した管理費用に充当する金銭又は有価証券については、整然と管理する方法として国土交通省令で定める方法により、自己の固有財産及び他の管理組合の財産と分別して管理しなければならない（マンション管理適正化法76条、同法施行規則87条1項）。

イ　正しい。 マンション管理業者は、修繕積立金等金銭を管理する場合にあっては、保管口座又は収納・保管口座に係る管理組合等の印鑑、預貯金の引出用のカードその他これらに類するものを管理してはならない。ただし、管理組合に管理者等が置かれていない場合において、管理者等が選任されるまでの比較的短い期間に限り保管する場合は、この限りでない（同法施行規則87条4項）。

ウ　誤り。 マンション管理業者は、毎月、管理事務の委託を受けた管理組合のその月における会計の収入及び支出の状況に関する書面を作成し、翌月末日までに、当該書面を当該管理組合の管理者等に交付しなければならない（同法施行規則87条5項前段）。「当月末日に」ではない。

エ　誤り。 保管口座とは、マンションの区分所有者等から徴収された修繕積立金を預入し、又は修繕積立金等金銭若しくは管理組合又はマンションの区分所有者等から受領した管理費用に充当する金銭の残額を収納口座から移し換え、これらを預貯金として管理するための口座であって、管理組合等を名義人とするものをいう（同法施行規則87条

6項2号)。

以上により、誤っているものは、**ウ**、**エ**の二つであるから、**2**が正解である。

 収納口座とは、マンションの区分所有者等から徴収された修繕積立金等金銭若しくは管理組合又はマンションの区分所有者等から受領した管理費用に充当する金銭を預入し、一時的に預貯金として管理するための口座をいう。収納・保管口座とは、マンションの区分所有者等から徴収された修繕積立金等金銭を預入し、預貯金として管理するための口座であって、管理組合等を名義人とするものをいう(マンション管理適正化法施行規則87条6項1号・3号)。

✔チェック□□□

問**50** マンション管理適正化法
（マンション管理士）　　正解 **2**　重要度 ★★

1　**誤り**。マンション管理士は、マンションの管理に関し助言、指導等を行うことを業務としており（マンション管理適正化法2条5号）、自己が区分所有者であるマンションの管理組合に対する助言等を禁止する規定はない。

2　**正しく正解**。マンション管理士登録証を亡失したときは、その再交付を申請することができるが（同法施行規則29条1項）、その申請期間中におけるマンション管理士の名称の使用を禁止する規定はない。

3　**誤り**。マンション管理士は、正当な理由がなく、その業務に関して知り得た秘密を漏らしてはならない（同法42条前段）。秘密を漏らすこと自体が禁止されているので、金銭的損害が生じなくても、違反となる。そして、マンション管理士が秘密保持義務に違反したときは、国土交通大臣は、マンション管理士の登録を取り消し、又は期間を定めてマンション管理士の名称の使用の停止を命ずることができる（同法33条2項）。

4　**誤り**。同一のマンションの複数の区分所有者から依頼を受けることを禁止する規定はない。

+アルファ　肢1、3、4のように、実際には存在しない制限に関する肢は、初見では解くことが難しい。聞いたことがない内容の正誤判断を要求されるからである。しかし、1度出題されて過去問になれば、「このような制限は存在しない」という知識を多くの受験者が覚えることになるので、もう1度出題されたら間違えないようにしておくことが大切である。

令和2年度

解答と解説

正解番号一覧

問	正解	問	正解	問	正解	問	正解	問	正解
1	2	11	3	21	4	31	2	41	4
2	1	12	2	22	2	32	2	42	2
3	1	13	4	23	1・3	33	3	43	3
4	1	14	2	24	1	34	4	44	4
5	4	15	3	25	3	35	2	45	2
6	2	16	1	26	2	36	1	46	1
7	4	17	1	27	2	37	3	47	4
8	4	18	3	28	4	38	3	48	2
9	1	19	3	29	3	39	1	49	4
10	3	20	3	30	3	40	1	50	3

合格基準点 36 点

問 1 区分所有法
（一部共用部分、敷地）　正解 2　重要度 ★★

1 **正しい**。一部共用部分に関する事項で、区分所有者全員の利害に関係するものは、区分所有者全員の規約で定めるが、区分所有者全員の利害に関係しないものは、区分所有者全員の規約に定めがある場合を除いて、これを共用すべき区分所有者の規約で定めることができる（区分所有法30条2項）。したがって、本肢のような定め方も可能である。

2 **誤りで正解**。一部共用部分に関する事項で、区分所有者全員の利害に関係しないものについての区分所有者全員の規約は、一部共用部分を共用すべき区分所有者の4分の1を超える者又はその議決権の4分の1を超える議決権を有する者が反対したときは、設定等をすることができない（同法31条2項）。反対がなければよいのであって、積極的に賛成を得る必要はない。

3 **正しい**。規約の設定、変更又は廃止が一部の区分所有者の権利に特別の影響を及ぼすべきときは、その承諾を得なければならない（同法31条1項後段）。

4 **正しい**。建物が所在する土地の一部が分割により建物が所在する土地以外の土地となったときは、規約で建物の敷地と定められたものとみなされる（同法5条2項後段）。そして、専有部分と敷地利用権との分離処分は、規約に別段の定めがない限り、禁止される（同法22条1項）。

肢4について。敷地は、登記上の「筆」単位で把握される。たとえば、一筆の土地の一部に建物が建っている場合、その一筆の土地全体が「敷地」にあたる。その土地を分筆し、建物が建っていない土地が生じた場合には、肢4のとおり、規約敷地とみなされる。

問 2 区分所有法・民法（不法行為） 正解 **1** 重要度 ★★

1 **誤りで正解**。本肢の区分所有者全員は、工作物責任（民法717条1項）に基づき、連帯して損害賠償責任を負う。したがって、共有持分に応じた分割債権にはならない。なお、共用部分の各共有者は持分に応じて共用部分の負担に任じる旨の規定（区分所有法19条）は、内部関係の規定であって、外部に対する関係は民法の規定に従う。

2 **正しい**。Cは、損害発生を防止する立場にないので、工作物責任における「占有者」（民法717条1項本文）にあたらない。また、過失（注意義務違反）もないので、一般的不法行為（同法709条）も成立しない。

3 **正しい**。工作物責任における所有者の責任は、無過失責任であり、免責規定はない（同法717条1項ただし書）。

4 **正しい**。建物としての基本的な安全性を損なう瑕疵がある場合、設計者、施工者及び工事管理者は連帯して不法行為責任を負う（最判平19.7.6、同法719条1項前段）。

 肢3について。損害の原因について他にその責任を負う者があるときは、占有者又は所有者は、その者に対して求償権を行使することができる（民法717条3項）。したがって、工事業者に対する求償は可能である。

問 3 区分所有法（集会の招集） 正解 **1** 重要度 ★★★

集会の招集通知には、会議の目的たる事項を示す必要がある（区分所有法35条1項）。これに加え、重大変更、規約の設定・変更・廃止、2分の1を超える部分が滅失した場合の復旧、建替え等を決議するには、議案の要領も通知すべきである（同法35条5項）。その趣旨は、総会に出席しない組合員も書面によって議決権を行使することができるようにして、議事の充実を図ろうとしたことにある（東京高判平7.12.18）。

以上により、アには「会議の目的たる事項」、イには「規約の改正」または「建替え」、ウには「議案の要領」、エには「総会に出席しない組合員」が入るから、**1**が正解である。

「会議の目的たる事項」とは議題（テーマ）のこと、「議案」とは決議内容の原案のことである。たとえば、「規約変更の件」が議題で、「規約第○条を『～』と改正する。」が議案である。「議案の要領」は、議案を要約したものである。

✔ チェック□□□

問4 区分所有法（管理者）・民法（委任）

正解 **1**　重要度 ★★

1　**誤りで正解。** 区分所有法及び規約に定めるもののほか、管理者の権利義務は、委任に関する規定に従う（区分所有法28条）。そして、受任者は、委任者の許諾を得たとき、又はやむを得ない事由があるときでなければ、復受任者を選任することができない（民法644条の2第1項）。委任者の許諾を得た場合でもよいので、本肢は誤り。

2　**正しい。** 委任事務を処理するについて費用を要するときは、委任者は、受任者の請求により、その前払いをしなければならない（同法649条）。

3　**正しい。** 管理者は、共用部分並びに区分所有者の共有に属する建物の敷地及び附属施設を保存し、集会の決議を実行し、並びに規約で定めた行為をする権利を有し、義務を負う（区分所有法26条1項、21条）。本肢のように、区分所有者の共有・準共有に属しない敷地の場合には、上記の権利を有しない。

4　**正しい。** 受任者は、委任事務を処理するため自己に過失なく損害を受けたときは、委任者に対し、その賠償を請求することができる（民法650条3項）。

肢3について。区分所有者の共有・準共有に属しない敷地とは、敷地を各専有部分ごとに区画して、それぞれの敷地を各専有部分の所有者が単独所有する場合である。タウンハウス形式の区分所有建物に見られることがある。

問 5　区分所有法（規約）　　正解 4　重要度 ★★

ア　正しい。規約は、管理者が保管しなければならない。ただし、管理者がないときは、建物を使用している区分所有者又はその代理人で規約又は集会の決議で定めるものが保管しなければならない（区分所有法33条１項）。

イ　正しい。規約の保管場所は、建物内の見やすい場所に掲示しなければならない（同法33条３項）。また、規約を保管する者は、利害関係人の請求があったときは、正当な理由がある場合を除いて、規約の閲覧を拒んではならない（同法33条２項）。

ウ　正しい。自己の区分所有権を譲渡した元区分所有者は、管理規約上の「組合員又は利害関係者」に当たらないとした判例がある（東京高判平14.8.28）。閲覧請求においても、同様であると考えられる。

エ　正しい。規約が電磁的記録で作成されているときは、当該電磁的記録に記録された情報の内容を紙面又は出力装置の映像面に表示する方法により表示したものを閲覧させる（同法33条２項かっこ書、同法施行規則２条）。

　以上により、正しいものは**ア、イ、ウ、エ**の四つであるから、**4**が正解である。

規約そのものは管理者等が保管し（ア）、その保管場所を建物の見やすい場所に掲示するとされている（イ）。

問 6　区分所有法（管理組合法人）　　正解 2　重要度 ★★

ア　正しい。管理組合法人の解散事由は、①建物の全部が滅失した場合、②建物に専有部分がなくなった場合、③集会で解散の特別決議（区分所有者及び議決権の各４分の３以上の多数による決議）が行われた場合、の３つである（区分所有法55条１項・２項）。本肢は、①の解散

事由に該当する。

イ　誤り。アの解説で掲げた３つの事由以外では、管理組合法人は解散しない。専有部分の全部が一人に帰属することになったとしても、区分所有建物が存在する限り、複数の区分所有者が生じることが予定されているものであるから、区分所有者の団体は存続し、管理組合法人は解散しないと考えられているのである。

ウ　誤り。管理組合法人の破産手続開始決定も、解散事由に該当しない。管理組合法人について破産手続が開始されたとしても、区分所有建物が存在する限りは、法人の基礎たる団体はなお存続し、かつ活動を続けなければならないので、法人格を存続させるべきだと考えられているのである。

エ　正しい。アの解説で述べたとおり、集会で解散の特別決議が行われた場合、管理組合法人は解散する。

以上により、正しいものは**ア**、**エ**の二つであるから、**2**が正解である。

 「建物に専有部分がなくなった場合」とは、専有部分間の隔壁を除去するなどして物理的に専有部分の構造上の独立性を失わせた場合などを指す。

✔チェック□□□

| 問**7** | 区分所有法・民法
（専有部分の占有者） | 正解**4** | 重要度
★ |

1　正しい。Bは、区分所有権を単独所有することとなったCの承諾を得て、専有部分を占有している。このように区分所有者の承諾を得て専有部分を占有する者は、会議の目的たる事項に利害関係を有していれば、集会に出席して意見を述べることができる（区分所有法44条1項）。

2　正しい。占有者も建物等を占有し使用する以上、その使用方法については規約又は集会の決議に従ってもらわないと困るので、占有者にも一定の範囲で規約又は集会の決議の効力が及ぶとされている。ただし、占有者が規約又は集会の決議に基づいて負う区分所有者の義務と同一の義務を負うのは、建物・敷地・附属施設の使用方法についての

義務に限られている（同法46条2項）。

3 正しい。 配偶者居住権を有する配偶者は、居住建物の通常の必要費を負担しなければならない（民法1034条1項）。固定資産税は、建物の維持保存のために当然に必要となる費用なので、通常の必要費に該当する（最判昭36.1.27）。したがって、Cは、Bに対して固定資産税の納付額を求償することができる。

4 誤りで正解。 区分所有法60条には、区分所有者の共同の利益に反する行為を行った占有者に対して、集会の決議に基づき、訴えをもって、占有者が占有する専有部分の使用・収益を目的とする契約の解除及びその専有部分の引渡し請求をすることができる旨の規定が定められている。しかし、配偶者居住権は、民法の規定により認められるものであり（民法1028条）、当事者間の契約によって定められるものではない。したがって、「契約の解除」をすることを前提にした区分所有法60条の規定に基づいて、配偶者居住権を消滅させることはできない。

肢4で述べたとおり、集会の決議によって配偶者居住権を消滅させることはできないが、区分所有者Cは、相当の期間を定めて違反を是正するよう催告をし、その期間内にその履行がないときは、配偶者居住権を消滅させることができる（民法1032条4項）。

✔ チェック□□□

問 8　区分所有法（義務違反者に対する措置）　　**正解 4**　　重要度 ★★★

1 誤り。 区分所有者の共同の利益に反する行為をした義務違反者に対する、専有部分の使用の禁止請求、区分所有権の競売請求、占有者に対する専有部分の引渡し請求は、いずれも訴えをもってしなければならない（区分所有法58条1項、59条1項、60条1項）。しかし、共同の利益に反する行為の停止の請求は、訴えによらず行うこともできる（同法57条1項）。

2 誤り。 共同の利益に反する行為の停止の請求は、占有者に対しても

行うことができる（同法57条４項）。占有者は、建物の管理又は使用に関して区分所有者の共同の利益に反する行為をしてはならず、建物の管理又は使用に関する団体的拘束は占有者にも及ぶからである（同法46条２項参照）。

3　誤り。区分所有者に対する専有部分の使用の禁止請求は、必ず区分所有者及び議決権の各４分の３以上の多数による集会の決議によって行わなければならず（同法58条１項・２項）、この点につき規約に別段の定めをすることはできない。

4　正しく正解。区分所有権の競売請求を認める判決に基づく競売の申立ては、その判決が確定した日から６カ月以内にしなければならず、６カ月経過後は申し立てできなくなる（同法59条３項）。当該区分所有者の地位を長期間不安定な状態にしておくことは適当でないからである。

 行使の停止の請求を訴えによらず行う場合は、必ずしも集会の決議に基づく必要はないが、訴えにより行う場合は、集会の普通決議に基づくことが必要である（同法57条２項）。

✓チェック☐☐☐

問9　区分所有法・民法（建物の滅失・復旧）　正解 **1**　重要度 ★★

ア　正しい。マンションの全部が滅失した場合、区分所有関係も消滅するから、その敷地に対して区分所有法の適用はなく、民法の規定が適用されることになる。民法上、各共有者は、いつでも共有物の分割を請求することができるとされている（民法256条１項）ので、本肢の記述は正しい。

イ　正しい。建物の価格の２分の１を超える部分が滅失（大規模滅失）したときは、区分所有者及び議決権の各４分の３以上の多数による集会の決議で滅失した共用部分の復旧をすることができる（区分所有法61条５項）。この復旧決議が行われた場合、決議に賛成した区分所有者以外の者は、決議に賛成した区分所有者（その承継人を含む）の全部又は一部に対し、建物及び敷地利用権を時価で買い取るべきことを

請求することができる（同法61条７項）。決議に賛成した区分所有者の「全部又は一部」に対し請求できるのであるから、いずれか一人に対して請求することも可能である。

ウ　誤り。建物の価格の２分の１以下に相当する部分が滅失（小規模滅失）したときは、各区分所有者が単独で共用部分の復旧をすることができるのが原則である（同法61条１項本文）。しかし、この点については、規約で別段の定めをすることが認められているので（同法61条４項）、常に集会の決議によるとする規約を設定することは可能である。

エ　誤り。小規模滅失のケースにおいて、各区分所有者が共用部分の復旧工事に着手する前に、集会において復旧又は建替え決議が成立した場合は、各区分所有者はその決議に拘束され、単独での復旧工事はできなくなるとする規定がある（同法61条１項ただし書）。一見すると、本肢はこの規定に該当するように思えるが、この規定は共用部分の復旧について定めたものであり、専有部分を対象にはしていない。専有部分は各区分所有者が単独で所有するものなので、復旧決議に拘束されず、復旧決議後も単独で専有部分の復旧をすることができる。

以上により、正しいものは**ア**と**イ**であるから、**1**が正解である。

イの買取請求を行うことができる「決議に賛成した区分所有者以外の者」には、決議に反対した者だけでなく、そもそも議決権を行使しなかった者も含まれる。

✔ チェック□□□

問 10　区分所有法（団地）　　正解 **3**　　重要度 ★★

1　正しい。議決権の割合について規約の定めがあったとしても、団地内の特定の建物の建替え承認決議における議決権だけは、その規約の定めによらず、必ず敷地の共有持分の割合による（区分所有法69条２項）。団地内の特定の建物を建て替えることは団地全体で共有する土地の管理の問題になるので、敷地に対する権利に基づいて議決権を決定するのが妥当だからである。

2　正しい。団地内の建物の敷地が団地建物所有者の共有に属する場合、団地内の特定の建物を建て替える際は、団地管理組合の集会において、議決権の4分の3以上の多数による承認の決議を得なければならない（同法69条1項）。

3　誤りで正解。建替え承認決議を目的とする集会については、会日より少なくとも2カ月前に招集通知を発する必要があるが（同法66条、35条1項、69条4項）、その会日の前に説明会を開催する必要はない。

4　正しい。団地管理組合で行う建替え承認決議において、建替えの対象になっている建物の所有者は、全員、賛成する旨の議決権を行使したものとみなされる（同法69条3項本文）。その棟の集会で建替え決議が成立した以上、その棟の区分所有者は、団地管理組合の承認決議で反対に回ることはできないのである。

 特定の建物の建替えによって他の建物の建替えに特別の影響を及ぼすべきときは、団地全体で4分の3以上の承認があるだけでは足らず、その影響を受ける建物の区分所有者の議決権の4分の3以上を有する者が承認決議に賛成している状態でなければ承認決議は成立しない（同法69条5項）。

✔チェック☐☐☐

問11　被災マンション法・民法　　正解 3　重要度 ★

1　正しい。大規模な災害で政令で定めるものにより区分所有建物の価格の2分の1を超える部分が滅失（大規模滅失）した場合、区分所有者集会において、区分所有者、議決権及び敷地利用権の持分の価格の各5分の4以上の多数で、建物を現状有姿（一部滅失した状態）のまま敷地とともに売却する決議（建物敷地売却決議）をすることができる（被災マンション法9条1項）。

2　正しい。肢1の売却決議を行うための集会を招集するときは、集会の日の2カ月前までに、議案の要領や売却を必要とする理由等を通知しなければならず、この期間を規約の定めにより短縮することはできない（同法9条4項・5項）。

3　誤りで正解。賃借権を譲渡する場合は、賃貸人の承諾が必要である（民法612条1項）。被災マンション法による売却決議が成立した場合でも、この民法の規定が適用され、借地権設定者の同意を得ずに敷地の賃借権を売却することはできない。建物敷地売却決議に借地権設定者（地主）は参加できないので、売却決議によって、借地権設定者の利益を一方的に害することはできないからである。

4　正しい。売却決議により専有部分に対する区分所有権が売却されることになったとしても、専有部分の賃借人が賃借権の対抗要件を有している場合、その賃借人は、区分所有権の買主に対して賃借権を対抗することができる。したがって、売却決議がなされても、専有部分の賃借権は当然には消滅しない。

 建物敷地売却決議においては、①売却の相手方となるべき者の氏名・名称、②売却による代金の見込額、③売却によって各区分所有者が取得することができる金銭の額の算定方法に関する事項、を定めなければならない（被災マンション法9条2項）。

✔ **チェック**□□□

問12　民法（代理）　　正解 **2**　重要度 ★★★

1　誤り。無権代理行為の相手方が、委任状を真正なものと信じ、かつ信じたことに過失がなかったとしても、委任状は無権代理人Bが勝手に作成したものであり、委任状による代理権の表示について本人Aには何らの責任もないので、代理権授与表示による表見代理（民法109条1項）は成立しない。したがって、本件売買契約は無効である（同法113条1項)。

2　正しく正解。本人が死亡し、これを無権代理人が単独で相続した場合、当該無権代理行為は当然に有効な行為となる（最判昭40.6.18）。相続により同一人物が本人の地位と無権代理人の地位を兼ね備えることになるが、追認を拒絶して無効を主張できた本人の地位を相続したからといって、無権代理行為を行った張本人である無権代理人が同じ

主張をするのは身勝手であり許されないからである。

3 **誤り。**無権代理による無効は、善意無過失の第三者に対しても主張することができる。民法上、登記を過失なく信じたということだけで、その者を保護する制度は定められていない。

4 **誤り。**無権代理の相手方は、本人に対して、相当の期間を定めて、その期間内に無権代理行為を追認するかどうか確答するよう催告をすることができる。この催告に対して、期間内に確答がなかったときは、追認を拒絶したものとみなされる（同法114条）。無権代理行為は無効であり、その無効な状態の契約について確答をしなかったということは、無効なままでよいと判断したものと考えられるからである。

 肢2のケースとは逆に、無権代理人が死亡し、これを本人が単独で相続した場合は、無権代理行為は当然には有効とならない。本人は無権代理行為の被害者的立場であり、無効主張を認めても不当ではないからである。

✔ チェック□□□

問 **13** 民法（抵当権）　　　正解 **4**　重要度 ★★★

1 **正しい。**抵当権は、抵当不動産に付加して一体となっている物（付加一体物）に及ぶとされているが（民法370条本文）、この付加一体物には、抵当権が設定された当時の従物も含まれる（同法87条2項、大連判大8.3.15）。

2 **正しい。**同一の不動産に抵当権と賃借権が設定されていた場合、両者の関係は、先に対抗要件を備えたほうが優先するということになる。先に賃借権が対抗要件を得ていた場合は、抵当権が実行されても、目的物には賃借権の負担がついたものとして扱われるのである。賃借人Cは、抵当権の設定登記前に、建物の引渡しを受け対抗要件を得ているので（借地借家法31条1項）、買受人Dに対して賃借権を主張して明渡しを拒むことができる。

3 **正しい。**抵当権は、目的物の占有を抵当権者に移さない権利である（民法369条1項）。目的物を占有し使用収益する権限は抵当権設定者

にとどめられるのである。したがって、抵当権を設定しても、抵当権の目的物を所有する者は、自由に当該不動産について売却や賃貸等の処分をすることができる。

4 誤りで正解。 同一の不動産に複数の抵当権が重ねて設定された場合、その順位は、設定契約の前後ではなく、登記の前後によって決まる（同法373条）。

 借地上の建物に抵当権を設定した場合は、その建物の従たる権利である借地権にも、抵当権の効力が及ぶ。

✔ **チェック**□□□

問14 民法（保証） 正解 **2** 重要度 ★

1 正しい。 不動産の賃借人の債務を保証する場合のように、継続的な取引から発生する不特定の債務を保証することを根保証という。法人でない者（個人）が根保証契約（個人根保証契約）を締結した場合、保証人は、極度額を限度として本肢のとおりの責任を負う（民法465条の2第1項）。

2 誤りで正解。 個人根保証契約は、極度額を契約書面に記載しなければその効力を生じないとされているが（民法465条の2第2項・3項、446条2項・3項）、保証人が法人である根保証契約については同様の規定がないので、極度額の記載がなくても契約は有効である。

3 正しい。 肢2の解説で述べたとおり、個人（法人でない者）根保証の契約書面に極度額の記載がない場合、当該契約は無効となる。

4 正しい。 債権者は、主たる債務者から委託を受けて保証をした保証人から請求があったときは、遅滞なく、主たる債務の履行状況に関する一定の情報を提供しなければならない（同法458条の2）。

 肢4の情報提供義務は、根保証でない一般の保証にも適用されるし、個人が保証人になっている場合だけでなく、法人が保証人になっている場合にも適用される。

問 15　民法（担保責任）　　正解 **3**　　重要度 ★★★

1　誤り。 本問では、引き渡された目的物に品質に関する契約不適合があるので、契約不適合責任（民法562条以下）が問題になる。本肢では、Aの帰責事由の有無が不明であるから、損害賠償請求をすることができるとは限らず（同法564条、415条1項ただし書）、契約の目的を達成できないことは必ずしも解除の要件ではなく（同法541条、542条）、雨漏りの補修の請求（追完請求）は可能である（同法562条1項）。

2　誤り。 売主が種類又は品質に関して契約の内容に適合しない目的物を買主に引き渡した場合において、買主がその不適合を知った時から1年以内にその旨を売主に通知しないときは、買主は、損害賠償の請求等をすることができない（同法566条本文）。「損害額及びその根拠を示」すことまでは要求されていない。

3　正しく正解。 本肢では、契約不適合があり、Bが相当の期間を定めて催告し、その期間内に履行がされず、期間経過時における債務の不履行が軽微ではない。したがって、Bは売買契約の解除をすることができる（同法564条、541条1項）。

4　誤り。 契約不適合を理由とする代金減額請求は、売主の帰責事由を要件としていない（同法563条1項・3項）。したがって、「Aの責めに帰すべき事由がある場合に限り」とする本肢は誤り。

＋アルファ　契約不適合を理由とする損害賠償請求や解除は、債務不履行の規定に基づくので（同法564条）、損害賠償請求には売主の帰責事由が必要であるが（肢1）、解除には不要である。また、追完請求や代金減額請求にも、売主の帰責事由は不要である（肢4）。

問 16　**民法（賃貸借）**　　　正解 **1**　　重要度 ★★★

1　**正しく正解。**敷金は、賃貸借存続中の賃料債権だけでなく、賃貸借終了後明渡義務履行までに生ずる賃料相当損害金の債権も担保する（最判昭48.2.2）。

2　**誤り。**敷金返還請求権は、賃貸借が終了し、かつ、賃貸物の返還を受けたときに発生する（民法622条の2第1項1号）。したがって、明渡しが先であり、同時履行の関係にはない。

3　**誤り。**賃借人は、賃貸人に対し、敷金をその債務の弁済に充てることを請求することができない（同法622条の2第2項後段）。

4　**誤り。**賃借権が対抗要件を備えた後に、不動産が譲渡された場合、賃貸人たる地位は譲受人に移転し（同法605条の2第1項）、敷金返還債務は譲受人が承継する（同法605条の2第4項）。したがって、賃貸借が終了し、707号室が明け渡された場合、Bは、Cに対し敷金の返還請求権を行使することができる（同法622条の2第1項1号）。

＋アルファ　敷金は、明渡までに生じる一切の債務を担保するものなので、損害金債権も担保し（肢1）、明渡完了時に、それまでに生じた債権を控除して残額があれば返還請求権が発生する（肢2）。

問 17　**民法（相続）**　　　正解 **1**　　重要度 ★★

1　**誤りで正解。**配偶者居住権は、被相続人の配偶者が、被相続人の財産に属した建物に相続開始時に居住していた場合に、遺産分割か遺贈・死因贈与によって取得する（民法1028条1項本文）。ただし、被相続人が相続開始時に居住建物を配偶者以外の者と共有していた場合は、この限りではない（同法1028条1項ただし書）。本肢では、被相続人と配偶者との共有なので、この例外に該当せず、配偶者居住権を取得可能である。

2　**正しい。**上記のとおり、配偶者居住権は、遺産分割か遺贈・死因贈与によってのみ取得する。

3　**正しい。**民法上の「配偶者」とは、婚姻の届出をした者をいい（同法739条１項）、内縁関係にある者を含まない。したがって、Ｂは、配偶者居住権を取得しない。

4　**正しい。**配偶者居住権の規定の施行日（令和２年４月１日）より前にされた遺贈・死因贈与には、配偶者居住権の規定は適用されない（民法附則10条２項）。

 肢２について。配偶者居住権は、遺産分割、遺贈・死因贈与によってのみ取得できるので、特定財産承継遺言（いわゆる「相続させる」旨の遺言、同法1014条２項）によって取得させることはできない。

✔ チェック□□□

問**18**　**不動産登記法**
（区分建物の登記）　　正解 **3**　重要度 ★★

1　**誤り。**共用部分である旨の登記がある建物について、共用部分である旨を定めた規約を廃止した後に当該建物の所有権を取得した者は、その所有権の取得の日から１月以内に、当該建物の表題登記を申請しなければならない（不動産登記法58条６項・７項）。「表題部所有者の変更の登記」ではない。

2　**誤り。**建物の表題部の変更の登記（同法51条）について、本肢のような規定はない。

3　**正しく正解。**表題登記がある建物（区分建物を除く）に接続して区分建物が新築された場合における当該区分建物についての表題登記の申請は、当該表題登記がある建物についての表題部の変更の登記の申請と併せてしなければならない（同法48条３項）。

4　**誤り。**新築した建物又は区分建物以外の表題登記がない建物の所有権を取得した者は、その所有権の取得の日から１月以内に、表題登記を申請しなければならない（同法47条１項）。しかし、本肢のように区分建物の所有権を取得した場合は、申請義務はない。また、新築の

区分建物の所有者について相続その他の一般承継があったときは、相続人その他の一般承継人も、被承継人を表題部所有者とする当該建物についての表題登記を申請することができる（同法47条2項）。このように、消滅した法人を表題部所有者とする表題登記を申請することができるのであって、「承継法人を表題部所有者」「申請しなければならない」とする本肢は誤り。

肢3や区分建物が属する一棟の建物が新築された（分譲マンションが新築された）場合等においては、表題登記を一括して申請しなければならない。たとえば、新築マンションであれば、分譲業者が一括申請しなければならない。したがって、所有権を取得した者（マンションの購入者）は、表題登記を申請する権限を有さず、申請義務を負わない。

✔ チェック□□□

問19 マンション建替え円滑化法 正解3 重要度★★★

1 **正しい**。組合には、役員として、理事3人以上及び監事2人以上を置く（マンション建替え円滑化法126条1項）。また、役員として、理事長1人を置き、理事の互選によりこれを定める（同法126条2項）。

2 **正しい**。組合は、その名称中にマンション敷地売却組合という文字を用いなければならない（同法119条1項）。

3 **誤りで正解**。組合員の数が50人を超える組合は、総会に代わってその権限を行わせるために総代会を設けることができる（同法131条1項）。「30人」ではない。

4 **正しい**。組合員及び総代は、定款に特別の定めがある場合を除き、各1個の議決権及び選挙権を有する（同法133条1項）。

マンション建替え組合についても、上記と同様の規定がある。すなわち、名称の使用制限（同法8条1項）、役員（同法20条1項・2項）、総代会（同法31条1項）、議決権及び選挙権（同法33条1項）の各規定である。

問20 都市計画法 （地域地区等）　正解 3　重要度 ★★★

1　**正しい。**準都市計画区域については、都市計画に、用途地域等8つ
の地域地区を定めることができる（都市計画法8条2項）。

2　**正しい。**特定用途制限地域は、用途地域が定められていない土地の
区域（市街化調整区域を除く）内において、定める（同法9条15項）。

3　**誤りで正解。**特例容積率適用地区は、第一種・第二種中高層住居専
用地域、第一種・第二種住居地域、準住居地域、近隣商業地域、商業
地域、準工業地域又は工業地域内の一定の土地の区域に定める。第二
種低層住居専用地域には定めることができない（同法9条16項）。

4　**正しい。**開発整備促進区を都市計画に定めることができるのは、第
二種住居地域、準住居地域、工業地域が定められている土地の区域又
は用途地域が定められていない土地の区域（市街化調整区域を除く）
である（同法12条の5第4項4号）。

肢3について。特例容積率適用地区は、地区全体として土地
の高度利用を促進し、質の高い業務機能への更新、商業や文
化機能の集積などを図り、都市再生を推進するものであるか
ら、類似の以下の制度も併用することができる。
総合設計制度（建築基準法59条の2）、一団地設計制度（同
法86条1項から4項、86条の2第1項から3項）、特定街
区（都市計画法8条1項4号）、都市再生特別地区（都市再
生特別措置法36条1項）

問21 建築基準法（違反建築物、単体規定）　正解 4　重要度 ★★★

1　**誤り。**特定行政庁は、建築基準法令の規定に違反することが明らか
な建築、修繕又は模様替の工事中の建築物について、緊急の必要があ
り、ほかに定める手続によることができない場合に限り、当該建築物
の建築主等に対して、当該工事の施工の停止を命ずることができる。

必ず命ずるのではない（建築基準法9条10項）。

2　**誤り**。階段の幅が3mを超える場合には、中間に手すりを設けなければならないが、本肢では、階段の幅が2.5mなので、そもそも中間に手すりを設ける必要はない（同法施行令25条3項）。

3　**誤り**。共同住宅の居住のための居室には、採光のための窓その他の開口部を設け、その採光に有効な部分の面積は、その居室の床面積に対して、7分の1以上とする。なお、国土交通大臣が定める基準に従い、照明設備の設置、有効な採光方法の確保その他これらに準ずる措置が講じられているものにあっては、7分の1から10分の1までの範囲内において国土交通大臣が別に定める割合とする（同法28条1項、同法施行令19条3項（3））。

4　**正しく正解**。高さ31mを超える建築物には、非常用の昇降機を設けなければならない。しかし、高さ31mを超える部分を階段室の用途に供する建築物については、政令で、その適用が免除され、非常用の昇降機を設ける必要はない（同法34条2項、同法施行令129条の13の2第1号）。

【階段の中間の手すり】
階段の幅が3mを超える場合には、原則として、中間に手すりを設けなければならないが、けあげが15cm以下で、かつ、踏面が30cm以上のものについては、中間の手すりの設置義務がない（同法施行令25条3項）。
また、高さ1m以下の階段の部分には、手すりや中間の手すりの設置義務がないことにも注意したい。手すりや中間の手すりの設置義務があるのは、高さ1mを超える階段の部分である（同法施行令25条4項）。

✔チェック□□□

問22　**水道法　（簡易専用水道）**　　**正解** **2**　**重要度** ★★★

1　**正しい**。貯水槽水道とは、水道事業者から供給される水のみを水源とし、その水を一旦受水槽にためた後に建物の利用者に供給する施設の総称である。貯水槽水道のうち、水道事業の用に供する水道からの

み水の供給を受ける受水槽の有効容量の合計が10㎥を超えるものを簡易専用水道という（水道法3条7項）。

2　誤りで正解。 簡易専用水道の給水栓における水質の検査では、臭気、味、色及び濁りに関する検査と残留塩素に関する検査をするが、異常を認めた場合には、必要に応じて他の給水栓の水、水槽の水及び当該簡易専用水道に給水される直前の水道水についても検査する。翌日に検査するのではない（同法施行規則56条2項、簡易専用水道の管理に係る検査の方法その他必要な事項（厚生労働省告示第262号）第4　給水栓における水質の検査一、別表第2　検査事項及び判定基準（給水栓における水質の検査））。

3　正しい。 市の区域内にある簡易専用水道については、市長は、簡易専用水道の管理が国土交通省令で定める基準に適合していないと認めるときは、設置者に対して、期間を定めて、当該簡易専用水道の管理に関し、清掃その他の必要な措置を採るべき旨を指示することができる（同法36条3項、48条の2第1項）。

4　正しい。 簡易専用水道の設置者は、当該簡易専用水道の管理について、定期（1年以内ごとに1回）に、地方公共団体の機関又は国土交通大臣及び環境大臣の登録を受けた者の検査を受けなければならないが、これに違反すると100万円以下の罰金に処せられる（同法34条の2第2項、54条8号、同法施行規則56条1項）。

アルファ　貯水槽水道の管理は、貯水槽水道の設置者が行う。つまり、「貯水槽に入るまでの水道水」※の水質管理は水道事業者が行うが、「貯水槽からマンションの専有部分内の蛇口までの水道水」の水質管理は、設置者の責任となる。また、マンションには、貯水槽水道のほかに、受水槽を置かない直結方式をとっているものもある。この場合は、マンションの専有部分内の蛇口までの水道水の水質管理は、水道事業者が行う。
※高置水槽のみを設置している場合は、高置水槽に入るまでの範囲について水道事業者が水質管理を行う。

問 **23** 消防法 （防火管理者等） 正解 **1・3** 重要度 ★★★

1 **誤りで正解。**高層建築物（高さ31mを超える建築物）その他政令で定める防火対象物で、その管理について権原が分かれているもののうち消防長又は消防署長が指定するものの管理権原者は、政令で定める資格を有する者のうちから、当該防火対象物の全体について防火管理上必要な業務を統括する防火管理者（統括防火管理者）を協議して定めなければならない（消防法8条の2第1項・2項、同法施行令3条の3、4条）。

2 **正しい。**防火管理者は、当該防火対象物についての防火管理に係る消防計画を作成し、所轄消防長又は消防署長に届け出なければならず、消防計画に基づいて、消火、通報及び避難の訓練等を定期的に実施しなければならない（同法施行令3条の2第1項・2項）。

3 **誤りで正解。**管理権原者は、共同住宅の廊下、階段、避難口その他の避難上必要な施設について避難の支障になる物件が放置され、又はみだりに存置されないように管理し、かつ、防火戸についてその閉鎖の支障になる物件が放置され、又はみだりに存置されないように管理しなければならない。防火管理者ではない（同法8条の2の4）。

4 **正しい。**延べ面積が1,000㎡以上の共同住宅のうち、消防長又は消防署長が火災予防上必要があると認めて指定するものの関係者は、消防用設備等について、定期に、機器点検は6カ月に1回、総合点検は1年に1回、消防設備士免状の交付を受けている者又は総務省令で定める資格を有する者に実施させ、その結果を消防長又は消防署長に報告しなければならない（同法17条の3の3、同法施行令36条2項2号、同法施行令別表第1（五）項ロ、同法施行規則31条の6第1項、平成16年消防庁告示第9号）。

　なお、本問は、試験実施機関により、肢**1**及び肢**3**の両方を正解とすると公表されました。

419

✔チェック□□□

問 24 防犯に配慮した共同住宅に係る設計指針 　正解 1　重要度 ★★★

1　不適切で正解。 共用玄関には、玄関扉を設置することが望ましい。また、玄関扉を設置する場合には、扉の内外を相互に見通せる構造とするとともに、オートロックシステムを導入することが望ましい。外部から建物内部が見えないようにするのではない（防犯に配慮した共同住宅に係る設計指針第3．2(1)イ）。

2　適切。 共用廊下・共用階段の照明設備は、床面において概ね20ルクス以上の平均水平面照度を確保することができるものとする（同指針第3．2(6)イ）。

3　適切。 ゴミ置場は、道路等からの見通しが確保された位置に配置する。また、住棟と別棟とする場合は、住棟等への延焼のおそれのない位置に配置する（同指針第3．2(12)イ）。

4　適切。 通路（道路に準ずるものを除く）は、道路等、共用玄関又は居室の窓等からの見通しが確保された位置に配置する。また、周辺環境、夜間等の時間帯による利用状況及び管理体制等を踏まえて、道路等、共用玄関、屋外駐車場等を結ぶ特定の通路に動線が集中するように配置することが望ましい（同指針第3．2(9)ア）。

肢1の共用玄関は、道路及びこれに準ずる通路からの見通しが確保された位置に配置する。道路等からの見通しが確保されない場合には、防犯カメラの設置等の見通しを補完する対策を実施する（同指針第3.2(1)ア）。

問 **25** 標準管理規約
（専有部分の賃借人）　**正解 3**　重要度 ★★★

解説　令和2年度

1　**適切**。組合員が総会で代理人により議決権を行使する場合、その代理人には、組合員の配偶者（内縁関係の者も含む）、一親等の親族、同居する親族、ほかの組合員がなることができる。専有部分の賃借人は代理人にはなれない（標準管理規約46条5項）。

2　**適切**。駐車場は区分所有者のみが使用契約をすることができる。区分所有者が第三者に駐車場を貸与したときは、その区分所有者の駐車場使用契約は効力を失う。専有部分の賃借人に、駐車場を使用させることはできない（同規約15条1項・3項）。

3　**不適切で正解**。区分所有者は、専有部分の賃借人に、規約・使用細則に定める事項を賃借人が遵守する旨の誓約書を管理組合に提出させなければならない（同規約19条2項）。区分所有者が賃借人に遵守させる旨の誓約書を管理組合に提出するという規定はない。

4　**適切**。区分所有者の承諾を得て専有部分を占有する者が会議の目的につき利害関係を有する場合には、総会に出席して意見を述べることができるが、この場合、あらかじめ理事長にその旨を通知しなければならない（同規約45条2項）。

本問は標準管理規約の専有部分の賃借人の論点をほぼ網羅している。区分所有法では、「占有者は、建物又はその敷地若しくは附属施設の使用方法につき、区分所有者が規約又は集会の決議に基づいて負う義務と同一の義務を負う」（区分所有法46条）としている。賃借人は、規約だけでなく、集会の決議についても遵守義務があることに注意したい。

問 **26** 標準管理規約（団地型、複合用途型、
使用料等の修繕積立金積み立て）　**正解 2**　重要度 ★★★

1　**不適切**。団地型マンションでは、駐車場使用料は、その管理に要する費用に充てるほか、団地建物所有者の土地の共有持分に応じて棟ご

とに各棟修繕積立金として積み立てる。団地全体の修繕積立金として積み立てるのではない（標準管理規約（団地型）31条、15条2項）。

2　適切で正解。 団地型マンションでは、各棟1階に面する庭の専用使用料は、その管理に要する費用に充てるほか、団地建物所有者の土地の共有持分に応じて棟ごとに各棟修繕積立金として積み立てる（同規約（団地型）31条、14条2項）。

3　不適切。 複合用途型マンションでは、屋上テラスの使用料は、その管理に要する費用に充てるほか、全体修繕積立金として積み立てる。住宅一部修繕積立金として積み立てるのではない（同規約（複合用途型）33条、同規約コメント第14条関係③）。

4　不適切。 複合用途型マンションでは、店舗前敷地の使用料は、その管理に要する費用に充てるほか、全体修繕積立金として積み立てる。店舗一部修繕積立金として積み立てるのではない（同規約（複合用途型）33条、14条2項）。

肢1、肢2については、団地型のコメントで、駐車場使用料、各棟1階に面する庭の専用使用料とも、団地共用部分等の修繕に多額の費用が見込まれる場合は、団地修繕積立金として積み立てることが適当であるとしている。本問は、このこととの混同を狙った問題である。

✔ チェック□□□

問27　標準管理規約（管理費・修繕積立金） 　　正解 **2**　重要度 ★★★

ア　不適切。 管理費等に不足を生じた場合には、管理組合は組合員に対して共用部分の共有持分に応じて定める管理費の負担割合により、その都度必要な金額の負担を求めることができる。修繕積立金から補充することはできない（標準管理規約61条2項）。

イ　適切。 収支決算の結果、管理費に余剰を生じた場合には、その余剰は翌年度における管理費に充当する（同規約61条1項）。

ウ　不適切。 地震保険料は、管理費から支出する。修繕積立金から取り崩すことはできない（同規約27条5号）。

エ　適切。修繕工事の前提としての劣化診断（建物診断）に要する経費の充当については、修繕工事の一環としての経費であることから、原則とし て修繕積立金から取り崩すこととなる（同規約コメント第32条関係④）。

以上により、適切でないものは**ア**と**ウ**の二つであるから、**2**が正解である。

エと混同してはならないのは、長期修繕計画の作成等のための劣化診断（建物診断）に要する経費の充当については、管理組合の財産状態等に応じて管理費又は修繕積立金のどちらからでもできる。

✔チェック□□□

問**28**　標準管理規約・個人情報保護法　　正解 **4**　重要度 ★★

1　不適切。新たに組合員の資格を取得し又は喪失した者は、直ちにその旨を書面により管理組合に届け出なければならない（標準管理規約31条）。管理組合は、区分所有者が誰かについては情報を得る必要があるので、届出を求めることができないとするのは、不適切といえる。

2　不適切。理事長は、組合員名簿を作成して保管し、組合員又は利害関係人の理由を付した書面による請求があったときは、これらを閲覧させなければならない（同規約64条1項）。

3　不適切。法令に基づく場合、人の生命、身体又は財産の保護のために必要がある場合等は、本人の同意がなくても、個人データを第三者に提供することができる（個人情報保護法27条1項2号）。

4　適切で正解。個人情報は、できる限り利用目的を特定しなければならないが、あらかじめ組合員の同意があれば、当初の目的に掲げていなくても利用できる（同法18条1項）。

肢3、4について。個人情報取扱事業者の義務として、以下の重要項目を押さえよう。①利用目的に関する規制、②個人情報の取得、③データの管理、④個人データの提供、⑤訂正等である。

問 29 標準管理規約（総会の議長）　正解 3　重要度 ★★★

1 不適切。 組合員の集会招集請求に対し理事長が集会招集の通知を発しない場合には、請求をした組合員は、臨時総会を招集することができる。招集された臨時総会においては、議長は、総会に出席した組合員の議決権の過半数をもって、組合員の中から選任する（標準管理規約44条3項）。理事長が議長として選任されてもよい。

2 不適切。 監事は、管理組合の業務の執行及び財産の状況について不正があると認めるときは、臨時総会を招集することができる（同規約41条3項）。監事が臨時総会を招集した場合であっても、議長は、理事長が務める（同規約42条5項）。

3 適切で正解。 総会の議長は、理事長が務める。副理事長は、理事長を補佐し、理事長に事故があるときは、その職務を代理する（同規約39条）。

4 不適切。 外部専門家を役員に再任する議案を審議する通常総会では、総会の決議により理事長以外の議長を選任しなければならないとの規定はない。

 組合員が組合員総数の5分の1以上及び議決権総数の5分の1以上に当たる組合員の同意を得て、会議の目的を示して総会の招集を請求した場合には、理事長は、2週間以内に臨時総会の招集の通知を発しなければならない（肢1）。

問 30 標準管理規約（書類等の閲覧請求）　正解 3　重要度 ★★

ア 不適切。 利害関係人（賃借人）の書面による請求があったときは、議事録の閲覧をさせなければならない。書面に理由を付する必要はない（標準管理規約49条3項）。

イ 適切。 組合員からの理由を付した書面による請求があったときは、会計帳簿、什器備品台帳及びその他の帳票類を閲覧させなければなら

ない（同規約64条１項）。その他の帳票類には、修繕工事請負契約書が含まれる（同規約コメント第64条関係②）。

ウ　不適切。組合員からの理由を付した書面による請求があったときは、会計帳簿、什器備品台帳及びその他の帳票類を閲覧させなければならない（同規約64条１項）。その他の帳票類には、領収書や請求書が含まれる（同規約コメント第64条関係②）。

エ　不適切。組合員からの理由を付した書面による請求があったときは、組合員名簿を閲覧させなければならない（同規約64条１項）。

以上により、適切でないものは**ア**、**ウ**、**エ**の三つであるから、**3**が正解である。

> 理事長が作成、保管すべき帳票類としては、会計帳簿、什器備品台帳、組合員名簿、領収書、請求書、管理委託契約書、修繕工事請負契約書、駐車場使用契約書、保険証券などがある。

✔ チェック□□□

問31　標準管理規約（理事長の権限）　　**正解 2**　　重要度 ★★★

1　適切。災害等の緊急時において、保存行為を超える応急的な修繕行為の実施が必要であるが、総会の開催が困難である場合には、理事会においてその実施を決定することができることとしている（標準管理規約54条１項10号）。しかし、大規模な災害や突発的な被災では、理事会の開催も困難な場合があることから、そのような場合には、保存行為に限らず、応急的な修繕行為の実施まで理事長単独で判断し実施することができる旨を、規約において定めることもできる（標準管理規約コメント第21条関係⑩）。

2　不適切で正解。区分所有法59条に基づき競売の申立をするには、区分所有者及び議決権の各3/4以上の多数による総会決議が必要である。理事全員の同意があっても総会決議がなければできない。

3　適切。任期の満了又は辞任によって退任する役員は、後任の役員が就任するまでの間引き続きその職務を行うことになる（同規約36条

3項)。

4 **適切**。理事長は、災害、事故等が発生した場合であって、緊急に立ち入らないと共用部分等又は他の専有部分に対して物理的に又は機能上重大な影響を与えるおそれがあるときは、専有部分又は専用使用部分に自ら立ち入ることができる（同規約23条4項）。

 肢1の場合、理事長が単独で判断し実施することができる保存行為や応急的な修繕行為に要する費用の限度額について、規約で予め定めておくこともできる。

✔ チェック□□□

問32 標準管理規約（書面等による決議） 正解 **2** 重要度 ★★★

1 **適切**。区分所有法又は規約により集会において決議をすべき場合において、区分所有者全員の承諾があるときは、書面又は電磁的方法による決議をすることができる（区分所有法45条1項）。

2 **不適切で正解**。区分所有者全員の承諾がある場合には、集会を開催しないで、書面等による決議をすることができるが、決議自体は多数決によって成立する（標準管理規約50条1項・3項）。

3 **適切**。区分所有法又は規約により集会において決議すべきものとされた事項については、区分所有者全員の書面又は電磁的方法による合意があったときは、書面又は電磁的方法による決議があったものとみなす（同法45条2項）。

4 **適切**。理事長は、書面等による決議が行われた場合、各組合員から提出された書面等を保管しなければならない。そして、組合員又は利害関係人の請求があれば、その書面等を閲覧に供しなければならない（同規約（電磁的方法が利用可能な場合）50条5項）。

 区分所有法45条に定める「書面等による決議」と同法39条に定める「書面投票」の違いを理解することが必要。

ア　適切。理事に事故があり、理事会に出席できない場合は、代理出席を認める旨を定める規約の規定は有効であると解されるが、あくまで、やむを得ない場合の代理出席を認めるものであることに留意が必要である。この場合においても、あらかじめ、総会において、それぞれの理事ごとに、理事の職務を代理するにふさわしい資質・能力を有するか否かを審議の上、その職務を代理する者を定めておくことが望ましい（標準管理規約コメント第53条関係③）。

イ　適切。総会提出議案は、理事会の決議が必要で、理事会の会議は、理事の半数以上が出席しなければ開くことができず、その議事は出席理事の過半数で決する（同規約53条1項）。

ウ　不適切。役員が、利益相反取引を行おうとする場合には、理事会で当該取引につき重要な事実を開示し、承認を受けなければならない。なお、理事会の決議に特別の利害関係を有する理事は、その議決に加わることができないが（同規約53条1項・3項）、出席している場合には、出席理事に含めなければならず、当該理事を含む出席理事の過半数により決する。

エ　適切。専門委員会は、理事ではなく、調査又は検討した結果を理事会に具申する（同規約55条2項）。理事会は、理事をもって構成するので、専門委員は決議には加わらない（同規約51条1項）。

　以上により、適切なものは**ア**、**イ**、**エ**の三つであるから、**3**が正解である。

ウについて。利益相反取引とは、次のものをいう。①役員が自己又は第三者のために管理組合と取引をしようとするとき。②管理組合が役員以外の者との間において管理組合と当該役員との利益が相反する取引をしようとするとき。

問34 会計（仕訳）　正解 4　重要度 ★★★

1　**不適切**。2019年度は修繕工事を中断し、2020年度に持ち越したため、修繕費に振り替えるではなく、そのまま前払金に計上することが適切である。

2　**不適切**。2018年度の未収金7万円を、2019年度の管理費収入に計上するのは不適切である。適切な仕訳は、（借方）現金預金　4万円（貸方）未収金　4万円である。

3　**不適切**。前受金は負債勘定のため、管理費収入に振り替えるのであれば、貸方に計上するのは不適切である。適切な仕訳は、（借方）前受金　5万円（貸方）管理費収入　5万円である。

4　**適切で正解**。2019年度の追加工事代を修繕費に計上し、2018年度の未払金と合わせて支払ったため、肢の仕訳は適切である。

 最初に正しい仕訳を書き出して、各肢と比べて検討しよう。

問35 収支決算　正解 2　重要度 ★★

1　**適切**。資金の範囲外の取引がなされていない場合、当期収支差額は、当期正味財産増減額と一致する。正味財産は2018年度の610千円から2019年度に720千円へと、110千円増加しているため、適切である。

2　**不適切で正解**。2019年度に現金預金が100千円増加した主因は、正味財産が110千円増加したためであり、未払金が減少すると、現金預金は減少するため、不適切である。

3　**適切**。資金の範囲外の取引がなされていない場合、前期繰越収支差額は、前期正味財産額に一致する。2018年度の貸借対照表に計上された正味財産が610千円のため、2019年度の前期繰越収支差額は

610千円は適切である。

4 **適切**。発生主義の原則に基づくならば、2019年度の管理費収入は滞納額も含めて計上され、その額は貸借対照表上、未収金に計上されるため、適切である。

 貸借対照表と収支計算書のつながりを確認するとともに、仕訳から資金を増減させる取引か資金の増減に関係しない取引かを読み取れるようにしておこう。

✔ チェック□□□

問 36 マンションの調査・診断 [正解] 1 重要度 ★★★

1 **不適切で正解**。調査・診断レベルにおける簡易診断とは、現状把握、劣化の危険性の判断を目的とした1次診断のことである。なお、簡易診断は、予備調査・診断ではなく、本調査・診断の一つである。

2 **適切**。調査・診断レベルにおける詳細診断とは、劣化の要因を特定し、修繕や改修の要否等の判断を行う目的で実施する2次診断及び3次診断のことである。

3 **適切**。2次診断で行われる非破壊試験とは、被検体の材質、形状や寸法に変化を与えずに、劣化具合や健全性を調べる試験のことで、リバンドハンマー試験、電磁波レーダー法や赤外線試験などがある。

4 **適切**。3次診断で行われる局部破壊試験とは、躯体、部材、素材等の被検体に対し、曲げ、圧縮、引っ張り等の加力を行い、あるいはその他の塑性変形を与えて物性のデータを取る試験のことで、鉄筋のはつり出し、コンクリートのコア抜きや配管の抜管試験などがある。

 肢1について。「簡易診断」は、「詳細診断」と同様に本調査・診断の一つであり、現状把握、本調査・診断の要否の判断を目的とした予備調査・診断のことではない。

問37 マンションの防水 正解 3 重要度 ★★

1 **適切**。メンブレン防水の調査・診断では、漏水箇所の有無及び防水材料の劣化状況等の調査を行うとともに、竣工図で、防水材料、工法、納まりを確認し、照合して漏水の原因や今後の耐久性を推定する。

2 **適切**。室内への漏水は、屋根防水層の周りからだけでなく、外壁やサッシ回りからの漏水の場合もある。

3 **不適切で正解**。シーリング材の劣化症状であるチョーキング（白亜化）とは、表面が粉状になる現象をいう。

4 **適切**。シーリングの早期の剥離や破断の原因は、経年劣化のためというより、当初施工時の施工不良（プライマー不良、シーリング厚さ不足等）によることが多い。

 肢3について。シーリング材の劣化症状であるチョーキング（白亜化ともいう）とは、表面が粉状になる現象をいい、シーリング材の性能低下や進行すると剥離、破断に至る。

問38 長期修繕計画作成ガイドライン及びコメント等 正解 3 重要度 ★★★

1 **不適切**。長期修繕計画は、不確定な事項を含んでいるので、5年程度ごとに調査・診断を行い、その結果に基づいて見直すことが必要である（長期修繕計画作成ガイドライン3章1節10）。

2 **不適切**。長期修繕計画の見直しに当たっては（1）建物及び設備の劣化の状況、（2）社会的環境及び生活様式の変化、（3）新たな材料、工法等の開発及びそれによる修繕周期、単価等の変動、（4）修繕積立金の運用益、借入金の金利、物価、消費税率等の変動等の不確定な事項を考慮する（同ガイドライン3章1節10①～④）。しかし、本肢のように、「入居率、賃貸化率、修繕積立金滞納率を考慮する」とはされていない。

3 **適切で正解**。長期修繕計画を見直すときには、30年以上の計画期

間とすることとされており、これは大規模修繕工事が2回行われることが想定されている（同ガイドラインコメント3章1節5、10）。

4　不適切。 修繕周期は、既存マンションの場合、推定修繕工事項目ごとに、マンションの仕様、立地条件のほか、建物及び設備の劣化状況の調査・診断の結果等に基づいて設定し、設定に当たっては、管理組合の負担や経済性等を考慮し、推定修繕工事の集約等を検討する（同ガイドライン3章1節7）。

 肢3について。計画期間は、30年以上で、かつ大規模修繕工事が2回含まれる期間以上の計画期間である。

✔ チェック□□□

| 問39 | 大規模修繕工事（工事請負契約の締結） | 正解 1 | 重要度 ★★ |

1　不適切で正解。 マンションの大規模修繕工事における工事請負契約の当事者は、発注者である管理組合と選定された施工会社であるので、工事請負契約の締結は、発注者である管理組合と選定された施工会社との間で行う。

2　適切。 工事請負契約書に記載される事項は、工事対象物件の所在地、工事内容、工期、工事代金、工事代金の支払方法等である。

3　適切。 工事請負契約約款は、工事請負契約に基づいて、発注者、工事請負者等の関係者がそれぞれの立場で履行すべき事項を詳細に定めたものである。

4　適切。 工事請負契約上引き渡すべき図書とした工事保証書は、工事請負者と建築塗料等の材料製造会社との連名により作成される場合があり、これにより連帯保証することを承諾する旨を証した書類となる。

 肢3について。工事請負契約約款は、一般的には、「民間（旧四会）連合協定工事請負契約約款」によるものが利用されているが、大規模修繕工事での利用を想定した「マンション修繕工事請負契約約款」も用意されている。

解説

令和2年度

問40 マンションの構造　　正解 1　重要度 ★★★

1　**不適切で正解**。建築基準法によれば、主要構造部とは、壁、柱、床、はり、屋根又は階段をいい、建築物の構造上重要でない間仕切壁、間柱、付け柱、揚げ床、最下階の床、回り舞台の床、小ばり、ひさし、局部的な小階段、屋外階段その他これらに類する建築物の部分を除くものとする（建築基準法2条5号）とされており、建築物の基礎及び基礎ぐいは、含まれない。なお、これらは、構造耐力上主要な部分に含まれる（同法施行令1条3号）。

2　**適切**。免震構造とは、建物の基礎と上部構造との間等に免震装置を設けて、地震力に対して建物がゆっくりと水平移動し、建物の曲げや変形を少なくする構造のことで、免震装置には、建築物に伝わる地震の揺れを和らげる機能と揺れのエネルギーを減衰させる機能がある。

3　**適切**。ラーメン構造において、構造計算上、水平力を負担させるように設計された壁を耐力壁といい、耐力壁を設ける場合は、その耐力壁は、柱や梁と構造的に一体となるようにする。

4　**適切**。固定荷重は、躯体、仕上げ材料等、建築物自体の重量をいい、建築基準法において、建築物の各部の固定荷重は、当該建築物の実況に応じて計算しなければならないが、建築物に作用する固定荷重のうち、屋根、床、壁等の建築物の部分については、部分別に定められた数値により計算することができる（同法施行令84条）。

> **＋アルファ**　肢1について。基礎は建築物の荷重を地盤に伝え、安定的に建築物を支持し、風圧力や地震力等に対しても、建築物の安全を保つ役割がある。基礎には①直接基礎②杭基礎があり、さらに、直接基礎には③フーチング基礎と④べた基礎があり、杭基礎には⑤支持杭と⑥摩擦杭がある。

問 41　マンションの室内環境　　正解 4　重要度 ★★

1　**適切**。T値は、JIS（日本産業規格）で規定されたサッシの遮音性能を示す数値である。T値には、T1、T2、T3、T4の等級があり、T4が一番遮音性能が高い。

2　**適切**。熱抵抗値は、大きいほど熱が通りづらいことを表す。ちなみに、逆数とは、ある数との積が1となる数をいい、2の逆数は2分の1、3分の1の逆数は3である。熱抵抗値は、熱伝導率の逆数に材料の厚さを掛けることで求められる。

3　**適切**。居室と一体的に換気する廊下は、シックハウス対策上、内装仕上げの制限の対象となる（建築基準法施行令20条の7第1項1号）。

4　**不適切で正解**。住宅に関する建築物エネルギー消費性能基準は、設備機器など一次エネルギー消費量を評価する基準だけでなく、窓や外壁等の外皮性能を評価する基準も含む。

＋アルファ　肢2について。熱伝導率（W/m・K）とは、壁等の内部で熱伝導によって伝わる熱の伝わりやすさを示す割合である。熱伝導率は材料そのものの断熱性能を示す指標になる。

問 42　マンションの供給方式　　正解 2　重要度 ★★

1　**適切**。コーポラティブハウスとは、注文住宅と分譲マンション、両方のメリットを兼ね備えたもので、居住希望者同士で組合をつくり、自らが事業主となって建物の企画・建築を行う集合住宅のことをいう。

2　**不適切で正解**。コンバージョンとは、建築物を別の用途に転用することをいう。例えば、賃貸オフィスビルをマンションに転用する等をいう。

3　**適切**。スケルトン・インフィル住宅（SI住宅）とは、建物各部の耐

用年数や利用形態の違いを考慮して、スケルトン（柱・梁・床等の構造躯体）とインフィル（住戸内の内装・設備等）とを分離した考え方で造られる住宅をいう。

4 適切。長期優良住宅の普及の促進に関する法律は、長期にわたり良好な状態で使用するための措置がその構造及び設備について講じられた優良な住宅の普及を促進するため、構造設備の変更の容易性、維持保全の容易性だけでなく、省エネ性能、バリアフリーの確保が求められる。

供給方式について、環境共生住宅も注目しておこう。環境共生住宅とは、「地球環境を保全する観点から、健康で快適に生活できるよう工夫された、環境と共生するライフスタイルを実践できる住宅、及びその地域環境」のことをいう。

✔ チェック□□□

問 43 給水設備　　正解 3　重要度 ★★★

1 適切。給水設備の計画において設定される、居住者1人当たりの1日の使用水量は、200ℓから350ℓである。

2 適切。吸排気弁とは、負圧発生時に働く吸気機能を強化したバルブで、負圧を速やかに解消することで給水先からの逆流を防止するものをいう。水道直結増圧方式における給水立て管の頂部に設置される。

3 不適切で正解。給排水衛生設備基準によれば、高置水槽の有効容量は、マンション全体の1日の使用水量の10分の1程度に設定される。

4 適切。水槽からの給水分岐部分に設ける緊急遮断弁は、大地震発生時に地震動を感知し、弁を閉止することにより、水槽に非常用の生活用水を確保する目的で使用されるバルブである。

肢3について。給排水衛生設備基準によれば、「受水槽」の有効容量は、一般的には、マンション全体の1日の使用水量の2分の1程度に設定される。

問44 排水設備

正解 **4**　重要度 ★★

1　**適切**。結合通気管とは、10階間隔程度で設けられる通気立て管と排水立て管を結ぶ通気管をいう。結合通気管は、下層階で生じた正圧及び上層階で生じた負圧を緩和することにより排水の流れをスムーズにする効果がある。

2　**適切**。共用の排水管には、共用立て管にあっては最上階又は屋上、最下階及び3階以内おきの中間階又は15m（おおむね5階程度）以内ごとに、横主管にあっては10m以内ごとに掃除口を設ける（国土交通省告示1347号）。

3　**適切**。敷地排水管の延長が配管の内径の120倍を超えない範囲の適切な位置に排水ますを設置する。15cm（150mm）×120＝1,800cm（18m）となる。

4　**不適切で正解**。排水・通気用耐火二層管は、硬質ポリ塩化ビニル（塩ビ管）の外側に耐火被覆を施したものをいう。汚水排水管、雑排水管、雨水排水管及び通気管等に使用されている。

+アルファ　肢4について。排水・通気用耐火二層管は①軽量で、運搬、組み立てがしやすく、また切断加工も容易である。②内管は、耐薬品性を有した塩ビ管なので、酸・アルカリの排水に侵食されない。

問45 換気設備・給湯設備

正解 **2**　重要度 ★★

1　**適切**。換気扇の必要換気量は、設置されているガス器具の燃料消費量に比例するので、たとえば、ガス器具の燃料消費量が3倍になれば必要換気量も3倍となる。

2　**不適切で正解**。熱交換型換気扇は、室内から排気する空気の熱を回収し、屋外から取り入れる空気に熱を伝えることで省エネ効果を生じる。熱交換型換気扇は、排気にも吸気にもファンを使用する第一種機

械換気設備に該当する。

3　適切。家庭用燃料電池は、都市ガス・LPガスから水素を取り出し、それと空気中の酸素を反応させて水に変化する過程で電気を発生させるとともに、その反応時の排熱を利用して給湯用の温水を作るものをいう。家庭用燃料電池は、発電しながらお湯も作る省エネ設備である。

4　適切。ガス給湯器の能力の表示には号が用いられる。1号とは、水1ℓを1分間に温度を25℃上昇させる能力をいう。

 肢2について。機械換気方式には、第一種機械換気方式、第二種機械換気方式、第三種機械換気方式の3つがあり、それぞれの特徴を押さえておこう。

✔チェック□□□

問46 **マンション管理適正化法
（マンション管理業者）** 　正解 **1** 　重要度

ア　正しい。マンション管理業を営もうとする者は、国土交通省に備えるマンション管理業者登録簿に登録を受けなければならない（マンション管理適正化法44条1項）。登録の有効期間は、5年である（同法44条2項）。

イ　正しい。マンション管理業者は、専任の管理業務主任者の設置義務を負うが、本肢のような例外がある（同法56条1項、同法施行規則62条）。

ウ　誤り。マンション管理業者は、自己の名義をもって、他人にマンション管理業を営ませてはならない（同法54条）。

エ　正しい。マンション管理業者は、登録申請書の記載事項に変更があったときは、その日から30日以内に、その旨を国土交通大臣に届け出なければならない（同法48条1項）。事務所の所在地は、記載・届出事項に含まれる（同法45条1項2号）。

以上により、誤っているものは**ウ**の一つであるから、**1**が正解である。

マンション管理業者の登録の有効期間は、5年である（ア）。これに対し、マンション管理士と管理業務主任者の登録には有効期間の規定はない。ただし、マンション管理士は5年ごとに講習を受けなければならず（同法41条、同法施行規則41条）、また、管理業務主任者証の有効期間は5年とされている（同法60条3項）。

✔ チェック□□□

問 47 マンション管理適正化法（定義）　正解 4　重要度 ★★★

1　誤り。 2以上の区分所有者が存する建物で人の居住の用に供する専有部分のあるもの並びにその敷地及び附属施設は、マンションに該当する（マンション管理適正化法2条1号イ）。したがって、木造2階建て以下の建物でも、マンションに該当する可能性がある。

2　誤り。 上記のとおり、敷地や附属施設も含まれる。

3　誤り。 上記のとおり「人の居住の用に供する専有部分のある」ことが要件とされているが、実際に使用されていることまでは要求されていない。

4　正しく正解。 上記のとおり「人の居住の用に供する専有部分のある」ことが要件とされているのであり、賃貸しているかどうかは関係ない。

肢1について。2以上の区分所有者が存することが必要なので、区分所有建物の全部を1人で所有している場合には、マンション管理適正化法における「マンション」には該当しない。

✔ チェック□□□

問 48 マンション管理適正化法（マンション管理士）　正解 2　重要度 ★★★

ア　誤り。 マンション管理士は、5年ごとに、国土交通大臣の登録を受けた者が行う講習を受けなければならない（マンション管理適正化法

41条、同法施行規則41条）。「3年」ではない。

イ　正しい。マンション管理士は、正当な理由がなく、その業務に関して知り得た秘密を漏らしてはならない（同法42条前段）。マンション管理士がこの規定に違反したときは、国土交通大臣は、登録を取り消し、又は期間を定めてマンション管理士の名称の使用の停止を命ずることができる（同法33条2項）。

ウ　正しい。マンション管理士の登録を取り消された者は、その通知を受けた日から起算して10日以内に、登録証を国土交通大臣（指定登録機関）に返納しなければならない（同法施行規則30条2項、34条）。

エ　誤り。マンション管理士の登録を取り消された者は、取り消された日から2年を経過しなければ、登録を受けることができない（同法30条1項3号・4号）。「1年」ではない。

以上により、正しいものは**イ**、**ウ**の二つであるから、**2**が正解である。

> **＋アルファ**　イについて。秘密保持義務は、マンション管理士でなくなった後も適用される（マンション管理適正化法42条後段）。秘密保持義務に違反した場合、1年以下の懲役又は30万円以下の罰金に処される（同法107条1項2号）。

✔**チェック**□□□

問49 マンション管理適正化基本方針 　正解 4　重要度 ★★

ア　適切。マンションの管理の主体は、マンションの区分所有者等で構成される管理組合であり、管理組合は、マンションの区分所有者等の意見が十分に反映されるよう、また、長期的な見通しを持って、適正な運営を行うことが重要である（マンション管理適正化基本方針三1）。

イ　適切。管理組合を構成するマンションの区分所有者等は、管理組合の一員としての役割を十分認識して、管理組合の運営に関心を持ち、積極的に参加する等、その役割を適切に果たすよう努める必要がある（同方針1（2））。方針では、「管理組合の一員としての役割を十分認識して」とされているが、本肢では「認識」が「確認」に変更されて

いる。

ウ **適切**。マンションの管理には専門的な知識を要する事項が多いため、管理組合は、問題に応じ、マンション管理士等専門的知識を有する者の支援を得ながら、主体性をもって適切な対応をするよう心がけることが重要である（同方針1（3））。

エ **適切**。マンションの状況によっては、外部の専門家が、管理組合の管理者等又は役員に就任することも考えられるが、その場合には、マンションの区分所有者等が当該管理者等又は役員の選任や業務の監視等を適正に行うとともに、監視・監督の強化のための措置等を講じることにより適正な業務運営を担保することが重要である（同方針1（4））。

　以上により、適切なものは**ア**、**イ**、**ウ**、**エ**の四つであるから、**4**が正解である。

> 管理の主体は管理組合であり（ア）、区分所有者等は管理組合の一員である（イ）。したがって、管理組合は、専門的知識を要する問題でも、専門的知識を有する者の支援を得ながら主体性をもって対応することが重要であり（ウ）、外部の専門家が管理者等に就任する場合には、区分所有者がその選任や業務の監視等を適正に行うことが重要である（エ）。

✔ チェック□□□

問50 マンション管理適正化法（総合）　**正解 3**　重要度 ★★★

ア **正しい**。マンション管理業者の更新の登録を受けようとする者は、登録の有効期間満了の日の90日前から30日前までの間に登録申請書を提出しなければならない（マンション管理適正化法施行規則50条）。

イ **正しい**。マンション管理士とは、登録を受け、マンション管理士の名称を用いて、専門的知識をもって、管理組合の運営その他マンションの管理に関し、管理組合の管理者等又はマンションの区分所有者等の相談に応じ、助言、指導その他の援助を行うことを業務（他の法律

においてその業務を行うことが制限されているものを除く）とする者をいう（同法2条5号）。

ウ　誤り。管理事務とは、マンションの管理に関する事務であって、基幹事務（管理組合の会計の収入及び支出の調定及び出納並びにマンション（専有部分を除く）の維持又は修繕に関する企画又は実施の調整をいう）を含むものをいう（同法2条6号）。「専有部分を含む」ではない。

エ　正しい。管理業務主任者は、72条1項又は3項の説明をするときは、説明の相手方に対し、管理業務主任者証を提示しなければならない（同法72条4項）。

以上により、正しいものは**ア、イ、エ**の三つであるから、**3**が正解である。

イについて。マンション管理士は「管理組合の管理者等又はマンションの区分所有者等の相談に応じ、助言、指導その他の援助を行う」という点がポイントである。すなわち、マンション管理士は、自ら管理等を行うのではなく、管理者等に対するアドバイザーなのである。

令和元年度

解答と解説

正解番号一覧

問	正解	問	正解	問	正解	問	正解	問	正解
1	4	11	4	21	1	31	4	41	4
2	2	12	1	22	3	32	4	42	4
3	3	13	3	23	2	33	1	43	2
4	1	14	2	24	3	34	3	44	1
5	2	15	3	25	3	35	2	45	1
6	3	16	4	26	2	36	2	46	4
7	2	17	1	27	3	37	3	47	2
8	4	18	3	28	4	38	1	48	4
9	4	19	2	29	2	39	3	49	3
10	1	20	4	30	1	40	1	50	1

合格基準点 37 点

問 **1** **区分所有法（規約）** 正解 **4** 重要度 ★★★

ア **効力が認められない。** 数個の専有部分に通ずる廊下又は階段室その他構造上区分所有者の全員又はその一部の共用に供されるべき建物の部分は、区分所有権の目的とならない（区分所有法4条1項）。したがって、そのような部分を専有部分とする規約の定めは効力が認められない。

イ **効力が認められる。** 区分所有権の目的とすることができる建物の部分及び附属の建物は、規約により共用部分とすることができる（同法4条2項前段）。

ウ **効力が認められる。** 理事の任期は、2年とする。ただし、規約で3年以内において別段の期間を定めたときは、その期間とする（同法49条6項）。

エ **効力が認められない。** 共用部分の変更（その形状又は効用の著しい変更を伴わないものを除く）は、区分所有者及び議決権の各4分の3以上の多数による集会の決議で決する。ただし、この区分所有者の定数は、規約でその過半数まで減ずることができる（同法17条1項）。これに対し、本肢のように議決権の要件を緩和する規約の定めは効力が認められない。

以上により、効力が認められないものの組合せは**ア**と**エ**であるから、**4**が正解である。

区分所有権の目的とすることができる建物の部分及び附属の建物は、規約により共用部分とすることができるが（イ）、この場合には、その旨の登記をしなければ、これをもって第三者に対抗することができない（同法4条2項後段）。

問 **2** **区分所有法（敷地・附属建物）** 正解 **2** 重要度 ★★★

ア **正しい。** 区分所有者が建物及び建物が所在する土地と一体として管

理又は使用をする庭、通路その他の土地は、規約により建物の敷地とすることができる（区分所有法5条1項）。「その他の土地」なので、駐車場等の土地も含まれる。

イ　誤り。建物の敷地又は共用部分以外の附属施設（これらに関する権利を含む）が区分所有者の共有に属する場合には、同法17条から19条までの規定が準用される（同法21条）。つまり、これらについては同法の定めるところによる。

ウ　正しい。建物が所在する土地が建物の一部の滅失により建物が所在する土地以外の土地となったときは、その土地は、規約で建物の敷地と定められたものとみなされる（同法5条2項前段）。

エ　誤り。建物が所在する土地の一部が分割により建物が所在する土地以外の土地となったときは、その土地は、規約で建物の敷地と定められたものとみなされる（同法5条2項後段）。

以上により、正しいものは**ア、ウ**の二つであるから、**2**が正解である。

共用部分の共有に関しては、民法の共有に関する規定（249条から262条）の適用はなく、区分所有法13条から19条が適用される（同法12条）。これに対し、建物の敷地又は共用部分以外の附属施設の共有に関しては、同法17条から19条のみが準用され、他の事項については民法の共有の規定が適用される（イ）。

✔ **チェック**□□□

問 **3**　**区分所有法（先取特権）**　正解 **3**　重要度 ★★

1　誤り。区分所有者は、(a)共用部分、建物の敷地若しくは共用部分以外の建物の附属施設につき他の区分所有者に対して有する債権又は(b)規約若しくは集会の決議に基づき他の区分所有者に対して有する債権について、債務者の区分所有権（共用部分に関する権利及び敷地利用権を含む）及び建物に備え付けた動産の上に先取特権を有する。(c)管理者又は管理組合法人がその職務又は業務を行うにつき区分所有者に対して有する債権についても、同様とする（区分所有法7条1

項）。したがって、(a)のみとする本肢は誤り。

2　誤り。 管理者の管理組合に対する報酬債権は、肢1で述べた(c)に当たらず、同法7条の先取特権の対象とならない。

3　正しく正解。 先取特権は、その目的物の売却、賃貸、滅失又は損傷によって債務者が受けるべき金銭その他の物に対しても、行使することができる（民法304条1項本文）。したがって、区分所有法7条の先取特権は、物上代位により賃料に対して行使できる。

4　誤り。 区分所有法7条の先取特権の目的物は、債務者の区分所有権（共用部分に関する権利及び敷地利用権を含む）及び建物に備え付けた動産であり（同法7条1項前段）、債務者の全ての財産ではない。

 肢1(c)の「管理者又は管理組合法人がその職務又は業務を行うにつき区分所有者に対して有する債権」とは、たとえば、管理者が職務を行うについて必要な費用の前払請求権・償還請求権、管理者が区分所有者のために訴訟当事者となった場合の訴訟費用の前払請求権・償還請求権である。

✔ チェック□□□

 問 **4**　**区分所有法・民法（賃貸借・区分所有権売渡請求権）** 正解 **1**　重要度 ★★

1　誤りで正解。 賃借人が適法に賃借権を譲り渡したときは、賃貸人は、賃借人に対し、その受け取った敷金の額から賃貸借に基づいて生じた賃借人の賃貸人に対する金銭の給付を目的とする債務の額を控除した残額を返還しなければならない（民法622条の2第1項2号）。したがって、Aが差し入れていた敷金は返還の対象になり、Dに承継されない。

2　正しい。 賃貸人の地位が移転した場合でも、旧賃貸人のもとで既に発生していた未払賃料債権は、当然には承継されず、承継するには債権譲渡が必要である（大判昭12.5.7）。

3　正しい。 賃貸人たる地位の移転は、賃貸物である不動産について所有権の移転の登記をしなければ、賃借人に対抗することができない（同法605条の2第3項）。したがって、Cは、所有権の移転登記を経

なければ、賃貸人であることをAに対抗することができないので、賃料請求をすることもできない。

4　正しい。敷地利用権を有しない区分所有者があるときは、その専有部分の収去を請求する権利を有する者は、その区分所有者に対し、区分所有権を時価で売り渡すべきことを請求することができる（区分所有法10条）。この区分所有権売渡請求権は形成権なので、意思表示が相手方に到達すれば、相手方の承諾がなくても、売買契約成立の効果が生じる。

 形成権とは、取消権や解除権のように、単独の意思表示によって法律効果を生じさせることができる権利をいう。たとえば、取消権の場合、取消しの意思表示のみで取消しの効果が生じる（相手方の承諾は必要ない）。肢4の区分所有権売渡請求権や、借地借家法の建物買取請求権・造作買取請求権も、形成権である。

✔ チェック□□□

問5　区分所有法（一部共用部分）　正解2　重要度★★★

1　正しい。一部共用部分の管理のうち、区分所有者全員の利害に関係するもの又は規約に定めがあるものは区分所有者全員で、その他のものはこれを共用すべき区分所有者のみで行う（区分所有法16条）。したがって、「区分所有者全員の利害に関係するもの」を一部の区分所有者だけで管理することはできない。

2　誤りで正解。上記のとおり、「区分所有者全員の利害に関係するもの」も、区分所有者全員で管理する。

3　正しい。一部共用部分を一部の区分所有者が管理するときは、一部の区分所有者は団体を構成する（同法3条後段）。したがって、本肢のように一部共用部分を一部の区分所有者が管理しない場合には、一部の区分所有者のみで構成される同法3条の団体は存在しないことになる。

4　正しい。規約の設定、変更又は廃止は、区分所有者及び議決権の各

４分の３以上の多数による集会の決議によってするが（同法31条１項）、一部共用部分に関する事項で区分所有者全員の利害に関係しないものについての区分所有者全員の規約の設定、変更又は廃止は、当該一部共用部分を共用すべき区分所有者の４分の１を超える者又はその議決権の４分の１を超える議決権を有する者が反対したときは、することができない（同法31条２項）。

肢１の「区分所有者全員の利害に関係する」とは、たとえば、一部共用部分が建物全体の美観に影響を及ぼす場合や、一部共用部分の修復がされないと建物全体の維持に影響を及ぼす場合である。

✔ チェック☐☐☐

問 6 区分所有法（集会の招集）　正解 3　重要度 ★★★

ア　正しい。 集会は、管理者がいる場合は管理者が招集するが（区分所有法34条１項）、集会を招集する必要があるのに管理者が招集手続をとらないことがあるので、区分所有者の５分の１以上で議決権の５分の１以上を有するものは、管理者に対し、会議の目的たる事項を示して、集会の招集を請求することができるとされている（同法34条３項）。

イ　正しい。 アに述べた手続により管理者に対して集会の招集を請求したにもかかわらず、２週間以内にその請求の日から４週間以内の日を会日とする集会の招集通知が発せられなかったときは、その請求をした区分所有者が自ら集会を招集することができる（同法34条４項）。

ウ　誤り。 専有部分が数人の共有に属するときは、共有者は、議決権を行使すべき者１人を定めなければならないが（同法40条）、この定めがなかったときは、管理者は、共有者の１人に対して集会の招集通知を発すればよい（同法35条２項）。

エ　正しい。 管理者が選任されていない場合は、区分所有者の５分の１以上で議決権の５分の１以上を有するものが、集会の招集をすることができる（同法34条５項）。

以上により、正しいものは**ア**、**イ**、**エ**の三つであるから、**3**が正解である。

アとエの「5分の1」の定数は、規約で引き下げることはできるが、引き上げることはできない。この数字は、少数者に配慮した規定だからである。

✔ チェック□□□

問 **7** 区分所有法
（団地管理組合法人）　正解 **2**　重要度 ★★

1　**正しい**。管理組合法人は、共用部分に対する損害保険契約に基づく保険金額の請求及び受領について、区分所有者を代理する旨の規定が定められているが（区分所有法47条6項）、これは団地管理組合法人に準用されている（同法66条）。

2　**誤りで正解**。管理組合法人の理事は、「規約又は集会の決議によって禁止されていないときに限り」、特定の行為の代理を他人に委任することができる（同法49条の3）。この規定も、団地管理組合法人に準用されている（同法66条）。したがって、代理を他人に委任することを、規約又は集会の決議によって禁止されることがある。

3　**正しい**。管理組合法人の財産の状況又は業務の執行について、法令若しくは規約に違反し、又は著しく不当な事項があると認めるときは、集会に報告すること、及びこの報告をするために必要があるときは、集会を招集することは、監事の職務である（同法50条3項3号・4号）。この規定も、団地管理組合法人に準用されている（同法66条）。

4　**正しい**。管理組合法人は、区分所有者及び議決権の各4分の3以上の多数による集会の決議によって解散することができる（同法55条1項3号・2項）。この規定も、団地管理組合法人に準用されている（同法66条）。

団地の管理については、通常の区分所有関係における規定が原則として準用されているが、敷地利用権、管理所有、義務違反者に対する措置、復旧・建替えに関する規定は準用されていない。

✔チェック□□□

| 問 8 | 区分所有法・民法等
（滞納管理費） | 正解 4 | 重要度
★★ |

1　正しい。不動産に抵当権が設定されていたとしても、当該不動産の所有者は、抵当権者の承諾を得ることなく、自由に目的物の売却や賃貸などの処分をすることができ、その処分に係る登記をすることもできる。

2　正しい。管理費の支払義務は建物等の管理に関する最も基本的な義務であるから、少なくとも管理費の滞納が原因で建物の修繕に重大な支障が生じるような状況に至っている場合は、その滞納は、建物の管理に関し区分所有者の共同の利益に反する行為に該当する（区分所有法6条1項、大阪高判平14.5.16参照）。

3　正しい。区分所有権の競売請求は、共同利益背反行為をした者の区分所有権をはく奪し、区分所有関係から排除することを目的にするものであるから、競売による最低売却価額で滞納管理費等を回収できる見込みがない場合でも、競売を請求することが認められる。

4　誤りで正解。管理費等の債権は、債務者たる区分所有者の特定承継人に対して行うことができる（同法8条）。競売による買受人も特定承継人に該当するので、買受人に対して滞納管理費等の請求をすることができる。

競売請求は共同利益背反行為をした者を排除することを目的とするから、競売手続において共同利益背反行為者自身が買受人となることはできない。

問 9　区分所有法（復旧・建替え）　正解 4　重要度 ★★★

解説　令和元年度

1　正しい。建物の価格の2分の1以下に相当する部分が滅失（小規模滅失）したときは、各区分所有者は単独で滅失した共用部分を復旧することができる（区分所有法61条1項本文）。ただし、各区分所有者が共用部分の復旧工事に着手する前に、集会において復旧又は建替え決議が成立した場合は、各区分所有者はその決議に拘束され、単独での復旧工事はできなくなる（同法61条1項ただし書）。

2　正しい。建物の価格の2分の1を超える部分が滅失（大規模滅失）したときは、区分所有者及び議決権の各4分の3以上の多数による集会の決議で滅失した共用部分の復旧をすることができるが（同法61条5項）、当該決議をした集会の議事録には、その決議について各区分所有者の賛否をも、記載し、又は記録しなければならない（同法61条6項）。大規模滅失の復旧決議が行われた場合、決議に賛成した区分所有者以外の者は、決議に賛成した区分所有者（その承継人を含む）に対し、建物及び敷地利用権を時価で買い取るべきことを請求することができるので（同法61条7項）、各区分所有者の決議への賛否を明らかにしておく必要があるからである。

3　正しい。建替え決議においては、①新たに建築する建物（再建建物）の設計の概要、②建物の取壊し及び再建建物の建築に関する費用の概算額、③ ②の費用の分担に関する事項、④再建建物の区分所有権の帰属に関する事項を、必ず定めなければならない（同法62条2項）。

4　誤りで正解。建替え決議のための集会を招集した者は、建替え決議を行う集会の会日の少なくとも1カ月前までに、招集通知で通知された事項について説明を行うための説明会を開催しなければならない（同法62条6項）。

＋アルファ 建替え決議を行う集会の招集通知は、会日の少なくとも２カ月前までに発しなければならない。肢４の説明会については、開催日の１週間前までに招集通知を発しなければならない。結局、建替え決議を行う場合の手続は下図のようになる。

２カ月以上

建替え集会の招集通知 ── 説明会の招集通知 ── １週間以上 ── 説明会 ── １カ月以上 ── 建替え決議

✔ チェック□□□

問10 区分所有法（団地） 正解 1 重要度 ★★

1 **誤りで正解。**団地内の建物の敷地が団地建物所有者の共有に属する場合、団地内の特定の建物を建て替えることは団地全体で共有する土地の管理の問題になるので、建て替える際は団地管理組合の集会において、議決権の４分の３以上の多数による承認の決議を得なければならない（区分所有法69条１項）。この承認決議における議決権は、建物又は専有部分の床面積の割合ではなく、敷地の共有持分の割合による（同法69条２項）。敷地の利用に関する問題だからである。

2 **正しい。**団地管理組合で行う建替え承認決議において、建替えの対象になっている建物の所有者は、全員、賛成する旨の議決権を行使したものとみなされる（同法69条３項本文）。その棟の集会で建替え決議が成立した以上、その棟の区分所有者は、団地管理組合の承認決議で反対に回ることはできないのである。

3 **正しい。**特定の建物の建替えによって他の建物の建替えに特別の影響を及ぼすべきときは、団地全体で４分の３以上の承認があるだけでは足らず、その影響を受ける建物が区分所有建物である場合は、その区分所有者の議決権の４分の３以上を有する区分所有者が承認決議に賛成している状態でなければ承認決議は成立しない（同法69条５項）。

4　正しい。建替えに特別の影響を受ける建物が区分所有建物でない場合は、その建物の所有者が承認決議に賛成している状態でなければ承認決議は成立しない（同法69条5項）。

肢3・肢4の「特別の影響」とは、たとえば、今回の建替えが建物の規模を大きくするものであるため、将来、他の建物を建て替える際に容積率が不足して小さな建物しか建てられなくなるような場合を指す。

✔ **チェック**☐☐☐

問11　被災マンション法　　正解 4　　重要度 ★★

1　誤り。大規模な災害で政令で定めるものにより区分所有建物の一部が滅失した場合、区分所有者集会の招集通知は、区分所有者が災害前に管理者に対して通知を受けるべき場所を届け出ていたとしても、原則として区分所有者の現在の所在地に宛ててしなければならない（被災マンション法8条1項）。大規模災害により、区分所有者が災害前に通知した場所から避難していることが多いと考えられるからである。

2　誤り。集会を招集する者が区分所有者の所在を知っているのであれば、集会の招集通知は、区分所有者の現在の所在地に宛ててしなければならない（同法8条1項）。なお、集会を招集する者が区分所有者の現在の所在地を過失なく知ることができないときは、その者に対する通知は、区分所有建物又はその敷地内の見やすい場所に掲示してすることができる（同法8条3項）。

3　誤り。区分所有建物及びその敷地を売却する旨の決議は、区分所有者、議決権及び当該敷地利用権の価格の4分の3ではなく、5分の4以上の多数の賛成によって成立する（同法9条1項）。

4　正しく正解。大規模な災害で政令で定めるものにより区分所有建物の価格の2分の1を超える部分が滅失した場合でも、区分所有法の規定に従って区分所有者集会を開催し（同法7条）、区分所有者及び議決権の各4分の3以上の多数で、滅失した共用部分の復旧決議をする

ことができる（区分所有法61条5項）。

肢1、2について。災害発生後に区分所有者が改めて管理者に通知を受けるべき場所を届け出たときは、その場所に宛てて通知すればよい（被災マンション法8条2項）。

✔チェック□□□

問 12 民法・借地借家法（賃貸借等） 正解 1 重要度 ★★★

1 **誤りで正解。** 期間の定めがある建物の賃貸借をする場合において、契約の更新がないこととする旨を定めようとするときは、公正証書による等書面によって契約をしなければならないと規定されている（借地借家法38条1項）。「公正証書による等書面によって」という記述は、公正証書を書面の代表例として挙げただけであり、公正証書以外の書面を排除するものではない。

2 **正しい。** 書面によらない贈与は、各当事者が解除することができるのが原則である（民法550条本文）。ただし、履行の終わった部分については、解除できないこととされており（同法550条ただし書）、不動産の場合、引渡しか登記の移転のどちらかが行われれば、履行は終わったものと解されている（最判昭40.3.26）。

3 **正しい。** 賃借人は、賃貸人の承諾を得なければ、賃借物を転貸することができないが（同法612条1項）、賃貸人の承諾は口頭で行われたものでもよい。

4 **正しい。** 保証人になる契約は慎重になされるべきなので、保証契約は、書面又はその内容を記録した電磁的記録によってしなければ、その効力を生じないものとされている（同法446条2項・3項）。

肢3について。賃借人が、賃貸人の承諾を得ずに、賃借権の譲渡又は転貸をして、第三者に賃借物の使用又は収益をさせたときは、賃貸人は、原則として賃借人との間の賃貸借契約を解除することができる（同法612条2項）。

問 13 民法（相続と登記） 正解 3 重要度 ★★

1 正しい。 譲渡契約の当事者間では、譲受人は、登記がなくても譲渡人に対して所有権を主張することができる。相続人は，相続開始の時から、被相続人の財産に属した一切の権利義務を承継するので（民法896条）、Bは、ＡＤ間の譲渡契約の当事者の地位も承継することになる。したがって、Dは、登記なくしてBに対して102号室の所有権を主張できる。

2 正しい。 相続人Bは被相続人Aの地位を承継するのであるから、本肢の場合、Bは102号室をEとFに二重に譲渡したのと同様の関係になる。二重譲渡の譲受人間では、互いに登記がなければ所有権を主張できない（同法177条）。

3 誤りで正解。 遺産分割は、相続開始の時にさかのぼってその効力を生ずるが、第三者の権利を害することはできないとされている（同法909条）。したがって、遺産分割によって、遺産分割協議前に102号室についてCの法定相続分の譲渡を受けたGを害することはできないので、BはGに対して102号室全部の所有権を主張することはできないことになる。

4 正しい。 不動産について遺産分割により相続分と異なる権利を取得した相続人は、その旨の登記を経なければ、分割後に当該不動産につき権利を取得した第三者に対抗することができない（最判昭46.1.26）。

肢3について。「第三者」として保護されるのは、遺産分割前に登場した者である。第三者の善意・悪意は問わないが、不動産の場合には登記を備えた者であることが必要だと解されている。

問 **14** **民法（保証）** 　　正解 **2** 重要度 ★★

1 **誤り**。期間の定めのある建物の賃貸借において、賃借人のために保証人が賃貸人との間で保証契約を締結した場合には、特段の事情がない限り、更新後の賃借人の債務について保証する旨を合意したものと解されている（最判平9.11.13）。

2 **正しく正解**。保証債務は、主たる債務に関する利息、違約金、損害賠償その他その債務に従たるすべてのものを包含するので（民法447条1項）、賃借人の保証人は、賃料不払によって賃貸借契約が解除された場合、賃借人が目的物の返還債務を履行しないことにより賃貸人に与えた損害の賠償債務についても保証責任がある（大判昭13.1.31）。

3 **誤り**。連帯保証人は、催告の抗弁権を有しない（同法454条、452条）。したがって、債権者が保証人に債務の履行を請求したときに、保証人は、まず主たる債務者に催告すべき旨を請求することはできない。

4 **誤り**。主たる債務が時効により消滅すると、保証債務の付従性により保証債務も消滅する。保証人が保証債務の存在を承認したとしても、保証人は、主たる債務の消滅時効を援用して保証債務の支払を免れることができるのである。

肢3について。連帯保証人は、催告の抗弁権のほか、検索の抗弁権（債権者がまず主たる債務者に催告した後であっても、保証人が主たる債務者に弁済の資力があり、かつ、執行が容易であることを証明して、まず主たる債務者の財産について執行せよと主張する権利）も有しない。

問 **15** **民法（担保責任）** 　　正解 **3** 重要度 ★★★

1 **誤り**。他人の物の売買契約も有効であり（民法561条）、売買契約

は、売主と買主の意思表示によって成立する（同法555条）。売主の所有権取得を停止条件とする売買契約になるのではない。

2　誤り。他人物売買の場合、売主は、売買の目的である権利を取得して買主に移転する義務を負う（同法561条）。売主がこの義務を履行しない場合は、買主は、債務不履行の規定に基づき、損害賠償請求（同法415条）や解除（同法541条以下）をすることができる。そして、債務不履行に基づく解除では、債権者（買主）の善意は要求されていない。したがって、悪意のBは解除することができないとする本肢は誤り。

3　正しく正解。他人物売買の場合、肢2で述べたように、買主は債務不履行の規定に基づいて解除することができるが、売主の解除権の規定はない。したがって、売主Aは、本件契約を解除することができない。

4　誤り。他人物売買の売主が死亡し、所有者が相続によって売主としての履行義務を承継したときでも、所有者は、信義則に反すると認められるような特別の事情のない限り、この履行義務を拒否することができる（最判昭49.9.4）。

 他人物売買に関し、以前は、善意の売主に解除権が認められていた。しかし、平成29年公布令和2年施行の民法改正により、この規定は削除され、売主の解除は認められなくなった（肢3）。

✔ **チェック**□□□

問 16　民法（請負）　　正解 4　重要度 ★★

1　誤り。報酬は、仕事の目的物の引渡しと同時に、支払わなければならない。ただし、物の引渡しを要しないときは、請負人は、仕事が完成した後でなければ、報酬を請求することができない（民法633条、624条1項）。

2　誤り。請負人が仕事を完成しない間は、注文者は、いつでも損害を賠償して契約の解除をすることができる（同法641条）。この解除権

を有するのは、請負人Ｂではなく、注文者Ａである。

3　誤り。注文者が破産手続開始の決定を受けたときは、請負人又は破産管財人は、契約の解除をすることができる。ただし、請負人による契約の解除については、仕事を完成した後は、この限りでない（同法642条）。Ａは仕事完成前に破産手続開始の決定を受けているので、Ｂが解除することができないとする本肢は誤り。

4　正しく正解。売買の規定が請負に準用されるので（同法559条）、請負人は、原則として売主と同様の担保責任を負う。そして、不適合が買主（請負では注文者）の責めに帰すべき事由によるものであるときは、買主（注文者）は、履行の追完を請求することができない（同法562条2項）。したがって、不適合がＡの責めに帰すべき事由によるものであるときは、Ａは、修補請求（追完請求の一方法である）をすることができない。

請負人の担保責任は、平成29年公布令和2年施行の法改正により、売主の担保責任と基本的には同じになり、改正前と大きく変わった。改正前民法の知識がある方は、どこがどのように変わったのか、確認しておこう。本問の肢4は、改正法に対応するように内容を差し替えた。

✔ チェック□□□

問17　民法（親族）　　正解 **1**　重要度 ★

1　正しく正解。親権を行う父又は母とその子との利益が相反する行為については、親権を行う者は、その子のために特別代理人を選任することを家庭裁判所に請求しなければならない（民法826条1項）。親権者が、自己の債務を被担保債権として、子の不動産に抵当権を設定することは、利益相反行為にあたる（大判大3.9.28）。したがって、特別代理人の選任を請求しなければならない。

2　誤り。親権者から単純に贈与を受けるように子に何らの不利益もない行為は、利益相反行為にあたらない（大判昭6.11.24）。したがって、特別代理人の選任を請求する必要はない。

3　誤り。子の財産の第三者への売却は、親権者と子の利益が相反する行為にあたらない。したがって、特別代理人の選任を請求する必要はない。

4　誤り。子の公租公課の支払は、親権者と子の利益が相反する行為にあたらない。したがって、特別代理人の選任を請求する必要はない。

利益相反行為にあたるかどうかは、専ら行為自体又は行為の外形から判断される。子の財産の第三者への売却（肢3）や、子の公租公課の支払（肢4）は、その行為自体だけを判断すれば、親権者と子の利益の相反が認められない。

✔ **チェック**□□□

問**18** 不動産登記法（敷地権付き区分建物の登記） 　正解 **3**　重要度 ★★★

1　誤り。敷地権付き区分建物についての所有権又は担保権に係る権利に関する登記は、敷地権である旨の登記をした土地の敷地権についてされた登記としての効力を有するのが原則である（不動産登記法73条1項本文）。本肢のように、敷地権の登記をする前に登記された担保権に係る権利に関する登記で、当該登記の目的等が当該敷地権となった土地の権利についてされた担保権に係る権利に関する登記の目的等と同一であるものは、原則どおり、敷地権についてされた登記としての効力を有する（同法73条1項ただし書1号かっこ書）。

2　誤り。敷地権付き区分建物についての所有権に係る仮登記であって、区分建物に関する敷地権の登記をした後に登記されたものであり、かつ、その登記原因が当該建物の当該敷地権が生ずる前に生じたものは、敷地権についてされた登記としての効力を有しない（同法73条1項ただし書2号）。

3　正しく正解。敷地権付き区分建物には、当該建物のみの所有権の移転を登記原因とする所有権の登記又は当該建物のみを目的とする担保権に係る権利に関する登記をすることができないのが原則である（同法73条3項本文）。ただし、当該土地が敷地権の目的となった後にその登記原因が生じたもの（分離処分禁止の場合を除く）又は敷地権に

ついての仮登記若しくは質権若しくは抵当権に係る権利に関する登記
であって当該土地が敷地権の目的となる前にその登記原因が生じたも
のは、登記することができる（同法73条3項ただし書）。

4 誤り。 敷地権である旨の登記をした土地には、敷地権の移転の登記
又は敷地権を目的とする担保権に係る権利に関する登記をすることが
できないのが原則である（同法73条2項本文）。ただし、当該土地が
敷地権の目的となった後にその登記原因が生じたもの（分離処分禁止
の場合を除く）又は敷地権についての仮登記若しくは質権若しくは抵
当権に係る権利に関する登記であって当該土地が敷地権の目的となる
前にその登記原因が生じたものは、登記することができる（同法73
条2項ただし書）。本肢のように「敷地権の目的となった後に登記原
因が生じた」場合は、原則どおり、登記することができない。

 敷地権の場合、建物の登記記録によって敷地権の物権変動も
公示する仕組みになっている。そこで、建物の登記が敷地権
の登記としての効力も有し（肢1）、建物のみの登記をする
ことや土地の登記記録への登記は制限されるのである（肢
3、肢4）。

✔ チェック□□□

問 19 マンション建替え円滑化法（建替組合） 正解 2 重要度 ★★★

1 正しい。 理事及び監事は、組合員（法人にあっては、その役員）の
うちから総会で選挙する。ただし、特別の事情があるときは、組合員
以外の者のうちから総会で選任することができる（マンション建替え
円滑化法21条1項）。

2 誤りで正解。 組合の解散については、組合員の議決権及び持分割合
の各4分の3以上で決する（同法30条1項、27条9号）。「5分の4」
ではない。なお、権利変換計画及びその変更については正しい（同法
30条3項、27条7号）。

3 正しい。 施行者である組合は、権利変換計画の認可を申請しようと
するときは、権利変換計画について、あらかじめ、総会の議決を経る

とともに施行マンション又はその敷地について権利を有する者（組合員を除く）及び隣接施行敷地がある場合における当該隣接施行敷地について権利を有する者の同意を得なければならない（同法57条2項本文）。

4　正しい。施行者は、権利変換期日後マンション建替事業に係る工事のため必要があるときは、施行マンション又はその敷地（隣接施行敷地を含む）を占有している者に対し、期限を定めて、その明渡しを求めることができる（同法80条1項）。この明渡しの期限は、明渡しの請求をした日の翌日から起算して30日を経過した後の日でなければならない（同法80条2項）。

 総会で「4分の3」で決するのは、①定款の変更及び事業計画の変更のうち政令で定める重要な事項、②施行者の設定する管理規約、③組合の解散（肢2）である。

✔ **チェック**□□□

問 20　都市計画法（地域地区）　正解 4　重要度 ★★★

1　正しい。市街化区域については、少なくとも用途地域を定めるものとし、市街化調整区域については、原則として用途地域を定めないものとする（都市計画法13条1項7号）。

2　正しい。特定街区は、市街地の整備改善を図るため街区の整備又は造成が行われる地区について、その街区内における建築物の容積率並びに建築物の高さの最高限度及び壁面の位置の制限を定める街区とする（同法9条20号）。

3　正しい。高層住居誘導地区は、第一種住居地域、第二種住居地域、準住居地域、近隣商業地域又は準工業地域であって、都市計画で建築物の容積率が10分の40又は10分の50と定められたものの区域内で定める地区である（同法9条17号）。

4　誤りで正解。準都市計画区域については、都市計画に、用途地域、特別用途地区、特定用途制限地域、高度地区、景観地区、風致地区、緑地保全地域、伝統的建造物群保存地区を定めることができる（同法

8条2項)。

都市部では、地域地区によって、容積率の緩和や移転が容易
になる。たとえば、高層住居誘導地区、高度利用地区、特定
街区では一定要件のもとに容積率の緩和があり、特例容積率
適用地区、特定街区では、一定要件のもとに容積率の移転が
可能である。

✔ チェック□□□

（問）**21** **建築基準法（建築物の構造）** 正解 **1** 重要度 ★★★

1 **誤りで正解。** 延べ面積が1,000㎡を超える建築物は、防火上有効な
構造の防火壁又は防火床によって有効に区画し、かつ、各区画におけ
る床面積の合計をそれぞれ1,000㎡以内としなければならないが、耐
火建築物又は準耐火建築物については、適用が除外されている（建築
基準法26条1号）。

2 **正しい。** 3階以上の階が共同住宅の場合、共同住宅の部分とその他
の部分とを1時間準耐火基準に適合する準耐火構造とした床若しくは
壁又は特定防火設備で区画しなければならない（同法27条1項1号、
同法施行令112条18項）。

3 **正しい。** 建築物が防火地域と準防火地域にわたる場合、その全部に
ついてそれぞれ防火地域内の建築物に関する規定を適用するが、その
建築物が防火地域外において防火壁で区画されているときは、その防
火壁外の部分については、準防火地域内の建築物の規定が適用される
（同法65条2項）。

4 **正しい。** 階段の部分、昇降機の昇降路の部分（当該昇降機の乗降の
ための乗降ロビーの部分を含む）その他これらに類する建築物の部分
については、排煙設備を設ける必要はない（同法施行令126条の2第
1項3号）。

建築基準法の問題は、火災などの災害対策となる耐火性能、防火区画、内装不燃化、階段の構造等の避難設備、非常用エレベーター等を出題したものが多い。ふだんから問題意識をもって学習すべきであろう。

✔ チェック□□□

| 問22 | 水道法（貯水槽水道、簡易専用水道） | 正解 3 | 重要度 ★★★ |

1　**正しい。**貯水槽水道とは、水道事業の用に供する水道及び専用水道以外の水道であって、水道事業の用に供する水道から供給を受ける水のみを水源とするものをいい、受水槽の有効容量を問わない（水道法14条2項5号）。

2　**正しい。**水道事業者は、供給規程に基づき、貯水槽水道の設置者に対し、指導、助言及び勧告をすることができる（同法施行規則12条の5第1号イ）。

3　**誤りで正解。**簡易専用水道の設置者は、当該簡易専用水道の管理について、毎年1回、地方公共団体の機関又は国土交通大臣及び環境大臣の登録を受けた検査機関の検査を受けなければならない（水槽等、給水栓における水質等）（同法第34条の2第2項、同法施行規則56条1項）。

4　**正しい。**都道府県知事は、簡易専用水道の管理の適正を確保するために必要があると認めるときは、簡易専用水道の設置者から管理について必要な報告を徴することができる（同法39条3項）。

　「給水装置」とは、需要者に水を供給するために水道事業者の施設した配水管から分岐して設けられた給水管及びこれに直結する給水用具(メーターから先は管理組合が管理する)をいうが(同法3条9項)、水道事業者は、当該水道によって水の供給を受ける者の給水装置の構造及び材質が、政令で定める基準に適合していないときは、供給規程の定めるところにより、その者の給水契約の申込を拒み、又はその者が給水装置をその基準に適合させるまでの間その者に対する給水を停止することができる(同法16条)。

461

問23 消防法（消防用設備等）　正解 2　重要度 ★★★

1　正しい。 共同住宅（防火対象物）で、延べ面積が150㎡以上のもの（地階、無窓階、３階以上では床面積50㎡以上）の場合、階ごとに、当該共同住宅の各部分から一の消火器具に至る歩行距離が20m以下となるように配置しなければならない（消防法施行令10条１項2号・5号・別表第１（5）項、同法施行規則６条6項）。

2　誤りで正解。 マンションの地階、無窓階及び11階以上の部分には、避難が容易であると認められるもので総務省令で定めるものを除いて、避難口誘導灯、通路誘導灯（普段は常用電源により点灯し、火災時等の非常時には自動的に非常電源に切替わる）を設置しなければならない（同法施行令26条1項1号・2号）。全ての階に設置するのではない。

3　正しい。 11階以上の階（総務省令で定める部分を除く）には必ずスプリンクラーを設置しなければならない（同法施行令12条1項12号、別表第１(5)項ロ）。地上11階建なら、設置義務があるのは11階のみである。

4　正しい。 高さ31mを超える建築物(高層建築物)において使用する防炎対象物品（どん帳、カーテン、展示用合板その他これらに類する物品で政令で定めるものをいう）は、階数に関係なく、政令で定める基準以上の防炎性能を有するものでなければならない（同法８条の３第１項、８条の２第１項本文かっこ書、同法施行令４条の３第3項・４項）。

誘導灯、誘導標識

誘導灯(避難口誘導灯、通路誘導灯)を設置する場合、誘導灯の有効範囲外の部分には、誘導標識を設置しなければならない(同法施行令26条1項・3項)。なお、誘導標識は、避難口である旨又は避難の方向を明示した緑色の標識とし、多数の者の目に触れやすい箇所に、避難上有効なものとなるように設けることになっている。

問 24 防犯に配慮した共同住宅に係る設計指針 正解 3 重要度 ★★★

ア　適切。 管理人室が設置されている場合には、管理人室と専有部分との通話機能を有するものが望ましい（推奨事項）とされる（防犯に配慮した共同住宅に係る設計指針第3.3(2)イ）。

イ　適切。 エレベーターのかご内に防犯カメラを設置することは必須事項とされている（同指針第3.2(5)ア）。

ウ　不適切。 接地階の住戸のバルコニーの外側等の住戸周りは、住戸のプライバシーの確保に留意しつつ、周囲からの見通しを確保したものとすることが望ましい（推奨事項）とされる（同指針第3.3(4)ウ）。

エ　適切。 居住者の意向による改修は、所有形態、管理体制等による制約条件を整理するとともに、計画修繕等に併せて改修すべきものと緊急に改修すべきものとに分けて検討するとされる(同指針第4.1(1)エ)。

以上により、適切なものは**ア**、**イ**、**エ**の三つであるから、**3**が正解である。

指針は、共同住宅の新築（建替えを含む）だけでなく、既存の共同住宅の改修の企画・計画・手法等についても提示している。計画修繕等に併せた改修は、周辺地域の状況等を把握し、建物の入居者属性、管理体制等を勘案しつつ、改修計画を検討する。防犯上の必要性、計画修繕内容との関わりを適切に把握した上で、居住性等の住宅に必要な他の性能とのバランス、費用対効果等を総合的に判断した上で改修計画・設計を行う、としている（第4.1(1)ア、イ）。

問 25 標準管理規約（専有部分の修繕等） 正解 3 重要度 ★★★

1　適切。 区分所有者は、その専有部分について、共用部分又は他の専有部分に影響を与えるおそれのない専有部分の修繕等を行おうとする

右側：解説　令和元年度

ときは、あらかじめ、理事長の承認を受ける必要はない（標準管理規約17条1項）。ただし、工事の実施中における共用部分又は他の専有部分への影響について管理組合が事前に把握する必要があるものを行おうとするときは、あらかじめ、理事長にその旨を届け出なければならない（同規約17条7項）。

2　適切。 専有部分の間取りの変更は、共用部分又は他の専有部分に影響を与えるおそれのある専有部分の修繕等であり、あらかじめ理事長へ承認の申請をしなければならないが、その際、区分所有者は、設計図、仕様書及び工程表を添付した申請書を理事長に提出しなければならない（同規約17条1項・2項、同規約コメント第17条関係②）。

3　不適切で正解。 主要構造部にエアコンを直接取り付けるのは、共用部分又は他の専有部分に影響を与えるおそれのある専有部分の修繕等であり、あらかじめ理事長の承認の申請をしなければならない（同規約17条1項、同規約コメント第17条関係②）。

4　適切。 フローリング工事の場合には、構造、工事の仕様、材料等により影響が異なるので、専門家への確認が必要である。理事長の承認の判断に際して、調査等により特別な費用がかかる場合には、申請者に負担させることが適当であるとされている（同規約コメント第17条関係⑤⑥）。

> **専有部分の修繕等に係る共用部分の工事**
> 配管（配線）の枝管（枝線）の取付け、取替え工事に当たって、共用部分内に係る工事についても、理事長の承認を得れば、区分所有者が行うことができる（同規約17条4項）。

✔ チェック□□□

問26　標準管理規約（共用部分と専有部分にわたる修繕）　正解 **2**　重要度 ★★

1　不適切。 現行の規約では、「専有部分である設備のうち共用部分と構造上一体となった部分の管理を共用部分の管理と一体として行う必要があるときは、管理組合がこれを行うことができる」とされている（標準管理規約21条2項）。したがって、規約を変更する必要はない。

2　適切で正解。現行の規約では、共用部分である本管と専有部分である枝管の工事を一体として行う場合に、専有部分に係るものの費用については、各区分所有者が実費に応じて負担するとされている（同規約21関係コメント⑦）。

3　不適切。給水管の更新(取り替え)工事は、一定年数の経過ごとに計画的に行う修繕であり、要する経費の充当については修繕積立金を取り崩すことができる（同規約28条1項1号）。計画修繕の実施に伴う修繕積立金の取崩しについては総会の決議を経なければならないが（同規約48条10号）、出席組合員の議決権の過半数で決し、特別決議は必要とされていない（同規約47条2項・3項）。

4　不適切。給水管の更新工事は一定年数の経過ごとに計画的に行う計画修繕であり、その形状又は効用の著しい変更を伴わないものである。計画修繕の実施については総会の決議を経なければならないが（同規約28条1項1号、48条10号）、普通決議で足りる（同規約コメント第47条関係⑥オ）。

> 配管工事は、通常は、その形状又は効用の著しい変更を伴わないものであり、組合員及び議決権の4分の3以上の賛成を必要とする大規模修繕とは、区別しておかなければならない（同規約47条3項2号）。なお、管理組合が、建築物の耐震改修の促進に関する法律25条2項に基づく所管行政庁の認定を受けた建物(要耐震改修認定建築物)の耐震改修を行う場合も、普通決議でよいとされる（同規約25条3項）。

✔ チェック□□□

問27　標準管理規約（理事会）　正解 **3**　重要度 ★★

1　適切。標準管理規約コメント第35条関係③によれば、「200戸を超え、役員数が20名を超えるような大規模マンションでは、理事会のみで、実質的検討を行うのが難しくなるので、理事会の中に部会を設け、各部会に理事会の業務を分担して、実質的な検討を行うような、複層的な組織構成、役員の体制を検討する必要がある」としているの

で、適切といえる。

2　適切。同規約コメント第35条関係③によれば、部会を設ける場合、「理事会の運営方針を決めるため、理事長、副理事長（各部の部長と兼任するような組織構成が望ましい）による幹部会を設けることも有効である」と定めているので適切である。

3　不適切で正解。部会の担当業務とされた事項の決議をそのまま理事会の決議に代えてはならない。部会はあくまで、調査又は検討した結果を理事会に具申する機関であって理事会の決議に代える機関ではない（同規約55条2項）。

4　適切。副理事長が各部の部長を兼任するような組織体制は、各部の議論の過程を認識しておくために合理的なことなので、適切といえる（同規約コメント第35条関係③）。

 理事会における役員は、意思決定ができる自然人でなければならず、法人そのものは役員になることはできないと解すべきである。

✔ **チェック**□□□

問28　標準管理規約（役員の任期）　正解 **4**　重要度 ★★★

1　不適切。役員が転出により組合員でなくなれば、その役員はその地位を失うので理事長たる地位を失うことになる（標準管理規約36条4項）。理事長は、他の理事の中から理事会で選任するのであって、総会で理事長を選任するのではない（同規約35条3項）。

2　不適切。任期の満了又は辞任によって退任する役員は、後任の役員が就任するまでの間引き続きその職務を行うが(同規約36条3項)、転出により組合員でなくなった場合には、規約により役員資格として区分所有者であることを要件としているので、引き続きその職務を行うのは適切でない。

3　不適切。補欠の役員の任期は、前任者の残任期間とする(同規約36条2項)。

4　適切で正解。同規約コメント第36条関係④によれば、「組合員であ

る役員が転出、死亡その他の事情により任期途中で欠けた場合には、組合員から補欠の役員を理事会の決議で選任することができると、規約に規定することもできる」とされている。

 役員の任期については、組合の実情に応じて1～2年で設定することとし、選任に当たっては、その就任日及び任期の期限を明確にすべきである。

✔ チェック□□□

問29 標準管理規約（総会及び理事会の決議）　正解 2　重要度 ★★

1　不適切。理事会は、規約の制定、変更、廃止に関する案について決議するが、その議事は、出席理事の過半数で決する（標準管理規約53条1項）。

2　適切で正解。総会においては、あらかじめ通知した事項についてのみ決裁することができる（同規約47条10項）。なお、理事長は、災害等の緊急時においては、総会又は理事会の決議によらずに、敷地及び共用部分等の必要な保存行為を行うことができる（同規約21条6項）。

3　不適切。書面による決議は、総会の決議と同一の効力を有するので（同規約50条3項）、議決権総数の半数以上の者が書面を提出し、提出書面の議決権の過半数が賛成であれば可決となる。

4　不適切。理事長は、通常総会を、毎年1回新会計年度開始以後2カ月以内に招集しなければならない（同規約42条3項）。

 肢3関連。規約により総会において決議をすべき場合において、組合員全員の承諾があるときは、書面又は電磁的方法による決議をすることができる。

✔ チェック□□□

問30 標準管理規約（監事の職務及び権限）　正解 1　重要度 ★★★

ア　適切。監事は、理事会に出席し、必要があると認めるときは、意見

467

を述べなければならない（標準管理規約41条4項）。監事は、理事が不正の行為をし、若しくは当該行為をするおそれがあると認めるとき、又は法令等に違反する事実があると認めるときは、遅滞なく、その旨を理事会に報告しなければならない（同規約41条5項）。

イ 適切。監事は、理事が不正の行為をし、又は当該行為をするおそれがあると認めるときは、理事長に対し、理事会の招集を請求することができる（同規約41条6項）。この請求があった日から5日以内に、その請求があった日から2週間以内の日を理事会の日とする理事会の招集の通知が発せられない場合は、その請求をした監事は、理事会を招集することができる（同規約41条7項）。

ウ 不適切。理事会は、理事をもって構成する(同規約51条1項)。監事は役員ではあるが、理事ではないので（同規約35条）、監事が出席しなかった場合でも、理事会の決議等が無効となるわけではない（同規約コメント第41条関係②）。

エ 不適切。区分所有者が、法令、規約、使用細則に違反したときは、理事長は、理事会の決議を経てその区分所有者に対し、その是正等のため必要な勧告又は指示若しくは警告を行うことができる（同規約67条1項）。理事長が欠けたときは副理事長が、その職務を行う（同規約39条）。

以上により、適切なものの組合せは**ア**と**イ**であるから、**1**が正解である。

監事は、管理組合の業務の執行及び財産の状況を監査し、その結果を総会に報告しなければならない。監事は、管理組合の業務の執行及び財産の状況について、不正があると認めるときは、臨時総会を招集することができる。

✔ **チェック**□□□

問31 個人情報保護法 正解 **4** 重要度 ★

1 不適切。組合員の氏名は、個人情報に該当するが、新たに組合員の資格を取得した者は、直ちにその旨を書面で届け出なければならな

い。（標準管理規約31条）。

2　不適切。 高齢者等の災害弱者に係る情報は、人の生命、身体又は財産の保護のために必要がある場合であって、本人の同意を得ることが困難であるときは、本人の同意がなくても、地域の防災関係組織等に提供することができる（個人情報保護法27条1項2号）。

3　不適切。 個人情報取扱事業者（管理組合）は、原則として、あらかじめ本人の同意を得ないで、個人データを第三者に提供してはならないが（同法27条1項）、利用目的の達成に必要な範囲内において個人データの取扱いの全部又は一部を委託することに伴って当該個人データが提供される場合は、提供できる（同法27条5項1号）。

4　適切で正解。 個人データの開示請求は、代理人によってすることができる（同法37条3項）。代理人になれるのは、①未成年者又は成年被後見人の法定代理人、②本人が委任した代理人に限られる（同法施行令13条）。親族関係があるというだけで開示請求することはできない。

 マンション管理組合は、区分所有者の名簿等を備えているので、個人情報保護法における個人情報取扱事業者に該当する。

✔ チェック□□□

問32　標準管理規約（団地管理組合）　　正解 **4**　　重要度 ★★

1　不適切。 団地の集会所を大規模に増改築する行為は団地共用部分の変更であり、団地総会の決議が必要である（標準管理規約（団地型）50条10号、28条1項3号）。

2　不適切。 棟の建替えに係る合意形成に必要となる事項の調査の実施及びその経費に充当する場合の各棟修繕積立金の取崩しをするときは棟総会の決議が必要である（同規約72条6号）。

3　不適切。 階段室をエレベーターに改造する棟の共用部分の変更には団地総会の決議が必要である（同規約50条10号、29条1項3号）。

4　適切で正解。 長期修繕計画に基づいて棟の外壁補修を行うには団地総会の決議が必要である（同規約50条10号、29条1項1号）。

肢2について。各棟修繕積立金の額については、それぞれの棟の各区分所有者の棟の共用部分の共有持分に応じて算出する。

✔ チェック□□□

問33 標準管理委託契約書　　正解 1　重要度 ★★★

ア　適切。管理組合及び管理会社は、その相手方に対し、少なくとも三月前に書面で解約の申入れを行うことにより、管理委託契約を終了させることができる（標準管理委託契約書19条）。

イ　適切。管理会社は、反社会的勢力（暴力団、暴力団関係企業、総会屋等）に自己の名義を利用させ、管理委託契約を締結しないことを管理組合に確約しなければならない（同契約書24条1項3号）。この確約に反する管理委託契約をしたことが判明した場合には、管理組合は、催告を要せずに、解除することができる（同契約書24条2項2号）。

ウ　適切。管理会社は、管理事務を行うため必要があるときは、組合の組合員及びその所有する専有部分の占有者に対し、管理組合に代わって、組合員の共同の利益に反する行為の中止を求めることができる（同契約書11条1項5号）。

エ　不適切。管理会社が行う管理事務には、①事務管理業務、②管理員業務、③清掃業務、④建物・設備管理業務がある（同契約書3条）。事務管理業務の一部を第三者に再委託することはできるが、全部を第三者に委託することはできない（同契約書4条1項）。

　以上により、適切でないものは**エ**の一つだけであるから、**1**が正解である。

エについて。事務管理業務の全部を第三者に再委託することはできないが、管理員業務、清掃業務、建物・設備管理業務については、全部を第三者に再委託することができる。

問34 会計処理 正解 3 重要度 ★★★

1 **不適切**。甲マンション管理組合の決算月は3月であるから、平成31年4月分の管理費2万円は、平成30年度の管理費収入ではなく、前受金に計上することが適切である。

2 **不適切**。肢の仕訳を起票しても、B銀行預金の帳簿残高は不変であり、預金残高証明書との差異は解消しない。正しい仕訳は、(借方)保険料 5万円(貸方)現金預金 5万円である。

3 **適切で正解**。前期に支払い済みの着手金60万円を振り替え、当期に支払った工事費の残額140万円と併せて、修繕費200万円に計上するのは適切である。

4 **不適切**。肢の仕訳を起票すると、さらに管理費収入が1万円増加するため、不適切である。これを修正する仕訳は、(借方)管理費収入1万円(貸方)駐車場使用料収入 1万円である。

解答の前に設問の決算月を確認して、収入科目は発生すると貸方に計上し、費用科目は発生すると借方に計上することに注意しよう。

問35 収支予算 正解 2 重要度 ★★

ア **不適切**。発生主義の原則により会計処理している場合は、未収金が生じていても収入総額は不変のため、適切ではない。

イ **適切**。標準管理規約27条によれば、管理費は通常の管理に要する経費に充当されるが、その中に、専門的知識を有する者の活用に関する費用も含まれるため(同規約27条9号)、適切。

ウ **適切**。標準管理規約58条3項2号によれば、総会の承認を得て実施している長期の施工期間を要する工事に係る経費であって、通常総会において収支予算案の承認を得る前に支出することがやむを得ないと認められるものについて、理事長は、理事会の承認を得てその支出を

解説

令和元年度

行うことができるため、適切。

エ 不適切。標準管理規約61条1項によれば、管理費に余剰が生じた場合には、その余剰は翌年度の管理費に充当することとなるため、適切ではない。

以上により、適切なものは**イ**、**ウ**の二つであるから、**2**が正解である。

 標準管理規約における会計関連の条項を再確認しておこう。収支予算も発生主義の原則に基づき作成されることに要注意。

✔ チェック□□□

問36 長期修繕計画作成ガイドライン及びコメント等　正解 2　重要度 ★★★

ア 不適切。推定修繕工事は、建物及び設備の性能・機能を新築時と同等水準に維持、回復させる修繕工事を基本とする（長期修繕計画作成ガイドライン2章1節2二①）。

イ 適切。修繕積立金の積立ては、長期修繕計画の作成時点において、計画期間に積み立てる修繕積立金の額を均等にする積立方式（均等積立方式）を基本とする（同ガイドライン3章2節1）。

ウ 不適切。計画期間内における推定修繕工事には、法定点検等の点検（同ガイドラインコメント様式第3-2号．Ⅳ．18参照）及び経常的に行う補修工事を除く（同ガイドライン1章4・13）こととされている。

エ 適切。長期修繕計画の推定修繕工事として設定した内容や時期等はおおよその目安であり、計画修繕工事を実施する際は、事前に調査・診断を行い、その結果に基づいて内容や時期等を判断するのは適切である（同ガイドラインコメント2章1節2二④）。

以上により、不適切なものは**ア**、**ウ**の二つであるから、**2**が正解である。

✔ チェック□□□

問 37 マンションの調査・診断　　正解 3　　重要度 ★★★

1　**適切**。ポップアウトはコンクリート内部の部分的な膨張圧によっ
て、コンクリート表面の小部分が円錐形のくぼみ状に破壊された状態
をいい、アルカリ骨材反応が原因の一つと考えられる。

2　**適切**。さび汚れは、腐食した鉄筋のさびがひび割れ部から流出し
て、仕上材又はコンクリートの表面に付着している状態をいい、コン
クリートの中性化が原因の一つと考えられる。

3　**不適切で正解**。白華（エフロレッセンス）は、硬化したコンクリー
トの表面に出た白色の物質をいい、セメント中の石灰等が水に溶けて
表面に染み出し、空気中の炭酸ガスと化合してできたものが主成分で
あり、紫外線が原因の一つとは考えられない。

4　**適切**。ひび割れは、コンクリートに許容される以上の変形や応力
が作用して生じるコンクリートの部分的な破壊現象をいい、コールド
ジョイント（コンクリートの打ち継ぎ時間の間隔を過ぎて打設した場
合に、前に打ち込まれたコンクリートの上に後から重ねて打ち込まれ
たコンクリートが一体化しない状態となって、打ち継いだ部分に不連
続な面が生じる現象をいい、この面のコンクリートは脆弱であり、ひ
び割れが生じていることが多い）が原因の一つと考えられる。

肢1について。アルカリ骨材反応は、コンクリートの細孔溶
液中におけるアルカリ成分が、ある種のシリカ鉱物や炭酸塩
岩を含有する骨材と反応することである。

問38 マンションの調査・診断 　正解 1 　重要度 ★★★

1 **適切で正解**。仕上げ塗材の付着の強さを調べるプルオフ法は、鋼鉄やアルミニウムなどの金属面への塗装及びコンクリート面への塗装のいずれにも用いることができる。

2 **不適切**。外壁タイルの調査に用いる赤外線調査は、建物の外壁タイル又はモルタル仕上げ等の剥離部と健常部との熱伝導の違いによる温度差を赤外線映像装置によって測定し、タイル・モルタル面の浮き等の程度を調査するものである。

3 **不適切**。針入度試験は、一定の条件下で、アスファルトに規定の針が貫入する程度を測定する試験であるので、アスファルトルーフィングの使用状態での劣化度を測定するためであっても、現地で測定することはできない。

4 **不適切**。手持ち型のpH測定器は、溶液中のpH度を測定する機器である。コンクリートの中性化の程度を調べるには（1）コア採取法、（2）ドリル粉末法、（3）はつりによる方法等があるが、いずれの方法によっても、フェノールフタレイン溶液を試験体に専用機器で噴霧して用いるので、溶液中のpH度を測定する手持ち型のpH測定器を用いることができない。

肢4について。コンクリートの中性化は、コンクリートが空気中の炭酸ガス、その他の酸性ガスあるいは塩類の作用によりアルカリ性を失っていく現象で、進行すると鉄筋が腐食しやすくなり、構造耐力の低下につながるおそれがある。

問39 大規模修繕工事 　正解 3 　重要度 ★★★

1 **適切**。設計監理方式で実施したマンションの大規模修繕工事において「施工者が、施工実施計画（工事工程計画、仮設計画、品質管理計画など）の計画を作成した」ことは適切である。

2　適切。「管理組合が主催者となって工事説明会を開催し、施工者と工事監理者が説明を行った」ことは適切である。

3　不適切で正解。工事監理者は、住宅瑕疵担保責任保険契約の対象になれない（特定住宅瑕疵担保責任の履行の確保等に関する法律2条6項2号イ）。よって、工事監理者ではなく工事の請負人である工事施工者が保険法人と住宅瑕疵担保責任保険契約を締結することになる。

4　適切。工事が最終工程を終えた時点で、竣工検査を実施する。検査者主体別に施工者検査、工事監理者検査、管理組合検査（居住者確認）があって、手順としてはこの順番で行う。

 肢3について。新築住宅の売主等（建設業者（請負人）・宅建業者（売主）等）に義務付けられる住宅瑕疵担保責任保険は、国土交通大臣の指定する住宅瑕疵担保責任保険法人との間で保険契約を締結し、瑕疵が判明した場合、その補修費用等が保険によりてん補される制度である。

✔ **チェック**□□□

問40　マンションの住棟形式　　**正解 1**　**重要度 ★**

1　不適切で正解。住棟中央部に吹き抜けがあり、その吹き抜けに面した共用廊下より各住戸にアプローチできるのは「センターコア型」ではなく、「ボイド型（中央吹き抜け型）」である。なお、「センターコア型」は、住棟中央部に共用廊下、階段室、エレベーターホールが配置されたものである。

2　適切。廊下型のうち共用廊下の両方に住棟を設けるのが中廊下型で、住棟を南北軸に配置することが多い。中廊下型は、日照等の居住性に劣るため、採用例は少ない。

3　適切。タウンハウス型は、低層の集合住宅で、上下に他の住戸が重ならない棟割長屋形式となっており、一戸建住宅の独立性と集合化（集住化）することによる経済性を併せ持つ。

4　適切。階段室型は、住棟に設けられた階段室から直接各住戸にアプローチできるものをいい、廊下型に比べると独立性が高い。中・高層

住宅の場合、その階段室にエレベーターが設置されるものもあるが、1基当たりの利用戸数が少ないため、コストが割高になる。

肢1について。高層マンションや超高層マンションでは、「センターコア型」「ボイド型（中央吹き抜け型）」が採用される例が多い。

✔ チェック□□□

問41 建築構造　　正解 4　重要度 ★★

1　**適切**。鉄骨鉄筋コンクリート構造（SRC造）は、鉄骨の骨組みを鉄筋コンクリートで被覆したものをいう。

2　**適切**。建築物の地上部分に作用する地震力を計算する際に使われる地震層せん断力係数は、同じ建築物であれば、しなるほど、上階ほど、周期が長いほど大きい。

3　**適切**。免震装置は、建物と基礎の間や、中間階の柱に設置することが可能である。

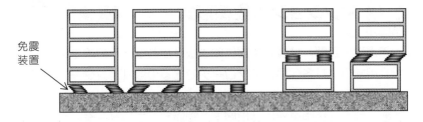

免震装置

4　**不適切で正解**。固定荷重とは、建築物に常時かかる躯体、内外装の仕上げ等の重量の合計をいう。家具の重量は固定荷重ではなく積載荷重である。

肢3について。耐震性確保のための構造としては、①耐震構造、②制震構造、③免震構造がある。耐震構造は、マンションの剛性を高める工法で多くのマンションは耐震構造である。

問42 バリアフリー・避難施設等 　正解 4 　重要度 ★

1 **適切**。高齢者、障害者等の移動等の円滑化の促進に関する法律施行令によれば、車いす使用者用駐車施設の幅は、3.5m以上とすることと定められている（同法施行令17条2項1号）。

2 **適切**。共用廊下の床に高低差が生じる場合にあっては、高低差が80mm以下の場合にあっては1／8以下の傾斜路が設けられていることは、基本レベルとされている（高齢者が居住する住宅の設計に係る指針第4・2(2)イ②a）。

3 **適切**。共同住宅の住戸若しくは住室の床面積の合計が100㎡を超える階における共用廊下で、両側に居室がある場合の廊下の幅は、160cm以上でなければならない（建築基準法施行令119条）。

4 **不適切で正解**。屋外に設ける避難階段の出口から道又は公園、広場その他の空地に通ずる通路の幅員を、1.5m以上としなければならない（同法施行令128条）。

 肢3の発展知識。床面積の合計が100㎡を超える階における共用廊下で、片側にのみ居室がある場合の廊下の幅は120cm以上でなければならない。

問43 受水槽 　正解 2 　重要度 ★★★

1 **適切**。受水槽には、給水管への逆流が生じないように、給水管の流入口端からオーバーフロー管下端までの吐水口空間を設けなければならない。

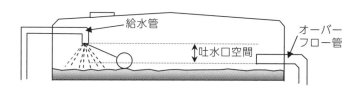

2　不適切で正解。受水槽を屋内に設置する場合、保守点検できるように、受水槽の天井と室内の天井との空間は1m以上設け、底及び周壁と建築物との空間は60cm以上設けなければならない。

3　適切。受水槽の点検用マンホールは、直径60cm以上の円が内接することを要し、マンホール面は10cm以上立ち上げ、マンホールのふたは、防水密閉型とする必要がある。

4　適切。受水槽の水抜き管と排水管との間の空間を排水口空間といい、その垂直距離は15cm以上確保しなければならない。

 受水槽の有効容量は、一般にマンション全体の1日の使用水量の2分の1程度で設定されている。高置水槽の有効容量は、一般にマンション全体の1日の使用水量の10分の1程度で設定されている。

✔ **チェック**□□□

問 44　排水設備　　　　**正解 1**　　**重要度 ★★★**

1　不適切で正解。特殊継手排水システムは、伸頂通気方式であり、通気立て管は不要となる。

2　適切。洗面台の洗面器にためた水を一気に流すと、接続された排水管を排水が満流状態で流れることにより、トラップ部の封水が流出して破封することがある。これを自己サイホン作用という。

3　適切。敷地内で雨水排水管と汚水排水横主管を接続すると、汚水の臭気が雨水排水管に逆流するので、雨水排水管にトラップを設けるべきである。

4　適切。台所に食器洗機がある場合には、高熱の排水が流れるので、排水管は、高温の排水に耐えられるように耐熱性硬質(ポリ)塩化ビニル管が用いられる。

 肢2について。破封の原因には、①自己サイホン作用、②誘導サイホン作用、③はね出し作用、④毛細管現象、⑤蒸発がある。それぞれ、まとめておこう。

問45 マンションの設備

正解 **1**

重要度 ★★

1 **不適切で正解。**居室では、シックハウス対策として、換気回数0.5回/h以上の機械換気設備の設置が必要である（建築基準法施行令20条の8第1項1号イ(1)）。換気回数0.5/h以上とは、1時間に居室内の空気が半分入れ替わることをいう。

2 **適切。**圧縮空気法とは、ウォーターラム法ともいい、閉塞した排水管内に水を送り、圧縮空気を一気に放出してその衝撃で閉塞物を除去する方式である。

3 **適切。**さや管ヘッダー方式とは、給水枝管を複数分岐させる器具であるヘッダーから水栓まで、先にさや管を施工し、その中に枝管を挿入する方式をいう。枝管の材料は、耐食性、耐熱性、可とう性に優れた水道用架橋ポリエチレン管、水道用ポリブテン管等が使用される。

ヘッダー

さや管

水道用架橋ポリエチレン管

4 **適切。**新設する乗用エレベーターに設置する地震時等管制運転装置には、停電時においても作用するように予備電源を設けなければならない（国土交通省告示1536号）。

＋アルファ

肢1関連。換気方式には、ファンを使用しない自然換気方式とファンを使用する機械換気方式がある。機械換気方式には、①第1種機械換気方式、②第2種機械換気方式、③第3種機械換気方式があり、それぞれの特徴を押さえておこう。

解説 令和元年度

問46 マンション管理適正化基本方針

正解 **4**

重要度 ★★

ア 適切。管理組合は、マンションの快適な居住環境を確保するため、

あらかじめ、共用部分の範囲及び管理費用を明確にし、トラブルの未然防止を図ることが重要である。特に、専有部分と共用部分の区分、専用使用部分と共用部分の管理及び駐車場の使用等に関してトラブルが生じることが多いことから、適正な利用と公平な負担が確保されるよう、各部分の範囲及びこれに対するマンションの区分所有者等の負担を明確に定めておくことが重要である（マンション管理適正化基本方針三2（3））。

イ　適切。管理組合の管理者等は、必要な帳票類を作成してこれを保管するとともに、マンションの区分所有者等の請求があった時は、これを速やかに開示することにより、経理の透明性を確保する必要がある（同方針三2（4））。

ウ　適切。建設後相当の期間が経過したマンションにおいては、長期修繕計画の検討を行う際には、必要に応じ、建替え等についても視野に入れて検討することが望ましい。建替え等の検討にあたっては、その過程をマンションの区分所有者等に周知させるなど透明性に配慮しつつ、各区分所有者等の意向を十分把握し、合意形成を図りながら進める必要がある（同方針三2（5））。

エ　適切。管理業務の委託や工事の発注等については、事業者の選定に係る意思決定の透明性確保や利益相反等に注意して、適正に行われる必要があるが、とりわけ外部の専門家が管理組合の管理者等又は役員に就任する場合においては、マンションの区分所有者等から信頼されるような発注等に係るルールの整備が必要である（同方針三2（6））。

以上により、適切なものは**ア、イ、ウ、エ**の四つであるから、**4**が正解である。

アの問題文は「専有部分と共用部分の範囲」となっているが、同方針三2（3）前段は「共用部分の範囲」と定めており（ア解説）、違いが見られる。しかし、同方針三2（3）後段が「専有部分と共用部分の区分〜（中略）〜各部分の範囲〜（中略）〜を明確に定めておくことが重要である」としていることから、「専有部分と共用部分の範囲」で正しいのだと考えられる。

問47 マンション管理適正化法（マンション管理業者） 正解 2 重要度 ★★★

1 正しい。 マンション管理業者は、管理組合から委託を受けた管理事務について、国土交通省令で定めるところにより、帳簿を作成し、これを保存しなければならない（マンション管理適正化法75条）。

2 誤りで正解。 マンション管理業者は、従前の管理受託契約と同一の条件で管理組合との管理受託契約を更新しようとするときは、あらかじめ、当該管理組合を構成するマンションの区分所有者等全員に対し、重要事項を記載した書面を交付しなければならない（同法72条2項）。この場合、説明会の開催は不要である（同法72条1項前段かっこ書）。

3 正しい。 マンション管理業者は、管理事務の委託を受けた管理組合に管理者等が置かれているときは、国土交通省令で定めるところにより、定期に、当該管理者等に対し、管理業務主任者をして、当該管理事務に関する報告をさせなければならない（同法77条1項）。

4 正しい。 管理業務主任者は、重要事項について説明をするときは、説明の相手方に対し、管理業務主任者証を提示しなければならない（同法72条4項）。

管理事務に関する報告は、管理者等が置かれているときは、管理者等に対してしなければならない（肢3）。管理者等が置かれていないときは、説明会を開催し、区分所有者等に対してしなければならない。

問48 マンション管理適正化法（マンション管理適正化推進センター） 正解 4 重要度 ★★

1 規定されている。 マンション管理適正化推進センターの業務は、（1）マンションの管理に関する情報及び資料の収集及び整理をし、並びにこれらを管理組合の管理者等その他の関係者に対し提供すること、（2）マンションの管理の適正化に関し、管理組合の管理者等そ

解説 令和元年度

の他の関係者に対し技術的な支援を行うこと、（3）マンションの管理の適正化に関し、管理組合の管理者等その他の関係者に対し講習を行うこと、（4）マンションの管理に関する苦情の処理のために必要な指導及び助言を行うこと、（5）マンションの管理に関する調査及び研究を行うこと、（6）マンションの管理の適正化の推進に資する啓発活動及び広報活動を行うこと、（7）前各号に掲げるもののほか、マンションの管理の適正化の推進に資する業務を行うこと、である（マンション管理適正化法92条）。本肢は、（6）にあたる。なお、マンション管理適正化推進センターは、都道府県知事又は市町村長からマンション建替事業又はマンション敷地売却事業に係る技術的援助に関し協力を要請されたときは、当該要請に応じ、協力するものとされている（同法92条の2）。

2 **規定されている**。本肢は、（1）にあたる。

3 **規定されている**。本肢は、（2）にあたる。

4 **規定されていないので正解**。マンションの管理に関する紛争の処理は、（1）〜（7）にあたらない。

マンション管理適正化推進センターは、苦情の処理のために必要な指導及び助言を行うが（上記（4））、紛争の処理は行わない（肢4）。

✔ チェック□□□

マンション管理適正化法（マンション管理士） 正解 **3** 重要度 ★★★

ア **正しい**。マンション管理士は、正当な理由がなく、その業務に関して知り得た秘密を漏らしてはならない。マンション管理士でなくなった後においても、同様とする（マンション管理適正化法42条）。

イ **正しい**。マンション管理士でない者は、マンション管理士又はこれに紛らわしい名称を使用してはならない（同法43条）。

ウ **正しい**。マンション管理士になるには、国土交通大臣（指定登録機関）の登録を受けることが必要である（同法2条5号）。登録を受けていない者はマンション管理士ではないので、マンション管理士の名

称を使用することはできない（同法43条）。

エ　誤り。マンション管理士登録簿の記載事項は、氏名、生年月日その他国土交通省令で定める事項である（同法30条2項）。国土交通省令で定める事項は、住所、本籍（日本の国籍を有しない者にあっては、その者の有する国籍）及び性別、試験の合格年月日及び合格証書番号、登録番号及び登録年月日である（同法施行規則26条1項）。「事務所の所在地」は含まれない。

以上により、正しいものは**ア**、**イ**、**ウ**の三つであるから、**3**が正解である。

マンション管理業者登録簿の記載事項には、事務所の名称及び所在地等が含まれるが（同法46条1項1号）、マンション管理士登録簿の記載事項には、事務所に関する事項は含まれない（**エ**）。

✓ チェック□□□

問**50** マンション管理適正化法
（管理業務主任者）　　正解**1**　　重要度 ★★★

1　誤りで正解。マンション管理業者は既存の事務所が管理業務主任者の設置の規定に抵触するに至ったときは、2週間以内に、その規定に適合させるため必要な措置をとらなければならない（マンション管理適正化法56条3項）。「3月以内」ではない。

2　正しい。管理業務主任者は、管理組合に管理事務に関する報告をするときは、説明の相手方に対し、管理業務主任者証を提示しなければならない（同法77条3項）。

3　正しい。管理業務主任者は、その事務を行うに際し、マンションの区分所有者等その他の関係者から請求があったときは、管理業務主任者証を提示しなければならない（同法63条）。

4　正しい。管理業務主任者が事務の禁止の処分に違反したときは、国土交通大臣は、その登録を取り消さなければならない（同法65条1項4号）。

解説

令和元年度

管理業務主任者証を提示しなければならないのは、①関係者から請求があったとき（肢３）、②重要事項について説明をするとき（問47肢４）、③管理事務に関する報告をするとき（肢２）である。

平成30年度

解答と解説

正解番号一覧

問	正解	問	正解	問	正解	問	正解	問	正解
1	4	11	3	21	3	31	3	41	2
2	4	12	2	22	2	32	4	42	2
3	2	13	1	23	1	33	2	43	1
4	4	14	4	24	3	34	1	44	2
5	3	15	2	25	4	35	4	45	4
6	1	16	3	26	4	36	3	46	3
7	1	17	1	27	1	37	3	47	3
8	1	18	4	28	1	38	2	48	1
9	3	19	4	29	2	39	3	49	4
10	2	20	4	30	1	40	3	50	2

合格基準点 38 点

問 1 区分所有法 （規約・一部共用部分）

正解 **4**　重要度 ★★★

1　誤り。規約の設定、変更又は廃止は、区分所有者及び議決権の各４分の３以上の多数による集会の決議によってするのが原則である（区分所有法31条１項前段）。ただし、最初に建物の専有部分の全部を所有する者は、公正証書により、一定の事項に関する規約を設定することができる（同法32条）。また、区分所有者全員の書面又は電磁的方法による合意があったときは、決議があったものとみなされる（同法45条２項）。

2　誤り。規約の設定、変更又は廃止が一部の区分所有者の権利に特別の影響を及ぼすべきときは、その承諾を得なければならない（同法31条１項後段）。買取請求権の規定はない。

3　誤り。一部共用部分の管理のうち、区分所有者全員の利害に関係するもの又は区分所有者全員の規約に定めがあるものは区分所有者全員で行う（同法16条）。「区分所有者全員の規約に定めがあるもの」も区分所有者全員で管理するので、本肢は誤り。

4　正しく正解。規約は、管理者が保管しなければならない。ただし、管理者がないときは、建物を使用している区分所有者又はその代理人で規約又は集会の決議で定めるものが保管しなければならない（同法33条１項）。つまり、保管する者の選任は、集会の決議か規約で定める。

 一部共用部分の管理は、肢３で述べた場合以外は、当該一部共用部分を共用すべき区分所有者のみで行う。

問 2 区分所有法（管理者）

正解 **4**　重要度 ★★★

1　誤り。管理者の選任に関して、裁判所に請求することができる旨の規定はない。なお、管理者の解任に関しては、管理者に不正な行為そ

の他その職務を行うに適しない事情があるときは、各区分所有者は、その解任を裁判所に請求することができる旨の規定がある（区分所有法25条2項）。

2 **誤り**。管理者は、集会において、毎年1回一定の時期に、その事務に関する報告をしなければならない（同法43条）。書面の送付をもって報告に代えることができる旨の規定はない。

3 **誤り**。管理者は、規約又は集会の決議により、その職務に関し、区分所有者のために、原告又は被告となることができる（同法26条4項）。管理者は、規約により原告又は被告となったときは、遅滞なく、区分所有者にその旨を通知しなければならない（同法26条5項）。これに対し、本肢のように集会の決議により原告又は被告となったときは、通知は不要である。

4 **正しく正解**。管理者は、規約に特別の定めがあるときは、共用部分を所有することができる（同法27条1項）。管理所有の規定である。

共用部分は、区分所有者全員の共有に属するが、一部共用部分は、これを共用すべき区分所有者の共有に属する。これらについて規約で別段の定めをすることはできるが、肢4の場合を除いて、区分所有者以外の者を共用部分の所有者と定めることはできない。

✔ チェック□□□

（問）**3** **区分所有法（専用使用権）** 正解 **2** 重要度 ★★

1 **誤り**。駐車場使用契約の場合でも、管理組合は、規約又は集会決議をもって、専用使用権者の承諾を得ることなく使用料を増額することができる（最判平10.10.30）。

2 **正しく正解**。「特別の影響を及ぼすべきとき」とは、規約の設定、変更等の必要性及び合理性とこれによって一部の区分所有者が受ける不利益とを比較衡量し、当該区分所有関係の実態に照らして、その不利益が区分所有者の受忍すべき限度を超えると認められる場合をいう（同判例）。

3 **誤り**。増額の必要性及び合理性が認められ、かつ、増額された使用料が社会通念上相当な額であると認められる場合には、専用使用権者は使用料の増額を受忍すべきであり、専用使用権者の権利に「特別の影響」を及ぼすものではない（同判例）。この場合、専用使用権者の承諾は不要である。

4 **誤り**。訴訟において使用料増額の効力を争っているような場合には、裁判所の判断を待つことなく、駐車場使用契約を解除し、その専用使用権を失わせることは、特段の事情がない限り、許されない（同判例）。

 増額された使用料が妥当なものかどうかは裁判所の最終的な判断が出ないとわかりにくいので、裁判所の判断を待たずに解除することは許されない（肢4）。

✔ チェック□□□

<table>
<tr><td>問 4</td><td>区分所有法
（建物・敷地に関する定義）</td><td>正解 4</td><td>重要度
★★★</td></tr>
</table>

ア **正しい**。区分所有者が建物及び建物が所在する土地と一体として管理又は使用をする庭、通路その他の土地は、規約により建物の敷地とすることができる（区分所有法5条1項）。そして、建物の敷地とは、建物が所在する土地及び上記の規定により建物の敷地とされた土地（規約敷地）をいう（同法2条5項）。

イ **誤り**。専有部分及び附属の建物は、規約により共用部分とすることができる（同法4条2項前段）。したがって、「附属の建物については、規約により共用部分とすることはできない」とする本肢は誤り。

ウ **誤り**。建物としての用途に供することができるものであれば専有部分にすることができ、住居等に限られない（同法1条）。専有部分は区分所有権の目的たる建物の部分である点は正しい（同法2条3項）。

エ **正しい**。敷地利用権とは、専有部分を所有するための建物の敷地に関する権利をいう（同法2条6項）。所有権には限定されておらず、賃借権や地上権も敷地利用権に含まれる。

以上により、正しいものの組合せは**ア**と**エ**であるから、**4**が正解である。

専有部分又は附属の建物を規約により共用部分とした場合（イ）、その旨の登記をしなければ第三者に対抗することができない。

✔ チェック☐☐☐

問 **5**　**区分所有法・民法（先取特権・競売請求）**　正解 **3**　重要度 ★★

1　**正しい**。区分所有者は、規約又は集会の決議に基づき他の区分所有者に対して有する債権について、債務者の区分所有権等の上に先取特権を有する（区分所有法7条1項前段）。未納の管理費等に係る債権は、これに該当する。この先取特権は、優先権の順位及び効力については、共益費用の先取特権とみなされるので（同法7条2項）、不動産について登記をしなくても、特別担保を有しない債権者（一般債権者）に対抗することができる（民法336条本文）。

2　**正しい**。区分所有法7条に規定する先取特権は、不動産について登記をしなくても、特別担保を有しない債権者に対抗することができるが（民法336条本文）、登記をした第三者に対しては、この限りでない（同法336条ただし書）。

3　**誤りで正解**。管理者又は集会において指定された区分所有者は、区分所有者の区分所有権及び敷地利用権の競売について、集会の決議により、訴えをもって請求することができる（区分所有法59条2項、57条3項）。「規約又は集会の決議により」ではない。

4　**正しい**。区分所有法59条の規定による競売請求の判決に基づく競売の申立ては、その判決が確定した日から6カ月を経過したときは、することができない（同法59条3項）。

肢2を具体例で説明すると、たとえば一般債権者が強制執行をした場合には、先取特権者は登記がなくても優先弁済を主張することができるが、登記をした第三取得者・抵当権者等に対しては登記がなければ対抗できないという意味である。

問6 区分所有法・不動産登記法 （マンションの登記） 　正解1　重要度 ★★

1　誤りで正解。 敷地権の登記すなわち専有部分と分離処分できない敷地利用権に関する登記は、土地に関する権利でありながら、区分建物の登記記録の表題部に記録される（不動産登記法44条1項9号）。したがって、一つの登記記録に建物の専有部分と敷地権が共に登記されることになる。

2　正しい。 マンションの登記簿の表題部の登記記録に、専有部分や規約共用部分は登記されるが、法定共用部分は登記されない（不動産登記規則4条3項）。法定共用部分は、構造上区分所有者の共用に供されるべきことが明らかな部分なので、共用部分であることを登記に記録して第三者に知らせる必要がないからである。

3　正しい。 専有部分を規約により共用部分（規約共用部分）とした場合、見た目は専有部分と区別がつかないので、その旨の登記をしておかないと、共用部分であることを第三者に対抗することができない（区分所有法4条2項）。

4　正しい。 管理組合が法人になるためには、区分所有者及び議決権の各4分の3以上の多数による集会の決議で①法人となる旨、②法人の名称、③事務所、を定めたうえで、法人設立の登記が必要である（同法47条1項）。この場合の登記は、単なる対抗要件ではなく、法人が成立するための要件とされている。

> ➕アルファ　肢1について。区分建物の登記記録の表題部に、敷地権の登記がされると、登記官が職権で土地の登記記録の権利部の相当区に敷地権である旨の登記を行う。

問7 区分所有法 （電磁的方法による決議） 　正解1　重要度 ★★★

1　誤りで正解。 電磁的方法による決議とは、集会を開かずに、議題に対する各区分所有者の賛否を電磁的方法により示してもらうことによ

り決議をする方法をいう。電磁的方法による決議をするためには、区分所有者全員の承諾が必要である（区分所有法45条1項）。集会の場で説得的な意見を聞くことによって、議題への賛否が変わることもある。それゆえ、集会で議論をしたいという者が1人でもいれば、集会の省略を認めるべきではないからである。

2　正しい。電磁的方法による決議を行うときにも、集会の招集をする場合と同様に、回答期限日の少なくとも1週間前に、会議の目的たる事項を示して、各区分所有者に通知を発することが必要である（同法45条5項、35条1項）。

3　正しい。区分所有者全員の電磁的方法による合意があったときは、電磁的方法による決議があったものとみなされる（同法45条2項）。区分所有者全員が賛成している事項であれば、肢2で述べたような手続を踏んでいなくても、電磁的方法による決議があったものと扱っても問題がないからである。

4　正しい。電磁的方法による決議には、集会を開いて行った決議と同一の効力がある（同法45条3項）。同一の効力を認めないと、電磁的方法による決議の結果を、集会の決議によりひっくり返すことなどが可能となってしまうからである。

肢1について。電磁的方法による決議に関する区分所有者全員の承諾は、集会を開かずに決議をすることに対して行われる。決議の成否は、それぞれの議題の成立要件（普通決議事項なら区分所有者及び議決権の各過半数の賛成）による。

✔ **チェック**□□□

問 8　区分所有法（管理組合法人）　正解 1　重要度 ★★

1　正しく正解。管理組合法人の設立登記においては、①目的及び業務、②名称、③事務所所在地、④代表理事の氏名・住所・資格、⑤共同代表を定めたときはその旨等が登記される（組合等登記令2条）。役員のうち登記されるのは、代表理事だけで、代表権のない理事や監事は登記されない。

2　誤り。代表権のある理事が管理組合法人所有の土地の一部を購入する場合、当該理事は自分の利益を優先して管理組合法人の不利益となる内容の契約を締結するおそれがある。そこで、このように理事と管理組合法人の利益が相反する事項については、当該理事は代表権を有さず、監事が管理組合法人を代表することになっている（区分所有法51条）。

3　誤り。数人の理事が共同して管理組合法人を代表する場合、理事の一人と管理組合法人に利益相反事項があるときも、監事が管理組合法人を代表するべきである。

4　誤り。理事が欠けた場合の仮理事の選任に関する規定は、監事にも準用されている（同法50条4項、49条の4）。したがって、本肢のような場合は仮監事が選任される。

肢2の利益相反事項にあたるかどうかは、当該行為の外形から判断される。外形上利益が相反する可能性があれば、実際に管理組合が不利益を受けるかどうかを問題とすることなく、利益相反事項となる。

✔ チェック□□□

問 **9**　区分所有法
（議事録の保管等）　　正解 **3**　重要度 ★★

ア　正しい。規約は、区分所有者その他の利害関係人に影響を及ぼすものであるから、これらの者の閲覧が保障されるべきである。それゆえ、規約の保管者は、利害関係人の請求があったときは、正当な理由がある場合を除いて、規約を閲覧させなければならない（区分所有法33条2項、47条12項）。

イ　正しい。集会の決議も、区分所有者その他の利害関係人に影響を及ぼすものであるから、規約と同様に利害関係人の閲覧が保障されるべきである。そこで、容易に議事録の閲覧ができるように、議事録の保管場所は、建物内の見やすい場所に掲示しなければならないことになっている（同法42条5項、33条3項、47条12項）。

ウ　正しい。集会の議事録は、原則として管理者が保管しなければなら

ない（同法42条5項、33条1項）。管理者がこの保管義務に違反した場合、20万円以下の過料に処せられる（同法71条1号）。

エ　誤り。管理組合法人が事務所に備え置く義務を負っているのは、財産目録と区分所有者名簿である（同法48条の2）。区分所有者名簿と居住者名簿は異なる。マンションに居住していない区分所有者や区分所有者ではない居住者もいるからである。

　以上により、正しいものは**ア**、**イ**、**ウ**の三つであるから、**3**が正解である。

 規約や議事録の保管義務に違反した場合は、20万円以下の過料に処せられるが（ウ）、保管場所の掲示義務に違反しても罰則はない。

✔ チェック□□□

問10　区分所有法（団地）　正解 2　重要度 ★★

1　誤り。団地内の区分所有建物は、団地規約で定めることによって、団地管理組合が管理することができる（区分所有法68条1項）。しかし、団地内の戸建ての建物は、その所有者が自分で管理すべきものなので、団地管理組合が管理する旨の規約を定めることはできない。

2　正しく正解。乙棟は戸建ての建物であるが、その敷地は団地建物所有者が共有するものなので、乙棟を建て替える際は、団地管理組合の集会において議決権の4分の3以上の多数による承認の決議を得なければならない（同法69条1項）。

3　誤り。団地内の区分所有建物の復旧は、当該一棟の建物の区分所有者のみの決定にゆだね、その費用の負担もその者だけにさせるのが適当である。それゆえ、団地内の区分所有建物の復旧は、その棟の管理組合の集会の決議で行うことができ、団地管理組合の集会の決議は不要である（同法66条）。

4　誤り。団地内の建物の一括建替え決議は、団地内建物の全部が専有部分のある建物でなければすることができない（同法70条1項）。本問のように戸建ての建物が存在する団地の場合は、一括建替え決議は

できない。

肢3について。専有部分の使用禁止請求などの義務違反者に対する措置も、団地管理組合の集会の決議ではなく、各棟の集会の決議によって決定する。

問11 被災マンション法（敷地共有者等の集会）　正解 3　重要度 ★★

1　**正しい。** 管理者がない場合、敷地共有者等の集会は、議決権の5分の1以上を有する敷地共有者が招集するが、この「5分の1」という定数を規約で減ずることはできない（被災マンション法3条1項、区分所有法34条5項）。被災マンション法による敷地共有者等集会においては、そもそも規約を定めることは認められていないからである。

2　**正しい。** 被災マンション法においては、所在不明の敷地共有者等に対しては、敷地内の見やすい場所に掲示することによって、敷地共有者等の集会の招集通知をすることが認められている（被災マンション法3条2項）。大規模な災害が発生した場合には、敷地の権利者が所在不明となることがあり、その所在を探し出して招集通知を送付することを招集権者に義務づけるのは酷だからである。しかし、所在を知らないことについて過失がある場合は、掲示によって招集通知に代えることは認められていない（同法3条3項ただし書）。

3　**誤りで正解。** 敷地共有持分等を譲渡した以上、その者はすでに敷地共有者等ではない。敷地共有者等でなくなった者は、敷地共有者等集会で議決権を行使することはできない。敷地に対する権利を失った者が、議決権を行使するのは適当でないからである。

4　**正しい。** 再建決議によって建築する建物は、区分所有建物が滅失する以前の敷地と一部が重なっていなければならない（同法4条1項）。本肢の記述は、そのことを意味している。

肢1の政令指定災害により区分所有建物が全部滅失した場合、規約を定めることはできないが、管理者を置くことはできる。

✔ チェック□□□

問 12 民法（意思表示）   正解 2   重要度 ★★

1 **正しい**。意思能力とは、自分の行為の結果を正常に判断できる能力をいう。意思能力のない者が行った契約等の法律行為は、無効とされる（民法3条の2）。

2 **誤りで正解**。精神上の障害により事理を弁識する能力を欠く常況にあったとしても、家庭裁判所により後見開始の審判を受けていない限り、制限行為能力者である成年被後見人とはならない（同法7条）。制限行為能力者ではない以上、行為能力の制限を理由にして契約を取り消すことはできない。

3 **正しい**。相手方にだまされて契約をした場合は、詐欺を理由として契約を取り消すことができる（同法96条1項）。

4 **正しい**。他人の窮迫・軽率・無経験を利用し著しく過当な利益を獲得することを目的とする法律行為は、公序良俗に反する行為に該当し無効とされる（同法90条、大判昭9.5.1）。

 肢2について。行為能力の制限を理由として契約を取り消すことはできないが、契約をしたときに意思能力がなかったことを証明すれば、契約の無効を主張することはできる。

✔ チェック□□□

問 13 民法（抵当権）   正解 1   重要度 ★★★

1 **正しく正解**。弁済をするについて正当な利益を有する者でない第三者は、債務者の意思に反して弁済をすることができないが（民法474条2項）、他人の債務のために自己の不動産に抵当権を設定した者（物上保証人）は、債務の弁済がないと抵当権が実行され不動産の所有権

を失うおそれがあり、弁済をするについて正当な利益を有するので、債務者の意思に反しても第三者としての弁済をすることができる。

2 **誤り。** 共用部分に対する共有者の持分は、その有する専有部分の処分に従う（区分所有法15条1項）。したがって、専有部分に設定した抵当権の効力は、共用部分の共有持分にも及ぶ。

3 **誤り。** 物上保証人は他人の債務を担保するために自己の不動産に抵当権を設定した者であるから、抵当権の実行により所有権を失った場合には、債務者に対して求償をすることができる（民法372条、351条）。

4 **誤り。** 抵当権を設定しても、抵当権の目的物を所有する者は、自由に当該不動産について売却等の処分をすることができ、抵当権者の承諾は不要である。

 肢1は、Aが物上保証人であるから正当な利益が認められるのであり、債務者と兄弟であることは正当な利益とは認められないことに注意。

✔ **チェック**□□□

(問)**14** **民法（相殺）** [正解] **4** 重要度 ★★

1 **正しい。** 敷金とは、賃借人の賃料不払いなどの債務不履行に備えて、その担保とするために、賃借人から賃貸人に支払われる金銭をいう（民法622条の2第1項）。敷金は賃貸人の権利を確保するためのものであるから、賃貸人の側から賃料との相殺を主張することはできるが、賃借人の側から相殺を主張することはできない（同法622条の2第2項）。

2 **正しい。** ガス給湯設備の修繕費用は、賃貸借の目的物を使用するうえで必要な費用（必要費）である。賃借人が必要費の支出をしたときは、その全額を直ちに賃貸人に請求することができる（同法608条1項）。直ちに請求できるということは、今すぐその金銭を回収してもいいということを意味するから、賃料債務と相殺することにより実質的な債権回収を図ることもできる。

3　正しい。 相殺する側から見た債権（自働債権）の弁済期が到来していれば、相殺する側から見た債務（受働債権）の弁済期が到来していなくても、相殺をすることができる（最判昭8.5.30）。債務者からあえて弁済期前に弁済することは認められているからである。

4　誤りで正解。 ①悪意による不法行為、又は②人の生命・身体の侵害による損害賠償債務を受働債権として相殺することはできないが、自働債権として相殺することはできる（同法509条、最判昭42.11.30）。Bは不法行為による損害賠償債権を有する者であり、自働債権として相殺するのであるから、相殺は可能である。

 肢4については、「不法行為の加害者からの相殺はできないが、被害者からの相殺はできる」と覚えよう。

✔ チェック□□□

問15　借地借家法（建物賃貸借）　正解 **2**　重要度 ★★

1　誤り。 期間の定めのある建物賃貸借において、当事者が期間の満了の1年前から6カ月前までの間に更新をしない旨の通知等をしなかったときは、従前の契約と同一の条件で契約を更新したものとみなされるが、その期間は、定めがないものとされる（借地借家法26条1項）。「従前と同一の賃貸期間」ではない。

2　正しく正解。 期間を1年未満とする建物賃貸借は、期間の定めがない建物賃貸借とみなされる（借地借家法29条1項）。したがって、Aは、正当事由があれば、解約の申入れをすることができる（民法617条1項、借地借家法28条）。

3　誤り。 建物賃貸借では、存続期間の上限はない（借地借家法29条2項、民法604条）。したがって、ＡＢ間の契約で賃貸期間を60年と定めた場合、そのまま60年とされる。

4　誤り。 肢2のとおり、建物の賃貸人が解約申入れをする場合には正当事由が必要であり、建物賃貸借は、解約の申入れの日から6カ月を経過することによって終了する（借地借家法27条1項）。「3カ月」

ではない。

 期間の定めがない賃貸借の場合、民法では、当事者はいつでも解約申入れをすることができ、賃貸借は３カ月で終了する。これに対し、建物の賃貸借では、賃貸人からの解約申入れには正当事由が必要であり（肢２）、６カ月で終了する（肢４）。

✔ チェック□□□

問16 民法（委任） 正解 3 重要度 ★★

1 **誤り**。受任者は、委任の本旨に従い、善良な管理者の注意をもって、委任事務を処理する義務を負う（民法644条）。報酬の有無を問わない。したがって、Ｂは301号室を善良な管理者の注意をもって管理しなければならない。

2 **誤り**。委任事務を処理するについて費用を要するときは、委任者は、受任者の請求により、その前払をしなければならない（同法649条）。報酬の有無を問わない。したがって、Ｂは費用の前払を請求することができる。

3 **正しく正解**。委任は、各当事者がいつでもその解除をすることができる（同法651条１項）。したがって、Ｂは、Ａに不利な時期であっても解除することができる。そして、当事者の一方が相手方に不利な時期に委任の解除をしたときは、その当事者の一方は、相手方の損害を賠償しなければならないが、やむを得ない事由があったときは、この限りでない（同法651条２項）。本肢でも、やむを得ない事由があれば、損害賠償義務は生じない。

4 **誤り**。委任者が後見開始の審判を受けたことは、委任の終了事由ではない（同法653条各号）。したがって、Ａが後見開始の審判を受けたときでも、ＡＢ間の委託契約は終了しない。

 肢４について。委任の終了事由は、①委任者又は受任者の死亡、②委任者又は受任者が破産手続開始の決定を受けたこと、③受任者が後見開始の審判を受けたこと、である。

問 17 民法（相続）　正解 1　重要度 ★★★

1 **誤りで正解**。遺言者は、いつでも、遺言の方式に従って、その遺言の全部又は一部を撤回することができる（民法1022条）。このことは、公正証書遺言でも変わりがない。

2 **正しい**。前の遺言が後の遺言と抵触するときは、その抵触する部分については、後の遺言で前の遺言を撤回したものとみなされる（同法1023条1項）。本件遺言は、後になされた「305号室を息子Cに遺贈する」との遺言に抵触するので、後の遺言により撤回したものとみなされる。

3 **正しい**。遺言者が故意に遺言書を破棄したときは、その破棄した部分については、遺言を撤回したものとみなされる（同法1024条前段）。したがって、遺言者Aが自筆証書の文面全面に斜線を引く等故意に文面全体を破棄する行為をしたときは、遺言を撤回したものとみなされる（最判平27.11.20）。

4 **正しい**。遺言が遺言後の生前処分その他の法律行為と抵触するときは、その抵触する部分については、遺言を撤回したものとみなされる（同法1023条2項・1項）。したがって、305号室をDに贈与した場合には、本件遺言を撤回したものとみなされる。

 遺言者の最終意思が尊重されるべきなので、遺言の撤回は自由だとされている（肢1）。

問 18 不動産登記法（変更・更正の登記）　正解 4　重要度 ★

1 **誤り**。表題部所有者又はその持分についての変更は、当該不動産について所有権の保存の登記をした後において、その所有権の移転の登記の手続をするのでなければ、登記することができない（不動産登記法32条）。

2 **誤り。**登記名義人等が権利に関する登記の申請人となることができる場合において、当該登記名義人等について一般承継があったときは、一般承継人は、当該権利に関する登記を申請することができる（同法62条）。したがって、相続人は、相続による所有権移転の登記をする前であっても、区分建物の敷地権の更正の登記を申請することができる。

3 **誤り。**不動産の所有者と当該不動産の表題部所有者とが異なる場合においてする当該表題部所有者についての更正の登記は、当該不動産の所有者以外の者は、申請することができない（同法33条1項）。申請できるのは所有者であり、「表題部所有者」ではない。

4 **正しく正解。**表題部所有者等が表示に関する登記の申請人となることができる場合において、当該表題部所有者等について一般承継があったときは、一般承継人は、当該表示に関する登記を申請することができる（同法30条）。したがって、一般承継人は、区分建物の表題部所有者の氏名又は住所の変更の登記を申請することができる。

肢2と肢4は、どちらも一般承継人による申請の規定であり、肢2が権利に関する登記の規定、肢4が表示に関する登記の規定である。

✔チェック☐☐☐

⟨問⟩19 **マンション建替え円滑化法** **正解 4** 重要度 ★★★

1 **正しい。**マンション敷地売却決議においては、売却による代金の見込額を定めなければならない（マンション建替え円滑化法108条2項2号）。

2 **正しい。**組合は、分配金取得計画若しくはその変更の認可を受けたとき、又は分配金取得計画について国土交通省令で定める軽微な変更をしたときは、遅滞なく、国土交通省令で定めるところにより、その旨を公告し、及び関係権利者に関係事項を書面で通知しなければならない（同法147条1項）。

3 **正しい。**組合は、権利消滅期日後遅滞なく、売却マンション及びそ

の敷地に関する権利について必要な登記を申請しなければならない（同法150条１項）。そして、権利消滅期日以後においては、売却マンション及びその敷地に関しては、上記の登記がされるまでの間は、他の登記をすることができない（同法150条２項）。

4　誤りで正解。 組合を解散する旨の総会の議決は、権利消滅期日前に限り行うことができる（同法137条２項・１項２号）。「権利消滅期日後」ではない。

 組合を解散する旨の総会の議決（肢４）は、組合員の議決権及び敷地利用権の持分の価格の各４分の３以上で決する。

✔ チェック□□□

問**20** 都市計画法（地域地区）　**正解 4**　重要度 ★★★

1　正しい。 準住居地域とは、道路の沿道としての地域の特性にふさわしい業務の利便の増進を図りつつ、これと調和した住居の環境を保護するため定める地域である（都市計画法９条７項）。

2　正しい。 田園住居地域とは、農業の利便の増進を図りつつ、これと調和した低層住宅に係る良好な住居の環境を保護するため定める地域である（同法９条８項）。

3　正しい。 高度地区とは、用途地域内において市街地の環境を維持し、又は土地利用の増進を図るため、建築物の高さの最高限度又は最低限度を定める地区である（同法９条18項）。

4　誤りで正解。 特別用途地区とは、用途地域内の一定の地区における当該地区の特性にふさわしい土地利用の増進、環境の保護等の特別の目的の実現を図るため当該用途地域の指定を補完して定める地区である（同法９条14項）。

 用途地域は、都市計画区域内の市街化区域、区域区分が定められていない都市計画区域（非線引き都市計画区域）、又は、準都市計画区域に、都市計画で定められる。

問21 建築基準法（単体規定等）　正解 3　重要度 ★★★

1　正しい。 防火地域及び準防火地域外で建築物を増築し、改築し、又は移転しようとする場合に、その増築、改築又は移転に係る部分の床面積の合計が10㎡以内であるときは建築主事の確認を受ける必要はない（建築基準法6条2項）。本肢では増築に係る面積が5㎡なので、建築確認を受ける必要はない。

2　正しい。 居室には換気のための窓その他の開口部を設け、その換気に有効な部分の面積は、その居室の床面積に対して、20分の1以上としなければならない。ただし、政令で定める技術的基準に従って換気設備を設けた場合を除く（同法28条2項）。

3　誤りで正解。 主要構造部が準耐火構造である共同住宅の用途に供する階でその階における居室の床面積の合計が200㎡を超える場合は、その階から避難階又は地上に通ずる二以上の直通階段を設けなければならない（同法施行令121条1項5号・2項）。本肢では居室の床面積の合計が150㎡なので、この規定は適用されない。

4　正しい。 防火地域内にある看板、広告塔等の工作物で、建築物の屋上に設けるもの又は高さ3mを超えるものは、その主要な部分を不燃材料で造り、又はおおわなければならない（同法64条）。

単体規定、建築確認に関する問題は、マンションの建築だけでなく、マンションの大規模修繕も視野に入れたものである。本問は、4肢とも頻出問題で、確実に得点しなければならない。

問22 水道法（簡易専用水道）　正解 2　重要度 ★★★

1　正しい。 簡易専用水道に係る施設及びその管理の状態に関する検査は、当該簡易専用水道に設置された水槽の水を抜かずに、検査を行う（厚生労働省告示第262号第3）。

2 誤りで正解。 給水栓における水の臭気、味、色、色度、濁度、残留塩素に関する水質検査は、あらかじめ給水管内に停滞していた水が新しい水に入れ替わるまで放流してから採水して行う（同告示別表第2備考）。

3 正しい。 書類の整理等に関する検査の判定基準は、簡易専用水道の設備の配置及び系統を明らかにした図面、受水槽の周囲の構造物の配置を明らかにした平面図及び水槽の掃除の記録その他の帳簿書類の適切な整理及び保存がなされていることである（同告示別表第3）。

4 正しい。 検査者は、検査終了後、設置者に検査済みを証する書類を交付し、検査の結果、判定基準に適合しなかった事項がある場合には、設置者に対し、当該事項について速やかに対策を講じるよう助言を行う（同告示第7一、二）。

 簡易専用水道とは、市町村等の水道から供給される水だけを水源として、各階に給水する水道で、受水槽の有効容量の合計10㎥を超えるものをいう。ただし、工場などに設置しているもので、飲用水として全く使用しない場合は受水槽の容量が10㎥を超えていても簡易専用水道には該当しない。

✔ チェック□□□

問23 消防法（防火管理者の業務） 正解1 重要度★★★

収容人員50人以上の共同住宅では、管理権原者は、原則として、甲種の防火管理者を選任しなければならない（消防法8条）。防火管理者が行う防火管理上必要な業務については消防法で定められている。

1 防火管理者が行う業務ではなく正解。 防火対象物の関係者は、消防用設備等について、総務省令で定めるところにより、定期に、消防設備士免状の交付を受けている者又は総務省令で定める資格を有する者に点検させ、その結果を消防長又は消防署長に報告しなければならない（同法17条の3の3、同法施行規則31条の6第3項）※。
※マンションは、「非特定防火対象物」に該当し、報告は3年に1回行う。

2 防火管理者が行う業務である。 防火管理者は、総務省令で定めると

ころにより、防火管理に係る消防計画を作成しなければならない（同法8条1項）。

3 **防火管理者が行う業務である。**防火管理者は、防火管理に係る消防計画に基づいて消火、通報及び避難の訓練を定期的に実施しなければならない（同法8条1項）。

4 **防火管理者が行う業務である。**防火管理者は、避難又は防火上必要な構造及び設備の維持管理を行わなければならない（同法8条1項）。

 収容人員が50人以上でも、延べ面積が500㎡未満のものは乙種防火管理者を選任することができる（同法施行令3条）。

✔ チェック□□□

問24 **防犯に配慮した共同住宅に係る設計指針** **正解 3** 重要度 ★★★

A 共用玄関の照明設備はその内側の床面において概ね50ルクス以上、共用メールコーナーの照明設備は床面において概ね50ルクス以上の平均水平面照度を確保することができるものとする（防犯に配慮した共同住宅に係る設計指針第3.2(1)共用出入口 エ、(3)共用メールコーナー イ）。

B 共用玄関以外の共用出入口の照明設備は、床面において概ね20ルクス以上の平均水平面照度を確保することができるものとする（同指針第3.2(1)共用出入口 エ）。

C 駐車場の照明設備は床面において概ね3ルクス以上、自転車置場・オートバイ置場の照明設備は床面において概ね3ルクス以上の平均水平面照度を確保することができるものとする（同指針第3.2(7)自転車置場・オートバイ置場 ウ、(8)駐車場 イ）。

以上により、Aは概ね50ルクス以上、Bは概ね20ルクス以上、Cは概ね3ルクス以上なので、**3**が正解である。

504

エレベーター内の照明設備
エレベーターのかご内の照明設備は、床面において概ね50ルクス以上の平均水平面照度を確保することができるものとし、共用玄関の内側の床面や共用メールコーナーの床面の平均水平面照度と同じもの(50ルクス)にしている。

✔ チェック□□□

問25 標準管理規約（管理費・修繕積立金）

正解 4 重要度 ★★★

1 **不適切**。建物の建替え及びマンション敷地売却に係る合意形成に必要となる事項の調査については、修繕積立金を取り崩すことができる（標準管理規約28条1項4号）。なお、建替え等に係る調査に必要な経費の支出は、各マンションの実態に応じて、管理費から支出する旨管理規約に規定することもできる（同規約コメント第28条関係⑧）。

2 **不適切**。一定年数の経過ごとに計画的に行う修繕、不測の事故その他特別の事由により必要となる修繕、敷地及び共用部分等の変更の3つとも、その費用について、修繕積立金を取り崩すことができる（同規約28条1項1号～3号）。

3 **不適切**。駐車場使用料その他の敷地及び共用部分等に係る使用料は、それぞれ駐車場・敷地・共用部分等の管理に要する費用に充てるほか、修繕積立金として積み立てる（同規約29条）。駐車場使用料その他の敷地及び共用部分等に係る使用料を「管理組合の通常の管理に要する費用」に充てることはできない。

4 **適切で正解**。管理費等の額については、各区分所有者の共用部分の共有持分に応じて算出する（同規約25条2項）。管理費等の負担割合を定めるに当たっては、使用頻度等は勘案しない（同規約コメント第25条関係①）。

管理費、修繕積立金については、標準管理規約だけでなく、同規約コメントからも出題されているので、コメントについても整理しておく必要がある。

問26 **標準管理規約（役員の選任）** 正解 4 重要度 ★★★

ア　規約で定めることができる。 組合員である役員が転出、死亡その他の事情により任期途中で欠けた場合には、組合員から補欠の役員を理事会の決議で選任することができると、規約に規定することもできる（標準管理規約コメント第36条関係④）。

イ　規約で定めることができる。 規約で、理事の員数の範囲は、最低3名程度、最高20名程度とし、規約で○〜○名という枠により定めることもできる（同規約コメント第35条関係②）。

ウ　規約で定めることができる。 役員が任期途中で欠けた場合、総会の決議により新たな役員を選任することが可能であるが、外部の専門家の役員就任の可能性や災害時等緊急時の迅速な対応の必要性を踏まえると、規約において、あらかじめ補欠を定めておくことができる旨規定するなど、補欠の役員の選任方法について定めておくことが望ましい。なお、理事や監事の員数を、○〜○名という枠により定めている場合には、その下限の員数を満たさなくなったときに、補欠を選任することが必要となる（同規約コメント第36条関係④）。

エ　規約で定めることができる。 役員の資格要件については、それぞれのマンションの実態に応じて、「○○マンションに現に居住する組合員」とするなど、規約に居住要件を加えることも考えられる（同規約コメント第35条関係①）。

以上により、規約で定めることができるものは**ア**、**イ**、**ウ**、**エ**の四つであるから、**4**が正解である。

同規約における管理組合は、権利能力なき社団であることを想定しており、役員として意思決定を行えるのは自然人であり法人は役員になることはできないと解すべきである。法人が区分所有する専有部分があるマンションで、法人関係者が役員になる場合には、役員の任務に当たることを当該法人の職務命令として受けた者等を選任することが一般的に想定される。

問 27 標準管理規約（総会の議決権・役員・総会招集手続） 正解 1 重要度 ★★★

ア　不適切。Aと同居していない親族であっても、1親等の親族であれば代理人となることができる。BはAの孫であり、同居していない2親等の親族であるから、代理人として議決権を行使することはできない（標準管理規約46条5項1号）。

イ　不適切。区分所有者Aと同居している子Cというだけで、Aに代わって管理組合の役員となることはできない。役員は、組合員のうちから、総会で選任する（同規約35条2項）。なお、外部専門家から選任できる場合には、組合員でなくても役員に選任できるが、本問は、規約で外部専門家を役員として選任できないとしている。

ウ　不適切。住戸1戸が数人の共有に属する場合、その議決権行使については、これら共有者を合わせて一の組合員とみなされるので、AとDが持分に応じて各々議決権を行使することはできない（同規約46条2項）。

エ　適切。対象物件内に居住せず、通知場所の届出をしない組合員に対しては、その内容を建物内の所定の掲示場所に掲示することをもって集会招集通知に代えることができる（同規約43条3項）。

以上により、適切なものは**エ**の一つであるから、**1**が正解である。

アについて。組合員が代理人により議決権を行使しようとする場合において、代理人となることができる者は、①組合員の配偶者、②組合員の1親等の親族、③組合員の住戸に同居する親族、④他の組合員である。

問 28 標準管理規約（総会の決議） 正解 1 重要度 ★★

1　適切で正解。敷地及び共用部分等の変更は、組合員総数の4分の3以上及び議決権総数の4分の3以上で決する（標準管理規約47条3項2号）。これらの変更が、専有部分又は専用使用部分の使用に特別

の影響を及ぼすべきときは、その専有部分を所有する組合員又はその専用使用部分の専用使用を認められている組合員の承諾を得なければならない。この場合において、その組合員は正当な理由がなければこれを拒否してはならない（同規約47条8項）。

2 不適切。マンション敷地売却決議は、組合員総数、議決権総数及び敷地利用権の持分の価格の各5分の4以上で行う（同規約47条5項）。

3 不適切。建物の価格の2分の1以下の部分が滅失した場合の共用部分の復旧決議は、出席組合員の議決権の過半数で決する（同規約47条2項・3項4号）。

4 不適切。標準管理規約によれば、総会においては、あらかじめ通知した事項についてのみ決議することができる（同規約47条10項）。

 肢3の滅失を小規模滅失ともいう。標準管理規約47条3項4号は、建物の価格の2分の1を超える場合、すなわち大規模滅失についての手続を定めている。小規模滅失の場合の手続は、同規約47条2項が適用されることになる。

✔ チェック□□□

問**29** **標準管理規約（理事会）** 正解 **2** 重要度 ★★

1 不適切。理事長が理事会を招集するには、少なくとも会議を開く日の2週間前までに、会議の日時、場所及び目的を示して（標準管理規約43条1項）、理事及び監事に通知を発しなければならない（同規約52条4項）。

2 適切で正解。組合員が組合員総数の5分の1以上及び議決権総数の5分の1以上に該当する組合員の同意を得て、会議の目的を示して総会の招集を請求した場合には、理事長は、2週間以内にその請求があった日から4週間以内の日を会日とする臨時総会の招集の通知を発しなければならない。この場合、理事会の決議を経ることを要しない（同規約44条1項）。

3 不適切。理事会の招集手続については、原則として、総会の招集手

続の規定を準用することとされているが、理事会において別段の定めをすることもできる（同規約52条4項）。

4　不適切。理事がやむを得ず欠席する場合には、議決権行使書の提出をすることができる旨の規約を定めることができる（同規約コメント第53条関係④）。

肢1について。理事会の招集手続は、標準管理規約43条に定める総会の招集手続の規定を準用する。その際、同規約43条の「組合員」を「理事及び監事」と読み替えることに注意しなければならない。

✔ チェック□□□

問30　標準管理規約（管理費の徴収）　正解1　重要度 ★★★

ア　不適切。理事長は、未納の管理費等及び使用料の請求に関して、理事会の決議により、管理組合を代表して、訴訟その他法的措置を追行することができる。総会の決議は不要である（標準管理規約60条4項）。

イ　適切。納付した管理費等及び使用料は、組合の財産的基盤であるため、組合員は、納付した管理費等及び使用料について、その返還請求又は分割請求をすることができない（同規約60条6項）。

ウ　不適切。遅延損害金、弁護士費用並びに督促及び徴収の諸費用に相当する収納金は、管理費用に充当する（同規約60条5項）。

エ　不適切。管理費等に不足を生じた場合には、管理組合は組合員に対して管理費等の負担割合により、その都度必要な金額の負担を求めることができるのであって（同規約61条2項）、借入れをすることができるとの定めはない。

以上により、適切なものはイの一つであるから、**1**が正解である。

ウについて。未納の管理費等の徴収につき、督促及び徴収に要する費用も請求できる。配達証明付内容証明郵便による督促は、郵便代の実費及び事務手数料も含まれる。

問 31 標準管理規約（団地）　　正解 3　重要度 ★

1　適切。共同の利益に反する行為の停止等を求める訴えの提起及びこれらの訴えを提起すべき者を選任するには、棟総会の決議を経なければならない（標準管理規約（団地型）72条2号）。

2　適切。団地建物所有者が、使用細則等に違反したときは、理事長は、理事会の決議を経てその団地建物所有者に対し、その是正のため必要な勧告又は指示若しくは警告を行うことができる（同規約77条1項）。

3　不適切で正解。C棟の区分所有者の共同の利益に反する行為の停止の訴えに係る弁護士費用を、C棟の棟総会の決議で団地管理組合の管理費から拠出することはできない（同規約72条）。管理費から拠出するには、団地総会の決議が必要。理事長は、請求の相手方に、弁護士費用及び差止め等の諸費用を請求できる（同規約77条4項）。

4　適切。団地建物所有者等以外の第三者が土地において不法行為を行ったときは、理事長は、理事会の決議を経て、その行為の排除及び損害賠償の請求に関し、訴訟その他法的措置を追行することができる（同規約77条3項）。

 肢4について。理事長は、不法行為をした第三者に弁護士費用及び差止め等の諸費用を請求できるが、請求した弁護士費用及び差止め等の諸費用に相当する収納金は、管理費に充当する。

問 32 標準管理規約（複合用途型）　正解 4　重要度 ★

1　適切。複合用途型標準管理規約コメント第50条関係②によれば、「住戸部分、店舗部分それぞれの中で持分割合があまり異ならない場合は、住戸、店舗それぞれの中では同一の議決権により対抗することも可能である」としているので、このような規約の変更は可能である。

同様に、「住戸又は店舗の数を基準とする議決権と専有面積を基準とする議決権を併用することにより対応することも可能である」としているので、このような規約の変更も可能である。

2 **適切**。規約の変更については、区分所有者全員で構成される総会の決議を経なければならない（同規約52条1号）。

3 **適切**。住宅、店舗各々から選出された管理組合の役員が、各部会の役員を兼ねるようにし、各部会の意見が理事会に反映されるような仕組みが、有効であると考えられている（同規約コメント第60条関係②）。

4 **不適切で正解**。店舗一部修繕積立金の取崩しには、総会の決議が必要である（同規約52条10号）。

 特別の管理の実施並びにそれに充てるための資金の借入れ並びに全体修繕積立金、住宅一部修繕積立金及び店舗一部修繕積立金の取崩しには、総会の決議が必要である（肢4）。

✔ **チェック**□□□

(問) **33** **標準管理委託契約書** 正解 **2** 重要度 ★★★

1 **適切**。管理会社は、管理事務のうちの建物・設備管理業務の全部又は一部を第三者に再委託することができる（標準管理委託契約書4条1項）。管理会社が、管理事務を第三者に再委託した場合、管理会社は、再委託した管理事務の適正な処理について、管理組合に対して責任を負う（同契約書4条2項）。

2 **不適切で正解**。管理組合の組合員がその専有部分を第三者に貸与したときは、管理組合は、書面をもって速やかに管理会社に通知しなければならない。月末までに通知すればよいのではない（同契約書12条2項2号）。

3 **適切**。基幹事務以外の事務管理業務には、理事会支援業務、総会支援業務その他がある（同契約書別表第1・2⑴⑵⑶）。

4 **適切**。管理委託契約を更新しようとする場合、有効期間が満了する日の3月前までに、その相手方に対し、書面をもって、その旨を申し

出なければならない。更新の申出があった場合、その有効期間が満了する日までに更新に関する協議がととのう見込みがないときは、管理組合及び管理会社は、従前の契約と同一の条件で、期間を定めて暫定契約を締結することができる（同契約書21条2項）。

 肢3の理事会支援業務とは、組合員等の名簿の整備、理事会の開催・運営支援、管理組合の契約事務の処理をいう。総会支援業務には、総会の開催日程等の調整や次年度の事業計画案の素案の作成等がある。

✔ チェック□□□

問34 会計（決算）　　　正解 1　重要度 ★★★

1　**適切で正解**。本肢の取引を仕訳で考えると、（借方）現金預金7万円（貸方）未収金7万円となる。現金預金と未収金は、ともに資産勘定のため、この仕訳により資産は増減しない。貸借対照表上、正味財産は資産から負債を控除し算出されるが、当該仕訳により資産・負債は不変であり、正味財産の増減には影響がないため、適切である。

2　**不適切**。本肢の取引を仕訳で考えると、（借方）現金預金4万円（貸方）前受金4万円となる。現金預金は資産勘定、前受金は負債勘定であるが、同額の増加であるため、この仕訳により、資産から負債を控除した正味財産は同額となり、正味財産の増減には影響がない。

3　**不適切**。本肢の取引を仕訳で考えると、（借方）植栽保守費9万円（貸方）未払金9万円となる。植栽保守費は費用勘定であり、費用が増加するため、正味財産増減計算書上、収益から費用を差し引いて算出される正味財産はこの仕訳により減少する。

4　**不適切**。本肢の取引を仕訳で考えると、（借方）前払金3万円（貸方）現金預金3万円となる。前払金と現金預金は、ともに資産勘定のため、この仕訳により資産は増減しない。当該仕訳により資産・負債は不変であり、正味財産の増減には影響がない。

 各肢に基づき、それぞれの仕訳を書き出して、適切かどうか検討しよう。

✔ チェック□□□

問 **35** **管理組合の税務** 　正解 **4** 　重要度 ★★★

1 　**不適切**。消費税法上、基準年度の課税売上高が税抜金額1,000万円以下の場合で、特定期間における課税売上高又は給与等支払額が1,000万円以下の場合には、納税義務を免除される（消費税法9条、9条の2）。

2 　**不適切**。管理組合が賃貸借契約に基づいてマンション（建物）の一部を他の者に使用させ、その対価を得た場合には、収益事業（不動産貸付業）に該当するため、建物賃貸借契約を締結し携帯電話基地局設置料収入を得ている場合には、法人税が課税される（国税庁HP質疑応答事例　法人税（収益事業）「12. マンション管理組合が携帯電話基地局の設置場所を貸し付けた場合の収益事業判定」）。

3 　**不適切**。管理組合法人が、区分所有者を対象として敷地内駐車場を使用させ、その使用料収入を得ている場合で、その収入が通常の管理費等と区分することなく、一体として運用されており、駐車料金が付近の駐車場と比較し低額であるときは、収益事業には該当せず（国税庁HP質疑応答事例　法人税（収益事業）「11. 団地管理組合等が行う駐車場の収益事業判定」）、法人税は課税されない。

4 　**適切で正解**。地方税法上、管理組合は人格のない社団等に該当するため、収益事業を行う場合には均等割額が課されるが（地方税法12条、24条6項）、収益事業を行っていないときは、均等割額は課税されないので、正しい。

 管理組合の収益事業に関する法人税、消費税の取り扱いを確認しておこう。

✔ チェック□□□

問 **36** **マンションの維持管理** 　正解 **3** 　重要度 ★★

1 　**適切**。大規模修繕工事前に実施する調査・診断の一環として、竣工

解説　平成30年度

513

図書、過去に行った調査・診断結果、修繕履歴等の資料を調査することは、適切である。

2　適切。予防保全の考え方にたって、計画的に建物及び設備の点検、調査・診断、補修・修繕等を行い、不具合や故障の発生を未然に防止することとしたことは、適切である。

3　不適切で正解。建築基準法12条1項に規定する特定建築物の定期調査のうち、竣工後3年以内に実施する外壁タイルの調査は、手の届く範囲を打診、その他を目視で調査し、異常があれば精密検査をすることとされている（平成20年3月10日国土交通省告示第282号別表2（11））。

4　適切。中低層鉄筋コンクリート造の既存マンションに対して一般的に行われている耐震診断の評価方法には、計算レベルが異なる第1次診断法、第2次診断法及び第3次診断法があるが、第1次診断法は、簡易な診断法であるため、耐震性能があると判定するための構造耐震判定指標（Isoと表記され、Isoは、一般的には第1次診断法の場合は原則として0.8、第2次診断法及び第3次診断法の場合は原則として0.6となる）の値が高く設定されている。

肢3について。国土交通省告示第282号は、建築基準法施行規則5条2項及び3項の規定に基づき、建築基準法12条1項に規定する定期調査の項目、方法及び結果の判定基準並びに調査結果表を定めた告示である。

✔ チェック□□□

問37　マンションの調査・診断　　正解 3　重要度 ★★★

ア　不適切。引張試験機は、タイル、アンカー、塗装（モルタル）などの引張強度や付着力を確認するための試験機であり、下地タイルの引張試験、アンカーピンの引張試験、炭素繊維シートの接着強度試験などの引張試験に広く使われている調査機器であるので、この組合せは適切でない。

イ　不適切。コンクリートの中に塩分が含まれている場合、鉄筋の発錆、

腐食の進行などの劣化を引き起こす原因になり、塩化物イオン量の測定が必要となる。測定は、硬化コンクリート中に含まれる塩化物イオンの試験方法に規定された試験方法により、電位差滴定装置を用いて行うので、この組合せは適切でない。

ウ　適切。 超音波厚さ計を用いて、管壁の厚さを測定し、そこから設備配管（鋼管）の腐食状況（腐食の進行具合）を計測するので、この組合せは適切である。

エ　適切。 分光測色計は、色を数値化して測定する調査機器である。色の微妙な違いを数値で表す測定器には分光測色計が用いられ、仕上塗材の劣化状況を計測する場合にも用いられるので、この組合せは適切である。

以上により、適切なものの組合せは**ウ**と**エ**であるから、**3**が正解である。

肢ウについて。超音波厚さ計で測定する場合、測定箇所は管断面に対して、8〜16箇所、軸方向に10箇所とし、合計80箇所ほど測定を行う。肢エについて。分光測色計の代表的な利用法として吸光の測定があるが、散乱反射率及び鏡面反射率も測定できる。

✔ チェック□□□

問38　長期修繕計画の作成・見直し　　正解 **2**　　重要度 ★★

1　適切。 新築時の長期修繕計画において、建具の取替え工事が推定修繕工事項目（長期修繕計画において、計画期間内に見込まれる修繕工事等の部位，工種等による項目）に設定されていなかったが、計画を見直す際に項目の設定の要否を確認したことは、適切である。

2　不適切で正解。 長期修繕計画の作成・見直しに当たっては、作成・見直し時点において、計画期間の推定修繕工事の内容等に関しての計画を定めるものであり、そこには一定の不確定な事項（建物の設備の性能・機能を向上させる改修工事項目を追加したり、耐震改修が必要となったりすることがある。また、修繕工事を集約すると直接仮設や

共通仮設の設置費用が軽減できることもある）を含んでいるにもかか
わらず、計画期間内における推定修繕工事の総額を削減するために、
推定修繕工事の時期を計画期間内で分散させたことは、適切でない。

3 適切。大規模修繕工事の修繕設計の内容を踏まえて、工事実施前に
長期修繕計画を見直すこととしたことは、適切である。

4 適切。修繕設計において、外壁補修など、設計段階では施工すべき
数量が確定できず、工事が始まってから数量を確定させる工事項目に
ついて、調査や経験に基づいて数量を仮定したことは、修繕設計にお
ける実費精算方式といわれている方法で、適切である。

肢2について。推定修繕工事の設定は、新築マンションの場
合は、設計図書等に基づいて、既存マンションの場合は、現
状の長期修繕計画を踏まえ、保管されている設計図書、修繕
等の履歴、現状の調査・診断の結果等に基づいて行う。

✔チェック□□□

問39 マンションの修繕工事 　正解 **3** 　重要度 ★★

1 適切。タイル張り外壁の浮き部分の補修では、アンカーピンニング
部分エポキシ樹脂注入工法の方が、注入口付きアンカーピンニング部
分エポキシ樹脂注入工法よりも、ピンニングの箇所数が多くなる。

2 適切。ポリマーセメントモルタル充てん工法は、コンクリート表面
の剥がれや剥落の発生している欠損部の改修工法であり、表面の軽微
な欠損部に適用する。

3 不適切で正解。屋上の保護アスファルト防水の改修には、大別して
「撤去工法（既存防水層を撤去し新たに防水層を施工する工法）」と
「被せ工法（既存防水層の上から新規の防水層を「かぶせて」施工す
る工法）」とがあり、「撤去工法」は費用と工期などが多くかかるが、
新築時と同程度に戻すことが可能である。一方、「被せ工法」は、既
存の仕様や状況などにより下地調整は変わるが、「撤去工法」に比べ
て一般的に費用、工期及び撤去・廃材処分費が多くかからず、最近の
マンションの屋上防水改修工事では、「被せ工法」が一般的である。

4 適切。 ウレタンゴム系塗膜防水材を用いた塗膜防水は、開放廊下やバルコニー、排水溝、屋根のパラペット、庇等に適用することができる。

 ＋アルファ 肢3について。アスファルト防水には、そのままの露出工法とコンクリート等で保護する保護工法（又は、押さえ工法）がある。

✔ チェック□□□

問40 マンションの構造 　　正解 **3**　　重要度 ★★

1 適切。 支持杭は、軟弱地盤を貫いて下部の安定した支持層に杭先端を到達させ、主に杭先端の支持力によって上部荷重（建築物の重量）を支えるものである。

2 適切。 防火地域又は準防火地域内にある建築物は、その外壁の開口部で延焼のおそれのある部分に防火戸その他一定の防火設備を設け、かつ、壁、柱、床その他の建築物の部分及び当該防火設備を通常の火災による周囲への延焼を防止するためにこれらに必要とされる性能に関して防火地域及び準防火地域の別並びに建築物の規模に応じて一定の技術基準に適合するもので、国土交通大臣が定めた構造方法を用いるもの又は国土交通大臣の認定を受けたものとしなければならない（建築基準法61条本文）。

3 不適切で正解。 建築基準法上の主要構造部とは、壁、柱、床、はり、屋根又は階段をいい、建築物の構造上重要でない間仕切壁、間柱、付け柱、揚げ床、最下階の床、回り舞台の床、小ばり、ひさし、局部的な小階段、屋外階段その他これらに類する建築物の部分を除くものとする（同法2条5号）。なお、本肢の記述は、構造耐力上主要な部分のものである（同法施行令1条3号参照）。

4 適切。 耐震改修工法には、柱のじん性（粘り強さ）を向上させることを目的として、建物の柱に鋼板を巻きつけて柱のじん性を補強する工法もある。

解説

平成30年度

問41 品確法（高齢者等配慮対策「等級5」） 正解 2 重要度 ★

1 **適合する。**共用階段の手すりにおける「等級5」の基準は、両側に、かつ、踏面の先端からの高さが700㎜から900㎜の位置に設けられていることが必要である（評価方法基準9－2（3）イ②a（ⅵ））。

2 **適合しないので正解。**エレベーターホールにおける「等級5」の基準は、エレベーターホールに一辺を1,500㎜とする正方形の空間を確保できるものであることが必要である（同基準9－2（3）イ④a（ⅲ））。

3 **適合する。**エレベーターにおける「等級5」の基準は、エレベーターの出入口の有効な幅員が800㎜以上であることが必要である（同基準9－2（3）イ④a（ⅰ））。

4 **適合する。**共用廊下の幅員の「等級5」の基準は、評価対象住戸からエレベーターを経て建物出入口に至る少なくとも一の経路上に存する共用廊下の幅員が1,400㎜以上であることが必要である（同基準9－2（3）イ③）。

端的に言って、ここまで勉強する必要はないと考える。ちなみに、「等級5」のエレベーター及びエレベーターホールの基準としては、肢2、肢3以外に、エレベーターのかごの奥行きが内法寸法で1,350㎜以上であることが必要である。

問42 マンションの建築材料　　正解 2　重要度 ★

1　**適切**。水セメント比とは、「水(kg)÷セメント(kg)×100(%)」をいい、水セメント比が小さいときは、強度は増加するが練り混ぜる等の作業は難しくなる。

2　**不適切で正解**。タイルの仕上げ面にうわぐすりをかけて焼いたものを「施ゆうタイル」といい、うわぐすりをかけないものを「無ゆうタイル」という。「無ゆうタイル」も外壁用のタイルとして用いられる。なお、「無ゆうタイル」であっても焼成温度の高い磁器質のものであれば、ほとんど吸水しない。

3　**適切**。合板はベニア板ともいい、薄い単板(ベニア)を奇数枚以上重ね、繊維方向を互いに直角にして接着したものをいう。繊維方向を互いに直角にするのは、そりを防止するためである。

4　**適切**。アスファルトルーフィングとは記述のとおり、有機天然繊維の板紙にアスファルトをしみこませた建築用の防水材料をいう。

 肢4の防水材料に対して、耐水材料とは、建築基準法施行令1条4号によれば、れんが、石、人造石、コンクリート、アスファルト、陶磁器、ガラスその他これらに類する耐水性の建築材料をいう。

問43 マンションの給水設備　　正解 1　重要度 ★★★

1　**不適切で正解**。高置水槽方式の受水槽のオーバーフロー管と排水管を直結してはならない。

2　**適切**。受水槽には、内部の保守点検を容易に行うため、有効内径

解説
平成30年度

60cm以上の施錠可能な構造のマンホールを設ける。

3 適切。給水管に水道用架橋ポリエチレン管を用いるのは、耐衝撃性及び耐食性が高いので適切である。「架橋ポリエチレン」は、通常のポリエチレンの分子を特殊な化学結合で結ぶ（分子間に橋を架けて補強する＝架橋）ことによって強度を増加させたものをいう。

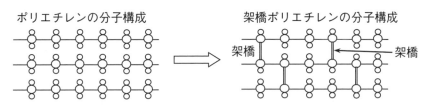

ポリエチレンの分子構成 　　　　架橋ポリエチレンの分子構成

4 適切。マンションの給水管の給水圧力は、300〜400kPaに設定する。高層又は超高層マンションでは、給水圧力が高いので減圧弁を用いたり、一定の階数ごとにゾーニングをして給水圧力の調整をする。

> この問題は、間違ってはいけない基本問題である。肢2の飲料用水槽の一般構造要件として、有効内径60cm以上のマンホールを設け、マンホール面は10cm以上立ち上げ、マンホールのふたは、防水密閉型とする必要がある。

✔チェック□□□

問44 マンションの排水設備 　正解 2 　重要度 ★★★

1 適切。雨水排水ますには、150mm以上の泥だまりを設けて、直接、土砂などが下水道に流入しない構造にする。

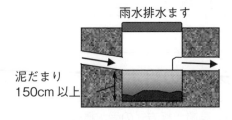

雨水排水ます

泥だまり
150cm以上

2 不適切で正解。台所流しに接続する排水トラップの封水深は、50mm以上100mm以下と定められている。したがって封水深を150mmとす

るのは不適切である。なお、阻集器を兼ねる排水トラップについては50mm以上である。

3　適切。 マンションの排水方式には、合流式と分流式がある。合流式とは、汚水と雑排水とを同一の排水系統で排出する方式をいう。

4　適切。 管径が150〜300mmの排水横主管の排水を円滑にするための勾配は、最小1／200である。

肢4の排水横主管の勾配は、管径が65mm以下の場合は最小1／50であり、管径75mm又は100mmは最小1／100、管径125mmは最小1／150、管径150〜300mmは最小1／200である。

✔ **チェック**□□□

問 45 マンションの設備　　**正解 4**　　重要度 ★

1　適切。 住棟内ネットワーク方式には、棟内LAN方式、VDSL方式、CATV方式等がある。VDSL方式は、既存の電話回線を利用する方式である。

2　適切。 高さ20mを超える建築物には原則として避雷設備を設けなければならない。避雷設備は、受雷部システム、引下げ導線システム及び接地システムからなる構造を有している。

3　適切。 自然冷媒ヒートポンプ式給湯器は、二酸化炭素を冷媒として用い、圧縮機で冷媒を圧縮して高熱にし、お湯を沸かす。自然冷媒ヒートポンプ式給湯器は、加熱能力に優れているため、外気温が低くても高温の貯湯が可能である。

4　不適切で正解。 LEDは消費電力が少ないため、蛍光灯ほどの高温にはならないが、LED単体からの発熱はある。

肢1について。マンションでインターネット専用回線方式のFTTH（光ケーブル）方式は、基本的に光ケーブルを住戸まで単独に引く必要があり、VDSL方式は住棟引込みまでを光ケーブルとし、光アクセスシステムを介し住棟内を既存の電話回線に変換する。

問 46 マンション管理適正化法（重要事項の説明）
正解 3 　重要度 ★★★

　マンション管理業者は、管理組合から管理事務の委託を受けることを内容とする契約を締結しようとするときは、あらかじめ、国土交通省令で定めるところにより説明会を開催し、当該管理組合を構成するマンションのA 区分所有者等 及び当該管理組合の管理者等に対し、B 管理業務主任者 をして、管理受託契約の内容及びその履行に関する事項であって国土交通省令で定めるもの（以下「重要事項」という。）について説明をさせなければならない。この場合において、マンション管理業者は、当該説明会の日のC 一週間前 までに、当該管理組合を構成するマンションのA 区分所有者等 及び当該管理組合の管理者等の全員に対し、重要事項並びに説明会の日時及び場所を記載した書面をD 交付 しなければならない（マンション管理適正化法72条1項）。

　以上により、**A＝オ**（区分所有者等）、**B＝ア**（管理業務主任者）、**C＝ク**（一週間前）、**D＝カ**（交付）が入るから、**3**が正解である。

　　書面の交付は、説明会の日の1週間前までにしなければならない。これに対し、説明会から契約締結までの間隔には具体的な定めがなく、あらかじめ説明会を開催しなければならないと規定されているだけである。

問 47 マンション管理適正化法（マンション管理業者）
正解 3 　重要度 ★★★

ア　正しい。 マンション管理業者は、国土交通省令で定めるところにより、当該マンション管理業者の業務及び財産の状況を記載した書類をその事務所ごとに備え置き、その業務に係る関係者の求めに応じ、これを閲覧させなければならない（マンション管理適正化法79条）。

イ　正しい。 マンション管理業者は、自己の名義をもって、他人にマンション管理業を営ませてはならない（同法54条）。

ウ 誤り。 マンション管理業者は、管理組合から委託を受けた管理事務のうち基幹事務については、これを一括して他人に委託してはならない（同法74条）。したがって、「委託することができる」とする本肢は誤り。

エ 正しい。 マンション管理業者は、管理組合から委託を受けて管理する修繕積立金その他国土交通省令で定める財産については、整然と管理する方法として国土交通省令で定める方法により、自己の固有財産及び他の管理組合の財産と分別して管理しなければならない（同法76条）。

以上により、正しいものは**ア**、**イ**、**エ**の三つであるから、**3**が正解である。

 イの規定（名義貸しの禁止）に違反して、他人にマンション管理業を営ませた者は、1年以下の懲役又は50万円以下の罰金に処する。

✔ チェック□□□

問48 マンション管理適正化法（マンション管理士）

正解 1　重要度 ★★★

ア 正しい。 マンション管理士でない者は、マンション管理士又はこれに紛らわしい名称を使用してはならない（マンション管理適正化法43条）。

イ 正しい。 マンション管理士は、マンション管理士登録簿に登載された事項に変更があったときは、遅滞なく、その旨を国土交通大臣（指定登録機関が登録の実務に関する事務を行う場合は指定登録機関）に届け出なければならない（同法32条1項、30条2項、37条1項）。

ウ 正しい。 マンション管理士は、5年ごとに、国土交通大臣の登録を受けた者が国土交通省令で定めるところにより行う講習を受けなければならない（同法41条、同法施行規則41条）。

エ 誤り。 マンション管理士は、正当な理由がなく、その業務に関して知り得た秘密を漏らしてはならない。マンション管理士でなくなった後においても、同様とする（同法42条）。したがって、「マンション

管理士でなくなった後においては、その限りでない」とする本肢は誤り。

以上により、誤っているものは**エ**の一つであるから、**1**が正解である。

✔チェック□□□

（問）**49** マンション管理適正化基本方針　正解 **4**　重要度 ★★

1　**適切**。管理規約又は使用細則等に違反する行為があった場合、管理組合の管理者等は、その是正のため、必要な勧告、指示等を行うとともに、法令等に則り、その是正又は排除を求める措置をとることが重要である（マンション管理適正化基本方針三2（2））。

2　**適切**。管理組合の管理者等は、マンション管理の目的が達成できるように、法令等を遵守し、マンションの区分所有者等のため、誠実にその職務を執行する必要がある（同方針三2（1））。

3　**適切**。管理規約は、マンション管理の最高自治規範であることから、その作成にあたっては、管理組合は、建物の区分所有等に関する法律に則り、「マンション標準管理規約」を参考として、当該マンションの実態及びマンションの区分所有者等の意向を踏まえ、適切なものを作成し、必要に応じ、その改正を行うことが重要である（同方針三2（2））。

4　**不適切で正解**。集会は、管理組合の最高意思決定機関である。したがって、管理組合の管理者等は、その意思決定にあたっては、事前に必要な資料を整備し、集会において適切な判断が行われるよう配慮する必要がある（同方針三2（1））。本肢は、「管理組合の管理者等は、管理組合の最高意思決定機関である」とする点で適切ではない。

✔ チェック□□□

問50　マンション管理適正化法（定義）　正解 **2**　重要度 ★★★

1　**誤り**。マンション管理業とは、管理組合から委託を受けて管理事務を行う行為で業として行うもの（マンションの区分所有者等が当該マンションについて行うものを除く）をいう（マンション管理適正化法2条7号）。したがって、「マンションの区分所有者等が当該マンションについて行うものも含む」とする本肢は誤り。

2　**正しく正解**。マンション管理業者とは、国土交通省に備えるマンション管理業者登録簿に登録を受けてマンション管理業を営む者をいう（同法2条8号、44条）。

3　**誤り**。管理組合とは、マンションの管理を行う区分所有法3条若しくは65条に規定する団体又は同法47条1項（同法66条において準用する場合を含む）に規定する法人をいう（マンション管理適正化法2条3号）。すなわち、単棟の非法人の管理組合だけでなく、管理組合法人や団地の管理組合・管理組合法人も含まれる。

4　**誤り**。マンション管理士とは、国土交通大臣（指定登録機関が登録の実務に関する事務を行う場合は指定登録機関）の登録を受け、マンション管理士の名称を用いて、専門的知識をもって、管理組合の運営その他マンションの管理に関し、管理組合の管理者等又はマンションの区分所有者等の相談に応じ、助言、指導その他の援助を行うことを業務（他の法律においてその業務を行うことが制限されているものを除く）とする者をいう（同法2条5号）。「管理を行うことを業務とする者」ではない。

解説
平成30年度

平成29年度

解答と解説

正解番号一覧

問	正解	問	正解	問	正解	問	正解	問	正解
1	4	11	1	21	4	31	2	41	1
2	3	12	2	22	3	32	2	42	4
3	3	13	1	23	3	33	4	43	1
4	2	14	4	24	3	34	2	44	3
5	4	15	1	25	1	35	4	45	1
6	2	16	1	26	3	36	4	46	2
7	4	17	2	27	1	37	1	47	4
8	3	18	4	28	2	38	4	48	3
9	3	19	2	29	3	39	4	49	3
10	1	20	2	30	1	40	3	50	1

合格基準点 36 点

問 1 区分所有法（3条の団体）　正解 4　重要度 ★★★

1　**誤り**。管理者が定められず、かつ、規約が設定されていなくても、3条の団体は成立するが、「権利能力のない社団」は成立しない。

2　**誤り**。占有者は、建物又はその敷地若しくは附属施設の使用方法につき、区分所有者が規約又は集会の決議に基づいて負う義務と同一の義務を負う（区分所有法46条2項）。

3　**誤り**。区分所有権を保持する者は、当然に3条の団体を構成するのであり、区分所有者のまま3条の団体の構成員の資格を奪うことはできない。

4　**正しく正解**。一部共用部分があっても、その管理を区分所有者全員で行う場合は、一部共用部分の区分所有者による3条の団体は、存在しない。

本問に関しては、肢4についても、誤りではないかとの疑問がある。区分所有者全員の利害に関係しない一部共用部分に関しては、その区分所有者らで構成される3条の団体が成立しうるからだ。

問 2 区分所有法（特定承継人の責任）　正解 3　重要度 ★★

1　**誤り**。区分所有者に対する債権は、債務者たる区分所有者の特定承継人に対しても行うことができる（区分所有法8条）。そして、ＡＢ間の合意は、管理組合を拘束しない。

2　**誤り**。管理費滞納による遅延損害金についても、規約に基づく債権として支払を拒否することはできない（同法8条、7条1項）。

3　**正しく正解**。規約に定められた違約金としての弁護士費用についても、弁済義務を負う（標準管理規約60条2項）。

4　**誤り**。抵当権の実行により買い受けた場合も、特定承継人として、滞納管理費の支払義務を承継する（区分所有法8条）。

アルファ　特定承継人（肢1解説）とは、売買契約の買主のように、他人の権利義務を個々に受け継いだ者のことをいう。抵当権の実行により取得した者も、その不動産を個別的に取得したのであるから、特定承継人である（肢4）。

✔ チェック□□□

問 3　**区分所有法（瑕疵の推定）**　正解 3　重要度 ★★

1　**正しい**。建物の設置又は保存に瑕疵があることにより他人に損害を生じたときは、その瑕疵は、共用部分の設置又は保存にあるものと推定する（区分所有法9条）。共用部分の瑕疵による損害は、管理組合に請求できる。

2　**正しい**。共用部分の管理に関する事項は、集会の決議で決する（同法18条1項）。

3　**誤りで正解**。推定されるのは、瑕疵の場所であり、損害の原因が排水管の設置又は保存にあると推定されるわけではない。したがって、この点は、損害賠償の請求権者が証明しなければならない。

4　**正しい**。占有者であるCが損害の発生を防止するのに必要な注意をしたときは、所有者であるBが損害賠償の義務を負う（民法717条1項）。

アルファ　肢1について。区分所有法9条は、瑕疵が存在するがその瑕疵が専有部分にあるのか共用部分にあるのかわからない場合に、共用部分にあると推定したものである。これにより、請求者は、瑕疵の場所を証明する必要がなくなる。

✔ チェック□□□

問 4　**区分所有法（管理者）**　正解 2　重要度 ★★★

1　**正しい**。管理者の代理権に加えた制限は、善意の第三者に対抗することができない（区分所有法26条3項）。

2　**誤りで正解**。管理者は、規約又は集会の決議により、その職務に

関し、区分所有者のために、原告又は被告となることができる（同法26条4項）。規約の定めや集会の決議がなくても原告・被告となれるわけではない。

3　正しい。 管理者には、民法の委任の規定が準用されるので、費用の前払いを請求することができる（区分所有法28条、民法649条）。

4　正しい。 受任者は、委任事務を処理するため自己に過失なく損害を受けたときは、委任者に対し、その賠償を請求することができる（民法650条3項）。この規定が、管理者に準用される（区分所有法28条）。

 肢2について。管理者が勝手に訴訟を起こし、そのツケが区分所有者に回されたのではかなわないので、訴訟（原告・被告となる）をするには、規約か集会の決議がいるのである。

✔ チェック□□□

問 5　区分所有法（集会の招集） 　正解 **4**　重要度 ★★★

ア　正しい。 会議の目的が、規約の変更の場合は、議案の要領も通知しなければならない（区分所有法35条5項、31条1項）。

イ　誤り。 管理者がないときは、区分所有者の5分の1以上で議決権の5分の1以上を有するものは、集会を招集することができる。ただし、この定数は、規約で減ずることができる（同法34条5項）。裁判所が集会招集者を選任することはできない。

ウ　誤り。 区分所有者の5分の1以上で議決権の5分の1以上を有するものは、管理者に対し、会議の目的たる事項を示して、集会の招集を請求することができる。ただし、この定数は、規約で減ずることができる（同法34条3項）。減ずることができるだけであり、「増減」はできない。

エ　正しい。 集会の招集の通知は、会日より少なくとも1週間前に、会議の目的たる事項を示して、各区分所有者に発しなければならない。ただし、この期間は、規約で伸縮することができる（同法35条1項）。以上により、正しいものの組合せは**ア**と**エ**であるから、**4**が正解であ

る。

アルファ ウに関して。集会を開催しやすくすることはできるが、集会を開催しにくくすることはできなくなっている。

問 **6** 区分所有法
（占有者の意見陳述権）　正解 **2**　重要度 ★★★

ア　誤り。区分所有者の承諾を得て専有部分を占有する者が、集会の決議について利害関係を有する場合は、その集会に出席して、意見を述べることができる（区分所有法44条1項）。専有部分を事務所として使用している占有者にとって、専有部分を居住目的以外には使用できなくなることは、直接的な利害関係を有する問題なので、当該占有者は、集会に出席して意見を述べることができる。

イ　正しい。共用部分に係る大規模修繕工事の費用は、区分所有者が負担すべきものであり（同法19条）、占有者は負担しない。したがって、本肢の議題について占有者は利害関係を有していないので、集会に出席して意見を述べることはできない。

ウ　誤り。管理費が増額されたとしても、それはあくまで区分所有者の管理費支払義務を定めるものであり、当然に賃借人の管理費相当分の負担金も増額されるわけではない。したがって、管理費増額による占有者への影響は間接的なものにすぎず、「利害関係を有する場合」には該当しないので、占有者が集会に出席して意見を述べることはできない。

エ　正しい。ペットの飼育が禁止されると、ペットを飼育している占有者はペットを飼育できなくなる。これは、占有者にとって直接的な利害関係を有する問題なので、当該占有者は、集会に出席して意見を述べることができる。

以上により、正しいものは**イ**、**エ**の二つであるから、**2**が正解である。

アルファ 一般的には、占有者が直接の義務を負うことになる「建物・敷地・附属施設の使用方法」に関して集会の決議をする場合が、「利害関係を有する場合」に該当すると考えられている。

問7 区分所有法（管理組合法人） 正解 4 重要度 ★★

1 **誤り**。理事が欠けた場合において、事務が遅滞することにより損害を生ずるおそれがあるときは、裁判所は、「利害関係人又は検察官」の請求により、仮理事を選任しなければならないとされている（区分所有法49条の4第1項）。条文では、単に「利害関係人」とされており、区分所有者に限定しないので、区分所有者以外の利害関係人も仮理事の選任を請求することができる。

2 **誤り**。管理組合法人は、既に存在していた管理組合が同一性をもって法人格を取得したものである。それゆえ、管理組合法人の成立前の集会の決議、規約及び管理者の職務の範囲内の行為は、管理組合法人につき効力を生ずる（同法47条5項）。

3 **誤り**。管理組合法人の財産をもってその債務を完済することができないときは、区分所有者がその債務の弁済の責めを負うことになるが、その負担割合は、均等ではなく、共用部分の持分の割合による（同法53条1項、14条）。

4 **正しく正解**。理事が欠けたり、規約で定めた理事の員数が欠けた場合、理事不在又は人数不足の状態が生じ、管理組合法人の業務執行に支障を来すおそれがある。そこで、任期満了又は辞任により退任した理事は、新たに選任された理事（仮理事を含む）が就任するまで、なおその職務を行わなければならない（同法49条7項）。

アルファ 肢4について。後任理事が就任するまで職務を継続するのは、任期満了又は辞任により退任した理事に限られ、解任された理事は含まれないことに注意。

✔ チェック☐☐☐

問 **8** **区分所有法（集会の決議・規約の定め）**　正解 **3**　重要度 ★★

1　正しい。管理組合法人は、①建物の全部が滅失した場合、②建物に専有部分がなくなった場合、③集会で解散の特別決議（区分所有者及び議決権の各4分の3以上の多数による決議）が行われた場合にのみ解散する（区分所有法55条）。これ以外の理由で管理組合法人が解散することはない。

2　正しい。管理者は、集会の普通決議によって選任・解任するのが原則であるが、規約で別段の定めをすることができる（同法25条1項）。

3　誤りで正解。区分所有者が建物の保存に有害な行為その他建物の管理又は使用に関し区分所有者の共同の利益に反する行為をした場合又はその行為をするおそれがある場合には、他の区分所有者の全員又は管理組合法人は、その行為を停止し、その行為の結果を除去し、又はその行為を予防するため必要な措置を執ることを請求することができる（同法57条1項）。この請求は、裁判外でも行うことができるが、訴訟を提起する場合は、必ず集会の決議（普通決議）によらなければならず（同法57条2項）、集会の決議以外の方法を認める旨の規約を定めることはできない。

4　正しい。管理者がいる場合は、管理者が規約を保管しなければならないが、管理者がないときは、建物を使用している区分所有者又はその代理人で規約又は集会の決議で定めるものが保管しなければならない（同法33条1項）。

肢4については、管理者がない場合の規約保管者は、①建物を使用しているものに限られること、②区分所有者の代理人（区分所有者と同居している配偶者など）でもよいことに注意してほしい。

区分所有法（復旧決議が あった場合の買取請求） 　正解 **3**　重要度 ★

1　**誤り**。期限の許与の制度（区分所有法61条13項）は、突然、買取請求を受け高額の買取代金を支払うことになった者の保護を図るものである。したがって、期限の許与が認められた場合は、代金支払は許与された期限までに行えばよく、所有権移転登記及び引渡しと同時に履行する必要はない。

2　**誤り**。買取請求を受けた者は、他の復旧決議賛成者の全部又は一部に対し、その建物及び敷地利用権を共用部分の共有持分に応じて時価で買い取るべきことを請求すること（再買取請求）ができるが、この再買取請求は、「復旧決議の日」からではなく、「買取請求を受けた日」から2カ月以内に行わなければならない（同法61条7項後段）。

3　**正しく正解**。再買取請求は、その請求を受けた者が有する共用部分の共有持分割合に応じて時価で買い取るべきことを求めるものである（同法61条7項後段）。本問の場合、A、B、Cの共有持分は等しいので、再買取の対象となった建物及びその敷地に関する権利は、それぞれ3分の1ずつ取得することになる。

4　**誤り**。建物の一部滅失によって専有部分を失った区分所有者も、共用部分に対する共有持分及び敷地利用権は有しているので、その権利について買取請求権を行使することができると解されている。

> 肢2はヒッカケ的な問題であり、肢2で間違えたとしてもあまり気にする必要はない。本問において重要な知識は肢1と肢3なので、この2肢を中心に復習しておけばよい。

区分所有法（団地） 　正解 **1**　重要度 ★★

1　**誤りで正解**。団地内の附属施設たる建物は、当然には団地共用部分とはならず、団地規約で定めることによってはじめて団地共用部分となる（区分所有法67条1項）。区分所有建物と独立した建物である以

上、客観的な建物の構造からは共用部分とはいえないからである。なお、団地共用部分であることを第三者に対抗するためには、登記も必要である。

2　正しい。肢1で述べたとおり、集会所などの附属施設を団地共用部分とするためにはその旨の規約の定めが必要であるが、団地建物所有者全員で共有するものである以上、当然に団地管理組合の管理の対象となる（同法65条）。

3　正しい。団地内の区分所有建物を団地管理組合で管理するかどうかは、その全部について一律に行うべきであり、建物ごとに別個の取扱いをするべきではないと考えられている。別個の取扱いをすると、団地における管理の仕組みが非常に複雑になり適当ではないからである。

4　正しい。各区分所有建物ごとに、その構造や状況に違いが存在することがある。それに応じて、管理の内容にも違いが生じざるを得ない。

単棟型の区分所有建物においても、附属の建物は規約により共用部分とすることができるとされている（同法4条2項）。この知識を団地に応用すればよい。

✔ **チェック**□□□

| 問 **11** | **被災マンション法（被災区分所有建物の敷地）** | 正解 **1** | 重要度 ★★ |

1　誤りで正解。政令指定災害により区分所有建物が全部滅失した場合において、敷地利用権が数人で有する所有権その他の権利であるときは、政令施行の日から起算して3年が経過するまでの間は、被災マンション法に基づいて集会（敷地共有者等集会）を開き、管理者を置くことができるが、規約を定めることはできない（被災マンション法2条）。

2　正しい。大規模な災害が発生した場合には、敷地の権利者が所在不明となり、集会を招集しようにもその通知をすることができないことがある。そこで、このような場合には、敷地内の見やすい場所に掲示することによって、集会の招集通知をすることが認められている（同

法3条2項)。

3　正しい。 政令指定災害により区分所有建物が全部滅失した場合、政令施行の日から起算して1カ月を経過する日の翌日以後当該施行の日から3年を経過する日までの間は、敷地の共有持分に基づく分割請求はできないのが原則である（同法6条1項本文）。分割請求を認めると、もはや再建が不可能となってしまうからである。ただし、5分の1を超える議決権を有する敷地共有者等が分割の請求をしたとき（5分の4以上の賛成を得て再建決議をすることは不可能だから）や、その他再建決議ができないと認められる顕著な事由があるときは、例外的に分割請求ができる（同法6条1項ただし書）。

4　正しい。 敷地共有者等集会において敷地売却決議をするときは、①売却の相手方となるべき者の氏名又は名称、②売却による代金の見込額を定めなければならない（同法5条2項）。

 肢1について。政令指定災害により区分所有建物が全部滅失した場合に規約を定めることができないのは、被災マンション法に基づく措置は、再建決議や敷地売却決議が行われるまでの間の暫定的な管理を目的とするものであり、継続的な管理等を行うための規約は必要ないからである。

✔ チェック□□□

問12　民法（時効）　　正解 2　　重要度 ★★★

1　誤り。 訴訟が提起され確定判決によって権利が確定したときは時効が更新されるが、訴えの却下（不適法な訴えとして、請求の中身を審理することなく、門前払いされること）又は取下げ（訴えを提起した者が、自ら請求を取り下げること）があった場合には、時効更新の効力を生じない（民法147条）。

2　正しく正解。 消滅時効が完成しているにもかかわらず、滞納額全額を支払う旨の承認書を差し入れる行為は、客観的に見ると、時効を援用するつもりがないと思われる行動であり、相手方もそう考えるであろうから、信義則上、その後に時効を援用することを認めるべきでは

ない（最大判昭41.4.20）。

3 誤り。 破産者に対して債権を有する者が、破産の配当に加入するために破産債権として届出をして破産手続に参加したときは、その債権について時効の完成猶予の効力が生じる（同法147条1項4号）。

4 誤り。 時効の完成猶予事由である「催告」とは、債務者に対して履行を請求する債権者の意思の通知をいい、一般的には裁判外の請求がこれに該当する（同法150条）。内容証明郵便によらない請求であっても、裁判外の請求であることには変わりがないから、「催告」に該当し、時効の完成猶予の効力が生じる。

+アルファ　肢2について。時効の完成を知らないで債務を承認した場合でも、時効の援用が認められないのだから、時効の完成を知ったうえで債務の承認をした場合は、当然ながら時効の援用は認められないこともあわせて押さえておいてほしい。

✔ チェック□□□

問 **13**　**民法（賃貸借）**　　正解 **1**　重要度 ★★★

1 正しく正解。 賃借人が賃貸人の承諾を得ずに転貸をし、第三者に賃貸借の目的物を使用させたときは、賃貸人は、賃貸借契約を解除することができるのが原則である（民法612条2項）。しかし、無断転貸等があったとしても、その行為が賃貸人に対する背信的行為と認めるに足らない特段の事情があるときは、解除権は発生しないとされている（最判昭28.9.25）。

2 誤り。 賃貸人の承諾を得て転貸が行われた場合は、賃貸人と賃借人の間の賃貸借関係が存続したまま、別途、転貸人（賃借人）と転借人の間に転貸借契約関係が生まれる。したがって、転借人は転貸人に賃料を支払い、賃借人は賃貸人に賃料を支払うことになる。しかし、結局、賃貸人に賃料が支払われるなら、賃貸人が転借人から直接、賃料を回収した方が話が早いともいえる。そこで、本来、賃貸人と転借人との間には契約関係はないのだが、転借人は、賃貸人と賃借人（転貸人）との間の賃貸借に基づく賃借人の債務の範囲を限度として、賃貸

人に対して転貸借に基づく債務を直接履行する義務を負うとされている（同法613条1項）。

3 誤り。 賃貸人に無断で転貸借が行われたとしても、その転貸借契約が無効とされるわけではない。肢1の解説で述べたとおり、転貸が賃貸人に無断で行われた場合、賃貸人は賃貸借契約を解除することができるが、解除しなければ、転貸借契約は有効なものとして存続する。

4 誤り。 賃借人は、賃貸借契約に基づき賃借権を有するからこそ、目的物を第三者に転貸できるといえる。したがって、本来であれば、賃貸借契約関係が消滅すると、転貸借関係も終了せざるを得ない関係にある。しかし、賃貸借契約が賃貸人と賃借人の合意によって解除された場合は、そのことを転借人に対抗することができず、転借人の転借権は失われない（同法613条3項）。これを認めると、賃貸人と賃借人がその気になれば、いつでも転借人を追い出せることになり、転借人の権利が不当に害されるからである。

 肢1で述べたことは、賃借人が賃借権を第三者に譲渡した場合にも、そのまま当てはまる。

✔ チェック□□□

問 14　民法（債務不履行）　　正解 4　重要度 ★★

1 誤り。 債務者が「任意に」債務の履行をしないときは、債権者は、その強制履行を裁判所に請求することができる（民法414条1項）。債務者の責めに帰すべき事由により履行遅滞が生じていなくても、債務者が「任意に」債務の履行をしないときは、強制履行を請求することができる。

2 誤り。 原則として、相当の期間を定めた催告をしたうえでなければ、履行遅滞を理由にして契約を解除することはできないが（同法541条）、損害賠償を請求するために、相当の期間を定めた催告は必要ない。

3 誤り。 契約の解除と損害賠償請求は、二者択一の関係にはない。契

約を解除したとしても、損害がある以上、別途、損害賠償を請求することができる（同法545条４項）。

4 正しく正解。不動産の売買契約において、売主が当該不動産を二重に譲渡し、買主の一方が登記を得た場合、売主が他方の買主に対して負う当該不動産の所有権を移転すべき債務は、履行不能となる（最判昭35.4.21）。したがって、本肢のＢは、Ａに対し、履行不能を理由として損害賠償を請求することができる（同法415条）。

肢４関連。物質的に履行が不可能になった場合だけでなく、法律的に不可能になった場合も、「履行不能」に該当する。

✔ **チェック**□□□

問 15　民法（総合）　　正解 1　重要度 ★★★

1 誤りで正解。賃貸借には売買の規定が準用されるので（民法559条）、賃貸人は、売主と同様の担保責任を負う。したがって、Ｂは履行の追完を請求することができるので（同法562条１項）、本肢は誤り。なお、賃借人は、担保責任を追及して、損害賠償請求（同法415条）、契約の解除（同法541条、542条）、代金減額請求（同法563条）をすることもできる。

2 正しい。貸主は、使用貸借の目的である物を、使用貸借の目的として特定した時の状態で引き渡すことを約したものと推定される（同法596条、551条）。したがって、本肢では、Ａは、排水管に腐食のある状態で301号室をＢに引き渡すことを約したものと推定される。

3 正しい。各共同相続人は、他の共同相続人に対して、売主と同じく、その相続分に応じて担保の責任を負う（同法911条）。したがって、共同相続人の１人であるＥは、他の共同相続人であるＤに対し、売主と同じく、その相続分に応じて担保の責任を負う。

4 正しい。競売における買受人は、担保責任等を追及して、契約の解除、代金減額請求、損害賠償請求等をすることができるのが原則である（同法568条１項・２項・３項）。ただし、競売の目的物の種類又は

品質に関する不適合については、上記の規定は適用されず（同法568条4項）、買受人は担保責任等を追及することができない。排水管の腐食は、品質に関する不適合であると考えられるので、Fは、Aに対し、損害賠償を請求することができない。

 使用貸借が無償契約であることを考慮して、貸主は目的物を使用貸借の目的として特定した時の状態で引き渡すことを約したものと推定すると定められている（肢2）。

✔ チェック□□□

問 16 民法（抵当権）　　正解 1　重要度 ★★

1　**正しく正解**。物上代位をするためには、払渡し又は引渡しの前に差押えをしなければならない（民法372条、304条）。したがって、すでに支払われた火災保険金に対して、抵当権に基づく物上代位権を行使することはできない。

2　**誤り**。後順位抵当権を設定する際に先順位抵当権者の承諾を得なければならない旨の規定はない。したがって、Bの承諾は不要である。

3　**誤り**。抵当権と所有権との優劣は登記によって決まるので（同法177条）、先に登記を備えたBは、Dに対し抵当権を対抗することができる。したがって、Dは、善意であっても、抵当権設定登記の抹消を請求することができない。

4　**誤り**。競売手続の開始前から使用又は収益をする抵当建物使用者は、その建物の競売における買受人の買受けの時から6カ月を経過するまでは、その建物を買受人に引き渡すことを要しない（同法395条1項1号）。したがって、EはFの買受けの時から6カ月を経過するまで、206号室を引き渡さないことができる。

 抵当権と賃借権の優劣は対抗要件の先後で決まるので、肢4のEは、賃借権を抵当権者Bや買受人Fに対抗することができない。しかし、抵当権が実行されると即時に明け渡さなければならないのでは賃借人に酷なので、引渡し猶予の制度が設けられている。

問17 民法（相続）　正解 2　重要度 ★★★

1　**正しい**。被相続人の子は相続人になるが（民法887条1項）、子が相続の開始以前に死亡していたときは、その者の子（被相続人の孫）が代襲して相続人となる（同法887条2項）。また、被相続人の配偶者も相続人となる（同法890条）。したがって、本肢ではB及びDが共同相続人となる。

2　**誤りで正解**。相続放棄の場合、代襲相続しない（同法887条2項参照）。したがって、本肢では、Dは代襲相続しないので、Bのみが相続人となる。

3　**正しい**。相続欠格の場合、代襲相続する（同法887条2項）。したがって、本肢ではB及びDが共同相続人となる。

4　**正しい**。子の代襲者が、相続の開始以前に死亡していたときは、その者の子が代襲する（再代襲。同法887条3項）。したがって、C及びDがAより先に死亡していた本肢では、Eが再代襲するので、B及びEが共同相続人となる。

> 子の場合には再代襲があるが（肢4）、兄弟姉妹の場合には再代襲しない。たとえば、被相続人Aの弟Xが相続人になるはずの場合に、Xがすでに死亡しているときは、Xの子Y（Aの甥姪）が代襲相続するが、Yも死亡しているときは、Yの子Z（Aの甥姪の子）は再代襲しない。

問18 不動産登記法（区分建物の登記）　正解 4　重要度 ★★★

1　**誤り**。敷地権である旨の登記をした土地には、原則として、敷地権を目的とする担保権（一般の先取特権、質権又は抵当権をいう）に係る権利に関する登記をすることができない（不動産登記法73条2項本文・1項かっこ書）。しかし、本肢では敷地権が地上権であるので、

所有権を目的とする抵当権の設定の登記をすることができる。

2　誤り。 敷地権付き区分建物には、当該建物のみを目的とする担保権に係る権利に関する登記をすることができないが（同法73条3項）、ここでの担保権とは一般の先取特権、質権又は抵当権をいうので（同法73条1項かっこ書）、不動産の先取特権は含まれない。したがって、不動産の先取特権に係る権利に関する登記をすることができないとする本肢は誤り。

3　誤り。 敷地権付き区分建物には、原則として、当該建物のみの所有権の移転を登記原因とする所有権の登記をすることができず（同法73条3項本文）、敷地権である旨の登記をした土地には、原則として、敷地権の移転の登記をすることができない（同法73条2項本文）。区分建物と敷地権とをそれぞれ別の相続人とする相続を原因とする所有権の移転登記は、これらの規定に反するので、することができない。

4　正しく正解。 敷地権である旨の登記をした土地についても、土地が敷地権の目的となった後にその登記原因が生じたもの（分離処分禁止の場合を除く）についての登記をすることはできる（同法73条2項ただし書）。本肢の場合、既に区分建物に登記されている抵当権と同一の債権を担保する抵当権の設定登記なので、分離処分禁止の場合に該当しない。したがって、本肢のような登記をすることができる。つまり、いわば土地にも建物と同じような抵当権を付けた旨の登記なので、分離処分禁止の趣旨に反しないのである。

　一般の先取特権は、債務者の総財産を目的物とする先取特権である。これに対し、不動産の先取特権（肢2）は、特定の不動産を目的物とする先取特権であり、一般の先取特権とは別の権利である。

✔チェック□□□

問19　マンション建替え円滑化法　　正解 2　重要度 ★★★

ア　誤り。 分配金取得計画について認可を申請しようとするときは、分配金取得計画について、あらかじめ、総会の議決を経なければならな

いが（マンション建替え円滑化法141条2項）、その議事は、出席者
の議決権の過半数で決する（同法129条前段、130条参照）。したがっ
て、各4分の3以上の特別の決議とする本肢は誤り。

イ　誤り。分配金取得計画について認可を申請しようとする場合、売却
マンションの敷地利用権が賃借権であるときは、原則として売却マン
ションの敷地の所有権を有する者の同意を得なければならないが（同
法141条2項本文）、売却マンションについて賃借権を有する者の同
意を得なければならない旨の規定はない。

ウ　正しい。分配金取得計画においては、本肢のような者の受ける損失
の額を定めなければならない（同法142条1項5号・4号、155条）。

エ　正しい。分配金取得計画においては、組合員が取得することとなる
分配金の価額を定めなければならない（同法142条1項3号）。

以上により、正しいものは**ウ**、**エ**の二つであるから、**2**が正解である。

　ア関連。マンション敷地売却組合の総会において、組合員の
議決権及び敷地利用権の持分の価格の各4分の3以上で決す
るのは、政令で定める重要な事項（事業に要する経費の分担
に関する事項の変更、総代会の新設又は廃止）と組合の解散
である。

✔ **チェック**□□□

問20　都市計画法（地域地区）　　**正解 2**　　重要度 ★★★

1　誤り。特定用途制限地域は、用途地域が定められていない土地の
区域（市街化調整区域を除く）内において、その良好な環境の形成又
は保持のため当該地域の特性に応じて合理的な土地利用が行われるよ
う、制限すべき特定の建築物等の用途の概要を定める地域である（都
市計画法9条15項）。用途地域内の一定の地区に定めるのではない。

2　正しく正解。特定街区は、市街地の整備改善を図るため街区の整備
又は造成が行われる地区について、その街区内における建築物の容積
率並びに建築物の高さの最高限度及び壁面の位置の制限を定める街区
である（同法9条20項）。

3　誤り。高度利用地区は、用途地域内の市街地における土地の合理的かつ健全な高度利用と都市機能の更新とを図るため、建築物の容積率の最高限度及び最低限度、建築物の建蔽率の最高限度、建築物の建築面積の最低限度並びに壁面の位置の制限を定める地区である（同法9条19項）。建築物の高さの最高限度及び最低限度を定めるのではない。

4　誤り。準都市計画区域では、用途地域、特別用途地区、特定用途制限地域、高度地区、景観地区、風致地区、緑地保全地域、伝統的建造物群保存地区を定めることができる（同法8条2項）。

平成30年の都市計画法改正で、田園住居地域が用途地域に加わった。田園住居地域とは、農業の利便の増進を図りつつ、これと調和した低層住宅に係る良好な住居の環境を保護するため定める地域であるが、建築基準法では、用途規制のほか、外壁後退、建築物の高さの限度、容積率、建蔽率制限がある。

✔チェック□□□

問21　建築基準法（小問集合）　　正解 **4**　重要度 ★★★

1　正しい。昇降機の所有者（所有者と管理者が異なる場合は管理者）は、国土交通省令で定めるところにより、定期に、一級建築士若しくは二級建築士又は建築設備等検査員資格者証のうち昇降機等検査員資格者証の交付を受けている者（建築設備等検査員）に検査（損傷、腐食その他の劣化の状況の点検を含む）をさせて、その結果を特定行政庁に報告しなければならない（建築基準法12条3項）。

2　正しい。共同住宅の各戸の界壁は、小屋裏又は天井裏に達するものとするほか、その構造を遮音性能（隣接する住戸からの日常生活に伴い生ずる音を衛生上支障がないように低減するために界壁に必要とされる性能をいう）に関して政令で定める技術的基準に適合するもので、国土交通大臣が定めた構造方法を用いるもの又は国土交通大臣の認定を受けたものとしなければならない（同法30条）。

3　正しい。防火地域又は準防火地域内にある建築物で、外壁が耐火構

造のものについては、その外壁を隣地境界線に接して設けることができる（同法63条）。

4　誤りで正解。一定の建築物では、その居室及び居室から地上に通ずる廊下、階段その他の通路等で照明装置の設置を通常要する部分には、非常用の照明装置を設けなければならないが、共同住宅の住戸については、その適用が除外されている（同法施行令126条の４第1号）。

本問では、４肢とも出題歴のある基本的な出題である。建築基準法は同じ論点がよく出題され、施行令については避難に関連する出題が多い。このため、過去問出題歴のあるものについては確実に正誤が判定できるようにしておかなければならない。

✔ チェック□□□

問22　水道法（貯水槽水道）　　正解 3　　重要度 ★★★

1　正しい。貯水槽水道とは、水道事業の用に供する水道及び専用水道以外の水道であって、水道事業の用に供する水道から供給を受ける水のみを水源とするものをいう（水道法14条2項5号）。

2　正しい。水道事業者は、貯水槽水道に関し、その供給規程において、貯水槽水道の設置者の責任に関する事項として、貯水槽水道の管理責任及び管理の基準が、適正かつ明確に定められていなければならない（同法14条2項5号、同法施行規則12条の5第2号イ）。

3　誤りで正解。貯水槽水道のうち、受水槽の有効容量が10㎥を超えるものを簡易専用水道という。簡易専用水道の設置者は、国土交通省令で定める基準に従い、その水道を管理しなければならない（同法3条7項、34条の2第1項、同法施行令2条）。しかし、受水槽の有効容量が10㎥以下のものについてはこの規定は適用されない。有効容量が10㎥以下の貯水槽水道に関しては市町村等の条例によって規制される。

4　正しい。簡易専用水道の設置者は、水槽の掃除を1年以内ごとに1

回、定期に、行わなければならない（同法34条の2第1項、同法施行規則55条1号）。

 貯水槽水道は、ビルやマンション等の建物内に設置されている受水槽以降の給水設備の総称である。受水槽の有効容量が10㎥を超えるものを簡易専用水道という。10㎥以下のものの定期検査・報告、清掃は水道法では定めていないが、市町村の条例や給水施設指導要綱で定められていることがある。

✔ チェック□□□

問23 消防法
（消防用設備等の点検等）　　正解 3　　重要度 ★★★

1　**正しい。**甲住宅は、延べ面積1,000㎥以上の非特定防火対象物で消防長又は消防署長が指定したものであり、関係者（所有者、管理者又は占有者）は、設置した消防用設備等を、消防設備士免状の交付を受けている者又は消防設備点検資格者に、定期的に点検をさせなければならない（消防法17条の3の3、同法施行令36条2項2号、別表第1（五）項ロ）。

2　**正しい。**乙住宅は、延べ面積1,000㎥未満の共同住宅で、その関係者は自ら消防用設備等を点検し、その結果を消防長又は消防署長に報告しなければならない（同法17条の3の3）。

3　**誤りで正解。**甲住宅については、その関係者は、3年に1回、消防用設備等の点検の結果を消防長又は消防署長に報告しなければならない（同法施行規則31条の6第3項2号）。

4　**正しい。**乙住宅については、消防長又は消防署長は、消防用設備等が設備等技術基準に従って設置され、又は維持されていないと認めるときは、乙住宅の関係者で権原を有するものに対し、当該設備等技術基準に従ってこれを設置すべきこと、又はその維持のため必要な措置をなすべきことを命ずることができる（同法17条の4第1項）。

本問では、消防用設備等の点検が出題されているが、消防用設備等とは、消防の用に供する設備、消防用水及び消火活動上必要な施設の総称である。一般的には、消火器などの消火設備、自動火災報知設備などの警報設備、避難はしごなどの避難設備がある。

✔ チェック□□□

問24 **防犯に配慮した共同住宅に係る設計指針** 正解 3 重要度 ★★★

1 **適切**。共用廊下・共用階段の照明設備は、極端な明暗が生じないよう配慮しつつ、床面において概ね20ルクス以上の平均水平面照度を確保することができるものとする（防犯に配慮した共同住宅に係る設計指針第3.2(6)共用廊下・共用階段 イ）。

2 **適切**。駐車場の照明設備は、極端な明暗が生じないよう配慮しつつ、床面において概ね3ルクス以上の平均水平面照度を確保することができるものとする（同指針第3.2(8)駐車場 イ）。

3 **不適切で正解**。共用玄関の存する階のエレベーターホールの照明設備は、床面において概ね50ルクス以上の平均水平面照度を確保することができるものとする。なお、その他の階のエレベーターホールの照明設備は、床面において概ね20ルクス以上の平均水平面照度を確保することができるものとする（同指針第3.2(4)エレベーターホール イ）。

4 **適切**。児童遊園、広場又は緑地等の照明設備は、極端な明暗が生じないよう配慮しつつ、地面において概ね3ルクス以上の平均水平面照度を確保することができるものとする（同指針第3.2(10)児童遊園、広場又は緑地等 イ）。

アルファ	人の顔、行動を明確に識別できる程度以上の照度	10m先の人の顔、行動が明確に識別でき、誰であるか明確にわかる程度以上の照度をいい、平均水平面照度（床面又は地面における平均照度。以下同じ）が概ね50ルクス以上のものをいう。
	人の顔、行動を識別できる程度以上の照度	10m先の人の顔、行動が識別でき、誰であるかわかる程度以上の照度をいい、平均水平面照度が概ね20ルクス以上のものをいう。
	人の行動を視認できる程度以上の照度	4m先の人の挙動、姿勢等が識別できる程度以上の照度をいい、平均水平面照度が概ね3ルクス以上のものをいう。

✔ チェック□□□

問25 標準管理規約（窓ガラス等の改良工事の承認）　正解 **1**　重要度 ★★★

1 **適切で正解。** 区分所有者が理事会の承認を受けて窓ガラス等の改良工事をすることができるのは、管理組合が計画修繕工事である窓ガラス等の改良工事を速やかに実施できない場合である。本肢の場合、管理組合が2カ月後に実施する予定の計画修繕工事に、窓ガラスの改良工事が含まれているので、理事会は、申請をした区分所有者に対して、不承認の旨の回答をすることができる（標準管理規約22条2項・3項、17条3項）。

2 **不適切。** 窓ガラス等の改良工事の承認の申請には、添付書類として、設計図、仕様書及び工程表はあるが、見積書はない（同規約22条3項、17条2項）。

3 **不適切。** 窓ガラス等の改良工事の承認の申請先等は理事長であるが、承認・不承認の判断はあくまで理事会の決議によるものである（同規約コメント第22条関係④）。

4 **不適切。** 既設のサッシへの内窓の増設については、窓ガラス等の改良工事の承認の申請をしなければならない（同規約コメント第22条関係⑥）。

管理組合が窓ガラス等の改良工事を速やかに実施できない場合は（管理組合が計画修繕の対象としていない場合も含む）、あらかじめ理事長に申請して書面による承認（建物の外観や躯体への影響を理事会が検討する必要がある）を受け、区分所有者の責任と負担において実施することができる。

✔ チェック□□□

⑳26 標準管理規約（役員の選任等）

正解 **3**　重要度 ★★★

ア 適切。業務の継続性を重視すれば、役員は半数改選とすることもできる。この場合の役員の任期は2年としている（標準管理規約コメント第36条関係②）。

イ 不適切。選任されたときに組合員であった役員は組合員でなくなった場合はその地位を失うが、選任されたときに組合員でなかった役員についてはこの規定は適用されない（同規約36条4項）。外部の専門家としての役員は専門家としての地位に着目して選任されたのであるから、当該役員が組合員になった場合に、その後組合員でなくなったことを理由として役員の地位も失うというのは相当ではないからである（同規約コメント第36条関係③）。

ウ 不適切。役員は組合員のために誠実にその職務を遂行するものとされているが（同規約37条1項）、役員の解任については、総会の決議を経なければならない（普通決議、同規約48条13号）。理事会の決議で役員を解任できるのではない。

エ 不適切。理事及び監事は総会で選任し、各理事の役職は、理事のうちから理事会で決定する（同規約35条2項・3項）。

以上により、適切でないものは**イ**、**ウ**、**エ**の三つであるから、**3**が正解である。

解説

平成29年度

役員が任期途中で欠けた場合、総会の決議により新たな役員を選任することが可能であるが、規約において、あらかじめ補欠を定めておくことができる旨を規定するなど、補欠の役員の選任方法を定めておくことが望ましい。また、理事会の決議で選任することができると規約に規定することもできる。

✔ チェック□□□

問27 標準管理規約（役員の選任）　正解 1　重要度 ★★

1 **不適切で正解。** 管理組合や現理事長等の間で管理運営に関し裁判中であっても、この事自体が役員の欠格要件に該当するわけではないので、役員候補者から外すべきだとする助言は適切ではない（標準管理規約36条の2）。

2 **適切。** 外部専門家でない役員は、区分所有者でなければならない。禁錮以上の刑に処せられ、その執行を終わった日から5年を経過しない者は役員となれない。B氏は、区分所有者であり、かつ、5年経過しているので、役員候補となることができる（同規約36条の2第2号）。

3 **適切。** 外部専門家を役員とする場合には、選任方法については、細則で定めなければならない。C氏は、細則に定める欠格要件に該当するので、役員候補者から外すべきである（同規約35条4項、同規約コメント第36条の2関係②イ）。

4 **適切。** 破産者で復権を得ない者は役員となることができないが、区分所有者D氏は、復権しているので、役員候補になることができる（同規約36条の2第1号）。

 役員の欠格条項として、他に暴力団員等（暴力団員又は暴力団員でなくなった日から5年を経過しない者をいう）が定められている。

問 28　標準管理規約（議決権）　　正解 **2**　　重要度 ★★

ア　適切。高層マンションの場合、高層階と低層階での眺望等の違いにより住戸の価値に大きな差が出る場合がある。このような価値を考慮して議決権割合を設定する場合には、分譲契約等によって定まる敷地等の共有持分についても、価値割合に連動させることができる（標準管理規約コメント第46条関係③）。

イ　不適切。価値を考慮して議決権割合を設定する場合、前方に建物が建築されたことによる眺望の変化等の各住戸の価値に影響を及ぼすような変化があったとしても、それによる議決権割合の見直しは原則として行わないものとされている（同規約コメント第46条関係③）。

ウ　適切。組合員と同居していない非組合員である親族が、代理人として議決権を行使する場合には、1親等でなければならないが、組合員と同居しているのであれば、1親等である必要はないので、2親等でも議決権行使の代理人となることができる（同規約46条5項2号）。

エ　不適切。議決権行使の代理人を定める場合には、他の組合員を代理人とする場合には、居住している必要はない（同規約46条5項3号）。

以上により、適切なものは**ア**、**ウ**の二つであるから、**2**が正解である。

ウについて。議決権行使の代理人となれる親族は、組合員の住戸に同居する親族であれば、親等を問わず代理人になれるが、同居していない親族であれば、1親等の親族でなければならない。

問 29　標準管理規約（理事会の運営及び議事）　　正解 **3**　　重要度 ★★★

1　不適切。理事は、理事会に出席して、議論に参加し、議決権を行使することが求められるので、理事の代理出席や議決権の代理行使を認めるには、規約に定める明文の規定が必要である。明文の規定がない場合には、認めることは適当ではない（標準管理規約コメント第53

条関係④）。

2　不適切。外部専門家等の当人の個人的資質や能力に着目して選任されている理事については、代理出席を認めることは適切ではない（同規約コメント第53条関係③）。

3　適切で正解。理事会が正式な招集手続に基づき招集され、理事の半数以上の出席があれば理事会を開催できる（同規約53条１項）。監事の出席が開催要件になっているわけではない（同規約コメント第41条関係②）。

4　不適切。理事会で専有部分の修繕に係る申請に対する承認又は不承認の決議を行う場合、申請数が多いことが想定され、かつ、迅速な審査を要するものであることから、理事の過半数の承諾があれば、書面又は電磁的方法による決議を可能としている（同規約53条２項、同規約コメント第53条関係⑥）。

 肢１について。理事会に出席できない理事について、インターネット技術によるテレビ会議等での理事会参加や議決権行使を認める旨を、規約において定めることも考えられる。

✔チェック□□□

問30　標準管理規約（理事長の職務）　**正解 1**　**重要度 ★★★**

1　適切で正解。理事長は、理由を付した書面による利害関係人の請求があれば、大規模修繕工事の実施状況、今後の実施予定に関する情報を記載した書面を交付することができる（標準管理規約64条３項、同規約コメント第64条関係⑤）。

2　不適切。総会議事録は保管場所を掲示しなければならないが（同規約49条４項）、理事会議事録や会計帳簿については、保管場所を掲示する必要はない（同規約53条４項、49条）。

3　不適切。理事長は、会計帳簿を作成して保管し、組合員又は利害関係人の理由を付した書面による請求があったときは、これらを閲覧させなければならない（同規約64条１項）。

4　不適切。規約が、規約原本の内容から総会決議により変更されてい

るときは、理事長は、1通の書面に、現に有効な規約の内容と、その内容が規約原本及び規約変更を決議して総会の議事録の内容と相違ないことを記載し、署名押印した上で、この書面を保管する（同規約72条3項）。

 理事長は、総会議事録を保管し、保管場所の掲示をしなければならない。また、理事長は、理事会議事録を保管しなければならないが、保管場所を掲示する必要はない（肢2）。

✔ チェック□□□

解説
平成29年度

問 31 標準管理規約（理事会の決議等）　正解 2　重要度 ★★★

ア 単独で行うことができる。 長期修繕計画書、設計図書及び修繕等の履歴情報の保管には、理事会の決議又は承認は不要である（標準管理規約64条2項）。

イ 単独で行うことができる。 災害等の緊急時における敷地及び共用部分等の必要な保存行為には、理事会の決議又は承認は不要である（同規約21条6項）。

ウ 単独で行うことができない。 他の理事に、その職務の一部を委任するには、理事会の決議が必要である（同規約38条5項）。

エ 単独で行うことができない。 臨時総会の招集には、理事会の決議が必要である（同規約42条4項）。

以上により、単独で行うことができるのは**ア**、**イ**の二つであるから、**2**が正解である。

 イ以外の場合は、理事長の書面による承認がないと、敷地及び共用部分等の保存行為を行うことはできないのが原則である。

✔ チェック□□□

問 32 標準管理委託契約書　正解 2　重要度 ★★★

1 不適切。 標準管理委託契約書によれば、甲は、乙に管理事務を行わ

せるために不可欠な管理事務室等を無償で使用させるものとしている（標準管理委託契約書7条1項）。また、管理事務を実施するのに必要な水道光熱費、通信費、消耗品費等の諸費用の負担は、甲が負担する（同契約書6条4項）。

2　**適切で正解**。乙は、管理事務を行うために必要なときは、甲の組合員及びその所有する専有部分の占有者に対し、甲に代わって、有害行為の中止を要求することができる（同契約書11条1項3号）。

3　**不適切**。乙は、甲の会計に係る帳簿等を整備、保管する。乙は、これらの帳簿等を、甲の通常総会終了後、遅滞なく、甲に引き渡さなければならない。事業年度終了後ではない（同契約書別表第1.1（2）⑤）。

4　**不適切**。管理規約が電磁的記録によって作成されている場合には、記録された情報の内容を書面に表示して、又は電磁的方法により提供する（同契約書14条1項、同契約書コメント第14条関係④）。書面に表示して提供することもできるので不適切である。

アルファ　肢4について。マンション管理業者は、管理規約の提供等を行う相手方から、費用を受領することができる。

✔チェック□□□

問33　標準管理規約（理事会の決議等）　　正解 **4**　　重要度 ★★★

1　**総会の決議が必要**。駐車場及び専用使用部分を除く敷地及び共用部分等の一部について、第三者に使用させるには、総会の決議が必要である（標準管理規約16条2項）。

2　**総会の決議が必要**。役員活動費の額及び支払方法を定めるには、総会の決議が必要である（同規約48条2号）。

3　**総会の決議が必要**。理事会の運営について細則を定めるには、総会の決議が必要である（同規約48条4号）。

4　**理事会の決議によりできるので正解**。規約に違反した区分所有者に対し、差止訴訟を提起するには、理事会の決議で行うことができる

（同規約67条3項）。

肢1について。契約の相手方が暴力団員である場合には、専有部分を貸与してはならないし、暴力団員であることが判明した場合には、催告なしで契約を解除できる点に注意が必要である。

✔ チェック□□□

問34 会計（仕訳）　　正解 **2**　　重要度 ★★★

1　**不適切**。月次で発生主義の原則により会計処理するため、平成28年2月から平成29年2月までの13カ月分・39万円は、管理費収入ではなく、未収金の入金として処理し、平成29年3月1カ月分・3万円は管理費収入として計上することが適切である。

2　**適切で正解**。平成28年2月から平成29年2月までの13カ月分・39万円を未収金の入金に、平成29年3月1カ月分・3万円を管理費収入に、平成29年4月1カ月分・3万円を前受金に計上しており、適切である。

3　**不適切**。未収金の入金とすべき金額は、平成28年2月から平成29年2月までの13カ月分・39万円であり、また前受金として計上すべき金額は、平成29年4月1カ月分・3万円が適切である。

4　**不適切**。未収金の入金とすべき金額は、平成28年2月から平成29年2月までの13カ月分・39万円、管理費収入に計上すべき金額は平成29年3月1カ月分・3万円、また前受金として計上すべき金額は、平成29年4月1カ月分・3万円が適切である。

最初に正しい仕訳を書き出して、各肢と比べて検討しよう。

問 35　会計（決算）　　正解 4　重要度 ★★★

1　**不適切**。平成29年３月17日に実施したエレベーター点検費用は、支払が平成29年４月10日であっても、発生主義の原則により平成28年度の委託業務費として計上することが適切であるため、委託業務費の平成28年度に減少した理由として、適切でない。

2　**不適切**。次期繰越収支差額は、前期繰越収支差額に当期収支差額を加えたものである（「次期繰越収支差額」＝「前期繰越収支差額＋当期収支差額」）。設問の比較収支報告書に基づき、各年度の当期収支差額は、平成26年度が45,000円、平成27年度が37,000円、平成28年度が68,000円となる。そして、平成28年の前期繰越収支差額は372,000円であり、平成28年度の次期繰越収支差額は440,000円となるため、適切でない。

3　**不適切**。滞納金が発生しても、発生主義の原則により、滞納分も平成28年度の駐車場使用料収入に計上することが適切であるため、平成28年度の駐車場使用料収入の減少理由として、適切でない。

4　**適切で正解**。発生主義の原則により、平成29年度の管理費が平成29年３月24日に入金した場合は前受金として計上し、平成28年度の管理費収入には計上しないため、適切である。

発生主義の原則により処理するため、入出金した時点ではなく、発生した時点で計上することに注意しよう。

問 36　マンションの建物の調査・診断　　正解 4　重要度 ★★★

1　**不適切**。クラックスケールは、コンクリートのひび割れの幅や長さを測定する調査に用いるが、その深さを測定する調査に用いるものではない。

2　**不適切**。外壁タイルの浮きの調査は、赤外線法（建物の外壁タイル

又はモルタル仕上げ等の剥離部と健常部との熱伝導の違いによる温度差を赤外線映像装置によって測定し、タイルやモルタル面の浮き等の程度の調査に有効）により行う。なお、タッピングマシンは、床衝撃音レベルの測定に用いる。

3　不適切。電磁波レーダ法は、コンクリート中の鉄筋の位置とかぶり厚さを計測する調査に用いる。なお、給排水管の劣化状況の調査は内視鏡調査で行うことが有効である。

4　適切で正解。仕上塗材の白亜化（チョーキング）の程度の調査を無色透明な市販の粘着テープを用いて行うことは有効な方法といえる。

 肢4の仕上塗材の白亜化（チョーキング）は、仕上塗材の表面が粉状になる現象をいう。

✔ チェック□□□

問37　マンションの維持・保全　　正解 1　重要度 ★

1　誤りで正解。マンション管理適正化法によれば、宅地建物取引業者は、管理組合の管理者等に対し、自ら売主として分譲マンションの建物又はその附属施設の設計に関する図書で一定のものを交付しなければならない（マンション管理適正化法103条1項）とされているが、そのなかに、建築基準法6条に規定される確認申請に用いた設計図書は含まれていない（同法施行規則102条）。

2　正しい。建築基準法8条2項に規定されている建築物の維持保全に関する計画には、維持保全の実施体制や資金計画等を定めることとされている（建築物の維持保全に関する準則又は計画の作成に関し必要な指針（令和元年6月21日国土交通省告示第199号））。

3　正しい。長期優良住宅の普及の促進に関する法律においては、長期優良住宅建築等計画の認定基準として、新築後、増築後又は改築後の維持保全の期間は30年以上と定められている（長期優良住宅の普及の促進に関する法律6条1項5号ロ・6号イ、2条2項）。

4　正しい。品確法の規定による住宅性能表示制度において、鉄筋コン

クリート造の既存住宅の劣化対策等級の評価方法基準には、コンクリートの中性化深さ及びコンクリート中の塩化物イオン量が含まれている（劣化対策等級の評価方法基準・資料3－1）。

肢1について。宅地建物取引業者が、管理組合の管理者等に交付しなければならない一定の設計図書のなかには、建築基準法6条に規定される確認申請に用いた設計図書は含まれていない。

✔ チェック□□□

問38 マンションの外壁の補修工事 正解 4 重要度 ★★★

1 **適切**。外壁パネル等の目地のシーリング材の補修は、シーリング再充填工法（既存のシーリング材を除去して新規のシーリング材を施工する打替え工法）が一般的である。

2 **適切**。モルタル塗り仕上げ部分に発生している幅が1.0㎜を超えるひび割れで、ひび割れ幅が変動する場合の補修は、Uカットシール材充填工法とし、その際、充填材にシーリング材を用いるのが一般的である。

3 **適切**。外壁複合改修構工法（ピンネット工法）は、建築物における外壁等の既存の仕上げ層の上に、金属製のアンカーピンによる仕上げ層の剥落防止と繊維ネットによる既存仕上げ層の一体化により安全性を確保する工法である。

4 **不適切で正解**。コンクリート部分に発生しているひび割れの補修工事で樹脂注入工法を行う場合、注入する圧力は、幅の狭いひび割れから広いひび割れまで対応できるように、低圧（高圧ではない）とすることが一般的である。

肢4のコンクリートのひび割れ補修工事で、樹脂注入工法を行う場合、一般的には「自動低圧式エポキシ樹脂注入工法」が用いられることが多い。

問 39 **長期修繕計画作成ガイドライン及びコメント等** 　**正解** 4 　**重要度** ★★★

1 **適切。**2012年に見直した長期修繕計画を大規模修繕工事が完了した2017年に再度見直し、2047年までの計画を作成（計画期間が30年となる）したことは、長期修繕計画期間が、30年以上とされていることから適切である（長期修繕計画作成ガイドライン3章1節5）。

2 **適切。**新築時に計画期間を30年とした場合において、修繕周期が計画期間を上回る場合、「修繕周期に到達しないため推定修繕工事費を計上していない」旨を明示したことは適切である（同ガイドラインコメント3章1節6）。

3 **適切。**大規模修繕工事の実施の時期を長期修繕計画による実施時期とすることは、おおよその目安である。したがって、大規模修繕工事を実施する際は、建物及び設備の現状、修繕等の履歴などの調査・診断を行い、その結果に基づいて判断したことは適切である（同ガイドラインコメント2章1節2二）。

4 **不適切で正解。**20階未満のマンションにおける専有面積当たりの長期修繕積立金の額の平均値は、5,000㎡未満の場合、335円/㎡・月、5,000㎡以上～10,000㎡未満の場合、252円/㎡・月、10,000㎡以上～20,000㎡未満の場合、271円/㎡・月、20,000㎡以上の場合、255円/㎡・月となり、建築延床面積が大きいほど高くなる傾向にあるとはいえない（マンションの修繕積立金に関するガイドライン3(2)②）。

> ＋アルファ 肢4について。20階未満のマンションにおける専有面積当たりの長期修繕積立金の額の平均値は、建築延床面積が大きいほど低くなる傾向にあるともいえない。

問 40 **マンションの構造** 　**正解** 3 　**重要度** ★★★

1 **適切。**ラーメン構造は、柱と梁をしっかり固定（剛接合）して建物

の骨組みを構成し、荷重及び外力に対応する構造形式であり、構造耐力を増すために耐力壁（耐震壁ともいう）を設ける場合もある。なお、一般的には、耐震壁をラーメンフレームに包含した耐震壁付きラーメン構造が最も多く見受けられる。

2　適切。壁式構造は、鉄筋コンクリートの壁及び床を一体にして構成し、荷重及び外力に対応する構造形式であり、壁の多い中低層の建物に採用されることが多い。

3　不適切で正解。鉄筋コンクリート構造は、鉄筋とコンクリートのそれぞれの長所を活かすように合理的に組み合わせた構造形式であり、施工現場において鉄筋及び型枠を組み立て、コンクリートを打つ必要があるが、工業化したプレキャストコンクリートを用いたPC構造もあり、必ずしも工業化されていないとはいえない。

4　適切。鉄骨構造は、外力に対して粘り強い構造形式であるが、耐火被覆や防錆処理が必要となるだけではなく、鉄筋コンクリート構造に比べて揺れが大きくなりやすい。なお、鉄筋コンクリート構造に比べて一般的に、耐火性、遮音性、耐振動性が劣るといえる。

 肢3について。鉄筋コンクリート構造は、必ずしも工業化されていないとはいえない。

✔チェック□□□

問41 マンションの室内環境（断熱・遮音等）　正解 1　重要度 ★★

1　不適切で正解。居室に設ける窓その他の開口部の採光に有効な部分の面積の算定方法は、開口部が設置されている壁面の方位により影響を受けない（建築基準法施行令20条）。なお、住宅の居室には、採光のための窓その他の開口部を設け、その採光に有効な部分の面積は、その居室の床面積に対して、7分の1以上としなければならない。

2 適切。低放射複層ガラス（Low-E 複層ガラス）
は、中空層側のガラス面に特殊な金属膜をコー
ティングしたものをいう。金属膜を室内側ガラス
にコーティングするよりも、屋外側ガラスにコー
ティングしたほうが断熱効果が上がる。

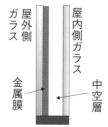

3 適切。マンションにおける騒音は、隣接する住
戸からだけでなく、共用廊下、エレベーター、設備配管からも生じる
ので、これらの騒音にも遮音対策を行うように配慮する必要がある。

4 適切。部屋を仕切る壁などに使用する内装材としての石膏ボード
は、防火性能だけでなく遮音性能も有している。

 遮熱とは、太陽の直射熱が窓面を突き抜けて部屋に侵入する
のを防止することをいう。熱は温度の高い方から低い方へ移
動する性質があるが、この移動する熱そのものを減少させる
ことを断熱という。

✔ チェック□□□

問42 建築物のエネルギー消費
性能の向上に関する法律 　**正解 4**　重要度 ★

1 正しい。特定建築物とは、非住宅部分の床面積の合計が300㎡以上
のものをいう（建築物のエネルギー消費性能の向上に関する法律11
条1項、同法施行令4条1項）。したがって、住宅専用マンションは、
特定建築物以外の建築物である。特定建築物以外の建築物で、増築又
は改築の床面積の合計が300㎡以上であれば、建築物のエネルギー
消費性能の確保のための計画を、工事に着手する日の21日前までに
所管行政庁に届け出なければならない（同法19条1項、同法施行令
7条2項）。

2 正しい。建築主は、建築物の新築、増築若しくは改築、建築物の修
繕若しくは模様替又は建築物への空気調和設備等の設置若しくは建築
物に設けた空気調和設備等の改修をしようとする建築物について、建
築物の所有者、管理者又は占有者は、その所有し、管理し、又は占有
する建築物について、エネルギー消費性能の向上を図るよう努めなけ

ればならない（同法6条）。

3　正しい。建築物の所有者は、所管行政庁に対し、当該建築物について建築物エネルギー消費性能基準に適合している旨の認定を申請することができる（同法41条1項）。この申請は、エネルギー消費性能の向上のための修繕等をしなくても可能である。

4　誤りで正解。建築物エネルギー消費性能基準に適合する建築物を新築する場合、一定の面積を延べ面積に算入しないという容積率の特例が適用されるが、高さ制限の特例はない（同法40条）。

 肢1について。住宅専用マンションは、特定建築物以外の建築物に該当する。21日前までに届出をしなければならない事由を覚えなければならない。

✔ チェック□□□

（問）**43　マンションの給水設備**　　正解 **1**　　重要度 ★★★

1　不適切で正解。さや管ヘッダー工法では、専有部分に設置する配管としては、軟質の水道用架橋ポリエチレン管等を使用するのであって、水道用硬質塩化ビニルライニング鋼管を使用するのではない。

ヘッダー

さや管

水道用架橋ポリエチレン管

2　適切。水道直結増圧方式において、水道本管が負圧となった場合、水が逆流し、衛生上の危害を生じるおそれがあるので、逆流防止装置を設ける。

3　適切。ポンプ直送方式では、水道本管から引き込んだ水を受水槽に貯めて、そこから、ポンプで直接、各住戸に給水する方式で、高置水槽は設置する必要がない。

4　適切。ウォーターハンマーを防止するには、給水管内の流速を1.5〜2.0m/sとし、ウォーターハンマー防止装置を水栓の近くに設置す

るとよい。

アルファ

肢3関連。高置水槽が設置される給水方式は、高置水槽方式（重力方式）だけである。

✔ チェック□□□

問 **44** **マンションの設備** 正解 **3** 重要度 ★★

1 **適切**。一般的に、マンションの受水槽の有効容量は、1日の使用量の2分の1程度で設計されている。

2 **適切**。1号消火栓は、2人以上でないと消火活動がスムーズにできないが、2号消火栓は、1人でも容易に消火活動ができる。

3 **不適切で正解**。逆わんトラップは、台所の流しではなく、洗濯機等の排水を受ける箇所に設けられる。

4 **適切**。地震によりエレベーターが途中で停止し、エレベーター内に閉じ込められるのを防止するため、エレベーターに地震時等管制運転装置を設置するのは適切である。この装置は、初期微動（P波）を検知したら、自動的に、かごが出入口の位置に停止し、かごから脱出できるようにする安全装置である（建築基準法施行令129条の10第3項2号）。

アルファ

肢4について。建築基準法によれば、エレベーターには安全装置として戸開走行保護装置及び地震時等管制運転装置の設置義務が課せられている。

✔ チェック□□□

問 **45** **マンションの設備の保守点検** 正解 **1** 重要度 ★★

1 **不適切で正解**。排水管の掃除口は、排水の流れの方向又は流れと反対方向に開口するように設けるのが適切である。

2　適切。機械式立体駐車場の安全対策に関するガイドライン（国土交通省発表）によれば、装置が正常で安全な状態を維持できるよう、機種、使用頻度等に応じて、1～3カ月以内に1度を目安として、専門技術者による点検を受けるべきであるとしている。

3　適切。誘導灯や屋内消火栓設備等の消防用設備の機器点検は、6カ月に1回実施する。総合点検は1年に1回実施する。

4　適切。POG契約は、定期点検、管理仕様書に定める消耗品の交換は行うが、それ以外の部品の取替えや修理等は別途契約となる。

 肢4について。エレベーターの保守点検契約には、フルメンテナンス契約と POG契約があり、それぞれの特徴を押さえよう。

✔ チェック□□□

問46　マンション管理適正化基本方針　正解2　重要度★★

ア　適切。管理組合の自立的な運営は、マンションの区分所有者等の全員が参加し、その意見を反映することにより成り立つものである。そのため、管理組合の運営は、情報の開示、運営の透明化等を通じ、開かれた民主的なものとする必要がある。また、集会は、管理組合の最高意思決定機関である（マンション管理適正化基本方針三2（1））。

イ　適切。長期修繕計画の策定及び見直しにあたっては、「長期修繕計画作成ガイドライン」を参考に、必要に応じ、マンション管理士等専門的知識を有する者の意見を求め、また、あらかじめ建物診断等を行って、その計画を適切なものとするよう配慮する必要がある（同方針三2（5））。

ウ　不適切。管理業務の委託や工事の発注等については、事業者の選定に係る意思決定の透明性確保や利益相反等に注意して、適正に行われる必要があるが、とりわけ外部の専門家が管理組合の管理者等又は役員に就任する場合においては、マンションの区分所有者等から信頼されるような発注等に係るルールの整備が必要である（同方針三2（6））。「説明責任等に注意」ではなく「事業者の選定に係る意思決定の透明性確保や利益相反等に注意」、「管理業者から信頼」ではなく「区分所有者等から信頼」である。

エ　不適切。特に管理費の使途については、マンションの管理と自治会活動の範囲・相互関係を整理し、管理費と自治会費の徴収、支出を分けて適切に運用することが必要である。なお、このように適切な峻別や、代行徴収に係る負担の整理が行われるのであれば、自治会費の徴収を代行することや、防災や美化などのマンションの管理業務を自治会が行う活動と連携して行うことも差し支えない（同方針三2（7））。以上により、適切なものは**ア**、**イ**の二つであるから、**2**が正解である。

　マンション管理適正化基本方針をすべて覚えようとする必要はない。過去問を解いて、その都度基本方針を確認すること。

✔**チェック**□□□

問 **47**　**マンション管理適正化法（マンション管理士）**　正解 **4**　重要度 ★★

1　正しい。国土交通大臣は、マンション管理士が信用失墜行為の禁止の規定に違反したときは、その登録を取り消し、又は期間を定めてマンション管理士の名称の使用の停止を命ずることができる（マンション管理適正化法33条2項、40条）。

2　正しい。国土交通大臣は、マンション管理士が秘密保持義務に違反した場合は、その登録を取り消し、又は期間を定めてマンション管理士の名称の使用の停止を命ずることができる（同法33条2項、42条）。また、1年以下の懲役又は30万円以下の罰金に処する（同法107条1項2号）。

3　正しい。 マンション管理士の登録を取り消された者は、その通知を受けた日から起算して10日以内に、登録証を国土交通大臣に返納しなければならない（同法施行規則30条2項）。

4　誤りで正解。 マンション管理士でない者は、マンション管理士又はこれに紛らわしい名称を使用してはならない。この規定に違反した者は、30万円以下の罰金である（同法109条1項3号）。

罰則に関しては、マンション管理業者には厳しく、マンション管理士には緩やかになっている。

✔ チェック□□□

問48　マンション管理適正化法（マンション管理業者）　正解 3　重要度 ★★★

ア　正しい。 国土交通大臣は、マンション管理業者が業務に関し他の法令に違反し、マンション管理業者として不適当であると認められるときは、1年以内の期間を定めて、その業務の全部又は一部の停止を命ずることができる（マンション管理適正化法82条1号、81条3号）。

イ　正しい。 国土交通大臣は、登録申請者が禁錮以上の刑に処せられ、その執行を終わり、又は執行を受けることがなくなった日から2年を経過しないときは、その登録を拒否しなければならない（同法47条5号）。

ウ　誤り。 国土交通大臣は、マンション管理業者が業務に関し、その公正を害する行為をしたとき、又はその公正を害するおそれが大であるとき、又はこの法律の規定に違反したときは、当該マンション管理業者に対し、必要な指示をすることができる（同法81条2号）。「指示」であり「公告」ではない。

エ　正しい。 国土交通大臣は、マンション管理業の適正な運営を確保するため必要があると認めるときは、その必要な限度で、その職員に、マンション管理業を営む者の事務所その他その業務を行う場所に立ち入り、帳簿、書類その他必要な物件を検査させ、又は関係者に質問させることができる（同法86条1項）。

以上より、正しいものは**ア、イ、エ**の三つであり、**3**が正解となる。

アルファ エに関しては、暗記しておきたいところ。他の肢に関しては、一応条文を確認する程度でよい。

✔ チェック□□□

問 49 マンション管理適正化法
（マンション管理適正化推進センター）

正解 3

重要度 ★★

解説

平成29年度

　マンション管理適正化推進センターは、次に掲げる業務を行うものとする（マンション管理適正化法92条）。

① マンションの管理に関する情報及び資料の収集及び整理をし、並びにこれらを管理組合の管理者等その他の関係者に対し提供すること。

② マンションの管理の適正化に関し、管理組合の管理者等その他の関係者に対し技術的な支援を行うこと。

③ マンションの管理の適正化に関し、管理組合の管理者等その他の関係者に対し講習を行うこと。

④ マンションの管理に関する苦情の処理のために必要な指導及び助言を行うこと。

⑤ マンションの管理に関する調査及び研究を行うこと。

⑥ マンションの管理の適正化の推進に資する啓発活動及び広報活動を行うこと。

⑦ 前各号に掲げるもののほか、マンションの管理の適正化の推進に資する業務を行うこと。

　なお、マンション管理適正化推進センターは、都道府県知事又は市町村長からマンション建替事業又はマンション敷地売却事業に係る技術的援助に関し協力を要請されたときは、当該要請に応じ、協力するものとされている（同法92条の２）。

ア　正しい。上記②である。

イ　正しい。上記④である。

ウ　正しい。上記③である。

エ　誤り。上記⑤は、「マンションの管理」に関する調査及び研究であり、「マンション管理業」ではない。

以上より、正しいものは**ア**、**イ**、**ウ**の三つとなり、**3**が正解である。

 一応条文を確認しておこう。ただし、無理して暗記する必要はない。

問50 マンション管理適正化法（マンション管理業）　正解 1　重要度 ★★★

1 誤りで正解。マンション管理業者の使用人その他の従業者は、正当な理由がなく、マンションの管理に関する事務を行ったことに関して知り得た秘密を漏らしてはならない。マンション管理業者の使用人その他の従業者でなくなった後においても、同様とする（マンション管理適正化法87条）。従業者でなくなったのち5年が経過しても、守秘義務はなくならない。

2 正しい。マンション管理業者は、国土交通省令で定めるところにより、使用人その他の従業者に、その従業者であることを証する証明書を携帯させなければ、その者をその業務に従事させてはならない（同法88条1項）。

3 正しい。マンション管理業者の使用人その他の従業者は、マンションの管理に関する事務を行うに際し、マンションの区分所有者等その他の関係者から請求があったときは、従業者証明書を提示しなければならない（同法88条2項）。

4 正しい。マンション管理業者の登録がその効力を失った場合には、当該マンション管理業者であった者又はその一般承継人は、当該マンション管理業者の管理組合からの委託に係る管理事務を結了する目的の範囲内においては、なおマンション管理業者とみなす（同法89条）。

 肢1について。守秘義務に関しては、他の法律においても、「退職後何年か経てばなくなる」というものはない。墓場まで秘密は持って行けということ。

平成28年度

解答と解説

正解番号一覧

問	正解	問	正解	問	正解	問	正解	問	正解
1	3	11	1	21	2	31	2	41	3
2	1	12	4	22	3	32	1	42	4
3	4	13	2	23	2	33	4	43	2
4	3	14	1	24	2	34	4	44	3
5	2	15	3	25	2	35	3	45	4
6	3	16	3	26	3	36	2	46	3
7	2	17	4	27	2	37	4	47	1
8	1	18	4	28	1	38	2	48	3
9	1	19	1	29	1	39	1	49	2
10	3	20	4	30	3	40	4	50	4

合格基準点 35 点

(問)**1** **区分所有法（共用部分）** 　正解 **3**　重要度 ★★★

1 **誤り**。各共有者は、共用部分をその用方に従って使用することができる（区分所有法13条）。

2 **誤り**。共有者の持分は、その有する専有部分の処分に従う（同法15条1項）。この規定は強行規定であり、規約により変更することはできない。

3 **正しく正解**。各共有者の持分は、その有する専有部分の床面積の割合による（同法14条1項）。この床面積は、壁その他の区画の内側線で囲まれた部分の水平投影面積による（同法14条3項）。これらの規定は、規約で別段の定めをすることを妨げない（同法14条4項）。

4 **誤り**。共用部分の変更（その形状又は効用の著しい変更を伴わないものを除く）は、区分所有者及び議決権の各4分の3以上の多数による集会の決議で決する。ただし、この区分所有者の定数は、規約でその過半数まで減ずることができる（同法17条1項）。過半数まで減ずることができるのは「区分所有者の定数」であり、「議決権割合」ではない。

いずれの肢も頻出分野と言ってよいだろう。この程度の問題は、間違えることはできない。

(問)**2** **区分所有法（管理組合・管理者）** 　正解 **1**　重要度 ★★★

ア **誤り**。3条の団体は、必ずしも法人ではない。

イ **誤り**。区分所有者は、全員で、建物並びにその敷地及び附属施設の管理を行うための団体を構成し、この法律の定めるところにより、集会を開き、規約を定め、及び管理者を置くことができる（区分所有法3条）。集会の開催・規約の設定・管理者の設置は、いずれも任意である。

ウ　正しい。 管理者は、その職務に関し、区分所有者を代理する（同法26条2項）。

エ　誤り。 管理者は、規約により原告又は被告となったときは、遅滞なく、区分所有者にその旨を通知しなければならない（同法26条5項）。通知が必要なのは、「規約」により原告又は被告となった場合である。

以上により、正しいものは**ウ**の一つであるから、**1**が正解である。

いずれの肢も頻出分野である。特に「3条の団体」については、かなり深い学習が必要なので、しっかりと押さえておこう。

✔ **チェック**□□□

（問）**3**　**区分所有法・民法（先取特権）**　　正解 **4**　重要度 ★★★

1　誤り。 区分所有者は、共用部分、建物の敷地若しくは共用部分以外の建物の附属施設につき他の区分所有者に対して有する債権又は規約若しくは集会の決議に基づき他の区分所有者に対して有する債権について、債務者の区分所有権（共用部分に関する権利及び敷地利用権を含む）及び建物に備え付けた動産の上に先取特権を有する。管理者又は管理組合法人がその職務又は業務を行うにつき区分所有者に対して有する債権についても、同様とする（区分所有法7条1項）。報酬は、先取特権では担保されない。

2　誤り。 7条の先取特権は、優先権の順位及び効力については、共益費用の先取特権とみなされ（同法7条2項）、その利益を受けたすべての債権者に対して優先するので（民法329条2項ただし書）、他の一般の先取特権に優越する。

3　誤り。 備え付けられた動産に対しても効力が及ぶ。

4　正しく正解。 7条の先取特権の行使に関しては、民法の即時取得の規定（民法319条、192条）が準用されている（区分所有法7条3項）。

区分所有法7条に関する総合問題である。特に、7条1項の被担保債権（先取特権により担保される債権）については、十分に学習しておこう。

問 **4**　**標準管理規約（管理）**　　正解 **3**　重要度 ★★

ア　**誤り**。敷地及び共用部分等の管理については、管理組合がその責任と負担においてこれを行うものとする（標準管理規約21条1項）。

イ　**正しい**。管理を行う者は、管理を行うために必要な範囲内において、他の者が管理する専有部分又は専用使用部分への立入りを請求することができる（同規約23条1項）。この規定により立入りを請求された者は、正当な理由がなければこれを拒否してはならない（同規約23条2項）。この場合において、正当な理由なく立入りを拒否した者は、その結果生じた損害を賠償しなければならない（同規約23条3項）。

ウ　**正しい**。理事長は、災害、事故等が発生した場合であって、緊急に立ち入らないと共用部分等又は他の専有部分に対して物理的に又は機能上重大な影響を与えるおそれがあるときは、専有部分又は専用使用部分に自ら立ち入り、又は委任した者に立ち入らせることができる（同規約23条4項）。また、立入りをした者は、速やかに立入りをした箇所を原状に復さなければならない（同規約23条5項）。

エ　**正しい**。区分所有者若しくはその同居人又は専有部分の貸与を受けた者若しくはその同居人（以下「区分所有者等」という）が、法令、規約又は使用細則等に違反したとき、又は対象物件内における共同生活の秩序を乱す行為を行ったときは、理事長は、理事会の決議を経て、その区分所有者等に対し、その是正等のため必要な勧告又は指示若しくは警告を行うことができる（同規約67条1項）。

以上により、正しいものは**イ**、**ウ**、**エ**の三つであるから、**3**が正解である。

　やや細かな問題であるが、標準管理規約の条文の問題なので、必ず条文を確認しておこう。

問 5 区分所有法・民法・不動産登記法（共用部分） 正解 2 重要度 ★★★

1　誤り。共用部分は、区分所有者全員の共有に属する（区分所有法11条1項）。この規定は、規約で別段の定めをすることを妨げない。ただし、区分所有法27条1項の場合（管理所有）を除いて、区分所有者以外の者を共用部分の所有者と定めることはできない（同法11条2項）。したがって、区分所有者でも管理者でもない者の所有とすることはできない。

2　正しく正解。共用部分の管理所有は、管理のための所有であり、区分所有者の区分所有権にかかる共有持分権には影響しない。

3　誤り。管理所有については、所有権の登記はできない。

4　誤り。管理所有者は、規約による建物の敷地を所有することはできない。

管理所有は、共用部分を管理するための所有であり、通常の所有権とはかなり異なっていることに注意しよう。

問 6 区分所有法（規約） 正解 3 重要度 ★★★

1　正しい。管理者が置かれていない管理組合が、規約又は集会の決議により、規約を保管する者を定める場合、区分所有者の代理人で建物を使用している者を、規約を保管する者として定めることができる（区分所有法33条1項）。

2　正しい。一部共用部分に関する事項で区分所有者全員の利害に関係しないものについての区分所有者全員の規約の設定、変更又は廃止については、本肢の記述のような規定が設けられている（同法31条2項、30条2項）。

3　誤りで正解。専有部分の管理又は使用に関する区分所有者相互間の事項についても、区分所有者全体に影響を及ぼすような事項であれ

ば、規約で定めることができる（同法30条1項）。

4 正しい。 各区分所有者の議決権の割合は、規約で定めることができる（同法38条）。そして、各区分所有者が一個の専有部分を所有する場合、規約で住戸一戸につき各一個の議決権と定めれば、決議に必要な区分所有者の定数と、決議に必要な議決権の定数は、一致する。

 肢3について。標準管理規約では、専有部分の用途を住居に限っていたことを思い出せば、専有部分についても規約で定めることができるということがわかるはずである。

✔ チェック□□□

問 **7** **区分所有法（公正証書規約）** 正解 **2** 重要度 ★★

1 誤り。 最初に建物の専有部分の全部を所有する者は、公正証書により、一定の事項について、規約を設定することができる（区分所有法32条）。したがって、本肢の分譲業者と地主が、共同で公正証書による規約を設定することはできない。

2 正しく正解。 公正証書による規約を設定した者は、専有部分の全部を所有している間は、公正証書による規約の設定と同様の手続により、その規約を変更し、又は廃止することができる（同法32条）。

3 誤り。 建物が所在する土地以外の土地は、建物及び建物が所在する土地と一体として管理又は使用されるものでなければ、公正証書による規約の設定をするのであっても、建物の敷地（規約敷地）とすることはできない（同法32条、5条1項）。

4 誤り。 建物が完成する前に公正証書により規約が設定された場合には、規約の効力は、建物の完成後に専有部分の全部が所有された時に生ずる。

 肢2について。専有部分の全部を所有している状態であれば、他の区分所有者が存在しないので、公正証書規約を変更したり廃止したりしても問題はないともいえる。

問 8　区分所有法（管理組合法人） 正解 **1**　重要度 ★★★

1　**誤りで正解。**区分所有法3条に規定する区分所有者の団体は、区分所有者及び議決権の各4分の3以上の多数による集会の決議で法人となる旨並びにその名称及び事務所を定め、かつ、その主たる事務所の所在地において登記をすることによって法人となる（区分所有法47条1項）。

2　**正しい。**管理組合法人の成立前の集会の決議、規約及び管理者の職務の範囲内の行為は、管理組合法人の成立後は、管理組合法人につき効力を生ずる（同法47条5項）。

3　**正しい。**管理組合法人は、共用部分等についての損害保険契約に基づく保険金額の請求及び受領について、区分所有者を代理する（同法47条6項）。

4　**正しい。**管理組合法人の理事及び監事の任期は2年であるが、規約で3年以内において別段の期間を定めたときは、その期間となる（同法49条6項、50条4項）。

 肢3について。保険金額の請求・受領について区分所有者を代理するのは、管理組合法人であり、理事ではないことに注意。

問 9　区分所有法（管理組合法人） 正解 **1**　重要度 ★★

1　**誤りで正解。**管理組合法人の事務のうち保存行為については、複数の理事がいる場合には、規約に別段の定めがないときは、理事の過半数で決する（区分所有法52条2項、49条2項）。

2　**正しい。**第4節（管理者）の規定は、管理組合法人には、適用しない（同法47条11項）。したがって、管理組合法人が共用部分を管理者として所有することについて、規約で定めることはできない（同法27条1項参照）。

3　正しい。 管理組合法人の事務は、区分所有法に定めるもののほか、すべて集会の決議によって行うが、本肢の記述のような例外が認められている（同法52条1項）。なお、保存行為は、理事が決することができる（同法52条2項）。

4　正しい。 管理組合法人は、「建物の全部の滅失」「建物に専有部分がなくなったこと」「集会の決議」によって解散する（同法55条1項）。したがって、破産手続開始を申し立てられても、解散事由に該当しない。

 肢1について。区分所有法に「保存行為は、理事が決することができる」という規定があるが、各理事が単独で保存行為を決することができるわけではない。複数の理事がいる場合は、規約に別段の定めがない限り、理事の過半数で決する必要がある。

✔ チェック□□□

問10 区分所有法（義務違反者に対する措置）　正解 3　重要度 ★★

1　誤り。 専有部分の使用禁止の請求は、区分所有者に対して行うことができるが、占有者に対しては行うことができない（区分所有法58条1項）。

2　誤り。 占有者が専有部分の転借人であるときに、専有部分の賃貸借契約を解除し、専有部分の引渡しを請求するためには、転貸人と転借人を共同被告とすべきであり、原賃貸人である区分所有者は被告とならない（同法60条1項）。

3　正しく正解。 占有者に対する専有部分の引渡し請求は、専有部分を原告（区分所有者の全員又は管理組合法人）に引き渡すことを求めるものであり、専有部分を賃貸人である区分所有者に直接に引き渡すことを求めることはできない（同法60条1項）。

4　誤り。 専有部分の引渡しを求める訴えを提起するための決議をするには、あらかじめ、当該占有者に対して弁明の機会を与える必要があるが、賃貸人である区分所有者に対して弁明の機会を与える必要はな

い（同法60条2項、58条3項、最判昭62.7.17）。

占有者に対する引渡し請求において、賃貸人である区分所有者への直接の引渡しを求めた場合、その区分所有者が受領しなかったら、請求の目的を達成できなくなってしまうので、原告への引渡しを求めるのである（肢3）。

✔ チェック□□□

1 **誤りで正解**。一括建替え決議を行う場合の議決権割合は、団地管理組合の規約に議決権割合に関する別段の定めがある場合であっても、当該団地内建物の敷地の持分の割合による（区分所有法70条2項、69条2項）。

2 **正しい**。一括建替え決議があったときは、建替え参加者（賛成者）は、建替え不参加者（反対者）に対し、区分所有権及び敷地利用権を時価で売り渡すべきことを請求することができる。そして、この請求は、棟を異にする区分所有者に対しても、行うことができる（同法70条4項、63条4項）。

3 **正しい**。一括建替え決議においては、団地建物所有者の集会において、団地内建物の区分所有者及び議決権の各5分の4以上の多数の賛成を得るとともに、各団地内建物ごとに、区分所有者の3分の2以上の者であって議決権の合計の3分の2以上の議決権を有するものが賛成する必要がある（同法70条1項）。

4 **正しい**。一括建替え決議においては、団地内建物の全部の取壊し及び再建団地内建物の建築に要する費用の概算額と、その費用の分担に関する事項を定める（同法70条3項3号・4号）。

肢1について。団地全体で共有する土地上の建物を建て替えることは、土地の利用に関する問題であるから、一括建替え決議における議決権は土地の共有持分割合によるのである。

12

民法（共有）　　　　　正解 **4**　　重要度 ★★

1 **正しい。** 数人の共有に属する建物につき価格の過半数を超える持分を有する共有者であっても、共有者間の協議に基づかずに当該建物を現に占有する他の共有者に対し、当然には当該建物の明渡しを請求することはできない（民法252条、最判昭41.5.19）。

2 **正しい。** 共有者の一人が、その持分を放棄したときは、その持分は、他の共有者に帰属する（同法255条）。したがって、Aが持分権を放棄すると、201号室はBとCの共有となる。

3 **正しい。** 共有物の不法占有者に対する明渡し請求は、保存行為に該当するから、各共有者が、単独で、これを行うことができる（同法252条、大判大10.7.18）。

4 **誤りで正解。** 共有物を目的とする賃貸借契約の解除は、共有物の管理に関する事項に該当するから、各共有者の持分の価格に従い、その過半数の同意があれば、これを行うことができる（同法252条、最判昭39.2.25）。

> ＋アルファ　契約当事者が複数いる場合、契約の解除の意思表示は全員から全員に対して行わなければならないのが原則であるが、共有物の賃貸借契約の解除の場合は、持分価格の過半数を有する者によって解除することができる（肢4）。

13

民法（保証）　　　　　正解 **2**　　重要度 ★★

1 **正しい。** 主たる債務者の委託を受けないで保証契約を締結しても、その保証契約は完全に有効であり、これを取り消すことはできない。

2 **誤りで正解。** 連帯保証人は、検索の抗弁権を有しない（同法454条、453条）。したがって、Cは、Bの請求を拒むことができない。

3 **正しい。** 保証債務の付従性により、主たる債務者に対する履行の請求その他の事由（主たる債務者が債務の承認をしたこと）による時効

の完成猶予及び更新は、保証人に対しても、その効力を生ずる（同法457条1項）。したがって、主たる債務者Aが債務の承認をした場合、保証人Cの保証債務についても時効更新の効力が生じる。

4　正しい。保証人が主たる債務者の委託を受けて保証をした場合において、主たる債務者に代わって弁済をしたときは、その保証人は、主たる債務者に対して求償権を有する（同法459条1項）。

　連帯保証が普通の保証と異なるのは、次の3点である。①催告・検索の抗弁権がない（肢2）、②分別の利益がない、③債権者と連帯保証人との間に混同があった場合は、主たる債務も消滅する。

✔ チェック□□□

| 問 14 | 民法・借地借家法（売買・賃貸借） | 正解 1 | 重要度 ★★ |

1　正しく正解。買主が売主に手付を交付した場合、買主は、相手方（売主）が契約の履行に着手する前であれば、自らが契約の履行に着手していても（中間金を支払っていても）、手付を放棄して売買契約を解除し、支払済みの金銭（中間金）の返還を請求することができる（民法557条1項、最判昭40.11.24）。

2　誤り。賃貸中の建物の所有権の移転に伴い、賃貸人たる地位が新所有者に承継された場合、旧賃貸人に差し入れられた敷金の返還債務は、賃借人の同意がなくても、新賃貸人に承継される（同法605条の2第4項、最判昭44.7.17）。

3　誤り。不動産を他に賃貸している者が、賃借人の承諾を得ずに、その不動産の所有権を第三者に移転した場合でも、賃貸人の地位は当該第三者に移転する（同法605条の2第1項、最判昭46.4.23）。なお、不動産の賃貸人たる地位の移転は、賃貸物である不動産について所有権移転登記をしなければ、賃借人に対抗することができないとされていること（同法605条の2第3項）もあわせて押さえておいてほしい。

4　誤り。建物の賃借人が有益費を支出した後に賃貸人が交替したときは、特段の事情がない限り、新賃貸人が償還義務者たる地位を承継

し、賃借人は旧賃貸人に対して有益費の償還を請求することはできない（同法608条２項、最判昭46.2.19）。

✔ チェック□□□

問15 民法（賃貸借・債務不履行） 正解 3 重要度 ★★

1 **誤り**。賃貸借契約においては、債務不履行があっても信頼関係の破壊がなければ解除することができない（最判昭39.7.28等）。したがって、「当然に」解除されるとする本肢は誤り。

2 **誤り**。賃借人は、未払賃料への敷金の充当を主張することができない（民法622条の２第２項後段）。したがって、賃借人であるＢ社は、敷金からの控除を主張することができない。

3 **正しく正解**。債務者が１個又は数個の債務について費用、利息（遅延損害金を含む）及び元本を払うべき場合、当事者の合意がなければ、①費用、②利息、③元本の順に充当される（同法489条１項）。したがって、Ｂ社の支払額は、まず遅延損害金に充当され、残額が賃料元本に充当される。

4 **誤り**。当事者は、債務不履行について損害賠償の額を予定することができる（同法420条１項）。そして、本肢の賃貸借契約にはＢ社が法人なので消費者契約法の適用がなく、金銭消費貸借契約ではないので利息制限法の適用もない。したがって、年30％の遅延損害金の定めも有効であり、Ｂ社は、その支払いを免れない。

✔ チェック□□□

問16 民法(不法行為・債務不履行)・失火ノ責任二関スル法律 **正解 3** 重要度 ★★

1 **正しい。**民法709条の規定は、失火の場合には適用されないが、失火者に重大な過失があったときは、この限りでない(失火ノ責任二関スル法律(失火責任法))。したがって、失火者Cに重過失がある本肢の場合、Dは、Cに対して損害賠償を請求することができる(民法709条)。このことは、Bの過失の有無にかかわらない。

2 **正しい。**使用者責任(民法715条)では、失火責任法の規定による重過失の有無は失火者(被用者)について判断されるが(最判昭42.6.30)、失火者Cには重過失がある。また、使用者責任が成立するためには、被用者に一般的不法行為の要件が備わっていることが必要であるが(大判大4.1.30)、Cは18歳なので責任能力があり、一般的不法行為の要件に欠けるところはない。さらに、使用者Bには Cの監督について過失があるので、民法715条1項ただし書による免責もない。したがって、Dは、Bに対し、使用者責任を追及して損害賠償を請求することができる。

3 **誤りで正解。**肢2で述べたとおり、重過失は失火者に要求され、使用者には要求されない。したがって、「BのCに対する監督について重過失があるときに限り」とする本肢は誤り。

4 **正しい。**肢2で述べたとおり、重過失は失火者に要求される。したがって、失火者Cに重過失がない本肢の場合、Dは使用者Bに対して損害賠償を請求することができない。

 使用者責任の場合、①選任・監督についての使用者の過失、②侵害行為についての被用者の過失という2つの「過失」が存在するため、失火責任法を適用する際、どちらを重過失に限定するかが問題になる。判例は、②に重過失のある場合に限定されるとしている(肢2)。

解説

平成28年度

問17 民法（相続） 　正解 4　重要度 ★★★

1　**誤り**。相続の承認及び放棄は、熟慮期間内でも、撤回することができない（民法919条1項）。したがって、Bは、相続の放棄を撤回することができない。

2　**誤り**。熟慮期間は、利害関係人又は検察官の請求によって、家庭裁判所において伸長することができる（同法915条1項ただし書）。ここでの「利害関係人」には、相続人も含まれる。このように、相続人等からの請求に基づき家庭裁判所が伸長できるのであって、「届出をすれば、その期間が伸長される」のではない。

3　**誤り**。保存行為や民法602条に定める期間（建物の場合、3年）を超えない賃貸借（短期賃貸借）をしても、単純承認をしたものとはみなされない（同法921条1号ただし書）。したがって、Bが、期間2年とする賃貸借契約をしても単純承認をしたものとはみなされないので、「相続の放棄をすることができない」とする本肢は誤り。

4　**正しく正解**。相続人は、その固有財産におけるのと同一の注意をもって、相続財産を管理しなければならないが、相続の承認又は放棄をしたときは、この限りでない（同法918条）。したがって、Cは、その固有財産におけるのと同一の注意をもって、相続財産である甲マンションの301号室を管理する義務を負うが、相続の承認をしたときは、この限りでない。

肢4で単純承認をしたときは、固有財産と区別する必要がなくなるので、原則として注意義務は消滅する。限定承認をしたときは、固有財産と同一の注意をもって管理を継続しなければならない。

問18 不動産登記法 （共用部分である旨の登記） 　正解 4　重要度 ★

1　**誤り**。共用部分である旨の登記は、当該共用部分である旨の登記を

する建物の表題部所有者又は所有権の登記名義人以外の者は、申請することができない（不動産登記法58条2項）。表題部所有者も申請することができるので、本肢は誤り。

2 **誤り**。共用部分である旨の登記は、当該共用部分である建物に所有権の登記以外の権利に関する登記があるときは、当該権利に関する登記に係る登記名義人の承諾があるときでなければ、申請することができない（同法58条3項）。

3 **誤り**。登記官は、共用部分である旨の登記をするときは、職権で、当該建物について表題部所有者の登記又は権利に関する登記を抹消しなければならない（同法58条4項）。職権で抹消されるので、抹消を申請する必要はない。

4 **正しく正解**。共用部分である旨の登記がある建物について、共用部分である旨を定めた規約を廃止した場合には、当該建物の所有者は、当該規約の廃止の日から1カ月以内に、当該建物の表題登記を申請しなければならない（同法58条6項）。

共用部分である旨の登記を申請する際には、権利者の承諾が必要である（肢2）。登記官が共用部分である旨の登記をするときには権利に関する登記を職権で抹消するので（肢3）、抹消について事前にOKをとっておくのである。

✔ チェック□□□

問 19 マンション建替え円滑化法 正解 1 重要度 ★★★

1 **正しく正解**。定款の変更のうち政令で定める重要な事項及び組合の解散についての事項は、組合員の議決権及び敷地利用権の持分の価格の各4分の3以上で決する（マンション建替え円滑化法130条、128条1号・8号）。

2 **誤り**。審査委員は、土地及び建物の権利関係又は評価について特別の知識経験を有し、かつ、公正な判断をすることができる者のうちから総会で選任する（同法136条2項）。「都道府県知事等」が選任するのではない。

3 誤り。マンション敷地売却合意者は、5人以上共同して、定款及び資金計画を定め、国土交通省令で定めるところにより、都道府県知事等の認可を受けて組合を設立することができる（同法120条1項）。「事業計画」ではない。

4 誤り。組合員は書面又は代理人をもって、総代は書面をもって、議決権及び選挙権を行使することができる（同法133条2項）。したがって、総代も代理人をもって議決権等を行使することができるとする点で、本肢は誤り。

 肢3について。マンション建替組合の設立時には定款及び「事業計画」を定める必要があるのに対し、マンション敷地売却組合の設立時には定款及び「資金計画」を定める必要がある。

✔ チェック□□□

問20 都市計画法（都市計画） 　**正解 4**　重要度 ★★★

1 誤り。市町村が定めた都市計画が、都道府県が定めた都市計画と抵触するときは、その限りにおいて、都道府県が定めた都市計画が優先する（都市計画法15条4項）。

2 誤り。市街化調整区域内でも、一定の要件を満たせば、都市計画に、地区計画を定めることができる（同法12条の5第1項）。

3 誤り。地区計画等については、都市計画に、地区計画等の種類、名称、位置及び区域を必ず定めなければならないが、区域の面積その他の政令で定める事項については、定めるよう努めるものとされている（同法12条の4第2項）。

4 正しく正解。市街地開発事業については、都市計画に、市街地開発事業の種類、名称及び施行区域を定め、土地区画整理事業については、このほかに、公共施設の配置及び宅地の整備に関する事項を都市計画に定めなければならない（同法12条2項・3項）。

地区計画については、肢3のほか、都市計画に、地区整備計画を定めるとともに、当該地区計画の目標、当該区域の整備、開発及び保全に関する方針を定めるよう努めるものとされている。

✔ **チェック**□□□

問 21 　**建築基準法（総合）** 　　　**正解 2** 　重要度 ★★★

1 **正しい**。準防火地域内では、地階を除く階数が4以上である建築物又は延べ面積が1,500㎡を超える建築物は、耐火建築物又は延焼防止建築物※としなければならない（建築基準法61条、同法施行令136条の2第1号）。

※耐火建築物と同等以上の延焼防止性能を有するものとして政令で定める建築物。

2 **誤りで正解**。建築物が防火地域及び準防火地域にわたる場合、その全部について防火地域内の建築物に関する規定を適用する（建築物が防火地域外において防火壁で区画されている場合を除く）（同法65条2項）。

3 **正しい**。高さ31m を超える建築物（政令で定める場合を除く）には、非常用の昇降機を設けなければならないが、高さ31m を超える部分の各階の床面積の合計が500㎡以下の建築物については、政令で非常用の昇降機を設ける必要はないとされている（同法34条2項、同法施行令129条の13の2第2号）。

4 **正しい**。共同住宅は特殊建築物である。特殊建築物で、その用途に供する部分の床面積の合計が200㎡を超えるものについて大規模の模様替えをする場合は、建築確認を受けなければならない（同法6条1項1号、別表第一(い)欄(2)項）。

肢2について。建築物が防火地域及び準防火地域にわたる場合、その全部について防火地域内の建築物に関する規定を適用する。しかし、建築物が防火地域外において防火壁で区画されている場合には、その防火壁外の部分については、準防火地域内の建築物に関する規定を適用する。

解説

平成28年度

問 22　水道法（簡易専用水道）　　正解 3　重要度 ★★★

1　**正しい。**簡易専用水道の設置者は、当該簡易専用水道の管理（給水栓の水質も含まれる）について、1年以内ごとに1回、地方公共団体の機関又は国土交通大臣及び環境大臣の登録を受けた者の検査を受けなければならない（水道法34条の2第2項、同法施行規則56条1項）。

2　**正しい。**簡易専用水道の定期検査では、給水栓における水質については、臭気、味、色、色度、濁度及び残留塩素についての検査を受けなければならない（厚生労働省告示第262号第4、別表第2）。

3　**誤りで正解。**簡易専用水道の設置者は、給水栓における水の色、濁り、臭い、味その他の状態により供給する水に異常を認めたときは、水質基準に関する省令に掲げられた事項のうち必要なものについて検査を行わなければならないが、その中に残留塩素という項目はない（同法施行規則55条3号、水質基準に関する省令）。

4　**正しい。**簡易専用水道の設置者は、供給する水が人の健康を害するおそれがあることを知ったときは、直ちに給水を停止し、かつ、その水を使用することが危険である旨を関係者に周知させる措置を講じなければならない（同法施行規則55条4号）。

　肢2は定期検査に関する検査項目（告示）で、肢3は水道法施行規則の「給水栓の水の色等により水に異常を認めたとき」の検査項目。紛らわしいが、受験者の混同狙いの出題である。

問 23　消防法（共同住宅の防炎物品・消防用設備等）　　正解 2　重要度 ★★★

1　**誤り。**高さが31m を超える共同住宅で使用するじゅうたん、カーテン等の防炎対象物品は、政令で定める基準以上の防炎性能を有するものでなければならない（消防法8条の3第1項、8条の2第1項本

文かっこ書、同法施行令4条の3第3項)。

2　正しく正解。共同住宅で延べ面積150㎡以上(地階・無窓階及び3階以上の階では床面積50㎡以上)の場合、階ごとの共用部分及び住戸等の部分にあっては、当該部分の各部分から一の消火器具に至る歩行距離が20m以下となるように消火器具を配置しなければならない(同法施行令10条1項2号・5号、同法施行規則6条6項)。

3　誤り。共同住宅の地階又は2階以上の階のうち、駐車の用に供する部分の存する階(駐車するすべての車両が同時に屋外に出ることができる構造の階を除く)で、当該部分の床面積が200㎡以上のものには、自動火災報知設備を設置しなければならない(同法施行令21条1項13号)。

4　誤り。共同住宅では、原則として、延べ面積が700㎡以上のものに、階ごとに屋内消火栓を設置しなければならない(同法施行令11条1項2号)。

防炎とは、「燃えにくい」ことをいうが、容易には着火せず、着火しても自己消火性により燃焼が継続せず、燃え広がらなくなる性質のことである。

✔ チェック□□□

問 **24**　**警備業法**　　　正解 **2**　重要度 ★★★

1　正しい。警備業者は、警備業務を行う契約を締結しようとするときは、当該契約を締結するまでに、当該契約の概要について記載した書面を、警備業務の依頼者に交付(電磁的方法による提供を含む)しなければならない(警備業法19条1項・3項)。

2　誤りで正解。機械警備業者は、機械警備業務を行おうとするときは、基地局又は警備業務対象施設の所在する都道府県の区域ごとに、当該区域を管轄する公安委員会に、届出書を提出しなければならない(同法40条)。

3　正しい。機械警備業者は、基地局ごとに、機械警備業務管理者を、機械警備業務管理者資格者証の交付を受けている者のうちから、選任

しなければならない（同法42条1項）。

4　**正しい**。警備業者は、自己の名義をもって、他人に警備業を営ませてはならない。違反すると、100万円以下の罰金に処せられる（同法13条、57条3号）。

 警備業法は2、3年おきに出題されているが、出題内容はごく基本的な論点に限られている。今後出題が予想され注意すべきものとしては再委託の規定がある。警備業務の委託を受けた者が自ら警備を行わずに、他の警備業者に再委託する場合でも、都道府県公安委員会の認定を受けなければならない。

✔ チェック□□□

㉕ 25 標準管理規約（駐車場の使用）　　正解 **2**　　重要度 ★★★

1　**不適切**。駐車場収入は駐車場の管理に要する費用に充てられるほか、修繕積立金として積み立てられる（標準管理規約29条）。なお、駐車場は特定の区分所有者に使用させるのが原則であるが、コメントでは、空き区画が生じている場合は、修繕積立金不足への対策等の観点から、組合員以外の者に使用料を徴収して使用させることも考えられる、としている（同規約コメント第15条関係①）。

2　**適切で正解**。駐車場使用料を近傍の同種の駐車場料金と均衡を失しないよう設定すること等により、区分所有者間の公平を確保することが必要であるが、近傍の駐車場料金との均衡については、利便性の差異も加味して考えることが必要である（同規約コメント第15条関係⑨）。

3　**不適切**。駐車場使用細則、駐車場使用契約等に、管理費、修繕積立金の滞納等の規約違反の場合は、契約を解除できる、又は、次回選定時の参加資格をはく奪することができる旨の規定を定めることもできる（同規約コメント第15条関係⑦）。

4　**不適切**。駐車場を機械式から平置きにするのは、敷地及び共用部分等の変更に該当し、組合員総数の4分の3以上及び議決権総数の4分の3以上の特別決議で決する（同規約47条3項2号、同規約コメン

588

ト第47条関係⑥カ）。

 区分所有者がその所有する専有部分を、他の区分所有者又は第三者に譲渡又は貸与したときは、その区分所有者の駐車場使用契約は効力を失うが（同規約15条3項）、民泊法の施行に伴いコメントでは、家主同居型の住宅宿泊事業を行う場合は、この規定は対象としていないと考えられるとしている。

✔ チェック□□□

問26 標準管理規約（専有部分の修繕）　正解 3　重要度 ★★★

1 **不適切**。専有部分の修繕について理事長の承認があったとき、区分所有者は、承認の範囲内において、専有部分の修繕等に係る共用部分の工事を行うことができる（標準管理規約17条4項、同規約コメント第17条関係③）。

2 **不適切**。共用部分又は他の専有部分に影響を与えるおそれがなく、理事長の承認を要しない修繕等でも、工事業者の立入り、工事の資機材の搬入、工事の騒音、振動、臭気等の影響について、管理組合が事前に把握する必要があるものを行おうとするときは、区分所有者は、あらかじめ、理事長にその旨を届け出なければならない（同規約17条7項、同規約コメント第17条関係⑫）。

3 **適切で正解**。理事の過半数の承諾があれば、専有部分の修繕工事の要請があったときの承認又は不承認の決定について、書面又は電磁的方法による決議によることができる（同規約53条2項、同規約コメント第53条関係⑥、同規約54条1項5号）。

4 **不適切**。理事長の承認を受けた修繕等の工事後に、共用部分又は他の専有部分に影響が生じた場合は、当該工事を発注した区分所有者の責任と負担により必要な措置をとらなければならない（同規約17条6項、同規約コメント第17条関係⑪）。

区分所有者は、区分所有法6条1項の規定（区分所有者は、建物の保存に有害な行為その他建物の管理又は使用に関し区分所有者の共同の利益に反する行為をしてはならない）により、専有部分の増築又は建物の主要構造部に影響を及ぼす行為をすることはできない（同規約コメント第17条関係①）。

✔ チェック□□□

問27 標準管理規約（暴力団の排除）　正解 2　重要度 ★★★

1 **適切**。専有部分の用途をもっぱら住宅として使用するものとするだけでなく、暴力団の排除のため、暴力団事務所としての使用の禁止や、暴力団員を反復して出入りさせる等の行為について禁止する旨の規約を追加することができる（標準管理規約コメント第12条関係⑥）。

2 **不適切で正解**。暴力団員又は暴力団員でなくなった日から5年を経過しない者は、役員となることができない（同規約36条の2第3号）。

3 **適切**。専有部分を第三者に貸与する場合、契約の相手方が暴力団員であることが判明した場合には、何らの催告を要せずして、区分所有者は当該契約を解約することができる。貸主である区分所有者が解約権を行使しないときは、管理組合は、区分所有者に代理して解約権を行使することができる（同規約19条の2第1項2号・3号）。

4 **適切**。専有部分の貸与について、暴力団員への貸与を禁止するだけでなく、さらに、暴力団関係者や準構成員等についても貸与を禁止することができる（同規約コメント第19条の2関係①）。

 肢2について。本問は、平成28年の標準管理規約の改正によって規定された暴力団の排除の規定の問題である。同規約コメント第19条の2関係を読んでおくこと。

✔ チェック□□□

問28 標準管理規約（緊急時の対応）　正解 1　重要度 ★★

1 **不適切で正解**。災害等により総会の開催が困難である場合における

応急的な修繕工事の実施について、理事会で決議することができる。この場合、応急的な修繕工事の実施に充てるための資金の借入れ及び修繕積立金の取崩しについても理事会で決議することができる（標準管理規約54条1項10号・2項）。

2 **適切**。窓ガラスは、専有部分には含まれないので共用部分である（同規約7条2項3号）。窓ガラスが割れたことにより張り替える場合には、本来は、理事長の承認が必要である。しかし、本肢のように緊急を要する場合は、理事長の承認がなくても、同じ仕様の窓ガラスであれば張り替えることができる（同規約21条3項、同規約コメント第21条関係⑧）。

3 **適切**。理事長は、災害等の緊急時においては、総会又は理事会の決議によらずに、敷地及び共用部分等の必要な保存行為を行うことができる。この場合、理事長は、必要な支出をすることができる（同規約21条6項、58条6項、同規約コメント第58条関係⑤）。

4 **適切**。災害等により総会の開催が困難である場合における応急的な修繕工事の実施については、理事会で決議することができるが、この場合の応急的な修繕工事には、給水・排水、電気、ガス、通信といったライフライン等の応急的な更新も含まれる（同規約54条1項10号、同規約コメント第54条関係①ウ）。

 肢1の「応急的な修繕工事」とは、保存行為に限られるものではなく、二次被害の防止や生活の維持等のために緊急対応が必要な、共用部分の軽微な変更も含まれる。

✔ チェック□□□

(問)**29** **標準管理規約（修繕積立金）** (正解) **1** 重要度 ★★

ア **普通決議で行える**。長期修繕計画を作成するための建物診断費用を修繕積立金の取崩しにより支出する場合は、普通決議することができる（標準管理規約48条10号）。

イ **普通決議で行えない**。共用部分の持分（同規約25条2項）にかかわらず、全戸一律に値上げ額を同一とするには、その旨の規約を設定

する必要があるので、特別決議が必要となる（同規約47条3項1号、同規約コメント第21条関係⑦）。

ウ **普通決議で行えない。** 専有部分に属する枝管の一斉取替費用の全額を修繕積立金の取崩しにより支出する場合には、その旨の規約を設定しなければならず、特別決議が必要となる（同規約47条3項1号）。

エ **普通決議で行えない。** 組合員は、納付した管理費等及び使用料について、その返還請求はできないのが原則である（同規約60条6項）。修繕積立金の一部を取崩し、現在の区分所有者の所有年数に応じて返還する場合は規約の変更に該当するので、その旨の規約を設定しなければならず、特別決議が必要となる（同規約47条3項1号）。

以上により、普通決議で行えるのは**ア**の一つであるから、**1**が正解である。

アについて。総会の普通決議の定義を定めた明確な規定はないが、47条2項の「総会の議事は、出席組合員の議決権の過半数で決する」が普通決議に該当する。

✔ チェック□□□

問30 **標準管理規約（理事）** 　**正解 3** 重要度 ★★★

1 **適切。** 役員（理事長）が自己のために管理組合と取引しようとするときは、役員は、理事会において、当該取引につき重要な事実を開示し、その承認を受けなければならない（標準管理規約37条の2第1号）。

2 **適切。** 管理組合と理事長との利益が相反する事項については、理事長は、代表権を有しない。この場合においては、監事又は理事長以外の理事が管理組合を代表する（同規約38条6項）。

3 **不適切で正解。** 専有部分の修繕、敷地及び共用部分等の管理、窓ガラス等の改良については、理事の過半数の承諾があれば、書面又は電磁的方法による決議をすることができるが、利益相反行為についてはできない（同規約53条2項・3項）。

4 **適切。** 特別の利害関係を有する理事は、理事会の議決に加わること

ができない（同規約53条3項）。

アルファ　肢3について。専有部分の修繕等、敷地及び共用部分等の管理及び窓ガラス等の改良のための承認又は不承認については、申請数が多いことが想定され、かつ、迅速な審査を要するものであることから、書面又は電磁的方法（電子メール等）による決議を可能としたのである。

✔ チェック□□□

問31 標準管理規約（代理行為）　正解 2　重要度 ★★

1　**不適切**。副理事長は、理事長を補佐し、理事長に事故があるときは、その職務を代理するが、その場合、個々の代理行為に当たっては理事会の承認を得る必要はない（標準管理規約39条）。

2　**適切で正解**。外部専門家など当人の個人的資質や能力等に着目して選任されている理事については、代理出席を認めることは適当ではない（同規約コメント第53条関係③）。

3　**不適切**。監事に事故があるときでも、理事会決議によって、監事の職務を代理する者を選任し、その者に監査結果を総会で報告させることはできない。なお、監事は総会で選任されなければならない（同規約35条2項）。

4　**不適切**。組合員の代理人は、その組合員の配偶者、1親等の親族、その組合員の住戸に同居する親族、他の組合員等に制限されている（同規約46条5項）。

アルファ　肢1について。「理事に事故があり、理事会に出席できない場合は、その配偶者又は1親等の親族に限り、代理出席を認める」旨を定める規約の規定は有効であると解されるが、あくまで、やむを得ない場合の代理出席を認めるものであることに留意が必要である。

問 32　標準管理規約 (理事会)　　正解 1　　重要度 ★★

1　**不適切で正解**。請求があった日から5日以内に、その請求があった日から2週間以内の日を理事会の日とする理事会の招集の通知が発せられない場合は、その請求をした監事は、理事会を招集することができる。招集することができるのであって、「招集しなければならない」の部分が誤りである（標準管理規約41条7項）。

2　**適切**。理事会は、規約、使用細則等又は総会の決議により理事会の権限として定められた管理組合の業務執行の決定をし、理事の職務の執行の監督をする（同規約51条2項1号・2号）。

3　**適切**。理事会は、その責任と権限の範囲内において、専門委員会を設置し、特定の課題を調査又は検討させることができる。そして、専門委員会は、調査又は検討した結果を理事会に具申する（同規約55条）。

4　**適切**。外部専門家から役員を選任することができることとする場合は、理事及び監事は、総会で選任しなければならない。また、理事長、副理事長及び会計担当理事は、理事のうちから、理事会で選任する（同規約35条2項・3項）。

肢1について。監事は、理事が不正の行為をしたとき、若しくは当該行為をするおそれがあると認めるとき、又は法令、規約、使用細則等、総会の決議若しくは理事会の決議に違反する事実若しくは著しく不当な事実があると認めるときは、遅滞なく、その旨を理事会に報告しなければならない。

問 33　標準管理規約 (管理費の滞納)　　正解 4　　重要度 ★★★

1　**適切**。理事長は、未納の管理費等及び使用料の請求に関して、理事会の決議により、管理組合を代表して、訴訟その他法的措置を追行することができる（標準管理規約60条4項）。

2　適切。管理費は、区分所有者が負担すべきものであり、賃貸借契約で賃借人が管理費を負担することになっていたとしても、滞納管理費の請求は、区分所有者に対して行う（同規約25条１項１号）。

3　適切。管理組合は、未払金額について遅延損害金と違約金としての弁護士費用並びに督促及び徴収の諸費用を加算して、その組合員に対して請求することができる旨の規定があるが、請求しないことについて合理的事情がある場合を除き、請求すべきである（同規約60条２項、同規約コメント第60条関係⑥）。

4　不適切で正解。滞納管理費等の回収は、手間や時間コストなどの回収コストが膨大となり得ること等から、利息制限法や消費者契約法等における遅延損害金利率よりも高く設定することも考えられる（同規約コメント第60条関係④）。

 肢３について。組合員が管理費等について、期日までに納付すべき金額を納付しない場合には、管理組合は、その未払金額について、年利○％の遅延損害金と、違約金としての弁護士費用並びに督促及び徴収の諸費用を加算して、その組合員に対して請求することができる。

✔ **チェック**□□□

問34　会計（仕訳）　　**正解 4**　**重要度 ★★★**

1　適切。発生主義の原則により会計処理するため、平成28年３月に入金した、平成28年４月分及び５月分の管理費合計６万円は前受金に計上することが必要である。

2　適切。平成28年３月に支払った、平成28年８月完了予定の修繕工事の着手金30万円は前払金に計上することが必要である。

3　適切。平成27年４月に支払った３年分の保険料30万円は、平成27年度の掛捨保険料８万円を支払保険料として費用計上し、平成28年度及び平成29年度の掛捨保険料を前払金に、３年後の満期返戻金６万円を積立保険料として資産計上することが必要である。

4　不適切で正解。平成27年度に入金した８万円は平成26年度の管理

費の未収金であるため、平成27年度の管理費収入に計上するのは適切でなく、また、平成26年度に管理費の未収金10万円を計上しているため、平成27年度に未入金の平成26年度の管理費2万円を平成27年度の管理費収入及び未収金に計上すると二重計上となり、不適切である。

 発生主義の原則により計上するため、何月分であるかをよく確かめよう。

✔ チェック□□□

問35 会計処理　正解 3　重要度 ★★★

1　**適切**。会計帳簿上、平成28年3月の管理費3万円の入金を計上していないため、現金預金の帳簿残高は、銀行が発行する預金残高証明書の金額よりも同額少なくなり、適切である。

2　**適切**。会計帳簿上、平成28年3月に引き落とされたエレベーター保守料3万円を計上していないため、現金預金の帳簿残高は、銀行が発行する預金残高証明書の金額よりも同額多くなり、適切である。

3　**不適切で正解**。平成28年3月に支払った平成27年度分及び平成28年度分の損害保険料6万円を、平成27年度分3万円を損害保険料として費用計上し、平成28年度分3万円を前払金として資産計上したのであるから、現金預金の帳簿残高と銀行が発行する預金残高証明書の金額は一致し、適切でない。

4　**適切**。会計帳簿上、平成28年3月の管理費の未収金3万円の入金を計上していないため、現金預金の帳簿残高は、銀行が発行する預金残高証明書の金額よりも同額少なくなり、適切である。

 各肢に基づき、仕訳を書き出して、適切かどうか検討しよう。

問36 建物の点検・調査　　正解 2　　重要度 ★★★

1　**不適切**。建築基準法12条１項に規定される特殊建築物等の定期調査（この問いにおいて「定期調査」という）は、一級建築士若しくは二級建築士のほか、建築物調査員資格者証の交付を受けている者も調査に当たることができる（建築基準法12条１項）。

2　**適切で正解**。アルミ製品の調査・診断にあたっては、主に目視調査により耐久性を推定する。また、計測機器等を使用しての光沢度、白亜化度、塗膜付着性等の計測方法もあるが、一般には行われていない。

3　**不適切**。反発度法により推定されたコンクリート強度は、コンクリートコア抜きによる破壊試験より強度が高めに出る傾向があり、必ずしも試験結果の精度が高いとはいえない。なお、耐震診断の場合、第１次診断であってもコンクリートコアの圧縮試験を行って強度を測定する。

4　**不適切**。定期調査における外壁タイルの調査・診断では、竣工後又は外壁改修工事実施後10年を経て（10年以内ではない）から最初の調査の際に全面打診調査を行わなければならない（平成20年３月10日国土交通省告示第282号別表２（11））。

 肢２について。アルミ製品の調査・診断は、主に目視調査により行うが、計測機器を使用することもある。

問37 マンションの外壁の補修工事　　正解 4　　重要度 ★★★

1　**適切**。コンクリートのひび割れの補修における樹脂注入工法において、コンクリートのひび割れ幅の変動が大きい場合には、軟質形のエポキシ樹脂を注入する。

2　**適切**。コンクリートのひび割れの補修におけるシール工法は、コンクリートのひび割れ幅が0.2mm未満程度の比較的幅の小さいひび割れ

に有効な工法である。

3　適切。吹付けタイル等の塗り仕上げの改修は、原則としてひび割れに沿って塗膜を撤去するが、塗膜が健全でコンクリートとの接着が良い場合は、塗膜を撤去せずにひび割れ改修を行うことがある。

4　不適切で正解。タイル張り外壁の浮き部分の補修におけるアンカーピンニング全面エポキシ樹脂注入工法は、タイルの目地部分（中央部分ではない）に穿孔して樹脂を注入してタイルを固定させる工法である。

 肢1の「エポキシ樹脂」とは、分子内にエポキシを基に有する化合物の総称であり、硬化剤に加える添加物によってエポキシ樹脂の性質を変えることが可能である。その性質は、混成する硬化剤の種類や配合比、あるいは硬化条件によって大きく変化するため、用途に応じてさまざまな硬化剤と組み合される。

✔ チェック□□□

問38　大規模修繕工事　　**正解 2**　　**重要度 ★★★**

1　適切。大規模修繕工事では、劣化損傷した建物の部位の性能や機能を、原状又は実用上支障のない状態まで回復させるための工事とともに、必要に応じて性能や機能を向上させる工事（改良工事）も併せて実施される。

2　不適切で正解。大規模修繕工事を責任施工方式（管理組合が施工会社に修繕工事の仕様作成から施工、チェックまでのすべてを任せる方式）で行う場合は、専門的な第三者によるチェックがないので、修繕工事の厳正なチェックが期待できにくい。

3　適切。大規模修繕工事の施工会社の選定のポイントは、見積金額の面はもとより、修繕工事実績、工事保証能力、施工管理体制、施工計画、会社経歴、経営状態等多岐にわたり、これに、見積参加会社の熱意や取組み姿勢をも勘案して、総合的に判断する。

4　適切。大規模修繕工事のコンサルタントには、マンションの建物の

劣化状況等を把握するための調査・診断や修繕設計等だけではなく、施工会社選定への適切な助言及び協力、長期修繕計画の見直し、資金計画、借入金等に関する助言等ができることが望まれる。

 肢2について。責任施工方式は設計と施工を分離せず一括して依頼する方式で、専門的な第三者のチェックがないので、結果的に割高になったり、安易な工事に終わりがちといえる。

✔ チェック□□□

問39　長期修繕計画作成ガイドライン及びコメント　　正解1　重要度★★★

1　不適切で正解。 マンションについては、長期修繕計画等の管理運営状況の情報が開示され、不動産流通市場において、消費者がその情報を容易に入手できることが望まれる（長期修繕計画作成ガイドライン2章3節3）。

2　適切。 機械式駐車場は維持管理に多額な費用を要するため、管理費会計及び修繕積立金会計とは区分して駐車場使用料会計を設けることが望まれる（同ガイドライン3章1節9なお書）。

3　適切。 長期修繕計画の見直しは、大規模修繕工事と大規模修繕工事の中間の時期に単独で行う場合、大規模修繕工事の直前に基本計画の検討に併せて行う場合、又は大規模修繕工事の実施の直後に修繕工事の結果を踏まえて行う場合がある。長期修繕計画の見直しを、大規模修繕工事の実施直後に行う場合には、大規模修繕工事の実施の結果を踏まえて行うことになるので、大規模修繕工事直前の調査・診断結果に基づいて大規模修繕工事が実施されていることを勘案すると、大規模修繕工事直後の調査・診断を省略し、大規模修繕工事直前の調査・診断の結果を活用することができる（同ガイドラインコメント3章1節10）。

4　適切。 長期修繕計画には、修繕工事における想定外の工事の発生、災害や不測の事故などによる緊急の費用負担が発生した場合の一時金の徴収を避けるため、推定修繕工事項目に予備費を設定し、計上して

おくことも考えられる（同ガイドラインコメント３章１節６）。

肢１について。財務・管理に関する情報について、消費者がその情報を容易に入手できるようにするため、管理組合は、マンションの購入予定者に対しても書面で交付することをあらかじめ管理規約において規定しておくことが望まれる。

✔ チェック□□□

問40 マンションの構造　　正解 4　重要度 ★★★

1　**不適切**。被災建築物応急危険度判定は、地震直後、早急に、余震等による被災建築物の倒壊、部材の落下等から生ずる二次災害を防止するとともに、被災者がそのまま自宅に居てよいか、避難所へ避難したほうがよいかなどを判定するために行う調査であり、「危険（赤色）」と判定されたとしても、必ずしも修繕が不可能と判断する必要はなく、建物を取り壊す必要がない場合もある。

2　**不適切**。免震構造は、建築物の基礎と上部構造との間等に免震装置を設けて、地震力に対して建築物がゆっくりと水平移動し、建築物の曲げや変形を少なくする構造のことで、建築物の新築時から設置しなくても既存建築物にも設置することができる。

3　**不適切**。建築基準法による耐震基準は、震度６強から震度７程度の地震に対して、人命に危害を及ぼすような倒壊、崩壊等を生じないことを目標としている。主要構造部が被害を受けないことを目標にしているのではない。

4　**適切で正解**。耐震改修工法については、壁やブレース、柱、梁を増設、補強する工法だけでなく、耐震スリットの設置のように柱に取り付く壁と柱の間に隙間を設けることで耐震性能を改善する工法もある。

肢４の「耐震スリット」とは、地震による大きな揺れが起きた場合に、鉄筋コンクリート造などの建物の柱や梁、架構全体が破壊されないように、柱と腰壁などの雑壁の間に設けた隙間（スリット）のことをいう。

問 41 マンションのバリアフリー　　正解 3　　重要度 ★★

1　**不適切**。特定建築物（共同住宅）の建築主は、建築確認を受けるべき大規模修繕を行う場合、建築物移動等円滑化基準に適合させる努力をすべきであって、適合させる義務はない（高齢者、障害者等の移動等の円滑化の促進に関する法律16条2項）。

2　**不適切**。住宅性能表示制度については、新築住宅だけでなく、既存住宅についても高齢者等配慮対策等級が定められている。

3　**適切で正解**。階段には、手すりを設けなければならないが、高さ1m以下の階段の部分には、手すりを設ける必要はないと定められている（建築基準法施行令25条1項・4項）。したがって、1mを超える階段には手すりを設けなければならない。

4　**不適切**。階段に代わる傾斜路を設ける場合には、傾斜路の勾配が、8分の1を超えないことが必要である（同法施行令26条1項1号）。

+アルファ　肢4について。階段に代わる傾斜路の表面は、粗面とし、又はすべりにくい材料で仕上げることが必要である。

1 m
8 m

問 42 マンションの室内環境　　正解 4　　重要度 ★★

1　**適切**。住宅の省エネルギー基準には、外壁、窓等に関する基準だけでなく、暖冷房設備、換気設備、給湯設備、照明設備の基準も導入されている。

2　**適切**。熱貫流率とは壁の熱の伝わりやすさの大小を表す。二重サッシにすると、窓の熱貫流率が小さくなり、断熱性が高まる。したがっ

解説　平成28年度

て、室内の温度が安定し、結露の発生を抑制することになる。

3 **適切**。日本産業規格の「Ｆ☆☆」（第２種ホルムアルデヒド発散建築材料）及び「Ｆ☆☆☆」（第３種ホルムアルデヒド発散建築材料）の建築材料を内装仕上げに用いる場合には、使用面積の制限を受けるが、「Ｆ☆☆☆☆」（エフ・スター・フォー）は、使用制限がない。ホルムアルデヒドの発散量が少ないからである。

4 **不適切で正解**。マンションの界壁の遮音は、固体伝搬音より騒音（空気伝搬音）の伝わりにくさの対策を重視すべきである。

肢１関連。住宅の省エネルギー基準における「エネルギー」とは、エネルギーの使用の合理化等に関する法律２条１項に規定するエネルギーをいい、建築物に設ける空気調和設備その他の政令で定める建築設備（機械換気設備、照明設備、給湯設備、昇降機）において消費されるものに限られる。

✔**チェック**□□□

問 43 マンションの給水設備　正解 2　重要度 ★★★

1 **不適切**。受水槽のオーバーフロー管及び通気管には、外部からの害虫等の侵入を防止するために、これらの先端に防虫網を設ける。トラップに防虫網を設けるのではない。

2 **適切で正解**。受水槽の天井は１m以上、周囲４面及び下面は60㎝以上の点検スペースを確保しなければならない。

3 **不適切**。水道直結増圧方式及びポンプ直送方式は、高置水槽は不要な方式であり、高層マンションにおいても採用することができる。

4 **不適切**。吐水口空間の垂直距離は、一般に給水管の管径の２倍以上を確保することが望ましい。ちなみに、排水口空間は、150㎜以上とする。

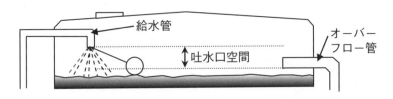

給水管　吐水口空間　オーバーフロー管

アルファ　肢3について。給水方式には、①水道直結方式、②高置水槽方式（重力方式）、③圧力タンク方式（圧力水槽方式）、④ポンプ直送方式（加圧給水方式）、⑤水道直結増圧方式（増圧直結給水方式）があり、それぞれの特徴を押さえること。

問44　マンションの排水設備　　正解 3

重要度
★★★

1　**適切**。給排水衛生設備規準によれば、排水横引管の勾配は、管径が65mm以下であれば、最小勾配は50分の1でなければならない。

2　**適切**。敷地内に埋設する排水管には、起点、屈曲点、合流点、管径や勾配の変化点、既設管との接続箇所に、保守点検、清掃のための「ます」を設ける。また、敷地排水管の延長が配管の内径の120倍を超えない範囲の適切な位置にも「ます」を設ける。

3　**不適切で正解**。結合通気管は、排水立て管と通気立て管を接続し、排水立て管の下層階で生じた正圧、上層階で生じた負圧を緩和するために用いる。本肢は逆の記述である。

4　**適切**。特殊継手排水システムは、排水立て管内の排水を旋回させることにより合流抵抗を緩和し、通気のための空気コアを形成したり、専有部分からの汚水系統や雑排水系統の排水を集約できる機能を有する。

解説

平成28年度

アルファ　肢1について。

排水横引管の管径（mm）	勾配
65以下	最小1／50
75、100	最小1／100
125	最小1／150
150以上	最小1／200

✔ チェック☐☐☐

問45 マンションの設備　　正解 4　重要度 ★★

1 適切。 潜熱回収型ガス給湯機は、潜熱回収時に、排気ガス中に微量に含まれる窒素酸化物等が混入した酸性の凝縮水が発生する。凝縮水は、中和器を通して中和処理して排水するので排水管を設置しなければならない。

2 適切。 エレベーターの駆動装置や制御器に故障が生じ、かご及び昇降路のすべての出入口の戸が閉じる前にかごが昇降したときなどに、自動的にかごを制止する安全装置の設置が義務付けられている。これを戸開（とびらき）走行保護装置という（建築基準法施行令129条の10第3項1号）。

3 適切。 マイコンメーターは、ガスの使用中に震度5相当以上の地震を検知したり、過大なガスの流量、異常なガス圧力の低下を検知すると、ガスを遮断する。

4 不適切で正解。 消防用設備において、設置後10年を経過した連結送水管は、「3年」ごとに配管の耐圧性能試験を行わなければならない。

> 肢4について。地階を除く階数が7以上のマンション、又は地階を除く階数が5以上で延べ面積が6,000㎡以上のマンションには、連結送水管を設置しなければならない。

✔ チェック☐☐☐

問46 マンション管理適正化基本方針　　正解 3　重要度 ★★

マンション管理適正化基本方針（2　マンションの管理の適正化のために管理組合が留意すべき事項）は次のように規定する。

（6）　発注等の適正化

　　管理業務の委託や工事の発注等については、事業者の選定に係る意思決定の透明性確保やA 利益相反 等に注意して、適正に行われる必

要があるが、とりわけB `外部の専門家` が管理組合の管理者等又は役員に就任する場合においては、マンションの区分所有者等から信頼されるような発注等に係るルールの整備が必要である。

（7）良好な居住環境の維持及び向上

（略）自治会及び町内会等（以下「自治会」という。）は、管理組合と異なり、各C `居住者` が各自の判断で加入するものであることに留意するとともに、特に管理費の使途については、マンションの管理と自治会活動の範囲・相互関係を整理し、管理費と自治会費の徴収、支出を分けて適切に運用することが必要である。なお、このように適切な峻別や、代行徴収に係る負担の整理が行われるのであれば、自治会費の徴収を代行することや、防災や美化などのマンションの管理業務を自治会が行う活動と連携して行うことも差し支えない。

以上により、**A＝イ**（利益相反）、**B＝ウ**（外部の専門家）、**C＝オ**（居住者）が入るから、**3**が正解である。

基本方針に関しては、無理に暗記する必要はないが、問題を解いたら、どこが出題されているのか確認しておこう。

✔ チェック□□□

問47 マンション管理適正化法（マンション管理士）

正解 1　　**重要度 ★★**

1　**正しく正解**。マンション管理士は、正当な理由がなく、その業務に関して知り得た秘密を漏らしてはならない（マンション管理適正化法42条）。この規定に違反した場合、1年以下の懲役又は30万円以下の罰金に処せられる（同法107条1項2号）。

2　**誤り**。マンション管理士でない者は、マンション管理士又はこれに紛らわしい名称を使用してはならない（同法43条）。この規定に違反した場合は、30万円以下の罰金である（同法109条1項3号）。

3　**誤り**。マンション管理士は、マンション管理士の信用を傷つけるような行為をしてはならない（同法40条）。この規定に違反した場合、

監督処分の対象とはなるが、罰則は規定されていない。

4 **誤り**。マンション管理士は、国土交通省令で定める期間（5年）ごとに、講習を受けなければならない（同法41条、同法施行規則41条）。違反者に対しては、国土交通大臣は登録の取消しができる（同法33条2項）。

 マンション管理士についての「監督・罰則」の問題である。頻出問題なので、必ず条文で確認しておく必要がある。

問48 マンション管理適正化法（マンション管理業者） 正解 3 重要度 ★★

ア **誤り**。マンション管理業を営もうとする者は、国土交通省に備えるマンション管理業者登録簿に登録を受けなければならない（マンション管理適正化法44条1項）。この登録の有効期間は、5年とする（同法44条2項）。

イ **正しい**。マンション管理業者の登録を受けない者は、マンション管理業を営んではならない（同法53条）。この規定に違反すると、1年以下の懲役又は50万円以下の罰金である（同法106条2号）。

ウ **正しい**。マンション管理業者は、その事務所ごとに、事務所の規模を考慮して国土交通省令で定める数の成年者である専任の管理業務主任者を置かなければならない（同法56条1項）。その人数は本肢のとおりであり（同法施行規則61条、62条、平成13年7月31日国総動第51号）、簡単にいえば、居住用の独立部分が6以上あるマンションの管理組合30につき1人以上の成年者である専任の管理業務主任者が必要である。

エ **正しい**。再委託の制限（同法74条）に違反した場合は、国土交通大臣は、当該マンション管理業者に対し、1年以内の期間を定めて、その業務の全部又は一部の停止を命ずることができる（同法82条2号）。

　以上により、正しいものは**イ**、**ウ**、**エ**の三つであるから、**3**が正解で

ある。

マンション管理業務に関する問題であるが、監督・罰則がからむため、難しい問題となっている。一つずつ条文を確認しておこう。

✔ チェック□□□

問49 マンション管理適正化法（重要事項の説明）

正解 **2**　重要度 ★★★

ア　誤り。説明会の日の「前日までに」ではなく、「1週間前までに」である（マンション管理適正化法72条1項）。

イ　正しい。マンション管理業者は、従前の管理受託契約と同一の条件で管理組合との管理受託契約を更新しようとするときは、あらかじめ、当該管理組合を構成するマンションの区分所有者等全員に対し、重要事項を記載した書面を交付しなければならない（同法72条2項）。

ウ　誤り。重要事項に「当該マンション管理業者の前年度の財務状況」は、含まれていない（同法施行規則84条1号）。

エ　正しい。記名させる義務（同法72条5項）に違反した場合は、国土交通大臣は業務停止を命ずることができる（同法82条2号）。

以上により、正しいものは**イ**、**エ**の二つであるから、**2**が正解である。

アとイは頻出事項なので暗記しておこう。ウとエに関しては、やや細かいので、条文を確認する程度でよい。

✔ チェック□□□

問50 マンション管理適正化基本方針

正解 **4**　重要度 ★★

すべて、マンション管理適正化基本方針「三1　管理組合によるマンションの管理の適正化の基本的方向」に規定されている。

ア　正しい。マンションの管理の主体は、マンションの区分所有者等で構成される管理組合であり、管理組合は、マンションの区分所有者等

解説

平成28年度

の意見が十分に反映されるよう、また、長期的な見通しを持って、適正な運営を行うことが必要である（同方針三1(1)）。

イ　正しい。 マンションの管理には専門的な知識を要する事項が多いため、管理組合は、問題に応じ、マンション管理士等専門的知識を有する者の支援を得ながら、主体性をもって適切な対応をするよう心がけることが重要である（同方針三1(3)）。

ウ　正しい。 マンションの状況によっては、外部の専門家が、管理組合の管理者等又は役員に就任することも考えられるが、その場合には、マンションの区分所有者等が当該管理者等又は役員の選任や業務の監視等を適正に行うとともに、監視・監督の強化のための措置等を講じることにより適正な業務運営を担保することが重要である（同方針三1(4)）。

エ　正しい。 管理組合を構成するマンションの区分所有者等は、管理組合の一員としての役割を十分認識して、管理組合の運営に関心を持ち、積極的に参加する等、その役割を適切に果たすよう努める必要がある（同方針三1(2)）。

以上により、正しいものは**ア、イ、ウ、エ**の四つであるから、**4**が正解である。

本問を解いたら、指針の該当部分を確認しておこう。これを繰り返すことにより、自然に頭に入るだろう。なお、無理して暗記することはない。

〈メモ〉

〈本書へのお問い合わせ〉

　本書の記述に関するご質問等は、**文書**にて下記あて先にお寄せください。お寄せいただきましたご質問等は、著者に確認のうえ回答いたしますので、若干お時間をいただく場合もございます。あらかじめご了承ください。また、**電話でのお問い合わせはお受けいたしかねます。**

　なお、当編集部におきましては記述内容をこえるご質問への回答および受験指導等は行っておりません。何卒ご了承の程お願いいたします。

郵送先　〒171-0014
　　　　東京都豊島区池袋2-38-1
　　　　㈱住宅新報出版
　FAX　（03）5992-5253

法改正等による修正の情報に関しては、
下記ウェブサイト
（https://www.jssbook.com）で
ご確認いただけます。
情報の公開は2025年版発行までとさせていただ
きます。ご了承ください。

2024年版　楽学マンション管理士　過去問8年間

2003年3月10日　初版発行（旧書名 マンション管理士再現問題集）
2024年4月2日　2024年版発行

編　著　㈱住宅新報出版
発行者　馬　場　栄　一
発行所　㈱住宅新報出版
〒171-0014 東京都豊島区池袋2-38-1
電話（03）6388-0052
https://www.jssbook.com/

印刷・製本／㈱ワコー
落丁本・乱丁本はお取り替えいたします。
Printed in Japan
ISBN978-4-910499-89-5　C2032